道敎와 生命思想

韓國道敎文化學會 編

國學資料院

머리말

　1986년에 발족한 한국도교문화학회(도교사상연구회의 개칭)는 이제 12번째 학회지를 내게 되었습니다. 지난 1년 동안 '도교와 생명사상'이라는 주제를 가지고 춘계·추계 두 차례에 실시한 학술 발표회의 결과와 회원들의 도교에 관한 연구 논문들을 모은 것입니다.

　생명이라는 주제는 동아시아 사상전통 중에서도 특히 道家에 의해 중시되고 발전되었습니다. 道德經에서부터 道는 天地의 시작이요 만물의 어머니로서 생명의 근원이 되는 것으로 인식되었습니다. 道는 元氣를 품고 있어서 모든 생명을 낳을 뿐 아니라 자애(慈)로써 키우고 보호하고 스스로 완성하도록 합니다. 그렇기 때문에 道를 간직하고 있으면 道의 장구한 생명을 누리게 되는 것입니다. 도가는 생명의 다양한 의미를 모색하고 그 생명을 누리는 수행법을 발전시켰습니다. 불사약을 제조하여 인간 육체를 황금과 같이 썩지 않는 불멸의 氣로 변화시키려는 방법에서부터 시작하여, 인간 몸 안에 내재해 있는 道의 생명력을 키워서 우주의 생명력과 상통할 수 있으리라는 원대한 설계도를 그리기도 했습니다.

　이런 다양한 도교의 생명사상과 수행법을 이번 학회지에서 발견할 수 있을 것입니다. 초기 도교 교단인 '太平道의 생명관'에서부터 중세기를 대표하는 '상청파의 생명관', '도교의학 및 조선시대 수련도교의 생명관'을 다루고 있습니다. 학회지 처음에 소개되는 '도교의 죽음관'은 그들의 생명사상을 더 뚜렷하게 드러내는 효과를 가질 것입니다. 생명을 완전하게 하려는 수행법에 관해서도 '포박자의 양생사상', '황정내경경의 수련법', '신선도화극의 내단수련 과정' 등을 비교해 볼 수 있을 것입니다. '도교와 생태학적 문학관'과 '조선조 우언소설의 반문명성' 등의 논문은 도교전통이 지닌 생명사상을 문학적 측면에서 보게 할 것입니다.

  지난 일년간 저희 학회에서 발표해주시고 이번 학회지에 논문을 내주신 여러분께 감사드리고, 한국에서의 도교 연구가 그 넓이와 깊이를 더해가기를 기원합니다.

  끝으로 학회지 편집 실무를 맡아 준 김희정씨와 교정을 담당해 준 서강대 종교학과 대학원생들의 노고에 감사하고, 어려운 여건에서 『도교문화연구』를 출판해 주신 국학자료원 여러분께 심심한 사의를 표합니다.

1998년 5월 1일
한국도교문화학회장 김승혜

차 례

道敎에서의 죽음의 意味 …………………………… 車柱環 … 7
道敎 上淸派의 生命觀 ……………………………… 金勝惠 … 27
道敎와 生態學的 文學論 …………………………… 鄭在書 … 49
『太平經』에 나타난 生命觀 ………………………… 尹燦遠 … 63
道敎醫學에서 본 生命觀 …………………………… 鄭遇悅 …105
『抱朴子』에 보이는 養生思想 ……………………… 李鎭洙 …135
朝鮮時代 修鍊道敎의 生命觀 ……………………… 梁銀容 …157
朝鮮朝 寓言小說의 反文明性 ……………………… 尹株弼 …179
莊子의 自然·人間의 관계 ………………………… 柳聖泰 …217
裵頠의 『崇有論』에 對한 考察 …………………… 金學睦 …247
『黃庭內景經』의 修鍊法;存思 …………………… 金義政 …271
『善書』의 生命倫理 ………………………………… 崔惠英 …303
『穆天子傳』의 神話·宗敎的 意味 ………………… 宋貞和 …331
『列仙傳』의 道敎思想 ……………………………… 鄭宣景 …357
神仙道化劇의 內丹修鍊 過程 ……………………… 金道榮 …391

道敎에서의 죽음의 意味

車柱環*

<차례>
1. 序言
2. 죽음에 대한 基本的인 理解
3. 죽음의 克服과 取消
4. 죽음 取消의 몇 가지 形態
5. 結語

1. 序言

道敎는 본래 神仙說을 基調로하여 成立한 宗敎이므로 神仙家들이 熱中하던, 人間에게 共通的으로 威脅과 恐怖를 가져다주는 疾病과 老衰와 死滅을 取消 내지 克復하여 無病長壽하고 不老長生하고 不死成仙하는 일을 重點的인 課題로 삼고 그 解決을 위해 여러 가지 方途를 講究하여 왔던 것이다. 『漢書, 藝文志』(略稱 漢志)의 學術分類에 따르면 이러한 일들은 다 가장 말단에 속하는 方技略에 포괄되어 있다. 이 方技略에는 疾病에 대한 基本論을 다룬 醫經과 그것을 對症治療에 적용하는 經方과 疾病과 老衰와 死滅이 다 關聯되어 있는 房中과 죽음의 超克을 追求하는 神仙 도합 4家로 정리되어 있다.

여기서 우리가 討究하려고 하는 道敎에서의 죽음의 意味는 道敎의

---

* 전 서울대 중문과 교수

性格上 道敎에서는 무엇을 죽음이라고 여겼는가 하는 定義問題보다도 죽음에 어떻게 對處하였는가 하는 對應問題에 더 力點을 두어야할 것 같다. 그런 의미에서 우선 『漢志』의 神仙家에 대한 解說을 간단하게 살펴보기로 하겠다.

"신선이란 생명의 진실을 보존하고서 그 밖의 여기저기서 무엇인가를 찾는 방법이다. 잠시 그것으로 생각과 마음을 가라앉혀 죽음과 삶의 경지를 같게 하여서 가슴 속에서 두려움을 없애버리는 것이다. 그런데도 미혹된 사람은 오로지 그 일만을 힘써서 거짓되고 괴상한 글이 갈수록 더욱 많아진다. 현성한 임금이 가르친 바가 아니다. 공자께서 말씀하기를, 은밀한 것을 찾아내어 괴상한 짓을 하는 일을 후세에 전하는 경우가 있을 것이나 나는 그런 일은 하지 않는다라고 하였다."[1]

이 解說 대로라면 神仙家의 主眼點은 生命의 眞實을 保存하고 죽음에 대한 恐怖를 없애버리는 데 놓여져 있다. 神仙家에서는 죽음이 恐怖의 對象이어서 죽음에 대한 恐怖를 없애버리는 것을 指向했다는 이야기가 된다. 그러나 『莊子』의 경우 같이 죽음을 두려워하는 것을 깨달음의 不足으로 생각하고 嘲笑하거나 나아가 죽음을 美化하고 讚揚하는 事例도 없지는 않다. 道敎에서도 죽는 形式만을 취하고 實際로는 죽지 않고 仙化한다는 理解를 가지고 죽음에 대한 두려움의 超克을 說得하려고 試圖하기도 하였다.

먼저 生命의 眞實이 擧論되었는 데 道敎에서는 그 眞實을 어떻게 理解하였는가를 알아볼 필요가 있다. 道敎 최초의 經典이라고 할 수

---

1) 『漢志』 30 "神僊者, 所以保性命之眞, 而遊求於其外者也. 聊以盪意平心, 同死生之域, 而無怵惕於胸中. 然而或者專以爲務, 則誕欺怪迂之文, 彌以益多, 非聖王之所以敎也. 孔子曰, 索隱行怪, 後世有述焉, 吾不爲之矣.~"

있는 『太平經』은 바로 後漢 末期에 于吉이 曲陽 샘물 가에서 얻었다는 神書 『太平淸領書』(170卷)이다. 『正統道藏』에 收錄되어 있는 『太平經』은 總卷數로는 170卷이 標明되어 있으나 그중의 殘本 57권만이 남아 있다. 그 첫 부분에 다음과 같은 말이 나온다.

"천지 개벽에는 근본되는 뿌리가 귀중한 데 그것은 곧 기(氣)의 원천[元]이다.
원기는 천지 팔방을 싸고 모든 것이 예외없이 그 기를 받고서 생겨난다.2)".

이 말대로라면 모든 生命의 根源은 元氣라고 할 수 있다. 따라서 人間의 生命도 이 元氣에 의해서 생겨난다고 하겠다. 이것이 氣化學說이다. 다만 元이 붙은 氣 곧 元氣는 一般的으로 말하는 氣와 어떠한 差異가 있는가. 元氣는 宇宙에 澎湃한 氣로 그 力量은 無窮無盡하여 그것의 極少部分을 나눠 가짐으로써 天地八方에 있는 모든 것이 生命을 얻게 된다고 이해할 수 있다. 그래서 道敎의 일부에서는 天地八方에 充滿한 元氣를 體內에 끌어들임으로 해서 또는 훔쳐가짐으로써 長生을 얻는다는 설을 내세우게도 되었던 것이다.3)

人間의 生命이 氣로 支撐된다면 氣가 消滅되면 죽음이 온다는 순서가 된다. 이렇게 보면 人間에 있어서의 生死는 生이 먼저이고 死가 나중인 것이다. 다만 이 삶과 죽음의 先後問題는 道敎의 論說이 多方面으로 벋어나가는 데 따라 의외로 複雜한 樣相을 띠기에 이른다. 삶과 죽음의 先後問題와 連繫하여 道敎에서 우리가 考察해야 할 事項이 있다. 그것은 다름아닌 彼岸思想이다. 彼岸은 역시 삶이기는

---

2) "天地開闢貴本根, 乃氣之元也.
  元氣乃包裹天地八方, 莫不受其氣而生.~"
3) 金時習 『梅月堂集』 17, 雜著 7, 「龍虎」 參照.~

하나 此岸과는 죽음을 境界로 하는 것이 常識的인 理解이다. 곧 "삶 - 죽음 - 삶"의 순서로 連結되는 것이 基本인 것이다. 다만 道敎에서는 此岸에서의 人間으로서 가장 바람직한 삶을, 죽음을 완전히 取消 내지 超克하여, 無限定 持續해 나가는 이른 바 不老長生 또는 長生不死를 追求한다는 觀念이 强烈해서, 말하자면 彼岸思想 자체가 稀薄한 편이기는 하다. 그렇기는 하나 道敎에는 外丹, 內丹, 飛昇, 隱化, 尸解 등등의 죽음 取消와 關聯된 여러가지 說이 있어, 此岸과 彼岸과 그 境界인 죽음이 그나름으로 特異히게 다루어져 왔다.

한편 氣의 問題는 道敎에서 의외로 複雜하게 엉켜서 다소간 神秘하고 微妙하게 느껴지게 하는 경우가 생겨나기도 하였다. 『太平經』에도 元氣와 거기서 派生하는 氣에는 생겨나게 하기를 좋아하는[好生] 陽氣와 이룩하게 하기를 좋아하는[好成] 和氣와 죽이기를 좋아하는 [好殺] 陰氣가 있다. 그리고 이 太陽, 太陰, 中和의 三名을 지닌 元氣의 調和論도 전개하고 있다. 이와 아울러 道敎에서는 人間의 氣神說 이외에 精氣神說을 전개하기도 하였다. 이러한 경우들에 죽음이 어떻게 聯關되는가 하는 問題 역시 看過할 수 없다.

2. 죽음에 대한 基本的인 理解

道敎에서는 基本的으로는 生과 死 곧 삶과 죽음은 서로 彼此의 根本이 되는 것으로 생각하였다. 黃帝『陰符經』에는 "삶이란 죽음의 뿌리이고, 죽음이란 삶의 뿌리이다"라고 하였다. 張果의 註解는 이러하다. "삶이란 사람이 좋아하는 것이기는 하나 몸에 좋게 하는 것을 너무 지나치게 하면 도가 없어져서 죽음이 절로 온다. 죽음이란 사람이 싫어하는 것이기는 하나 (죽음을 가져오게 하는) 일들을 덜어나가는 것을 지극히 밝게 하면 도가 보존되어 삶이 절로 굳어진다."4)

張果의 註解는 다소간 模糊하게 느껴지기는 하나, 결국 좋게 살려는 一念으로 그런 일들에만 기울어지다 보면 일들이 지나쳐서 逆效果가 나 도리어 죽음으로 빠져들게 되고, 이와 반대로 그러한 지나친 일들을 限界를 명확하게 파악하여 줄여 나가면 오히려 죽는 일에서 벗어나 삶을 누리게 된다는 점을 말한 것이라 하겠다. 『七部要語』(『雲笈七籤』 90)에는 삶과 죽음의 상대되는 의미가 다음과 같이 전개되어 있다.

> "대저 삶과 죽음의 도는, 그것을 넓히면 사람에 달려 있으나, 삶과 죽음은 불변하여 확실히 하늘에 달려 있다. 다만 자연으로 받아들이면 삶과 죽음의 도는 괜찮을 것도 없고 괜찮지 않을 것도 없다. 혹은 생겨나지 않고서 이미 죽어버리기도 하고, 혹은 이미 죽고서도 다시 살아나고, 혹은 살아날 수 없는 데도 살아나고, 혹은 죽을 수 없는 데도 죽고, 혹은 죽을 수 있는 데도 죽지 않고, 혹은 살 수 있는 데도 살아나지 않고, 혹은 살아 있는 데도 살아 있지 않으니만 못하다. 혹은 죽기를 싫어하는 데 그것이 죽음을 초래하는 까닭이 되기도 한다. 그런 까닭에 죽음의 경지를 초래하면 살고 삶의 경지를 초래하면 죽는 것이다. 혹은 알면서도 죽지 못하기도 하고 혹은 제때인 데도 살지 못하기도 한다. 혹은 삶을 가지고 나를 수고롭게 한다고 말하기도 한다. 삶이란 좋은 것이다. 자기 삶을 싫어할 수는 없다. 혹은 죽음을 가지고 나를 쉬게 한다라고 말하기도 한다. 죽음이란 나쁜 것이다. 자기 죽음을 좋아할 수는 없다, 무릇 사람의 마음은 자기 삶을 좋아하지 않는 것은 아니나 자기 삶을 보전하지는 못하고 자기 죽음을 싫어하지 않는 것은 아니나 자기 죽음을 멀리하지는 못하는 것이다."5)

---

4) 黃帝『陰符經』(『雲笈七籤』 15) "生者, 死之根, 死者, 生之根. 「張果注」: 生者, 人之所愛, 以其厚於身太過, 則道喪而死自來矣. 死者, 人之所惡, 以其損於事至明, 則道存而生自固矣.~"

한 人間에 있어서의 삶과 죽음을 相對되는 것으로 對比 考察해 보게는 되나 우선 人間에 있어서의 죽음이란 무엇을 이르는 것인가를 살펴볼 필요가 있다. 人間의 삶을 形과 神 2가지 因素의 融合으로 이루어진다고 보는 것이 道敎도 포함되는 一般的인 내지는 常識的인 見解에 속한다고 하겠다. 形과 神은 오늘날 항용 말하는 肉體와 靈魂이라고 이해하여도 크게 틀리지는 않을 것이다. 道敎에서도 이 形과 神 또는 肉體와 靈魂의 分離가 죽음을 의미하는 것으로 보기도 하였다.

『三淸黃庭內景經』(同上 11)에 "육체에 영혼의 본질이 차 있는 데 죽고싶다고 말한다 해도 그렇게는 될 수 없다. 그래서 내경 황정은 죽지 않는 이치라고 하는 것이다"라는 대목의 梁丘子注에 이런 말이 나온다 : "사람의 죽음이란 언제나 육체와 영혼이 분리되는 데에 있다. 이제 육체가 이미 늘 충만하여지면 영혼이 깃들어 편해진다. 영혼이 이미 늘 편안하여지면 육체가 온전하고 훼손이 없어진다. 양자가 서로 지키는 데 죽음이 어디로해서 싹트겠는가. 비록 죽어버리려 한들 어찌 그렇게 될 수 있겠는가."[6]

肉體와 靈魂의 分離를 죽음으로 본 것이다. 그래서 "영혼이 몸에서 사라짐을 죽음이라고 한다"(同上 17)[7]라고도 하였고, "영혼이 사

---

5) 『七部要語』「連珠」"夫生死之道, 弘之在人, 生死常也, 確乎在天. 但稟以自然, 則生死之道, 無可而無不可也. 或未生而已死, 或已死而重生, 或不可以生而生, 或不可以死而死, 或可以死而不死, 或可以生而不生, 或有生而不如無生, 或惜死而所以致死, 是以致死之地則生, 致生之地則死, 或爲知而不可以死, 或爲時而不可以生, 或云勞我以生, 生者好物也, 不可惡其生, 或云休我以死, 死者惡物也, 不可好其死. 凡人心非不好其生, 不能全其生, 非不惡其死, 不能遠其死.~"
6) 『上淸黃庭內景經』"形充魂精而曰欲死, 不可得也. 故曰, 內景黃庭爲不死之道. 「梁丘子注」人之死也, 常在形神相離. 今形旣恒充, 則神棲而逸. 神旣常寧, 則形全無毁. 兩者相守, 死何由萌. 雖曰欲逝, 其可得乎.~"
7) 『太上老君內觀經』"神去於身謂之死.~"

라지면 죽는다"(同上 44, 56)⁸⁾라고도 하였다.

人間의 삶의 因素를 氣를 하나 보태서 形과 氣와 神으로 볼 때 形神의 分離를 죽음으로 보는 것과는 달리 氣의 存廢로 삶과 죽음을 區分하게 된다. 道敎에서의 人體內의 氣는 말하자면 活動하는 힘을 갖춘 기운이다. "기가 끊어지는 것을 죽음이라 한다"(同上 13)⁹⁾라던지, "기를 잃기 때문에 죽는다"(동상 60)¹⁰⁾라던지 하는 말이 나온 것이다. 道敎에서는 氣가 人間의 삶과 죽음에 극히 직접적이고 밀접한 관계를 가지고 있는 것으로 다루고 있다. 『幼眞先生服內元氣訣法』의 「服氣胎息訣」(同上 60)에서 人體內에서의 氣의 중요성을 다음과 같이 설명하고 있다.

"성인이 한 말이 있거니와, 대저 사람은 기 안에 들어 있고, 기는 사람 안에 들어 있어서 사람은 기를 떠나지 않고 기는 사람을 떠나지 않는다. 사람은 기를 빌어서 살고 기를 잃기 때문에 죽는다. 죽음과 삶의 이치는 깡그리 다 기에 달려 있다."¹¹⁾

앞에서 본 氣化說에 따른다면 人間의 氣는 人間이 元氣에서 나누어 가져 生命을 갖게 된 氣라고 이해하게 된다. 道敎에서 人間의 삶의 因素를 말할 때 氣와 神 이외에 다시 精을 하나 더 보태서 精氣神으로 合稱하기도 한다. 그런데 道敎에서는 이 精氣神에 대한 言及 내지 言說에 꽤 힘을 기울이고 있다. 道敎에서의 精氣神說은 道敎成立 初期부터 시작되어 『太平經』에서도 이미 精氣神을 三一이라 하여

---

8) 『元氣論』 "神去人死.~"
9) 『太淸中黃眞經』 「胎息眞仙章注」 "氣絶曰死.~"
10) 『服氣胎息訣』 "因失氣而死.~"
11) 『服氣胎息訣』 "聖人有言, 夫人在氣中, 氣在人中, 人不離氣, 氣不離人, 人藉氣而生, 因失氣而死, 死生之理, 盡在氣也."

다음과 같이 다루고 있다.

> "세 가지 氣는 神의 뿌리다. 하나는 精이고, 하나는 神이고, 하나는 氣이다. 이 셋은 한 지위를 함께 하고, 하늘과 땅과 사람의 氣에 근본을 두고 있으니, 神은 그것을 하늘에서 받고, 精은 그것을 땅에서 받고, 氣는 그것을 中和에서 받아 서로 함께 하나의 道가 된다."12)

道敎에서 靈明知覺이 神이라던지, 充周運動이 氣라던지, 滋液潤澤이 精이라던지 하는 精氣神의 分別說明이 나오기도 하고 精氣神의 先天 後天의 說도 있다.13) 精氣神을 三氣라하여 氣로 總括하기도 하고 "精은 氣이고 氣는 道이다"라고 하여 氣로써 統合하는 경향을 보이고 있기도 하다. 이러한 氣의 滅絶이 죽음을 의미하게 됨은 이해하기 어렵지 않다. 그러면, 일단 人間이 죽으면 어떻게 되는가. 이 問題는 道敎에서 여러 가지 방향으로 考察 내지 窮理를 펼쳐나갔기 때문에 일일이 파고들면 複雜하기 이를 데 없다. 그러나 常識的인 水準에서 살펴보면 먼저 死屍 곧 죽은 사람의 屍體가 생긴다.

그런데 의외로 道敎에서는 이 死屍는 禁忌의 對象이 되어 왔다. 男女 道士가 修練을 시작하면 屍體의 더러운 것을 보면 안되게 되어 있다. 만약에 보았다면 藥物 따위를 써서 不淨을 풀어야 한다. 屍體를 보면 더러운 기운이 몸에 엄습해온다고 하였다. 屍體의 處置가 철저하지 못할 경우를 생각하면 그럴만도 하다고 여겨지기는 한다.

---

12) 『太平經』 "三氣共一, 爲神根也. 一爲精, 一爲神, 一爲氣, 此三者共一位也. 本天地人之氣, 神者受之于天, 精者受之于地, 氣者受之于中和, 相與共爲一道.~"
13) 『心印妙經』 「明, 陸西星注」 靈明知覺之謂神, 充周運動之謂氣, 滋液潤澤之謂精. 以其分量而言, 則神主宰制, 氣主作用, 精主化生, 各專其能. // 淸, 劉一明『修眞辨難』 "煉先天之精, 而交感之精自不泄漏. 煉先天之炁, 而呼吸之氣自然調和. 煉先天之神, 而思慮之神自然靜定."

그래서 道敎에서는 不可避한 일이 생겨 死屍를 보려고 하면 어떠한 경우이든지 먼저 술을 마시고 마늘을 씹고 해서 對備를 철저히 하고서 대해야 하는 것으로 되어 있다. 또 다른 한편으로는, 결코 彼岸思想과 聯關된 일은 아닌 데 죽은 屍體가 變化하여 鬼神이 되어 幽冥 곧 죽은자들이 있는 고장을 구경하고 돌아 다닌다고 생각하였다. 이런 생각은 어느 점 道敎의 獨自的인 것이라기 보다는 오히려 舊時代 사람들 사이에서 共通的으로 지니고 있던 생각이었다고 함이 타당할 것이다.

3. 죽음의 克復과 取消

죽음에 대한 恐怖는 人類가 共通으로 지니고 있는 感情이어서 반드시 道敎에서 그런 感情이 더 강했던 것은 아니다. 다만 道敎에서는 그러한 죽음에 대한 恐怖를 克復하는 데 유달리 積極的이고 그 克復을 위한 試圖를 깊이 파고들어서 굳건히 그리고 多方面으로 推進해 왔다고 말할 수 있다. 그리고 죽음을 克復해 보려는 試圖가 持續的으로 推進됨에 따라 죽음을 取消하는 方途를 講究하여 보기에까지 이르렀던 것이다. 큰 욕심을 내지 않고 죽음을 다소나마 遲延시켜 어느 정도의 安心을 갖게 되는 방법으로는, 老莊에서 追求하는 心理的 내지 精神的 解脫을 論外로 한다면, 健康을 增進시키고 疾病을 退治하고 하여 老衰를 늦추는 것으로, 말하자면 常識과 理智를 沒却하지 않는 한계에서 健康長壽를 圖謀하는 일이다. 健康長壽는 常識的인 觀點에서는 죽음을 늦추는 것을 의미한다고 말할 수 있다. 道敎成立 이전부터 健康增進과 疾病退治와 老衰防止의 圖謀는 활발하게 試圖되어 그 可能性 내지 實效의 次元이 꽤 높아졌다.

앞에서 이미 簡略하게 다루어본 바 있거니와, 『漢志』 方技略에 醫經, 經方, 房中, 神僊 4家로 나뉘어서 書名을 통해 提示된 각종 方技는 그 당시까지 試圖되어 오던 죽음의 恐怖를 克復하는 方途였던 것이다. 醫經은 醫術의 基本原理를 闡明한 것이고 經方은 그러한 原理를 가지고 對症治療하는 方法을 提示한 것으로 苦痛을 자아내고 심하면 죽음을 招來하는 疾病을 治療하기 위해 개발한 당시까지의 醫術을 文書로 整理 記述한 것이다.

男女間의 性生活은 快樂이 隨伴한다고는 하나 衰殘과 죽음을 招來하는 危險도 뒤따르므로 健康 내지 生命에 損傷을 가져오지 않고 快樂도 가질 수 있게 하는 性生活의 節度 내지 節制를 지킬 필요가 있다. 그러한 일을 다룬 것이 다름 아닌 房中이다. 종래 일부에서는 房中이 性生活의 節制를 위한 것이라기 보다는 淫行을 助長하는 이른바 誨淫을 일삼는 것이라하여 排斥하는 경향을 보였다. 후세에 나온 房中 系統의 책인 『素女經』은 誨淫書라는 批判을 받아왔다. 그렇기는 하나 房中의 본래의 指向은 性生活의 適切한 調節이었던 것만은 부인할 수 없다. 그리고 紊亂한 性生活로 重病에 걸리거나 죽거나 하는 일이 그리 드물지는 않았다.

神僊家가 方技의 하나로 들어가 있는 것은 다소간 疑訝하게 느껴지기는 하나 神僊家에 속한다고 할 수 있는 方士가 죽음을 取消한다는 藥物인 不死藥이나 仙丹을 煉造한 것을 包含한 각종의 方術을 行使한 일을 생각하면 神僊家가 方技에 列入된 까닭을 이해할 수 없지는 않다. 『黃帝岐伯按摩』10卷이 神僊家에 들어 있는 것을 보면 당시에는 身體의 爽朗과 健康의 增進을 가져오는 按摩나 導引 같은 종류의 技法도 神僊家의 科目으로 꼽았음을 알 수 있다. 이러한 것을 가지고 본다면 神僊家에서도 基本的으로는 죽음의 取消를 앞세우기 보다는 오히려 無病長壽를 追求하였던 것이라 여겨진다.

後漢末에 시작된 道敎의 雛形인 五斗米道에서도 疾病治癒를 중심으로하여 敎勢를 키워나갔다. 三官手書의 奉獻과 『道德經』誦讀이라는 懺悔와 修練을 통한 心理的인 疾病治療方法을 쓰기는 하였으나 결국은 無病長壽를 追求하는 뜻이 基本을 이루었고 不老長生 내지 長生不死 같은 죽음의 取消라는 次元은 당시의 一般信徒로서는 바라보기 힘든 형편이었다. 『太平經』에 보면 죽음을 取消하고 神仙이 되는 일은 아무에게나 이루어지는 것이 아니고 그나름의 運命이 있어서 아무리 잘 배우고 열심히 修練한다 하여도 만에 하나도 神仙이 되지는 못하는 것으로 되어 있다. 天命을 지닌 上賢은 잘 배우면 俗世를 떠나 神仙이 될 수 있고, 中賢이 노력하면 大壽 곧 例外的인 長壽를 누리게 되고, 下愚 내지 小人이 노력하면 小壽 곧 常識的인 長壽를 얻을 수 있다는 것이다.14) 이러한 道敎 成立 初期에 나온 神仙에 連繫되는 運命論은 죽음의 取消는 극히 높은 不可近의 次元에 올려놓고 健康長壽의 追求를 基本으로 잡은 것의 表現으로 볼 수도 있다.

그후 道敎에서는 本業이라고 斷定할 수는 없으나, 죽음을 크게 遲延시키거나 아주 取消해 버리는 無病長壽와 長生不死를 追求함에 따라 자연 醫藥의 硏究가 줄기차게 推進되었고 급기야는 病菌이나 바이러스 같은 現代醫學에서도 그리 일찍 把握하지 못했던 事項을 오래 전에 알아내어 對備하는 등하여 그 水準을 매우 높이는 결과를 가져왔다. 道敎醫學의 特徵으로 들 수 있는 것은 오늘날의 이른바 豫防醫學이 哲學的인 背景을 가지고 成熟 發展한 점이다. 쉽게 이야기하자면, 미리부터 注意하고 필요한 方法을 驅使하는 등하여 병이

---

14) 『太平經』 "有天命者, 可學之必大度. 中賢學之, 亦可得大壽. 下愚爲之, 可得小壽. // 上賢力爲之, 可得度世. 中賢力爲之, 可爲帝王良輔善吏. 小人力爲之, 不知喜怒, 天下無怨咎也.~"

나지 않게 防備하는 것이다. 道敎에서는 醫藥을 上藥 中藥 下藥으로 3 大分하기도 하는 데 上藥은 仙丹 또는 金丹으로 불리우는 이른바 不死藥이 包含되고, 中藥은 오늘날 우리가 흔히 말하는 補藥類이고, 下藥은 對症治療하는 데 쓰는 藥物이다. 道敎에서의 이러한 醫藥區分은 한차례 吟味하여 볼만한 의의가 있다.

道敎에서 上藥으로 區分되는 不死藥 내지 仙丹은, 사실상 道敎 成立 이전부터 주로 方士들에 의해 煉造되었고 또 그들이 만든 不死藥을 먹은 이야기도 이미 道敎 成立 이전 시대에 나온다. 이를테면 中國 古代의 名弓인 羿가 西王母한테서 不死藥을 얻어왔는 데 그의 妻인 姮娥가 그것을 훔쳐먹고 달로 달아났다는 姮娥奔月의 故事가 그 한 예이다.15) 다만 五斗米道를 잇는 天師道에서는 符籙은 尊重하나 仙丹煉造에는 그리 힘을 기울이지 않았다. 天師道와는 系列을 달리하는 이른바 丹鼎派가 있어서 不死藥인 仙丹의 煉造에 힘을 기울였다. 後漢 때 吳 땅의 사람인 魏伯陽이 仙丹煉造에 成功하여 자신이 그것을 먹고 일단 한 번 죽었다가 다시 살아나서 재차 그것을 먹고 仙化하여 眞人이 된 것으로 전하여진다. 그리고 그가 仙丹煉造法을 記錄한 『周易參同契』를 남겨 오늘날까지 거의 道敎의 主要한 經典의 하나같이 다루어지고 있다. 다만 그 記述이 抽象的이고 飛躍的인 데가 많아 쓰여져 있는 글이 具體的으로 무엇을 의미하는지를 알기 힘들다. 그래서 후세에 여러 가지 註釋 내지 解說이 나오기는 하였으나 여전히 模糊한 대로 남아 있는 실정이다.

晉나라 때로 내려와서 葛洪이라는 道人이 나와 『抱朴子』라는 부피있는 道書를 엮어내어 天師道같은 道敎敎團에서 전하는 것 이외의 여러 가지 道敎知識을 전하였고 丹鼎派의 傳統을 이어받아 仙丹煉造에 直接 關聯되는 여러 가지 내용을 記述해 놓았다. 葛洪이 自述하

---

15) 『淮南子』「覽冥訓」 參照.~

기를 자기는 仙丹煉造法은 正確히 傳授받았으나 仙丹煉造에 所要되는 材料를 마련할 財力이 없어서 文字로 記錄하여 後世에 전할 따름이라고 하였다. 이러한 煉丹法은 道士의 餘技로 傳授되어 唐代 이후로 官方道敎가 成立되는 데따라 養成되어 나온 허다한 道士들 중에서 仙丹을 煉造하는 자들이 생겨나 그들이 煉造한 仙丹이 獻上되어 唐나라 皇帝들이 먹을 수 있었다.

그러나 不死藥이라는 이 仙丹은 납과 水銀 같은 열을 가하면 猛毒이 發生하는 毒劇物을 가지고 補助藥材를 添加하여 煉造하는 것이므로 죽음의 取消가 아니라 죽음을 재촉하는 悽慘한 結果를 가져오기 쉬웠다. 그래서 唐나라 皇帝로 道士가 煉造한 仙丹을 먹고 목숨을 잃은 자가 7-8명이나 되는 것으로 전하여진다. 이러한 여러 가지 藥物을 配合 煉造한 不死藥인 仙丹은 外物에 의한 죽음의 取消를 目的으로 하므로 外丹이라고 한다. 이러한 外丹은 煉造하기도 힘들고 服用하면 목숨을 잃을 우려가 있고 해서 점차로 그 煉造나 服用을 忌避하게 되었다. 그러나 外丹에 의한 죽음의 取消가 이룩되기 어려움을 알게 되었다 하여도 죽음의 取消에 대한 意慾은 버리기가 쉽지 않은 것이 人間의 率直한 情理이기도 하다.

그래서 道敎에서는 주로 唐代 末期부터 修練을 통해 體內에 丹을 이룩한다는 이른바 內丹法이 급속도로 유행하게 되었던 것이다. 內丹의 理論과 그 修練法은 唐末의 說話的인 道敎人物인 鍾離權과 呂巖에 의해 廣範하게 討論되었던 것으로 전하여진다. 奇異하게도 不死藥인 金丹을 煉造하는 方法을 易理를 이용하여 풀어냈다고 여겨져 오던 魏伯陽의 『周易參同契』는 內丹法의 指針書로도 받들어지게 되었다. 體內에 丹을 이룩한다는 內丹法은 金丹道라고도 한다. 金丹道에는 各家에 의해 開發된 秘訣 내지 指針이 많거니와, 金丹道를 터득하여 成功的으로 修練을 쌓아 體內에 丹을 이룩하면 純陽의 경지에 도달하여 말하자면 죽음을 取消하기에 이른다고 하겠다. 한편 道教의 記錄을 통해보면 外丹과 內丹을 兼攝한 事例도 없지 않다. 南朝 梁나라 때 桓凱라는 사람이 道를 닦은 끝에 成仙하여 眞人이 되어 올라갔는 데, 仙界에서 그를 데리러 仙駕를 타고 내려온 童子는 桓凱를 불러 세워놓고 일단 수레에 싣고온 仙丹을 먹여 확실히 죽음을 取消시켜주고 天上仙界로 떠난다. 『桓眞人升仙記』(『道藏』 151)에 이 故事가 실려 있다.

4. 죽음 取消의 몇 가지 形態

앞에서 본 바 있는 『太平經』에 記述된 成仙運命論은 極少部分의 尊貴한 사람이 神仙이 되어 不老長生할 수 있을 뿐이지 大部分의 사람은 기껏해야 長壽를 누릴 수 있을 따름이라는 점을 밝히고 있다. 그런데 道教에서 仙界로 생각하는 天界는 무려 36天으로 나뉘워져 있는 것으로 되어 있다. 아래서부터 세어올라가면, 欲界 6天, 色界 18天, 無色界 4天(이상 三界 28天), 4梵天(또는 種民天), 三淸天, 大羅天이다. 다만 三界 28天은, 바닥이 黃金으로 깔려 있고 白玉으로 層階가 되어 있고 珠玉과 珍貴한 寶物이 절로 존재하고 그곳에 올라간 사람들은 다 俗世에서 道를 잘 닦고 善한 일을 많이 하여 欲界 第1天의 사람이 9萬歲로 시작하여 그 위로 올라가는 데따라 漸次로 增加하는 想像을 超越한 壽命을 누리기는 하나 죽음을 取消해버리지는 못하고 결국은 죽는 것으로 되어 있다. 4梵天부터는 三災와 斷絶되어 죽음을 완전히 取消하고 그야말로 永劫에 걸쳐 不老不死한다는 것이다.16) 一般的으로는 일단 天界에 올라가기만 하면 仙眞人이 되어 長生不死하는 것으로 생각하지마는, 이같이 道教에서는 天界에도

28天까지는 죽음을 면하지는 못하고 最上層인 大羅天에 이르는 上8天에서만 죽음에서 완전히 解放되는 것으로 하여 죽음의 完全 取消의 可能限界를 의외로 縮小하는 방향으로 限定시켜놓고 있다.

 道敎에서도 죽음에 대한 嫌惡가 대단하고 또 屍身에 대해서는 철저히 忌避하고 不可避하게 그것을 보아야할 경우에는 그일에 對備하는 方法까지 마련하였을 정도다. 첫째로 죽는 것이 싫고 다음으로는 자기 이외의 사람의 죽음까지 忌諱하는 것이다. 말하자면 道敎에서는 죽음에 대한 恐怖가 살아지지 않고 있다고까지 말할 수 있는 것이다. 그래서 직접 죽는다는 말을 하는 것까지도 避해서 神仙이 되어간 傳說에 빗대서 구름을 탔다던가, 용을 탔다던가, 학 등에 탔다던가 하는 여러 가지 比喩的인 表現을 쓰기까지 하였던 것이다. 이러한 現實的인 죽음 忌諱에 대한 考察은 두어두기로 하고 道敎에서 죽음을 取消하고 仙去하는 形態를 간략하게 살펴보기로 한다.

 道敎에서 가장 華麗하고 燦爛한 죽음 取消에 연계되는 仙去形態는 飛昇이다. 飛昇은 도를 닦아 功行이 쌓여 至極한 境地에 도달하면 仙官이 되는 것으로, 다름아닌 神仙이 되어 肉身과 靈魂이 함께 天上仙界로 날아 올라가는 것이다. 昇天, 輕擧, 升擧, 登眞 등으로 불리우기도 한다. 좀 說明的인 풀이를 試圖한다면, 仙眞人이 되어 白晝 萬人環視裏에 仙界의 豪華로운 儀仗에 擁衛되어 仙界의 流麗한 풍악소리를 곁들여 仙駕를 타고 天上仙居로 날아 올라가는 것이다. 일종의 人間 幻想에서 자아내어진 仙去形態이기는 하나 道敎에서는 앞세워질만한 高次元的인 念願에 속한다고 여겨진다. 물론 道敎 典籍에 收錄된 飛昇例 중에는 玄眞子 張志和의 경우같이 구름 속에서 鶴이 내려 와서 그것에 올라타고 날아 올라갔다던지, 朱孺子의 경우같이 黃精을 많이 캐먹고 딱딱해진 枸杞子 뿌리를 과서 그 물을 먹고 한

---

16) 『雲笈七籤』 3, 『道敎所起』 參照.~

끝에 그냥 몸이 가벼워져서 날아오라갔다던지 하는 극히 簡略한 事例도 있기는 하다. 앞에 든 眞人 桓凱의 升仙도 飛昇의 一例로 들 수 있다.

우리가 가장 親熟하게 느낄 수 있는 飛昇例로는 新羅 末期의 留唐學人 金可記의 飛昇이다. 五代 때 사람 沈汾이 著述한 『續仙傳』에는 上卷에 飛昇仙 16人의 略傳이 실려 있는 데 金可記의 略傳과 그의 飛昇故事가 記述되어 있다. 金可記는 唐中國에서 科擧에 及第해서 賓貢進士가 되어 벼슬까지 지낸 바 있었는 데 終南山 廣法寺에서 新羅 留唐學人 崔承祐와 僧慈惠와 함께 道人 鍾離權의 敎示와 天師 申元之의 도움을 얻어 內丹을 修練하여 體內에 丹을 이룩하는 데 成功하였다. 그러므로 金可記는 말하자면 이미 죽음을 取消하고 長生不死하게 되었던 것으로 이해할 수 있다. 그렇기는 하였으나 金可記는 일단 新羅로 歸還하였다가 다시 唐나라 長安으로 돌아와 終南山에 居處하면서 일변 道를 닦고 일변 陰德을 쌓은 끝에 마침내 豪華燦爛하게 飛昇하였던 것이다. 다음은 『續仙傳』에 記述된 金可記의 飛昇場面이다.

"(唐 大中 12年 : 858) 2월 15일 봄 경치가 아름답고 꽃이 난만했는 데 과연 오색 구름과 소리치는 학과 나는 난새와 생소와 금석의 풍악과 깃 수레지붕에 경옥 바퀴를 한 수레가 나타났고, 깃발이 하늘에 가득찼고, 신선의 의장대가 극히 많은 가운데 하늘에 올라가서 떠나갔다. 조정의 여러 관원과 사서인들로 구경하는 자들이 산골짝을 넘치도록 메워 바라보고 절하며 감탄하고 이상해 하지 않는 자가 없었다."17)

---

17) 『續仙傳』「金可記」"二月二十五日, 春景姸媚, 花卉爛漫, 果有五雲唳鶴, 翔鸞白鵠, 笙簫金石, 羽蓋瓊輪, 旖幢滿空, 迎之昇天而去. 朝列士庶, 觀者塡溢山谷, 莫不瞻禮歎異焉.~"

그 다음으로 들 수 있는 仙去形態는 隱化다. 隱化는 숨어서 仙化하는 것으로 결국은 飛昇과 같으나 다른 사람들의 눈에 뜨이지 않는 것이 다를 뿐이다. 沈汾의「續仙傳序」에 따르면 "은화라는 것은 매미가 껍질벗는 것과 같아서 가죽은 남기고 뼈는 바꾸며 기를 단련하고 몸을 기르고 바위굴 속에 몸을 마낀 연후에 비승하는 것으로 참 신선을 이룩한다는 것이 정녕 거짓이 아니다."[18] 隱化를 그 事例의 性格으로 미루어 隱形羽化로 풀이하고 尸解와 같다고 보기도 한다. 이를테면 唐나라 때 사람 馬自然은 鹽官이라는 下級官吏 出身이었다. 道士를 따라다니다가 자신도 道士가 되었는 데 물 속에 들어가도 젖지 않고 불 속에 들어가도 타지 않고 주먹을 코 속에 넣었다 빼었다 하고 대나무 지팡이 끝을 불어 천둥치는 소리를 내기도 하는 여러 가지 奇行異蹟을 되풀이하여 사람들을 놀라게 하고는 하다가 唐 宣宗 大中 10년(856)에 죽어 관에 담아 장사지내는 중 관에서 쾡하는 소리가 났다. 그후 1년이 지나 馬自然이 대낮에 神仙이 되어 날아 올라가는 것을 보았다는 上奏가 朝廷에 들어갔다. 그래서 그의 무덤을 파고 관을 열어보니 그의 대나무 지팡이 하나만이 들어 있을 뿐이었다. 그것은 그가 白日飛昇하는 것을 보았다는 것 이외에는 이른바 木尸解와 비슷하다.[19]

尸解는 仙去形態로 많이 다루어지는 種類의 하나로, 위에 말한 隱化이외에 解化 示化 示卒 등으로 불리우기도 한다. 우리 땅에도 新羅 末期에 僧 玄俊을 통해 이미 唐나라에서 流入됐던 것으로 전하여진다.[20] 尸解는 變化하여 神仙이 되어 올라가는 道敎에서 받드는 道

---
18)「續仙傳序」"其隱化者如蟬蛻, 留皮換骨, 鍊氣養形, 質於巖洞, 然後飛昇, 成於眞仙, 信非虛矣.~"
19)『續仙傳』參照.~
20) 拙著『韓國의 道敎思想』三. 3. 修練的 道敎 參照.~

術의 일종으로 肉身은 남겨두는 形式을 취하고 仙去하는 것이 그 특징이다. 尸解는 그 方法에 따라 金木水火土 5종이 있다고도 한다. 劍을 屍身같이 남기는 것은 劍解(곧 金尸解), 지팡이를 屍身같이 남기는 것은 杖解(곧 木尸解), 불에 타죽는 形式을 취하는 것은 火解(곧 火尸解), 물에 빠져죽는 形式을 취하는 것은 水解(곧 水尸解), 흙에 묻히는 形式을 취하는 것은 土解(곧 土尸解), 일단 이렇게 5가지로 나눠볼 수 있다. 살아 있는 사람들에게는 屍身을 남겨 죽은 것으로 보이게 하면서 실제로는 죽음을 取消하고 神仙이 되어 仙界로 올라가는 것이다. 사실상 이러한 尸解의 說明으로는 어떠한 죽음도 죽지 않았다고 否認하고 仙化한 것으로 꾸며댈 수 있는 것이다. 道敎側의 窮餘之策에서 나온 說明이나 辨明에 극히 편리한 方法이라고 간단하게 돌려버릴 수도 있다. 그러나 거기에는 亡者에 대한 아쉬움과 함께 生存者에 대한 慰勞를 가져오려는 善意가 介在해 있다고 여겨지기도 한다.

　이밖에 道敎에는 三尸 등과 連繫되는 庚申守夜같은 司過神的 信仰도 人間의 壽命과 죽음에 걸쳐 뚜렷한 關聯이 있기는 하나 그 考察은 여기서는 省略하기로 한다.

5. 結 語

　道敎에 있어서의 죽음의 意味를 몇 가지 角度에서 考察하여 보았다. 道敎에서는 그 成立 이전부터 큰 影響力을 가지고 傳播되어 오던 神仙家의 思想을 받아들여 여러 가지 方向으로 調節 變貌시켜 내려왔다. 『漢志』의 說明으로는 神仙家의 指向은 죽음에 대한 恐怖에서 풀려나는 것이었는 데 神仙思想이 强化될수록 죽음에 대한 恐怖는 더욱 增大되어 가고 鬱結한 가슴 속을 활짝 풀어헤치고 삶과 죽음을 同一視하는 경지에까지 意氣가 高揚되기에는 이르지 못하고 도리어 죽음을 遲延시키고 죽음의 取消를 渴望 내지 追求하는 방향으로 몰고나갔다.

  道敎에서는 人間 形成의 因素를 形神, 形氣神, 또는 精氣神으로 보는 데 形神의 分離 또는 氣의 消滅을 죽음으로 보았다. 그리고 道敎의 밑바탕에는 죽음에 대한 恐怖가 의외로 강하게 도사리고 있어서 죽음을 忌諱하고 屍身을 嫌惡하고 하는 傾向을 강하게 나타내고 있다. 죽음을 克復하고 죽음을 取消하고 하는 일은 결코 簡單하게 해낼 수는 없다. 그러나 人間에게서는 죽음을 克復하려 하고 죽음을 取消하려 하는 意慾을 完全히 없애 버리기는 힘들다. 죽음의 取消는 해내기 어렵다 하여도 人間의 노력으로 죽음의 도래를 遲延시키는 方途는 여러 가지 角度로 講究하여 볼 수 없는 것은 아니므로 道敎에서는 道敎나름의 獨自的인 醫藥을 開發하기에 이르렀다. 道敎醫學에서 특히 우리의 注目을 끄는 것은 豫防醫學이 강조된 점이다. 물론 道敎에서 죽음을 遲延시키는 일과 連結되는 方法 중에는, 心理的인 操縱을 위한 것이라고 받아들일 餘地가 없지 않다고 여겨지지 않는 것은 아니나, 迷信的인 呪術性이 짙은 것들이 상당부분을 차지하고 있기는 하다. 그리고 各種 道敎 祭禮를 통해 無病長壽를 祈祝하는 일도 頻繁하게 행하여졌는 데 이 역시 道敎에서 죽음의 도래를 遲延시키는 方法에 속한다.

  죽음을 實際로 取消한다는 것은, 率直하게 말하자면, 斷然코 不可能한 일이다. 그러나 人間의 慾求는, 不可能한 죽음의 取消를 可能하게 만들어 보려는 방향으로 끌고 나갔고 道敎에서는 그 일을 거의 本業으로 삼다시피 하여, 幻想的인 境地까지를 造成해가며, 그 解決에 熱中해 왔던 것이다. 죽음을 取消하고 仙眞人이 되어 天上仙界로

飛昇하여 長生不死하는 것이 道敎에서는 가장 豪華燦爛하고 말하자면 가장 자랑스럽고 대견한 成就이고 榮光인 것이다. 飛昇의 狀況을 造成해 내기에 이른 것 자체가 道敎의 特色이라 하겠고 仙話文學을 造成한 意義를 갖는다고 하겠다. 隱化까지도 包括하는 尸解 역시 道敎에서 考案한 죽음 取消의 方法 내지 解明이다. 죽은 것을 죽지 않고 神仙이 되어 天上仙界에서 長生不死를 누리고 있다고 說得力 있게 말해내기가 쉽지는 않다. 道敎에서는 尸解方法을 開發하여 그러한 難題를 解決하려고 하였던 것이라 하겠다.

道敎 上淸派의 생명관*
―『황정내경경(黃庭內景經)』을 중심으로―

김 승 혜**

<차례>

1. 머리말
2. 니환(泥丸)에 거하는 구진(九眞)
3. 오장육부 안에 거하는 여섯 신들 [六神]
4. 惡의 관념 : 죽음을 초래하는 死氣
5. 存思를 통한 氣의 축적(蓄積)
6. 맺는 말

1. 머리말

 동아시아 전통사상 중에서 생명의 개념을 가장 포괄적이고 농도짙게 발전시킨 전통은 도교이다. 유가가 한 인간과 사회의 도덕성 확립에 초점을 맞추었다면, 도가는 무형의 道가 어떻게 만물 안에 내재하여 본래의 생명을 살게 하고 완성시키는가에 관심을 두었기 때문이다. 도교의 생명관은 『노자』 42장에서 그 원형적인 상징을 찾을 수 있을 것이다 : "道는 一을 낳고, 一은 二를 낳고, 二는 三을 낳고, 三은 萬物을 낳았다. 만물이 陰을 등에 지고 陽을 가슴에 안고 있으니, 비어 있는 氣로써 조화를 이룬다." 계속되는 주석 전통들은 대개

---

* 이 논문은 1997년 한국학술진흥재단의 공모과제 연구비에 의하여 연구되었음.
** 서강대 종교학과 교수

一을 道에서 나온 元氣로, 二를 陰陽으로, 三을 음양이 조화된 和氣로 풀었다. 세세한 해석에는 차이가 있을 수 있으나 道 안에 모든 생명의 근원인 元氣가 배태되어 있고, 무형의 원기가 음양의 기로 나누어지면서 형태를 갖춘 생명체들이 형성되었다는 기본적 사고에는 일치한다(『장자지락편』, 『회남자』, 『태평경』, 『하상공장구』, 『포박자』, 『진고』 등).

內丹을 완성시킨 全眞道에서는 性命 개념을 가지고 생명 현상을 해석했다. 性은 神이요, 命은 氣인데, 기본적으로 神과 氣는 道가 전개되는 과정에서 나온 무형과 유형의 차이일 뿐 근본은 하나이다. 그러므로 내단을 이루기 위해서는 道가 만물에게 생명을 준 생성과정을 반대로 거슬러 올라가서 煉精化氣(액체적 정기를 수련하여 순수한 기로 변함), 煉氣化神(기를 수련하여 眞心과 眞性을 되찾음), 煉神返虛(정신을 수련하여 비어 있는 도로 돌아감)의 세 단계 수련을 거쳐야 한다. 이 세 단계는 노자에서 말한 만물이 도로 돌아가야만, 하늘과 땅과 같이 장구한 생명을 누릴 수 있다(7장)는 가르침을 구체화한 것이다. 도의 소박함으로 돌아가는 것은 곧 후천의 기가 가져오는 부패를 극복하고 선천의 기를 회복하여 생명을 완전하게 하는 것이다. 그리고 생명을 완전케 한 사람이 도교가 구원의 목표로 제시한 신선인 것이다.

12-13세기에 형성된 전진도와 2세기에 형성된 태평도, 천사도 등의 초기 도교 교단 사이에 끼어 있는 상청파는 무형의 도에서 시작되고 무형의 도로 돌아감으로써 완성되는 도교의 생명관에 구체성을 제공한다는 점에서 특이한 공헌을 하고 있다. 상청파 도사들은 비어 있는 도가 천계의 무수한 신선들로 생명의 영화로운 모습을 드러내며, 그 동일한 신선들을 다시 인간 몸 안에 거주하는 체내신(體內神)들로 상정했다. 다시 말해, 도의 원기는 신들의 형태로 우주를 가득 채울

뿐 아니라 각 사람의 신체를 가득 채우고 있다. 따라서 내 몸 안에 있는 체내신들을 보존하고 명상함으로써 악한 기운을 몰아내고 참된 기운을 키울 뿐 아니라 道의 元氣로 전환될 수 있다고 생각했다. 생명의 충만함을 누릴 뿐 아니라 온전한 질적 변화가 내 몸 안에서 이루어질 수 있고, 종국에는 만물과의 조화와 일치를 이루어 도의 무위자연 상태에 돌아갈 수 있다는 것이다.

"상청파(上淸派)는 4세기에서 10세기, 곧 육조 시대(六朝時代)부터 당대(唐대)에 이르는 기간동안 번성하였으며 중국 중세 도교 전통에서 주도적 역할을 담당했던 교파이다. 상청파는 천사도(天師道)나 영보파(靈寶派)와 같이 대중적인 지지를 얻지는 못했지만, 도교 전통에서 가장 영향력 있는 계시적 성격을 띤 경전들과 그 경전을 해석하고 편집한 뛰어난 학자들을 배출했다. 한마디로 상청파는 도교적 계시 개념과 계시를 전하는 神들에 대한 계보 및 신선이라는 도교의 종교적 목표에 도달하기 위한 상세한 수련법을 체계화하는데 至大한 공헌을 했다. 상청파에서 사용한 이미지와 상징은 도교의 神관념과 오대(五代) 이후에 성행하는 내단(內丹)의 사상적 배경 및 초기 중국의 신화적 상징들이 해석되는 과정을 이해하는 데 결정적으로 중요한 고리 역할을 한다."[1]

---

1) 앙리 마스페로(Henri Maspero)는 후대 도교에 가면 수행자들은 자신 안에서 신을 발견하려 하지 않고 단지 외부에서만 발견하려고 했다고 결론내렸다(*Taoism and Chinese Religion*, tr. by F. A. Kierman, Univ. of Massachusetts Press, 1981, p.372). 이러한 발언과 도교의 복잡한 신 계보에 대한 그의 부정적 태도는 氣로써 포용되는 도교적 우주관과 이에 기초를 두고 발전한 소우주(인간)와 대우주의 상응을 강조하는 도교적 원리를 간과한 데서 나온 것으로 보인다. 한편 마이클 사쏘(Michael Saso)는 不死를 위한 중심적 수단으로서 체내신의 육화된 모습을 명상하는 존사를 다룬 황정경을 해석함에 있어서 공(空)적인 측면을 너무 강조했다(*The Golden Pavilion*, Charles E. Tuttle, 1995, p.xii, 81). 상청 경전의 형성 과정에 대해서는 Michael Strickmann, "The Mao Shan Revelation," *T'oung Pao*, 63(1966) 1-40 참조).

본 논문은 『상청황정내경경(上淸黃庭內景經)』에 초점을 맞춰 살펴보고자 한다.2) 『황정내경경』은 상청파의 가장 대표적인 초기 경전으로서 체내신(體內神)의 이미지와 인간 몸 안에 내재한 신들을 명상하는 존사(存思)에 관해 풍부하게 묘사하고 있다. 체내신들 자체가 인간 몸 안에 있는 선천의 원기(元氣)를 신격화한 것이고, 이 신들을 지킴으로써 생명을 보존하고 완성할 수 있다고 생각했으므로 도교의 생명론을 가장 구체적으로 보여주는 예라고 하겠다. 또한 이런 강점 때문에 『황정내경경』은 내단 생리학 발전에도 크게 공헌했다. 인간 몸 한가운데의 비어 있는 곳을 가리키는 황정(黃庭)이라는 용어는 정기가 축적되어 있는 장소를 지칭한다. 외경(外景)에서는 배꼽 아래 빈 곳인 명문(命門)이 황정이라고 보았지만, 내경(內景)에서는 인체 上中下의 三丹田이 황정 삼궁(三宮)이 된다. 인체가 상중하로 구분되고 각 부분에 八景이 있으므로 24眞이 머문다. 인간 뇌 가운데 단전이 있어서 百神의 주인이 된다는 『황정내경경』의 사고는 宋元시대 내단에서 정신수련인 性功을 중시하는 근거가 되었다. 內氣의 大周天을 중심으로 하는 육체 수련인 命功 역시 『황정내경경』이 대뇌와 심장을 배꼽 아래 빈 곳과 함께 三丹으로 중시한 成仙이론에 힘입고

---

2) 이 경전은 天上界의 신선들이 상청파의 창시자인 남악부인(南嶽夫人)이라고 불리는 위화존(魏華存 252-334)에게 계시한 것으로 이러한 계시를 받을 준비가 되어 있는 사람에게만 전수되어야 하는 밀의적 경전이다. 『황정내경경』과 『황정외경경』의 상관관계 및 그 연대에 대한 논의에 대해서는 Isabell Robinet, *Taoist Meditations, : The Mao-Shan Tradition of Great Puriy*, tr. by Julian F. Pas and Norman Girardot, the State University of New York Press, 1993, p.56 참조. 왕명(王明)과 칼텐마르크(Kaltenmark)는 내경경에 비해 짧은 외경경이 내경경의 요약문이라고 본다. 반면, 크리스토퍼 쉬페르(Kristopher Schipper)와 麥谷邦子는 내용이 더 풍부한 내경경이야말로 외경경을 한 걸음 더 발전시킨 것이라고 결론 짓는다. 그러나 로비네 자신은 두 경전의 내용을 비교하는 것이 이 문제에 대한 어떠한 결정적인 대답을 도출시키지는 못한다고 봄으로써 판단을 유보한다.

있다.3)

『황정내경경』은 모두 36 개의 짧은 章으로 구성되어 있다. 맨 처음 장(1장)과 마지막 장(36 장)은 어떻게 천상계의 신들이 인간의 육체 안에 그들의 거주지를 마련하는지를 소개하고 이 경전의 올바른 전수 방법에 대해 설명한다. 이 경전의 본문에 해당되는 중심부는 크게 세 부분으로 나눌 수 있다. 제 2 장으로부터 18 장까지는 神적 기운(氣)으로 가득 찬 우주를 반영하는 소우주로서의 인간의 육체를 다룬다. 그리고 19장으로부터 28장까지는 체내신에 대한 존사(存思, visualization)를 중심으로 한 수련법을 설명하고 있다. 끝으로 29장부터 35장까지는 몇몇 경계할 주의 사항과 함께 신선의 상태를 묘사한다.

풍부한 신화적 이미지들이 이 경전과 주석전통 전체를 통해 나타나기 때문에 초기 중국의 종교적 상징들이 도교에 수용되어 어떻게 해석되었는지를 먼저 살피고자 한다. 서문에서 五代의 주석가인 무성자(務成子)는 『황정내경경』을 위부인에게 전하도록 양곡(暘谷)에게 명령한 신은 부상대제(扶桑大帝)라고 말한다. 부상(扶桑)은 『산해경(山海經)』과 『초사(楚辭)』에 소개된 바 있는 우주목으로 초인(楚人)들은 우주의 중심인 동방에 부상나무가 있다고 생각했기 때문에 최고신인 동황태일(東皇太一)의 사당을 동쪽에 가지고 있었다. 『초사』 「초혼」에 언급되는 부상나무는 『산해경』에서는 扶木, 建木, 또는 곤륜산 위에 있는 木禾라고도 불리는데, 높이가 100길 혹은 300리로 위 아래로 아홉 차례씩 구부러져 있어서 하늘과 땅을 지탱하고 연결시키고 있다. 이 부상나무 밑에 양곡이라고 불리는 아홉 개의 우물이

---

3) 郝勤, 『龍虎丹法: 道教內丹術』, 사천인민출판사 1994, 59-62쪽. 『황정내경경』은 내단을 중심으로 하는 全眞道에서 중시하는 경전으로 오늘날까지 학습되고 있다.

있어서 열 개의 태양이 창공을 돌고와서는 번갈아 목욕을 하고 쉰다.[4] 그런데 상청파 전통에서 부상나무는 물론 양곡 역시 魏부인에게 『황정내경경』을 전한 양곡 神仙王으로 神仙化 되었다.

서문에 의하면 부상대제의 신하인 양곡 신선왕이 이 경전을 지상에 가져올 때 "동화(東華)"라 불리는 동쪽에 있는 신선 섬의 신선인 동화청동군(東華靑童君, 혹은 方帝靑東君)과 함께 온 것으로 되어 있다. 『황정내경경』 본문 26장에도 東海에 있는 신선섬인 "동몽(東蒙)"에 대한 언급이 나온다. 양곡 신선왕과 부상대제의 신선들이 하늘과 땅을 연결시키는 고대 우주목 신화에서 유래한 반면, 동쪽바다에 있는 신선섬에 대한 이야기는 중국 동부 해안 지방에서 생겨난 것이다.[5] 다시 말해, 상청파는 다양한 신화적 이미지를 그들의 계시 관념 안에서 종합하고 신격화하여 구체성을 더했다고 하겠다.

『황정내경경』 1장과 그 주석 안에는 우주적 에너지인 氣와 체내신의 관계에 대해 설명하고 있다. 구름 사이에서 나와 밝게 빛나는 구기(九氣)에 대해 무성자는 다음과 같이 주석을 달았다. "구천(九天)의 氣가 인간의 코를 통해 들어가서 뇌궁(腦宮)안에 두루 흘러간다... 九氣가 형태로 응결된다(九天之氣 入於人鼻 周流腦宮....九氣形結)." 그리고 제7장에 가서 보다 분명하게 말하기를, "九氣가 九神으로 변화하여 각기 洞房에 거한다"라고 한다. 이와 마찬가지로 무성자는 오행(五行)의 氣가 인간의 오장(五臟)과 각기 연결되고 다시 五臟 안에

---

4) 『초사(楚辭)』(송정희 역, 명지대출판부) 중 「구가(九歌)」 및 「초혼(招魂)」(350쪽). The *Songs of the South* tr. David Hawkes, Penguin Books, 1985 참조. 『山海經』(정재서 역, 민음사 1993) 中 「大荒東經」(291쪽), 「海內西經」(267쪽), 「海內經」(330쪽) 참조, "The Eastern Land Beyond the Sea"(Hai Wai Tung Ching) of *Shan Hai Ching* tr. by H. Cheng, National Institute for Compilation and Translation, 1985 참조.
5) 神塚淑子, 「方諸靑童君もめぐてと 六朝上淸派の 一考察」, 『東方宗敎』, 76(1990), 1-23쪽.

거주하는 체내신으로 변화한다고 서술한다(22장). 이러한 오장(五臟)의 기는 또한 중국의 오악(五岳)의 운기(雲氣)와도 동일시된다(15장). 상청파의 사상에서 도교 안에 전개되어 오던 소우주와 대우주의 상응 사상이 완성된다. 한 예로『초사(楚辭)』의「구가(九歌)」첫머리에 등장하는 최고신, 태일(太一)은 곤륜산(19장)에 거주할 뿐 아니라 百神의 으뜸으로서 인간 육체의 배꼽 아래에도 거주한다.

『황정내경경』에서는 초기 중국의 신화적 신들이 체내신으로 내면화된다. 그러나 동시에 이 체내신들은 천상적 존재로서의 고유한 권위를 가지고 있으므로 인간 몸 안에 내재되어 있는 동시에 초월적인 존재로서 氣를 다스리고 유지시켜 준다. 한 마디로, 체내신들은 인간이 지상에서 누리는 유한한 생명을 道의 무한한 생명으로 연결시킬 수 있는 고리이다.

『황정내경경』은 일차적으로 존사(存思, 시각적 명상법)를 위한 지침서이기 때문에 체내신의 올바른 명칭과 모습(image)에 대해 아는 것을 대단히 중요시여겼다. 따라서 신들에 대한 세세한 정보는 계시의 핵심을 이루며 不死의 神的 영역으로 들어가는 열쇠로 여겨졌다. 본 논문은『황정내경경』이 제시하는 인체의 오장육부 안에 거주하는 여섯 신과 뇌(泥丸) 안에 있는 아홉 진인〔九眞〕에 대해 자세히 논의하고자 한다.

2. 니환(泥丸)에 거하는 구진(九眞)

무성자(務成子)는 경전 서문에서 보통 상청파는 신체의 上中下 세 부분에 있는 24 신을 이야기하지만『황정내경경』에서는 그 중 13 신(그 중 일곱은 뇌에 거하고, 나머지 여섯은 여섯 臟器에 거한다)만을 묘사하고 있다고 설명한다. 이 해석은 옳다고 본다.『황정내경경』23 장에서 眞氣(참된 기운)인 24 眞에 대해 언급하기는 했지만, 그것은 단지 지나가는 언급에 불과하고, 존사의 대상으로 그들의 이름이나 형체가 실제 소개되어 있지는 않기 때문이다.

『황정내경경』 7 장은 인간의 두뇌와 百節(백가지의 마디)에 신들이 있다고 말한 다음 얼굴과 머리에 거주하는 일곱 체내신의 명칭을 소개한다. 즉, 두발(頭髮)과 뇌, 눈, 코, 귀, 혀, 치아의 신들의 이름을 모두 소개한다. 그런데, 머리 부분에 거주하는 체내신들 중 가장 중요성을 갖는 신은 뇌부에 있는 九眞이다. 뇌의 도교적 명칭인 니환(泥丸)에는 그 안에 사방 1寸(약 1 인치) 크기의 방 아홉 개가 있다. 뇌 안에 거주하는 九眞은 각기 한 방을 차지하고 있는데 그들은 모두 구름같이 가벼운 비단치마와 자주색 웃옷을 입고 있다. 그리고 그들은 서열에 따라 각기 다른 방향을 향해 바깥을 바라보고 앉아 상서롭지 못한 기운이 들어오는 것을 막고 있다. 명상 속에서 이들 신을 존사하고 그를 통해 신들의 생기(生氣)를 보존하는 것이 불사에 이르는 방법으로 간주된다.『황정내경경』에서는 泥丸의 九眞이 잘 알려진 여섯 장기(臟器)의 신들보다 먼저 언급되고 있어서(22장과 35장) 그 지위가 높다는 것이 인정됨에도 불구하고 비교적 간단히 그들을 소개하고 있다. 따라서 니환의 구진에 대한 의미를 제대로 파악하기 위해서는 도홍경(陶弘景)의 『등진은결(登眞隱訣)』을 언급해야만 한다.

상청파 전통을 집대성한 도홍경(456-536)은 존사(存思)를 신선이 되는 가장 효과적인 길로 제시하고자 상청파의 계시적 경전들을 편집하고 주석을 달았다. 진인이 되는 비결을 논한 『등진은결(登眞隱訣)』은 본래 25장으로 되었으나 현재 보존된 것은 3장뿐이다. 그 중 제1장은 주로 니환 안에 있는 9개의 방(九宮)의 배치도와 그 안에 거주하는 신들에 대해 설명하고 있다. 특별히 흥미로운 것은 도홍경이 아홉 진인을 서열에 따라 두개의 무리, 곧 4명의 여성신과 5명의 남성신으로 나눈다는 점이다. 옥제궁(玉帝宮), 태황궁(太皇宮), 천정궁(天庭宮), 극진궁(極眞宮)에 거주하는 4명의 여성신은 지위가 높은 신이지만 그들의 가르침은 세상 사람들이 모르도록 감추어져 있다. 한편, 현단궁(玄丹宮), 동방궁(洞房宮), 유주궁(流珠宮), 단전궁(丹田宮), 명당궁(明堂宮)에 거주하는 5명의 남성신은 그 지위는 낮지만 그들의 가르침이 이 세상에 드러나 있다. 그 중에서도 가장 상세하게 설명된 것은 명당과 동방에 대한 존사이다.

명당(明堂)은 내부와 외부로 갈라져 있어서 외부에는 작은 방이 있다. 이 작은 바깥 방은 다시 푸른 방(靑房)과 자주색 방(紫戶), 두 부분으로 구분되어 있으며 그 안에는 갓 태어난 어린아이의 형상을 한 두 명의 수호신이 惡氣의 침입으로부터 신성한 세계를 보호하고 있다.6) 이 두 수호신의 복색은 그들이 거하고 있는 방의 색과 일치한다. 그리고 그들의 손에는 붉은 빛이 나는 방울이 들려져 있다. 저녁에 수련자가 신에 대해 명상할 때에는 우선 이 신들을 존사(시각화)하고 그런 다음 그 신들의 완전한 이름을 3번 부른다. 그리고 기가 온 몸을 통과하는 동안 수행자는 하늘의 아홉 문(九門)에 올라 구진을 뵙게 해 달라고 기원한다. 워낙 구진(九眞)은 천계인 상청경(上淸境)에 거주하는 신선들이기 때문이다. 명당의 내부쪽 넓은 방은 신들의 궁전으로서 명동진군(明童眞君), 명여진군(明女眞君), 명경진군(明鏡眞君)이 거주한다. 명당은 본래 남성神의 영역임에도 불구하고 2명의 남성신과 더불어 1명의 여성신이 거주하는데 이것은 바로 陽

---

6) 쉬페르(Schipper)는 明堂이 우주를 모델로 하여 지어진 건물로서 정방형의 바닥과 둥근 지붕을 가지고 있다고 지적한다. 도교인들은 뇌 안에 명당이 있는 것으로 상상하여 신체를 우주의 상징으로 바라보고 있다. "the Innerland Scape", in *The Taoist Body*, tr. by Karen Duval, Univ. of California Press. 1993 p.102.

이 항상 그 안에 陰의 요소를 담지하고 있음을 표상하는 것이다. 이들 세명의 신은 모두 녹색비단 옷을 입고 허리띠 네 부분에 붉은 색의 옥방울(玉鈴)을 차고 있으며 입에는 붉은 옥거울(玉鏡)을 물고 있다. 또한 이들은 원초적 생명인 道의 이미지처럼 갓 태어난 어린아이의 모양을 하고 있다.

　동방궁(洞房宮)은 명당보다 더 높은 곳으로서 존사과정에서 가장 중시된다. 洞房의 남성신인 웅진일(雄眞一)은 3가지의 神적 이미지, 곧 왼쪽의 무영군(無英君), 중앙의 황노군(黃老君), 그리고 오른쪽의 백원군(白元君)으로 분화된다. 이들은 洞房에 있는 3개의 방, 곧 황궁(黃宮), 자호(紫戶), 현정(玄精)에 거처한다. 이들은 삼일존군(三一尊君)의 세 가지 다른 이미지이므로 '삼일(三一)'에 대한 존사는 상청파에서 가장 높은 경지의 수련 형식으로 간주된다.7) 도홍경은 이러한 존사를 통해 니환의 九眞은 결국 하나의 眞一로 변화됨으로써 하늘로 날아올라간다고 결론내렸다. 그들은 원래 上天의 九宮에 거주하는 신선들이기 때문이다. 이 신들이 인간의 신체 내부와 천계에 동시에 거주할 수 있는 것은 소우주(microcosm)와 대우주(macrocosm)의 상응때문이다.

　『등진은결(登眞隱訣)』에 소개된 九眞에 대한 지식을 통해 우리는 『황정내경경』 21장에 등장하는 '니환부인(泥丸夫人)'과 25장에 나타나는 '아버지 니환과 어머니 자일(父曰泥丸母雌一)의 신비스런 모습을 이해할 수 있다. 니환과 니환부인은 雄眞一과 雌眞一을 가리키는 칭호였다. 더 나아가 뇌 안의 九眞은 남성신과 여성신으로 나뉘어지는데 이것은 모든 생명이 유출되는 근원적인 기(元氣)가 함축하고 있

---

7) 『登眞隱訣』券上 洞房章. 山田利明은 여기에 나오는 '三一'에 대한 존사는 삼단전(三丹田)에 있는 眞一이 아니라 동방에 있는 신에 대한 존사라고 말한다(「洞房神存思考」, 『東方宗敎』, 74(1989). 23,. 31쪽).

는 음양 원리를 상징한다. 아홉이라는 숫자는 『산해경』과 『초사』에서 부터 하늘과 지하가 9층으로 이루어진 우주적 공간 기념을 나타낸다. 도교의 모든 교파 중에서 景 또는 象이라고 부르던 이미지들, 곧 상징의 영역과 상징을 초월하는 영역을 왕래하는 데 있어서 가장 자유로웠던 것이 상청파이다. 더욱이 상청파는 오직 신적인 이미지를 통해서만 인간이 불가지적인 道의 영역에 도달할 수 있다고 확신하였다. 그들이 받은 계시는 몸 안에 내재해 있는 不死의 神들의 형태 속에서 자신의 신체 내부에 잠재되어 있는 생명력을 발견하게 해주는 신적인 안내서이다.

이사벨 로비네(Isabell Robinet)가 지적했듯이 "상청파 운동은 도교의 근본적 원리들을 수행자가 시각적으로 불러들인 육화(肉化, incarnate)된 신들을 통해서 이해한다."[8] 이러한 형상화가 가능했던 것은 상청파가 도를 형이상학적인 영역과 형이하학적인 물질적 영역, 모두를 포괄하는 것으로 이해했기 때문이다. 실제로 전국시대에 이르러 양생가들로부터 기(氣) 개념을 수용한 맹자등의 유가는 氣를 도덕적 원리보다 열등한 것으로 자리매김하였다(『맹자』「공손추上」 등). 그러나 도교전통 안에서 점차 기 개념이 발전하면서 기란 도 자체에 배태되어 있는 생명의 잠재적인 힘이라고 보게 되었다. 이러한 기 관념의 승격은 『태평경(太平經)』과 『노자하상공장구(老子河上公章句)』와 같은 도교 초기 경전에서 볼 수 있다. 원기가 바로 도의 생명력 자체로 인식되기만 하면, 초월적인 도를 구체적인 신의 형상 안에 체현시키는 쪽으로 한 걸음 더 나아가는 것은 그다지 어렵지 않은 일이다.[9] 『황정내경경』은 "원기를 호흡하여 신선이 되기를 구하

---

8) Isabell Robinet, *Taoist Meditations* p.109
9) 『태평경』에서 지순한 元氣로 정의되는 "一"은 사계절(四時)과 오행(五行)의 氣로 진화하며 이 氣가 다시 인간의 육체 안으로 들어가 五臟의 神이 된다(72권). 『老子河上公注』에서는 "一"을 큰 조화를 이루는 정밀한 기(大和之精氣)로

라"고 서술함으로써 완숙한 기 개념 및 도교적 생명사상을 잘 보여 준다.10)

3. 오장육부 안에 거하는 여섯 신들 〔六神〕

『황정내경경』제8장은 인체의 오장육부 안에 거주하는 신들의 명 칭을 모두 소개하고 있다. 즉, 심장, 허파, 간, 신장, 비장, 담낭(쓸개) 의 신을 소개한다. 『태평경』과 『노자하상공장구』에는 쓸개를 제외한 오장신(五臟神)만이 언급된다. 그리고 이들 오장(五臟)은 동서남북중 과 상응하여 인체에 오행(五行) 개념을 적용했음을 알 수 있다. 그러 나 『황정내경경』 8장에서는 오장신에 이어 바로 담신(膽神)이 소개될 뿐 아니라, 제9장에서부터 제14장에 걸쳐 육부오장신(六腑五臟神)을 차례로 소개하고 있다. 『황제내경(黃帝內經)』에 의하면 담낭(쓸개), 위(胃), 대장, 소장, 방광, 삼초를 포함하는 육부(六腑)가 오장과 함께 언급되어 있기 때문에 그 영향으로 『황정내경경』에 육부의 대표로 담신이 추가된 것이라 하겠다.

폐신(肺神)의 궁전은 화사한 덮개로 싸여 있는데 그 아래에는 인 체의 일곱 구멍을 통해 들어오는 원기로부터 생겨난 소년 동자(童子) 가 앉아서 몸 안의 육기(六氣)를 조화시키고 있다. 폐부(肺部)의 신은 백색의 비단 옷을 입고 노란 구름 모양의 허리띠를 차고 있다. 숨쉬 기가 곤란할 때에는 폐부의 신을 존사해야 한다. 그리고 폐부의 신

이해하며(10장), 오장신에 대한 존사를 권장하고 있다. 이렇듯 초기 도교인들은 『노자』에 나오는 "一"을 모든 존재, 혹은 생명이 유래하는 元氣(최초의 氣)로 이해하는 것에 의견 일치를 본 것 같다.

10) 呼吸元氣以求仙 20. 1 ; *Concordance du Houang-T'ing King*, ed. by K. M. Schipper, Ecole Francaise d'Extreme-orient, 1975 p.4.

선을 오랫동안 바라보게 되면 모든 재해가 없어진다.

심신(心神)의 궁전은 연꽃 봉우리처럼 생겼는데 그 아래에 童子가 거주하고 있어서, 신체의 온도와 음양의 기를 알맞게 조정하고 있다. 심장의 신은 붉은 비단 옷을 입고 날으는 치마 위에 옥으로 된 망사를 걸치고 있다. 또한 이 신은 金으로 된 방울을 쥐고 평화롭게 앉아 인체의 혈맥과 수명을 조절한다. 사람이 죽음에 임박했을 때 이 신을 부르면 다시 살아날 것이다. 또한 심장의 신에 대한 존사를 오래 실천하면 하늘로 날아 올라갈 수 있다.

간신(肝神)의 궁전에는 두 겹으로 된 비취색의 우산이 있는데, 그 아래에는 청동신(青童神)이 거처한다. 그는 푸른 색 비단옷을 입고 옥으로 된 방울을 들고 있다. 그는 혼백을 조화시키고 인체의 타액을 조절한다. 동방의 신이며 봄의 신인 청동군은 계절의 시작과 눈의 총명함을 관장한다. 죽음에 임박해서 이 신을 존사하면 다시 살아날 것이다. 후에 전진도의 북종과 남종이 모두 동화제군(東華帝君 혹은 青華帝君)에서 도통(道統)을 찾았는데, 내단전통의 생명적 관심과 상청파와의 밀접한 관계를 보여주는 것이다.

신신(腎神)의 궁전은 어둡고 둥글며 그 안에 동자가 거처하여 육부의 모든 체액 분비와 두 귀의 기능을 관장한다. 신장의 신은 푸른 용(龍) 무늬가 있는 하늘색 비단치마에 구름 웃옷을 입고 있다. 급한 질병이나 재앙이 발생하면 신장의 신을 존사해야 한다. 그렇게 하면 생명의 문이 열리고 장수를 누리며 구천(九天)으로 올라가게 된다.

비신(脾神)의 궁전은 인체 한 가운데에 위치하는데, 그 안에는 빛이 나는 童子가 호랑이 무늬의 황색 비단 옷을 입고 있다. 그는 곡식을 소화시켜서 거기서 나오는 氣를 분배해 준다. 비장의 신은 금으로 된 아홉 겹의 성벽 안에 있는 금대(金臺)에 앉아 있는데 얼굴색과 치아 및 다섯 가지 맛을 관장한다. 비신은 모든 피로를 물리쳐서 질병이나 재해가 몸 안에 일어나지 않도록 한다. 비장 속의 진인인 '三老'를 존사하면 몸이 새의 깃털처럼 가벼워져서 신선이 되고 죽음의 앙화를 떨쳐 버릴 것이다.

『황정내경경』은 비장의 신을 중시한다. 오장의 체계 안에서 비장은 가운데에 위치한다고 간주되었고 비장지역인 하단전(下丹田)에서 생식 기능이 이루어진다고 보았기 때문이다. 三老는 생명의 원천인 세 가지 원기(元氣)를 상징한다. 15장에 의하면 비장에는 생명의 씨앗이 보존되며 道母와 道父로 표상되는 음과 양이 서로 마주보며 거주하고 있다. 여기서 다시 우리는 음양의 氣와 세 가지 원기가 신들의 형태로 시각화됨을 볼 수 있다. 그러나 동시에 이들 신은 그들의 형상 안에만 머무는 고정된 존재로 간주되지 않는다. 그들은 다시금 원기(元氣)로 바뀔 수 있고 종국에는 道의 형이상학적 허무(虛無)에로 복귀한다. 神의 이미지와 무형의 氣 사이의 유동적인 상호 변환이 도교, 특별히 상청파에서 독특하게 서술되고 있는 것이다. 도가 지닌 무형의 생명력이 유형의 생명체들을 생성하고, 유형의 생명체들은 다시 무형의 도로 돌아가게 되어 있기 때문이다.

『황정내경경』 14장은 인체의 창고 역할을 하는 육부의 생명력인 담신(膽神)의 궁전에 대해 서술하고 있다. 쓸개 안에서 육부(六腑, 즉 담낭, 위, 소장, 대장, 방광, 三焦)의 精(liquid energy)이 응결된다. 쓸개의 궁전 안에서 童子神이 玉 장식이 달린 龍 모양의 깃발을 들고 불방울(火鈴)을 힘차게 흔들면서 담력을 상징하는 호병(虎兵)을 지휘한다. 쓸개의 신은 녹색 꽃치마에 아홉 색의 비단 웃옷을 걸쳐 입고 金으로 된 허리띠와 호랑이 문장(紋章)을 하고 있다. 담신을 존사하면 상서로운 구름으로 날아올라 萬神을 부리고 마침내는 三元을 알현할 수 있다.

상청파에서 수행자들의 존사를 돕기 위해 그토록 다채롭게 神들의 이미지를 묘사했음에도 불구하고 결국 수련자가 목표로 하는 것은 道의 元氣, 곧 무한한 생명의 획득이었다.

4. 惡의 관념 : 죽음을 초래하는 死氣

도교에서 갖고 있는 惡의 관념은 유교의 경우와 같이 근원적으로 도덕적인 것이 아니다. 노자와 장자의 본래적 사상은 아름다움과 흉함(美醜), 有用함과 無用함 등과 마찬가지로 善과 惡의 상대성을 초월하고자 하는 것이었다. 바꾸어 말하면 초기 도교의 사상가들은 선과 악의 기준이란 문화의 발전에 의해 인위적으로 형성된 것이라고 생각하였다. 그런데 선과 악을 관습적으로 형성된 상대적 가치로 보는 사고는 천사도(天師道)에 와서 변화한다. 천사도의 경전인『노자상이주(老子想爾注)』에 따르면 인격화된 道가 善은 행하고 惡은 물리치기 위해 구체적 도계(道誡)를 계시한다. 사실상「상이계(想爾戒)」의 내용을 보면 무위와 유약(柔弱)을 강조하는 노자의 가르침을 보다 실천적인 선행으로 구현시켜 주는 것이다. 그런데 흥미롭게도 선행과 악행을 중시한『老子想爾注』는 체내신의 존사를 잘못된 가르침(世間僞伎, 邪學, 邪道)이라고 강하게 비판한다.[11]

『황정내경경』에서는 善惡의 도덕관념이 강조되지 않는다. 그러나

---

11)『老子想爾注』는 氣가 형태를 취하여 인간의 몸 안에 거한다는 체내신적 사고에 대해 비판하고 있는 점에서 초기 도교 전통에서 독특하다(10, 14, 16장). 그리고 체내신의 모습을 시각적으로 상상하여 道를 명상하는 존사법을 반대한다. 道와의 진실된 통교는 오직 태상노군으로부터 주어진 도덕법의 준수를 통해서만 성취된다고 주장한다(도병선,「노자상이주 연구」, 서강대 석사논문, 1994년, 62-72쪽 참조). 그러나, 돈황에서 발견될 때까지『노자상이주』가 도교 전수 역사에서 사라진 것은 이러한 자세가 후대 도교인들에게는 일반적으로 받아들여지지 않았음을 시사한다.

체내신을 존사하는 수행자는 도덕적 상태를 갖추고 있어야 하는 것이 당연시된다. 여기서의 주제는 삶과 죽음, 곧 완전한 생명을 부여하는 眞氣(참된 기)와 모든 재앙을 초래하는 死氣(죽음의 기) 사이의 투쟁이다. 제3장에서는 수행자가 옥지(玉池), 곧 입의 침을 삼키면 신체에서 빛이 나고 氣가 매우 향기로워져서 수 많은 사악함(百邪)이 사라지고 그의 얼굴이 玉과 같이 빛난다고 한다. 수련자는 침을 뱉거나 피나 정액을 함부로 흘려 보내서 몸 안에 있는 氣를 낭비하지 않도록 매우 주의해야 한다. 제 15 장에서 세 마리의 벌레, 곧 삼충(三蟲)이 언급되는 데 수련자가 不死에 도달하기 위해서는 반드시 삼충이 죽어야 한다. 주석에 따르면 신체의 상충부에 있는 벌레는 푸른색이고 중간부의 벌레는 누런 색이며 하충부의 벌레는 검은 색이라고 한다. 이들 삼충은 자신들이 해방되어 자유롭게 살기 위해서 사람의 몸이 죽기를 기다린다. 삼충은 신체 내에 존재하는 惡氣를 표상 하는데 이러한 악한 기는 참된 기(眞氣)가 활성화되기 위해서 반드시 제거되어야 한다.

  제27장에서는 승선(昇仙)하기 위해서는 死氣(죽음의 기)를 피해야 됨을 강조한다. 그리고 30장에서는 백 가지 곡식(百穀)을 먹음으로써 나는 다섯 가지 맛(五味)을 가리켜 惡을 이끄는 사악한 냄새(邪魔腥)라고 말한다. 사마(邪魔)는 순수하고 공적(空寂)한 眞氣와 대비된다. 그러나 악을 이끄는 힘인 '마(魔)'의 인격화된 이미지는 『황정내경경』 안에 거의 나타나지 않는다. '마(魔)'와 마왕(魔王)의 이미지가 풍부하게 발견되는 곳은 『대동진경(大洞眞經)』이다.12) 원래 '마(魔)'는 불교의 '마라(mara)'에 대한 음역(音譯)이다. '마라'는 석가모니가 깨

---

12) 경희태(卿希泰)는 『대동진경(大洞眞經)』이 『황정경』보다 시기적으로 앞선 것이라고 서술한다(『中國道敎史』, 一卷, 四川人民出版社, 1988 p.35). 그러나 7대 선조의 구원이나 魔王과 같은 개념은 『대동진경』이 사상적으로 보다 심화(sophisication)되어 있어서 『황정경』보다 후기 작품임을 시사한다.

달음에 이르기 직전에 그를 유혹했으며 佛法의 전파를 방해하는 악한 세력을 상징한다. 이러한 불교의 마라 관념은 중국의 귀신 개념과 결합되는데, 흥미롭게도 도교에서는 마왕의 이미지를 도리어 모든 악한 힘을 물리치는 힘, 곧 악과 대립되는 힘을 상징하는 것으로 발전시킨다.13) 따라서 『대동진경』에서 우리는 수행자를 위해 모든 악한 기를 제거해 달라고 마왕에게 바치는 주문(呪文)을 많이 볼 수 있다. 그러나 「대동진경」에서도 체내의 모든 구멍〔門〕을 지키는 체내신의 가장 중요한 역할은 악한 기가 몸 안으로 들어오지 않게 하는 것이다.

『황정내경경』에서는 인간의 육체가 生氣를 잃고 죽게 되면 몸 안에 있던 체내신들이 이를 슬퍼하여 운다고 말한다(제21장). 반대로 '死者의 명단(死錄)'에서 이름이 제거되면 체내신들이 기뻐한다(제24장). 간단히 말해 체내신들은 인간이 道의 진정한 가치를 알고, 영원한 생명, 곧 완전한 眞氣를 추구하도록 도와주고자 한다. 도교에서 선악은 본래 도덕적인 개념이 아니라, 죽음이나 생명을 초래하는 대립적인 기를 가리킨다.

5. 存思를 통한 氣의 축적(蓄積)

『황정내경경』 28장은 신선이 본래부터 그렇게 타고난 것이 아니라 습득, 곧 기의 수련을 통해서 불사에 도달하는 것이라고 분명하게 천명하고 있다 : "精을 모으고 氣를 쌓아야 眞이 된다(積精累氣以爲眞)." 수행자가 氣를 모으기 위해서는 하늘의 문을 열어 주는 부적이

---

13) 神塚淑子, 「魔の觀念と消魔の思想」, 『中國古道教史硏究』, 吉川忠夫 篇, 同明舍 1991, pp.89-194.

필요하고 해와 달의 밝은 氣를 얻어야 한다(26장). 또한 수행자는 신선이 되어 玉으로 된 수레(玉輪)를 타고 하늘로 올라갈 수 있도록 상황태도군(上皇太道君)에게 도움을 구해야 한다(29장).

목욕 재계와 동쪽을 바라보고 경전을 암송하는 것은 수련자가 존사를 하기 위해 선행해야 하는 필수 조건이다. 그러나 『황정내경경』은 『대동진경』에서처럼 경전을 반복해서 읽는다든지 7대 선조(先祖)를 구원하는 것 등에 관심을 두지 않는다. 그보다는 오히려 체내신, 특별히 泥丸(뇌)의 九眞과 몸통 부위에 있는 오장육부의 체내신 존사에 그 초점을 맞추고 있다. 불가시적인 道로부터 파생된 元氣가 형태로 구체화된 이들 체내신의 이름, 속성 및 다양한 기능을 완전히 알게 되어 이들을 오랫동안 내관(內觀)하면 기가 보존되고 활성화될 뿐만 아니라 신령한 원기로 되돌아갈 수 있다고 간주했기 때문이다. 원기와 신선이 인간 몸 안에 내재해 있다는 상청파의 기본전제는 내단으로 발전할 수 있는 사상적 교량이 되었다고 하겠다. 상청파에게 있어서 체내신에 대한 지속적인 존사는 "수일(守一)"의 탁월한 방도였다. 존사에 대한 기본적 신앙과 구체적 방법은 『황정내경경』 안에 가장 분명하게 서술되어 있다. 한편, 사상적으로 더욱 심화된 『대동진경(大洞眞經)』은 경전 맨 뒤 부분에서 회풍(廻風)의 白氣에 의해 '모든 신적 이미지들이 허무인 道 안으로 잠입, 無化된다'고 서술한다. 有는 無에서 생겨났다는 노자의 통찰을 재확인한 것이다.

6. 맺는말

상청파가 발전시킨 체내신에 대한 시각적 이미지는 도교의 종교적 특성과 생명관을 이해하는 데 매우 중요하다. 상청파의 도사들은 체내신들을 명상의 대상뿐 아니라 의례적 숭배의 대상으로 자유롭게 상정하였다. 그러나 동시에 그들은 老子, 莊子의 본래적인 사고, 곧 도는 어떠한 형상이나 속성을 가진 일정한 대상으로 규정될 수 없다는 것을 결코 잊지 않았다. 그러므로 상청파는 장구한 도교사에서 道를 인격화시키고 대상화하려는 대중적 흐름과 神에 대한 뚜렷한 의존이 없이 수행자 자신의 노력으로 신체 안에 내재해 있는 氣를 변화시켜 신선이 되려고 한 내단(內丹)적 조류의 중간적 위치에 서서 중요한 연결 고리 역할을 담당하였다. 內丹的 도교전통에서는 초례 등에서 실천되는 신을 숭배하는 의례적 행위와 氣를 淨化하는 수련 행위 사이에 이론적 괴리 혹은 공백이 존재하는 것으로 보인다. 그러나 상청파는 존사와 존사를 초월하는 행위, 곧 神 숭배와 수련 사이를 때에 따라 자유롭게 오가며 조화를 이룬다. 생명은 도 안에서 배태된 무한한 것인 동시에 내 몸 안에 내재해서 내가 키워야 하는 것, 아니 끝에 가서는 이 둘이 하나로 합치되는 것이다.

이슬람 신비주의를 연구하는 독일 학자 안느마리 쉼멜(Annemarie Schimmel)은, 인격신과 비인격적 절대의 개념을 가지고 종교 전통들을 범주화하려고 한다면, 실제의 종교적 사실에 위배될 것이라고 경고한 바 있다. 오히려 종교 전통들을 조심스럽게 살펴보면 모든 전통은 무한적 신비주의와 인격적 신비주의, 자력과 타력적 구원 양자를 모두 발전시키고 있음을 알 수 있다.14) 이슬람교의 수피즘(Sufism)은 신을 향한 사랑의 신비 체험으로 시작하지만, 후에 가서 이븐 아라비(Ibn Arabi)의 경우와 같이 무한 신비주의(mysticism of the infinite)를 발전시켰다. 힌두교 안에서 역시 인격적 신들에 대한 온전한 헌신을 강조하는 박티(Bhakti)전통과 더불어 不二論的(Advaita) 무

---

14) Annemarie Schimmel, *Mystical Dimensions of Islam*, Univ. of North Carolina Press, 1975, p.5.

한 신비주의 전통이 공존한다. 그리스도교에는 삼위일체를 인격적으로 이해하려는 경향을 강하게 보임에도 불구하고 이와 더불어 無(nothingness)로서의 신성(神性)을 이야기하는 無의 신비주의(apophatic mysticism)를 발전시켰다. 심지어 어떠한 절대 근원적 존재도 상정하지 않는 불교에서조차도 아미타불을 지향하는 정토신앙(淨土信仰)의 필요를 인정하고 있다.

힌두교 박티(Bhakti)신앙을 전공하는 하바드 대학교수, 존 칼만(John Carman)은 궁극 실재가 가지는 인격적 측면과 초인격적 측면에 대한 힌두교의 주장에 대해 다음과 같이 언급하였다.

> "不二論的 一元論(philosophy of Advaita)을 인정하는 힌두인들은 초인격적 측면만이 참된 궁극 실재라고 주장한다. 그러나 심지어 이들조차도 대부분의 종교적 의례 수행을 포함한 생활 속의 실천 행동에 있어서는 神이 광활하며 믿을 수 없을 정도로 분화된 우주에 거주하는 인격적 주재자라고 생각하는 것에 대해 동의한다. 보다 고등한 지식(wisdom)의 관점에서 보면 세상은 거짓되며 마술사의 환술(maya)에 불과하다. 그러나 우주의 최고점에 있는 인격적 주님은 거짓된 것이 아니라 오히려 "어둠 속의 불빛"과 같다."15)

칼만 교수의 마지막 주장, 곧 神의 이미지가 거짓된 그 무엇이라기보다 오히려 어둠 속의 불빛이라는 주장은 상청파의 체내신 개념을 이해하는 데 그대로 적용될 수 있을 것이다. 수련자의 신체 안에서 존사로써 天上의 신들을 내면화하는 것은 후대 道士들이 재초(齋醮)에서 수행하는 밀의적 의례 실천에서도 여전히 지속된다.16) 체내

---

15) John. B. Carman, *Majesty and Meekness : A Comparative Study of Contrast and Harmony in the Concept of God*, Eerdmans, 1994, p.16.
16) 마이클 사소(Michael Saso)는, 道士들이 재초(齋醮)의례에 280 또는 360 명의 신을 우주 각처에서 모셔 오지만, 한편 그들은 일련의 내면적 명상을 통해

신의 존사는 후대 道士들의 수련법에 수용되었을 뿐 아니라 도교의 례 과정 안에도 밀의적 형태로 잔존한다. 초례 속에서 고공도사는 명상을 통해 몸 안에 상정된 신들을 바깥으로 불러내서 氣의 창조적 인 힘을 통해 만물을 의례적으로 갱생(renewal)시킨다. 이 과정에서 무형의 道가 신들의 형태를 통해 만물의 생명을 새롭게 한다. 이것 은 원초적인 氣로서의 道가 구체적인 神적 이미지로 육화될 수 있다 는 도교적인 이해 때문에 가능한 것이다. 그러므로 구원적 계시 측 면에서 이 체내신들은 도교의 우주관 안에서 의미와 중요성을 갖는 다. 너무나도 세부적인 체내신에 대한 묘사가 얼핏 보기에는 유치해 보이지만 사실상 그것은 道를 추구하는 여정에서 도교인들의 종교체 험을 한층 더 풍부하게 해 주었다. 상청파의 체내신들은 "어둠 속의 빛"과 같은 기능을 해주었고, 도교에서 이해하는 생명이란 현세적인 삶의 충만함인 동시에 질적으로 완전히 다른 도의 자유로움을 누릴 수 있는 生死를 초월하는 생명이라는 사실을 동시에 보여주기 때문 이다.

소우주(육체)를 정화시키고 자신의 육체에 생명을 부여하는 기를 불어넣고자 한다고 지적했다(*Taoism and the Rite of Cosmic Renewal*, Washington State University Press, 1972, pp.66-81).

道敎와 生態學的 文學論*
― 文氣論・情境交融論을 中心으로 ―

鄭 在 書**

<차례>

1. 들어가는 말
2. 生機論的 文學觀
3. 情境交融의 詩學
4. 맺는 말

"시는 정감에 뿌리를 두고 언어로서
싹을 틔우며 소리로서 꽃을 피우고
뜻으로서 열매를 맺는다."
― 백거이(白居易), 「여원구서(與元九書)」―

1. 들어가는 말

'20세기를 벗어나기 위하여' 그동안 우리를 지배하였던 '분리의 패러다임'을 지양하고 복합적・총체적 사유를 향해 나아갈 것을 역설

---
* 이 논문은 1997년 한국학술진흥재단의 공모과제 연구비에 의하여 연구되었음.
** 梨花女大 中文科 敎授

하는 모랭(Edgar Morin)의 저작의 말미가 '씨뿌리기 Semer - 사랑하기 S'aimer'라는 생동적 어구로 장식되어 있는 것[1]은 인상적이다. 우리의 자연적 본성을 환기하는 이 어구는 결국 금후의 '통합의 패러다임'이 인류 중심의 인문과학적 모델을 넘어선 전우주적인 어떤 것임을 시사한다. 최근 문학이 지향하는 바도 이러한 패러다임과 무관하지 않다. 이미 서구 정전(正典)에 대한 비판이 거세게 일고 있고 그것에 기초한 문학내지 문화의 규범화, 표준화에 대항하여 탈식민주의 문학, 토착시학(Ethnic Poetics), 새로운 민족지(Ethnography) 기술 등의 운동이 활발히 전개되고 있는 것은 주지의 사실이다. 이같은 운동의 목적이 세계문학 내지 문화에 있어서의 생태학적 평형을 이룩하는데에 있는 것과 마찬가지로 개별 문학 내지 문화 내부에서도 종래의 지배론적, 주객분열적 관점을 지양하고 생태학적, 주객통합적 관점을 발굴, 고양하고자 하는 움직임이 눈에 띤다. 궁극적으로 이러한 관점에 기초한 미학적 감수성만이 근대 이래 도구 이성에 의해 파편화되고 기계화된 우리의 메마른 심령이 디스토피아(Distopia)의 나락으로 굴러떨어지는 것을 구원할 수 있다는 신념에서 문학생태학은 출발한다.

서구의 문학 정전으로부터 저만치 떨어져서 주변을 배회해왔던 중국의 전통문학이 이제 반사적으로 그 고유의 가치성이 재검토되고 재정위(再定位)되어야 할 당위성은 여기에서 충분해진다. 소박한 희망일지 모르나 중국의 전통문학은 그 세계관 만큼이나 서구 문학과 대척적(對蹠的)인 위치에서 분립해왔기 때문에 상호보완적인 차원에서 오늘날 '고갈'과 '위기'를 운위하는 서구문학이 가장 결여하고 있는 요소에 대해 풍부한 시사를 줄 수도 있을 것이다. 그렇다면 중국

---

[1] 에드가 모랭, 『20세기를 벗어나기 위하여』(문학과 지성사, 1996), 고재정·심재상 옮김, p.464.

의 전통문학이 근대 무렵까지의 장구한 역사를 통하여 견지해 왔던 대표적 미학가치는 무엇인가? 한 마디로 중국 전통문학의 모든 미학적 특성을 귀납해 표현하기는 어려우나 대체로 그것을 인간과 자연을 통합적·상호교융적(相互交融的) 시각에서 보는 이른바 천인합일적(天人合一的) 세계관에 입각한 중화미(中和美)로 간주하는 데에 고전문학 연구가들의 견해가 일치하는 듯 하다. 공자가 표현한 바 "즐거우되 음란하지 않고(樂而不淫)", "애틋하되 마음 상하지 않는(哀而不傷)" 미학적 경지가 그것이다. 천인합일론과 상응하는, 결코 편벽되지 않은 미감의 평형상태, 이는 중국의 전통문학이 생태학적 세계관과 긴밀히 상관되어 있음을 말해준다. 중국의 원시문학자료는 인간과 자연이 화해롭게 어울어졌던 당시 상황을 이렇게 표현하고 있다. 순(舜) 임금때의 악관(樂官) 기(夔)는 말한다.

"아! 제가 경쇠를 치니 온 짐승들이 따라서 춤을 춥니다."
("於, 予擊石拊石, 百獸率舞.")2)

중국의 전통문학의 생태학적 경향은 그러나 유교보다도 주로 도교에 의해 빚어진 것이다. 앞서의 천인합일론은 『역경(易經)』의 기본사상인 바 『역경』은 비록 후대에 유교 경전에 귀속되었지만 시원적(始原的)으로는 무속·도교계 문화의 소산이다. 아울러 진고응(陳鼓應) 교수의 『논어』 등 원시유가 텍스트에 대한 노자 사상의 영향론3) 등을 고려하면 공자의 상술한 미학관점도 순연히 유교적인 취지에서 나온 것으로 보기 어렵다.

고대 중국에서의 자연과 인간간의 관계를 다룬 논의는 곧 천인관

---

2) 『尙書·堯典』. 百獸를 실제 짐승이 아니라 각종 짐승으로 분장한 사람들로 보기도 한다.
3) 陳鼓應, 최진석 역, 『老莊新論』(소나무, 1997), p.95-97.

계론이다. 자연과 인간이 그대로 상응한다는 인식을 바탕으로 양자의 합일을 추구하는 이러한 세계관은 고대에서는 보편적이었다. 메리 더글라스(Mary Douglas)에 의하면 고대문화는 그 자체가 우주론적으로서 고대인들은 완벽한 신체가 이상적인 신정(神政)을 상징한다고 관념하였다.4) 『역경』과 더불어 중국의 가장 이른 시기의 천인합일론을 담고 있는 텍스트인 『노자』에서는 이렇게 말한다.

"사람은 땅을 법칙으로 삼고 땅은 하늘을 법칙으로 삼으며 하늘은 도를 법칙으로 삼고 도는 자연을 법칙으로 삼는다."
("人法地, 地法天, 天法道, 道法自然.")5)

사람·땅·하늘·도가 자연의 이법(理法) 안에서 하나가 되어 있는 이 상태야말로 피라밋형의 사슬구조처럼 생태학적 평형이 구현된 바람직한 경지라 할 것이다. 이러한 원론적인 취지는 『장자』에 이르러 보다 확실한 표현을 얻게된다.

"하늘과 땅이 나와 함께 살고 만물도 나와 함께 하나가 된다."
("天地與我幷生, 而萬物與我爲一.")6)

장자는 다시 '포정해우(庖丁解牛)', '윤편착륜(輪扁斲輪)', '여량장인(呂梁丈人)' 등의 우화를 통하여 자연의 이법을 터득하게 되는 구체적 과정을 묘사하였는데 인위(人爲)를 부정하고 자연생태의 원리를 중시하는 이러한 관점은 후대의 문학 작품에서 천의무봉(天衣無縫)의

---

4) Mary Douglas, *Purity and Danger* (New York ; Routledge & Kegan Paul Ltd, 1988), P.4.
5) 『老子』, 25章.
6) 『莊子』「齊物論」.

담박(淡泊)한 의경(意境)을 추구하는 데에 지대한 영향을 미쳤다.

2. 생기론적(生機論的) 문학관

노장 등 원시도가에 의해 정립된 자연생태의 원리에 바탕한 천인합일론은 본질적으로 생명철학의 경향을 띨 수 밖에 없다. '삶을 아끼고(貴生)', '삶을 기르는(養生)' 전형적인 도교의 자세는 근원적으로는 자연의 생명력을 닮고자 하는 '道法自然'의 입장으로부터 유래한다. 그런데 이러한 경향을 구체적으로 작동시키는 힘은 무엇인가? 즉 인간과 자연, 존재와 존재 사이를 넘나들며 '생명의 연대성(solidarity of life)'[7]을 끊임없이 유지시키는 동력은 무엇인가? 이 생기론적(生機論的) 세계관의 실체는 다름아닌 기(氣)이다. 노자는 일찍이 기에 관해 다음과 같이 말했다.

"만물은 음을 등에 업고 양을 껴안았으니 이 두 기운이 뒤섞여 조화를 이루고 있다."
("萬物負陰而抱陽, 冲氣以爲和.")[8]

"기를 집중하여 부드럽게 되면 능히 어린아이와 같은 원초적인 상태로 돌아갈 수 있겠는가?"
("專氣致柔, 能嬰兒乎?")[9]

---

7) Ernst Cassirer, *An Essay on Man* (New Heaven ; Yale University Press, 1947), p.82.
8) 『老子』, 42章
9) 『老子』, 10章.

음・양의 두 기운에 의해 만물이 구성되고 기의 본래의 성질은 소통성, 유연성에 있음을 밝히고 있다. 장자는 보다 분명히 기의 작용이 생명력을 결정하며 만물의 소통을 이룩함을 말한다.

"사람이 살아있는 것은 기가 모임에 의해서이다. 기가 모이면 살고 흩어지면 죽는다. ······따라서 천하를 통하는 것은 오로지 한가지 기운뿐이라고 말할 수 있다."
("人之生, 氣之聚也. 聚則爲生, 散則爲死, ······ 故曰通天下一氣耳.")10)

중국의 전통문학은 바로 이러한 도가의 생기론적 세계관을 계승하여 문학 역시 생명력의 흐름인 기의 운동의 소산으로 파악한다. 원시도교 최고(最古)의 경전인 『태평경(太平經)』에서 우선 문학은 다음과 같이 규정된다.

"무릇 문사는 천지・음양의 언어이다. 따라서 임금과 현인을 타일러 경계하여 부지런히 실행에 옮겨 태평을 이룩할 수 있도록 하는 것이다. 감추어진 언어를 어진 임금이 마음 속에 깨달아 간직했다가 천하에 활용하여 만물을 육성, 태평을 이룩하는 것이다."
("夫文辭, 天地陰陽之語也. 故敎訓人君賢者而勅戒之, 欲令勤行致太平也. 所以言蔽藏者, 賢君得而藏於心, 用於天下, 育養萬物而致太平也.")11)

우주론적인 차원에서 문학을 천지・음양 곧 자연의 현시(顯示)로 보면서 현실적으로 문학의 소임이 태평세계 곧 생태학적 평형의 상태를 이룩함에 있음을 강조하고 있다. 그렇다면 구체적으로 창작은

---

10) 『莊子』「知北遊」.
11) 王明, 『太平經合校』, p.686. 이하 『태평경』의 도교적 문학관에 대해서는 拙稿, 「太平經과 文學」『韓國道敎의 現代的 照明』(아세아문화사, 1992) 참조.

어떠한 힘에 의해 이루어지는 것일까?

"옛날 『시경(詩經)』 시인들의 창작은 모두 하늘이 기를 흘려 그 언어를 헛되지 않게 한 것이다."
("故古詩人之作, 皆天流氣, 使其言不空也.")12)

"글을 짓는 자는 하늘과 문기가 그것을 돕는다."
("行文者, 天與文氣助之")13)

문학 창작 역시 생명력의 흐름인 기, 그 중에서도 문학적인 기운에 의해 이루어진다. 이러한 결정론 곧 문기론(文氣論)은 위문제(魏文帝) 조비(曹丕, 187-226)에 의해 확실히 표명된다.

"문학은 기를 위주로 하는데 기의 맑고 흐림에는 바탕이 있어 그것을 억지로 이룩할 수 없다."
("文以氣爲主, 氣之淸濁有體, 不可力强而致.")14)

동진(東晉) 시기 파격적인 문학진화론을 발표하여 당시의 보수 문단에 충격을 주었던 포박자(抱朴子) 갈홍(葛洪, 283-343)의 문예사상의 토대는 역시 전술한 도교원리이다. 유교의 덕목인 덕행과 문학간의 우열을 묻는 물음에 대해 갈홍은 이렇게 답변한다.

"덕행은 사실로서 드러나는 것이므로 우열을 알기 쉽지만 문장은 미묘하여 그 모습을 알기 어렵다. 대저 쉽게 알 수 있는 것은 거친 것이고 알기 어려운 것은 빼어난 것이다."

---

12) 위의 책, p.178.
13) 위의 책, p.690.
14) 曹丕, 『典論』「論文」.

("德行爲有事, 優劣易見. 文章微妙, 其體難識. 夫易見者, 粗也. 難識者, 精也.")15)

문학이 미묘한 존재라는 그의 인식의 배후에는 노자의 '慌惚' 하고 '玄之又玄'한 도적 인식이 자리하고 있고 덕행을 거친 것으로 문학을 빼어난 것으로 파악하는 정조(精粗)의 변(辯)의 이면에는 『장자』「추수편(秋水篇)」의 일단(一段)16)의 취지가 깃들dj 있다. 갈홍은 나아가 예(例)의 문기론적 입장을 개진한다.

"『옥검경』「주명원」에서는 이렇게 말하고 있다. '사람의 길흉은 수태해서 기를 받는 날에 결정된다. 누구든 하늘로부터 별자리의 정수를 얻는 것인데 그것이 성인의 별자리에 해당되면 성인이 되고, …… 문인의 별자리에 해당되면 문인이 된다.'"
("玉鈐經主命原曰, 人之吉凶, 制在結胎受氣之日, 皆上得列宿之精, 其値聖宿則聖, ……値文宿則文.")17)

"(문장의) 맑고 흐림이 한결같지 않은 것은 타고 남에 차이가 있어서이고, 밝고 어두움이 일치하지 않는 것은 강하고 약함이 각각 기를 달리 하기 때문이다."
("淸濁參差, 所稟有主. 朗昧不同科, 强弱各殊氣.")18)

한대(漢代) 이래 유행했던 성수설(星宿說)에 입각한 기화우주론(氣化宇宙論)에 의해 문학의 발생을 규정하고 창작 개성의 문제를 논하고 있다. 조비·갈홍 등의 기와 문학간의 관계에 대한 원론적인 탐

---

15) 『抱朴子·外篇』, 卷32, 「尙博」. 이하 葛洪의 문학관에 대해서는 拙稿, 「葛洪文學論硏究」(서울대 중문과 석사논문, 1981) 참조.
16) "可以言論者, 物之粗也. 可以意致者, 物之精也."
17) 『抱朴子·內篇』, 卷12, 「辨問」
18) 『抱朴子·外篇』, 卷32, 「尙博」

구를 이어 양(梁)의 종영(鍾嶸, 466-518)은 기와 문학감정의 문제에 대해 언급한다.

"기가 사물을 움직이고 (다시) 사물이 사람을 느끼게 하매, 따라서 성정이 요동하여 그것이 춤과 노래로 나타난다."
("氣之動物, 物之感人, 故搖蕩性情, 形諸舞詠.")19)

여기에서의 사물은 곧 자연이다. 자연과 인간이 기의 작용에 의해 순차적으로 생성·소통하는 과정 속에서 문학감정이 발생하는 것으로 보고 있다. 종영의 언급은 자연과 인간의 관계가 언뜻 일방적인 것처럼 보이게 하지만 이는 문학감정의 시발을 두고 말한 것이지 창작의 전과정에서 볼 때 궁극적으로 양자의 관계는 상호소통적이다. 종영과 동시대의 평론가인 유협(劉勰, 465-520)은 이에 대해 다음과 같이 말한다.

"높은 곳에 올라 시를 짓는다는 취지를 탐구해 보건대 대개 사물을 보고 정감을 일으킨다는 의미이다. 정감은 사물에 의해 일어나므로 그 뜻이 반드시 분명하고 사물은 정감에 의해 보여지기 때문에 그 말이 반드시 화려하다."
("原夫登高之旨, 蓋睹物興情. 情以物興, 故義必明雅. 物以情觀, 故詞必巧麗.")20)

사물과 정감 곧 자연과 인간은 문학을 통해 평등하게 소통하는 관계에 놓인다. 자연은 인간의 내적 정서를 촉발시키지만 인간은 다시 언어표현에 의해 외계 자연을 드러내는 것으로 환류(環流, feed-back)

---

19) 鍾嶸, 『詩品·序』. 이러한 感物說의 단초는 사실 이미 『樂記』에서 보인다.
20) 劉勰, 『文心雕龍』「詮賦」

의 과정을 수행하는 것이다.

 결국 원시도가에서 생명력의 흐름을 표상했던 기에 의해 문학의 발생·존재·작용의 전 기제가 입각해 있는 중국의 전통문학은 궁극적으로 자연과 인간의 조화로운 공존에 바탕한 생명의 문학을 지향한다고 말할 수 있다. 따라서 바람직한 문학의 달성을 위해 생명력 곧 기의 배양을 창작전의 준비단계로 인식하는 것은 중국의 전통문학이 갖는 고유한 특성이라 할 것이다. 유협은 이 때문에 그의 『문심조룡(文心雕龍)』에서 특별히 「양기(養氣)」편을 설정하기까지 하였다.

3. 정경교융(情景交融)의 시학

 앞서 유협의 언급에서 보여졌던 문학을 통한 인간간의 상호작용은 생태학적 의미에서 일종의 환류와 같은 현상으로서 그것의 기본 이념은 여전히 원시도가의 천인합일론에 근거해 있다 할 것이다. 이제 우리가 실제 창작과 비평 방면에서 이러한 작용의 유력한 실례로서 거론할 수 있는 것은 바로 정경교융의 시학이다. 정과 경은 감정과 경물, 주관과 객관, 곧 인간과 자연을 말함은 물론이다. 일반적으로 문학 행위를 객관 대상과 작자와의 긴밀한 상호작용으로 보는 견지에서 정경교융의 의미도 포괄적으로 다루어질 수 있겠으나 다시 주객관계라는 동일한 논의의 범주 속에서 중국의 전통시학에서 추구되어 온 정경교융론과 근대 서구문학에서의 주객관계론은 뚜렷한 차이가 있다. 예컨대 낭만주의적, 자연파적 경향을 띤다고 해서 워스워드(William Wordsworth)와 왕유(王維)의 의경이 같지 않을 것이며 소로우(Thorau)와 도연명(陶淵明)의 전원의식이 동일할 수 없는 것이다.

서구 생태학적 문학론의 근거로 자주 거론되는 워스워드는 영국 굴지의 자연파 시인으로서 자연을 예찬하는 주옥같은 시를 많이 남겼지만 그가 노래하는 자연은 마치 아무리 가까워져도 절대적인 간극이 있는 기독교의 신처럼, 경이와 찬탄의 대상이지 유협이 얘기한 바 "나의 정신과 사물이 함께 유희할 수 있는(神與物遊)" 대상으로서의 자연이 아니다.21) 소로우 역시 월든(Walden) 호반(湖畔)의 저명한 은일지사(隱逸之士)였으나 일기책에 그날 장에서 사온 생활물자 하나하나의 가격과 분량을 일일이 적어놓을 정도로 정확하고 규칙적인 생활습관을 지녔으니, 독서습관만 보더라도 "꼼꼼한 해석을 추구하지 않는(不求深解)" 도연명의 느슨한 은거와는 거리가 있다 할 것이다.

이제 중국문학에 있어서의 전통적인 주객관계론이라 할 정경교융론을 먼저 창작과정에서 살펴보기로 하자. 시인의 사물에 대한 이미지가 경이고 마음속의 정감이 정이라 할 것인데 창작은 이 경과 정이 융합하는 과정속에서 이루어진다. 원(元)의 양재(楊載)는 이 과정을 다음과 같이 설명한다.

> "경치를 묘사할 때에는 경치 속에 의미를 깃들이거나 사실 속에서 경치를 볼 수 있도록 해야 하는데 묘사는 세밀하고 담담하되 진부하거나 화려함을 피해야 한다.... 의미를 표현할 때에는 의미 속에 경치를 담아야 논의가 분명해진다."
> ("寫景, 景中含意, 事中瞰景, 要細密淸淡, 忌庸腐雕巧... 寫意, 要意中帶景, 議論發明.")22)

---

21) Wordsworth, Shelley, Byron, Keats 등 낭만주의 시인들을 중심으로 한 서구의 생태주의 문학전통에 대한 탐구는 Karl Kroeber, *Ecological Literary Criticism* (New York ; Columbia University Press, 1994) 참조.
22) 楊載, 『詩法家數』

이른바 '경중정(景中情)'과 '정중경(情中景)'을 추구하는 창작기교로서 정과 경은 결코 대립적인 관계가 아니라 융합·통일되어야 할 관계이며 어느 한 쪽에 치우치지 않고 양자가 겸비되어야 고도의 형상미와 의미함축이 동시에 이루어질 수 있다고 보는 것이다. 따라서 이러한 창작과정의 결과인 개별작품에 대한 감상 및 비평도 정경교융론과 동일한 원리를 규범으로 삼게된다. 청(淸)의 왕부지(王夫之, 1619-1692)는 이렇게 논한다.

> "정과 경은 이름은 둘이나 사실상 떨어질 수 없다. 신령한 시는 두 가지가 그지없이 묘하게 합치되어 있다. 뛰어난 작품은 정속에 경이 있고 경속에 정이 있다. 경속에 정이 있는 것으로는 예컨대, '장안의 조각달'과 같은 것으로서 홀로 빈 방을 지키며 멀리 있는 님을 그리워 하는 감정이 절로 드러나 있다. … 정 속에 경이 있는 경우는 곡진하게 써내기가 더욱 어려운데, 예컨대 '시가 주옥을 이뤄냄이 붓끝에 있다.'는 재능있는 문인의 필치가 빼어나 스스로 즐거워 하는 모습을 묘사해 내었다."
> ("情景名爲二, 而實不可離. 神於詩者, 妙合無垠. 巧者則有情中景, 景中情. 景中情者, 如長安一片月, 自然是孤棲憶遠之情, … 情中景尤難曲寫, 如詩成珠玉在揮毫, 寫出才人翰墨淋漓, 自心欣賞之景")[23]

왕부지의 논의를 통하여 우리는 정경교융론의 주된 취지를 보다 핍근(逼近)하게 이해할 수 있다. 가령 경중정과 같은 경우는 현대시학에서 엘리오트(T. S. Eliot)의 이른바 '객관적 상관물'과 상통하는 의미를 가질지도 모른다. 왕부지가 예시한 '장안의 조각달'이나 『시경』 첫 장에서의 '꾸룩꾸룩 우는 물수리(關關雎鳩)'를 우리는 그렇게 규정할 수도 있다. 그러나 주객의 엄연한 구별 위에 성립한 '객관적

---

23) 王夫之, 『薑齋詩話』

상관물'의 개념과 주객융합의 차원을 추구하는 정경교융론의 입장에서의 경중정의 그것은 근본부터 차이가 있다 하지 않을 수 없다.

정경교융론의 운용은 중국 전통시학의 창작과 비평 방면에서의 일반적인 특성을 이룩하는 데에 지대한 영향을 미쳤다고 말할 수 있다. 인간은 자연과 서로 의사소통하고 통합되는 과정에서 강한 '생명의 연대성'을 확인하고 끊임없는 자연의 생명력을 길어올 수 있다. 이것의 문예적인 수행을 통해 중국의 시가는 '언어는 다해도 의미가 다하지 않는(言盡而意不盡)' 무궁한 의미의 함축성을 추구하게 되었으며 노자의 이른바 '움직일수록 바람이 더욱 쏟아져나오는(動之愈出)' 풀무와도 같이 풍부한 시적 '자미(滋味)'를 자아낼 수 있게 되었다. 이러한 성과들이 이룩한 고도의 미학적 의경이 이 글의 모두(冒頭)에서 제시한 천인합일론에 바탕한 중화미와 긴밀히 상관된다고 할 것이다.

4. 맺는 말

지금까지 우리는 중국문학이론의 고유한 개념인 문기론과 정경교융론을 중심으로 도교와 생태학적 문학론과의 관련성에 대해 살펴보았다. 그 결과 두 가지 이론의 밑바탕에 깔려있는 천인합일론적 사유는 다름 아닌 도교로부터 유래하며 이러한 문학관념이 생태학적 의의를 강하게 표명하고 있음을 알게 되었다. 아울러 이들이 지니는 생태학적 의의가 서구 문학전통에서의 그것과 어떤 점에서 변별되고 있는지에 대해서도 조심스레 연탐(硏探)해 보았다.

근대 이후 문학이론의 세계는 다양성을 추구하지 않고 제1세계 이론을 표준으로 획일화의 길을 걸어왔으며 최근 모든 방면에서 가속화되고 있는 전지구화의 추세는 기존의 이러한 경향을 새로운 지배론의 차원에서 심화시킬 가능성이 있다. 따라서 점증하는 문화적 획일주의의 상황에서 다양한 지역 문화의 '저항'은 호혜적 문화의식의 수립을 위해 필요하고도 자연스러운 현상이라고 말할 수 있다. 중국 문학이론이 '고고학'적 탐구의 대상으로부터 벗어나 이제 생동하는 문학현실 속에서 논의되어야 할 이유가 여기에 있다. 향후의 과제는 앞서 살펴본 바 중국문학이론의 본원적 입장이라 할 생태학적 문학관이 현행의 세계문학에 대해 갖는 치유적, 상호보완적 기능을 보다 면밀히 검토하고 구체적 현실속에서 그 힘을 예증해 나가는 일이라 할 것이다. 본고는 이러한 구상의 일환으로서 행해진 한 작은 시도에 불과하다.

『태평경』에 나타난 생명관*

윤 찬 원**

```
─────────────<차례>─────────────
1. 생명문제 해명의 중요성              3. 『태평경』의 생명관
2. 『태평경』에 나타난 생명의 형이상      1) 인간생명의 존엄성 : 삶과 죽음
   학적 근거                           2) 황천과 사후세계
  1) 유기체론적 세계관 : 元氣와 道       3) 생명중시의 사상 – 도덕적 규정
  2) 인간관 : 精 - 氣 - 神                 의 생명철학적 전환
  3) 삼합상통 : 인간과 자연의 조화      4. 맺는 말
```

1. 생명문제 해명의 중요성

　현대에서 생명에 대한 경시풍조는 일반화, 보편화되어 있다. 이와 같은 생명경시풍조는 인간 뿐아니라 생물계 전체에 해당되는 것이기도 하다. 지금 지구상에 살고 있는 심해저 10킬로미터에서 대기권 10킬로미터에 이르는 넓은 범위에는 500만에서 3000만에 달하는 생물종이 산다고 한다. 생물계 전반에 나타나는 가장 기본적인 현상은 생물개체를 단위로 발생하는 삶과 죽음 그리고 증식 또는 번식이다. "생물개체의 생명활동은 개체수준 이하의 단위들 – 이를테면 기관,

---

* 이 논문은 1997년 한국학술진흥재단의 공모과제 연구비에 의하여 연구되었음.
** 인천대 국민윤리학과 교수

조직, 세포, 유기분자 등 - 의 생명활동이 전제될 때 가능하며, 개체 수준의 생명활동이 무너지면 생태학에서 다루는 상위수준의 단위들 - 이를테면 개체군, 군집, 생태계 등 - 에 포함된 생명속성도 무너지게 된다. 거꾸로 하위수준들의 존속과 발현은 상위수준들의 배경(background) 또는 제약(constraints) 아래 이루어지기 때문에 상위수준의 훼손은 머지않아 하위수준의 생명현상이 유지될 수 없음을 예고한다."[1]

현재 이와같은 생명체의 기원에 대한 이해는 주로 생물학적인 것인데, 현대의 생물학에 의하면, "생명의 기원에 관한 문제는 생물학의 오랜 난제 중 하나다. 언젠가 그 해답이 얻어진다면 그것은 짤막한 문장으로 기술될 수 있는 것은 아닐 것이다. 그것은 지구의 형성에서 시작하여 간단한 생체의 출현으로 끝나는 역사를 기록한 연대기가 될 것이다. 우리는 생명의 과거와 미래뿐 아니라 그 현재조차도 정확히 이해하지 못하고 있다. 생명은 우리에게 영원히 신비한 존재로 남을 것인지 아니면 그 본질이 밝혀질 수 있을 것인지? 아마 우리는 인간의식의 발달을 기다려야만 그 해답을 얻게 될지 모른다."[2]

---

1) 이도원. 유신재,「생태학적 생명관의 전개와 생물다양성」(『과학사상』 1993년 겨울 - 특집 생명이란 무엇인가 -), p.102
2) 박인원,「생명의 기원」(『과학사상』 1993년 겨울 - 특집 생명이란 무엇인가 -), p.70 오늘날 생명의 기원은 생물학적으로 다음과 같이 정의된다. "생체들은 모두 유기물질들로 구성되어 있다. 유기화합물 하나하나는 생명이 없지만 그것들로 이루어진 생명체는 무기물과는 다른 특유한 속성들을 가지고 있다. 첫째, 생체는 구조가 복잡하고 고도로 조직화되어 있다. 척추동물의 근육은 액틴(actin)과 미오신(myosin)이라는 두 가지 단백질 분자들이 규칙적으로 배열되어 구성된 조직체다. 이와는 달리 흙, 모래, 암석 등과 같은 무기물들은 간단히 구조의 화합물로 구성되어 있다. 둘째, 생체는 주위로부터 태양에너지 또는 화학에너지를 받아 들여서 자신이 필요로 하는 화학에너지, 전기에너지, 운동에너지 또는 빛에너지로 변환시킬 수 있다. 이에 반해서 무기물은 자신의 구조를 유지하거나 어떤 일을 하기 위해 주위에서 에너

생명의 기원문제 보다 본질적으로 중요한 것은 '생명' 자체에 대한 정의의 문제이다. 생명에 대한 전통적인 정의방식으로서는 살아 있는 유기체를 외부에서 관찰한 결과로써 유기체는 생기, 즉 생명의 기운이라는 특별한 것을 갖고 있으며, 그것이 생명의 본질이라고 파악하는 생기설(vitalism)이 있다.3) 이는 동서양을 막론한 전통적 생명 이해방식인데, 일종의 유기체론이라 하겠다. 이와같은 이해방식에는 동양의 한의학적 생명관, 서양의 중세 카톨릭적 세계관 등이 속한다.

현대에서 이와 유사한 사고방식을 보여주는 생명관은 러브록(J. E. Lovelock)의 가이아(Gaia) 가설이다. 러브록은 지구가 생명이 있는 것이라 주장하고 외부와 정보를 교환하면서 외부조건의 변화에도 불구하고 내부조건을 일정하게 유지하는 항상성을 생명의 특성으로 강조한다. 그는 가이아 가설에 따라 생물은 다음과 같은 특성을 갖는다고 본다. "(1) 생명은 유지될 수 있는 한계나 경계를 가지고 있다. (2) 태양이나 음식물에 포함된 화학적 잠재에너지로부터 자유에너지를 흡입한다. (3) 높은 엔트로피 수준에 있는 노폐물을 분비한다. (4) 높은 수준의 내부비평형(internal disequilibrium)을 유지한다. (5) 외부조건의 변화와 상관없이 일정한 내부매질을 유지한다." 이같은 정의는 생식이라는 생명의 특성을 무시하고, 생명현상의 다양성을 간과하고 있는 것으로 평가된다.4)

이와달리 생명을 미스테리 즉, 하느님에 속한 것, 초월적인 영역의 것, 하느님이 인간에게 불어 넣은 얼, 숨결로 보는 종교적 해석(기독

지를 조직적으로 받아들여 사용하지 못한다. … 셋째, 생체는 정확하게 자기복제하는 능력을 지닌다. 생체는 자신의 유전물질인 DNA(또는 RNA)를 복제함으로써 자신과 동일한 개체를 만들 수 있다. 자기복제와 생체가 더불어 가지는 필연적 속성은 생체가 돌연변이할 수 있다는 것이다. … 넷째, 생체는 자기조립을 정확하게 할 수 있다."(같은 글, p.54)

3) 「좌담 : 생명, 과학, 종교」(『과학사상』 1993 여름), p.28
4) 이도원 · 유신재, p.105

교적 해석)도 존재하나, 현대에서 생명에 대한 정의에서 가장 일반화된 것은 물리적-생물학적 해석 즉, 기계론적-유물론적 해석이다. 물리학자 슈뢰딩거는 "생명을 부의 엔트로피를 먹고 사는 계, 즉 자유에너지를 외부로부터 흡입하면서 내부에 축적된 엔트로피를 방출하여 스스로를 유지시키는 계로 추상했다. 생화학자 또는 분자생물학자들은 유전자에 기록된 정보를 생명의 특성으로 정의한다. 둘베코(R. Dullbecco, 1987)는 생명을 유전자에 저장된 정보가 발생되는 현상이라고 정의했다."5) 특히 생물학적 정의는 세포설에 진화론을 결합하고, 유전을 생명의 기본특징으로 본다. 유전은 생명체의 자기복제(self-reproduction)이며, 그 기본 단위는 세포 즉, 단백질이라는 것이다. 발달생물학이나 뇌생물학에 의하면, 물질의 물질초월성이란 물질들은 그것이 결합됨으로써 원래의 물질 이상의 기능을 가질 수 있다는 것이며, 세포내 물질들이 서로 관계를 맺음으로써 원래의 물질에는 없었던 특성이나 기능을 갖게 되며, 그렇게 구성된 세포들이 서로 연관됨으로써 원래 세포가 갖지 못했던 특성과 기능을 갖게 된다고 본다. 이같은 관점에 따르면, 고차적인 정신능력이란 물질들간의 고차적 관계에 불과한 것이 되고, 특히 인간과 대장균 사이에는 단백질의 수효에서 6배의 차이밖에 없다. 따라서 "생명의 온전한 이해는 일 대 일의 인과관계를 중점적으로 추적하는 서양생물학만으로는 불충분하고 다른 이론, 아마도 동양의학적 관점의 보완을 요구한다"6)는 주장은 설득력이 있다.

그런데 오늘날 생명경시, 환경파괴라는 현실에 직면하여 나타나는 문제는 생명윤리의 문제일 것이다. 생명의 본질적 의미는 삶과 죽음에서 찾을 수 있다. "우리가 파악하고 있는 일상적인 생명의 단위는

---

5) 이도원 . 유신재, p.110
6) 「좌담 : 생명, 과학, 종교」(『과학사상』 1993 여름), pp.28-37

이른바 '유기체(organism)'라 불리는 개체생물이다. 흔히 '나'로 이해 되는 의식의 주체가 바로 이러한 개체 안에서 이루어지므로 이러한 개체들을 우리가 생명의 단위로 의식하는 것은 당연하다. 이러한 개체의 유기적 구조가 파괴될 때 우리는 이를 '죽음'이라 부르며, '하나의' 생명이 소멸되는 것으로 이해하게 된다."[7]

그러나 우리의 삶은 오로지 한 번밖에 허락되지 않는 일회적인 것이며, 그러한 삶을 바르고 알차게 영위하려는 바람은 인간만이 아닌 모든 생명체의 염원일 것이지만, 생명의 일회성이라는 제약에서 벗어날 수는 없다는 것이 엄연한 현실이다. 나아가 생명의 문제에 있어서는 생명체가 자신의 삶 자체를 유지하기 위해서는 다른 생명체들의 생명을 해칠 수 밖에 없다는 근원적인 문제가 존재한다.

여기에서 '자신의 생명이 아닌 타자의 생명을 어디까지 존중해야 하는가?'라는 생명윤리의 기본적인 문제가 등장한다. 이에 대한 해명은 몇 가지가 있을 수 있다. 인간 뿐아니라 모든 생물의 개체생명들도 생명으로서의 동등한 자격을 지니는 것이므로 이들도 다 함께 소중히 여겨야 한다는 불교의 불살생과 같은 계율이나, 인간의 생명과 여타 생물의 생명 사이에 그 어떤 본질적 구분이 존재하는 것으로 상정하여 인간의 생명 이외의 것은 인간의 편의에 따라 비교적 임의롭게 활용할 수 있는 것으로 보는 입장등이 여기에 속한다. 그러나 첫 번째 관점은 동물이 아닌 식물을 생명의 범주에서 배제하고, 대부분의 도덕률이 전제하는 두 번째 관점은 타생물 특히 고등동물의 생명이 인간의 생명에 비해 경시되어도 되는 이유가 명백치 않고, 따라서 여타의 생명을 상대적으로 경시하는 데서 발생할 문제점에 대한 간접적 책임이 어디에 있는지를 밝히기 어렵다는 등의 문제가

---

7) 장회익, 「생명문제의 문명사적 의의」(『과학사상』 1993년 겨울 권두논문), p.11

생긴다.

　아울러 이와 유사한 관점에서 현대의 환경윤리학에서는 인간중심주의 대 비인간(즉, 자연)중심주의의 문제가 다루어지고 있기도 하다. 환경윤리학의 주요한 쟁점 중 하나는 인간중심주의와 자연주의 즉, 비인간중심주의 간의 논쟁인데, 그것은 "인본주의적 권리개념 특히 루소에 의해서 제시된 자연권(natural rights) 개념이 환경윤리학에서는 자연의 권리(rights of nature) 개념이라는 전혀 새로운 패러다임에서 출발"[8]하는 것으로 '지금까지 인간의 권리로 간주되어온 기존의 권리개념을 인간 아닌 다른 존재에게 부여해야 할 것인가' 아니면 '부여한다면 어느 범주까지 부여할 수 있는가'라는 물음을 출발점으로 삼는다.

　"변혁의 윤리학으로서 기존의 권리개념을 부정할 수 있고 또 실제 그런 차원에서 논의가 전개되는 것 또한 사실이다. 그러나 환경윤리학의 위치가 윤리학사와 동떨어진 것은 아니다. 권리의 개념이 확대되어 해석되느냐 아니면 질적으로 기존의 윤리개념을 부정하여 전혀 새롭게 해석되느냐 또한 논의의 대상이 되기는 해도 역사 속에서 이해되어온 윤리학의 영역을 벗어날 수는 없는 것이다."[9] 이와같은 권리개념의 확장문제가 인간중심주의와 자연중심주의라는 표현으로 나타난다. 권리개념의 확대범위에 따라 인간중심주의 또는 자연중심주의 내에서도 다양한 편차를 드러내기도 한다.

　이와같은 생명문제에 대한 몇 가지 문제의식을 토대로 이 글에서

---

8) 박연규, 「미국환경윤리학의 현황 1970-1994년」(『과학사상』 제12호, 1995년 봄호), p.250. 데이비드 페퍼(이명우, 오구균, 김태경, 최승 옮김), 『현대환경론 - 환경문제에 대한 환경철학적. 민중철학적 이해』, 한길사(서울), 1989, pp.159-60에는 레오폴드의 주장에 따라 미국법률가들이 권리개념을 생물과 무생물의 생존권에까지 부여하려 했다는 사실이 설명되고 있다.
9) 박연규, p.249.

는 동양의 전통적 생명관의 하나를 보여주고 도교적 생명관의 기저를 이루는『태평경』의 생명관을 살펴보고 거기에 나타나는 의미 또는 의의가 무엇인지를 규명해 보고자 한다.『태평경』이 씌어진 것은 後漢시대 후반이며, 于吉이 전하여 黃巾의 수령 張角이 太平道를 전파하기 위하여 사용하였던 것으로 알려져 있다. 후한 후기는 곧 우리가 잘 아는 삼국시대로 접어드는 혼란과 좌절의 시기로서 인간의 생명이 근본적으로 위협받게 됨으로써 생명에 대한 근본적인 성찰이 필연적으로 요청되던 시대였다. 이러한 시기에 성립된『태평경』은 곧 생명문제에 대한 근본적인 반성에서 성립된 것이었다.

2.『태평경』에 나타난 생명의 형이상학적 근거

1) 유기체론적 세계관 : 元氣와 道

잘 알려진 바와 같이, 전통중국철학에서 원기는 세계의 구조를 밝히기 위한 철학적 개념이다. 원기에 의한 세계구조에 대한 해명은 한대에 전개되어 유행하였던 사상풍조이다. 이와같은 원기개념은 중국고대의 기 개념으로부터 발전된 것이다. 설문(說文)의 설명에 따르면, 원래 기란 봄이면 피어 오르는 아지랑이와 같이 세계 안의 미묘하고 신비한 움직임을 일어나게 하는 일종의 미세하고 미묘한 물질을 의미하였던 것으로 보인다.[10] 전한초에 이르러 기가 원기라는 말로 바뀌면서 원기는 세계를 철학적으로 해명하기 위한 개념이 된다.

---

10) "氣, 雲氣也. 象形." 중국고대의 전적들에 나타나는 氣 개념의 실례는 다음과 같다. "天地之氣, 不失其序"(『國語』「周語上」), "六氣"(『春秋左傳』「昭公元年」), "血氣"(『論語』「季氏」), "充虛繼氣"(『墨子』「節用中」)

원기는 최초의 도교경전인 『태평경』에서 도교적인 세계의 근원을 설명하기 위한 기본개념이다. 원기는 '기의 으뜸'(氣之元) 또는 '기의 처음'(氣之始)으로서 원초의 기를 뜻한다. 이와같은 한대의 기화우주론을 세계해명의 출발점으로 삼는 『태평경』에서 원기는 만물이 그것으로부터 생성되어 나오는 세계의 근원이다. 세계 안의 사물은 모두 하나의 원기로부터 생성된다. "하늘과 땅이 나뉘어져 있지 않았을 때에는 쌓인 기(積氣)가 모두 하나로 합하여 있었으나, 나뉘어 둘이 되고, 부부를 이루었다."11) 세계 안의 모든 사물은 원기에 의하지 않고서는 생겨날 수 없다. "하늘과 땅 그리고 사람은 같은 원기를 뿌리로 하며, 나뉘어 세 몸이 되는 것으로 각기 스스로 시조를 갖는다."12) 모든 사물은 모두 같은 기로 말미암아 산출되고, 원기로 말미암아 만들어진다. "무릇 사물은 원기에서 시작되며,"13) "천지만물의 생명을 관통하는 바의 것이다."14)

이 세계 안의 모든 사물들이 원기로부터 생겨난다는 것은 고상한 것, 선한 것 뿐 아니라, 천하고 악한 것 또한, 원기로부터 생겨남을 의미한다. "구름과 비가 베풀고, 백성은 농사일 할 것을 걱정하며, 원기가 되돌아와 머물며, 여러 곡식과 초목, 기어다니는 것, 숨차서 헐떡거리는 것, 꿈틀거리는 것 모두 원기를 머금고 있으며, 날아 다니는 새, 뛰어 다니는 짐승, 물 속에 사는 것 또한 그러하다."15) 이러한

---

11) "故天地未分之時, 積氣都合爲一. 分爲二, 成夫婦. 天下施於地, 懷姙於玄冥, 字爲甲子."(卷102「經文部數所應訣」, p.463) 거의 같은 발언이 鈔 壬部 卷137-53, p.708에서 반복된다. "夫一者, 乃元氣之始氣. 故天地未分之時, 積氣都爲一. 分爲二, 成夫婦. 天下施於地, 懷姙於玄冥, 字爲甲子."
12) "天地人本同一元氣, 分爲三體, 各自有始祖"(卷66「三五優劣法」, p.236)
13) "夫物始於元氣."(卷67「六罪十治訣」, p.254)
14) "夫氣者, 所以通天地萬物之命也."(卷86「來善集三道文書訣」, p.317)
15) "雲雨布施, 民憂司農事, 元氣歸留, 諸穀草木岐行喘息蠕動, 皆含元氣, 飛鳥步獸, 水中生亦然."(卷112「不忘誡長得福訣」, p.581)

발언은 한편으로는 농본사회의 구조를 반영하는 것이지만, 곧 아무리 사소한 것이거나 아무리 미천한 것일지라도, 그것들이 이 세계 안에 없어서는 안될 것들임을 강조하는 것이다. 이 세계 안에 존재 이유 없이 존재하는 것은 아무 것도 없다. 한낱 지렁이나 심지어는 모기, 파리라 할지라도 그것들은 그 나름의 존재이유를 갖는다. 생태계는 자연 그대로 존재이유를 갖는다. "하늘이 본받는 법이 되는 것은 높여서 위가 없고, 거꾸로 낮추어서 아래가 없고, 커서 밖이 없으며, 거꾸로 작아서 안이 없이 만이천가지의 사물을 품어 기르며, 선한 것, 악한 것, 큰 것, 작은 것, 모두가 그것을 이룹도록 도와 주며, 원기를 주어서 태어 나게 하니, 마침내 해치고 상하게 하는 것이 없다."16)

이처럼 원기를 세계실체로 간주하고, 원기로부터 세계만물이 발전되어 나오는 과정을 단계적으로 보여주는 이같은 우주생성론적 사유는 태평경 특유의 것이면서, 동시에 원시도교의 세계관을 결정짓는다. 이와같은 세계해명방식은 전한 초의 『淮南子』와 유사하다.17) 『태평경』은 한대의 사상들에 일반적으로 나타나는 우주적 생산력(cosmic productive force)18)으로서 삶(즉, 生)의 관념을 적극적으로 긍정한다. 그것은 도의 개념규정에서 밝혀진다. "도는 삶을 산출한다. 도가 존재하기를 그치면, 만물은 삶을 중지한다. 모든 사물이 생겨나지 않으

---

16) "是故天之爲象法也, 乃尊無上, 反卑無下, 大無外, 反小無內, 包養萬二千物, 善惡大小, 皆利祐之, 授以元氣而生之, 終之不害傷也."(卷98 「爲道敗成戒」, p.445)
17) 『회남자』의 우주생성의 단계는 제일 먼저 무한하고 형태없는 태시(太始)를 출발점으로 한다. 허확(虛霩) 즉, 태시에서 도가 시작되고, 허확은 우주를 생성하며, 우주는 기(곧, 원기)를 생성한다. 기는 차례로 하늘과 땅, 음과 양을 산출하고, 음과 양은 서로 결합하여 사계절(四時)을 만들어 내며, 사계절은 만물을 생성한다고 한다.
18) Yu, Ying-shih, "Life and Immortality in the Mind of Han China"(*Havard Journal of Asiatic Studies*, Vol. 25, Cambridge, 1965) pp.84-5

면 세계안에 남겨진 살아 있는 유는 없게 될 것이고, [뒷 세대에] 전해질 것은 아무 것도 없게 될 것이다."19)

여기에서 원기를 만물을 생성하는 세계의 실체로 파악하고, 도를 원기가 세계를 생성함에 있어 지켜야 할 규칙과 같은 것으로 간주한다. 원기는 자의적으로 세계안의 사물들을 생성시키거나 소멸시키는 것이 아니다. 세계안의 사물의 생성과 소멸은 필연적으로 도를 따른다. 여기에서 도는 원기가 세계를 구성하는 과정 그 자체를 의미한다. [하나](一)라는 개념은 원기를 가리키는 관념이면서, 원기가 세계 만물의 시초에서부터 도에 따라 활동하는 것임을 강조하기 위한 것이다. "한편으로 만물이 모두 원기에 의하여 산출됨을 인정하고, 다른 한편으로 '도'의 범주를 제시하여 도가 만물의 으뜸되는 머리(元首)이고, 원기가 반드시 도를 지켜야만 만물을 산출하고 천지를 감쌀 수 있음을 인정한다."20) '원기가 도를 지킨다'(元氣守道)는 것은 곧 원기가 만물생성의 주체이지만, 만물을 생성하거나 소멸시킴에 있어서 도라는 법칙(또는 도리)을 따라야 함을 강조한다. 원기는 도에 따라서 천지 안의 모든 것들 즉, 하늘과 땅 뿐 아니라 자연의 운행, 빛의 움직임, 우뢰와 번개, 음과 양, 그리고 자웅 간의 모든 움직임이나, 모든 변화를 발생한다.

이상과 같은 『태평경』의 기론적 세계관은 일종의 유기체론에 속하며, 생기론적 사고방식의 반영이다. 이러한 사유는 도교의학의 기초를 이루며 동양 한의학의 기반을 이루게 되었다고 하겠다.

---

19) "道乃主生, 道絶萬物不生, 萬物不生則無世類, 無可相傳."(鈔 壬部 卷137-153, p.701)
20) 卿希泰, 『中國道教思想史綱』第一卷, p.75

2) 인간의 생명 : 精 - 氣 - 神

『태평경』에 의하면, 세계 안의 모든 존재의 생명은 원기로부터 주어진다. 인간의 생명 또한 원초적으로 원기에 의하여 주어진다. "원기는 천지팔방을 감싼다. [따라서] 원기의 힘을 받지 않고 태어나는 것은 없다."21) 원기는 세계에 생명력을 충만케 하는 실체이다. 원기에 의하여 최초로 생명이 부여된 원초적 인간은 '원기를 품고, 마시지 않고 먹지 않으며, 음양의 기를 들이마시며 활동하나 배고픔과 갈증을 느끼지 않는' 자연상태의 인간이다. "천하 사람이 본래 명을 받아 태어날 때 천지와 더불어 몸을 나누며, 자연에서 원기를 품고, 마시지 않고, 먹지 않는다. 음양의 기를 들이마시고 활동하나 배고픔과 갈증을 느끼지 않는다."22) 이와같은 인간은 신선과 같은 상태를 가리키며, 도교에서 신선의 이상은 이러한 원초적 인간상을 지향한다. 인간은 도에 따라 원기로부터 생명을 부여받는다. 인간은 자연의 이법에 따라 생성되는 존재이다. 이것은 인간이 대자연 안에 포괄되는 존재일 뿐 아니라, 대자연의 이법에 순응하는 존재임을 뜻한다. 인간은 구조상 원초적으로 자연에 순응하는 존재이다. 대자연을 대우주라 한다면, 인간은 대자연의 축도이다. 인간은 작은 우주이다.23)

---

21) "元氣包裹天地八方, 莫不受其氣而生."(卷40「分解本末法」, p.78)
22) "天下人本生受命之時, 與天地分身, 抱元氣於自然, 不飮不食, 噓吸陰陽氣而活, 不知飢渴."(卷36「守三實法」, p.43)
23) 이런 관점에 따르면, 인간에게 나타나는 신체적 특징들은 곧 자연의 운행을 본받는 것이다. 인간의 맥은 일년 360일의 운행을 본받는다. 사람에게 질병이 있게 되는 것은 그 기능이 정지하는 것이며, 그것은 마치 자연의 운행이 그치는 것과 같다. "360개 맥은 일년 360일에 상응한다. 하루 마다 맥 하나씩 일을 맡는 것은 사계절과 오행에 상응하여 움직이는 것이다. 밖으로 나가 두루 몸 위를 돌아 다니며, 머리 꼭대기로 모두 모이고, 안으로 장에 이어진다. 쇠하고 성함은 사계절에 응하여 움직여 옮기며, 질병이 있다면 응함이 없다."(三百六十脈者, 應一歲三百六十日, 日一脈持事, 應四時五行而動, 出外周旋身上, 總於頭頂, 內繫於藏. 衰盛應四時而動移, 有疾則不應.

『태평경』에서 인간은 존재하는 것들 중에서 가장 존귀한 존재임이 천명된다. "사람은 중화와 무릇 사물의 어른으로, 높고도 귀하며, 천지와 서로 비슷하다."24) 따라서 "사람은 사물의 가장 높은 자이고, 하늘이 자식으로 삼는 바이다."25) 인간을 포함한 모든 존재가 질적으로 같은 원기로부터 나오는 것이라면, 인간이 질적으로 다른 존재보다 우위라는 관념은 성립하기 힘들다. 그러나 이와같은 인간중심적 사고의 근거는 "하나의 기는 하늘이 되고, 하나의 기는 땅이 되며, 하나의 기는 사람이 되나, 나머지 기는 흩트러져 만물이 된다. 따라서 하늘을 높이고 땅을 중하게 여기며, 사람을 귀하게 여긴다."26)라는 발언에서 찾을 수 있다. 이와같이 모든 존재 중에서 인간을 우위로 하는 사고방식은 유가적 사고와 일맥상통한다. 어쨋든 인간이 다른 존재 보다 우위라는 점에 대한 이론적 근거는 쉽사리 찾아질 수는 없으나, 종교경전으로서 태평경은 인간이 다른 동물 보다 우위라는 분명한 입장을 보여준다.

卷50 「灸刺訣」, p.179) 이러한 발언은 도교적 침술의 근거가 되기도 하는 것이지만, 인간이 원기의 양면인 음양의 상호작용을 통하여 생명을 부여받는다는 점을 설명한다. 한편 이와같은 유기체론적 사유는 중세 기독교적 세계관에서도 나타나고 있다. "중세에는 인간의 기관이나 질병과 그 형태와 색채 또는 행태가 닮은 동물과 식물 그리고 돌 등이 인간의 질병을 치유하는 데 쓰일 수 있다고 여겨졌다. 이것이 바로 '약의 상징적인 원리에 의한 사용법'인데, 예를들자면 유백색의 식물은 처음 엄마가 될 여성들에게 젖을 잘 나오게 해주며 뼈처럼 앙상하게 자라나는 식물은 뼈에 좋고 여름철에 나는 식물은 여름을 타는 사람에게 좋으며, 반점이 있는 초본류는 부스럼을 치료해주고 노란색의 식물은 황달을 치유하며 나도고사리삼 속의 고사리는 뱀에 물린 상처에 좋다는 것 등이다."(『현대환경론』, pp.80-1) 이러한 사고방식은 마치 한의학의 원리처럼 보이기도 한다.

24) "人者, 乃中和凡物之長也, 而尊且貴, 與天地相似."(卷90 「冤流災求奇方訣」, p.340)
25) "人者, 最物之尊者, 天之所子也."(卷115-6 「某訣」, p.636)
26) "一氣爲天, 一氣爲地, 一氣爲人, 餘氣散備萬物. 是故尊天重地貴人也."(鈔 癸部 卷154-70 「利尊上延命法」, p.726)

『태평경』은 인간이 존재하게 되는 과정을 다음과 같이 설명한다. "대저 사람은 본래 혼돈(混沌)의 기에서 태어난다. [이 혼돈의] 기는 정을 생겨나게 하고, 정은 신을 생겨나게 하며, 신은 밝음(明)을 생겨나게 한다. [사람은] 음양의 기에 근본하며, 기는 바뀌어 정이 되고, 정은 바뀌어 신이 되며, 신은 바뀌어 밝음이 된다."[27) 즉, 인간은 혼돈의 기로부터 태어나, 기로부터 정이 생기고, 정에서 신이 생기며, 신에서 밝음이 생긴다는 것이다. 혼돈의 기는 곧 원기이다. 이른바 '사람은 본래 혼돈의 기에서 태어난다'(人本生混沌之氣)는 것은 곧 사람이 원기를 품수받아 태어남을 말한다. '기가 정을 생겨나게 한다'(氣生精)는 것은 곧 중화의 기가 전환하여 정이 됨을 말한다. 정이란 정수의 기체(氣體)로서 사람이 기로부터 그것을 받아 이루어지는 구체적 인간의 모습을 갖추기 직전의 상태를 뜻한다. 그것은 인간의 신체를 존속시킬 수 있게 하는 생명력 그 자체를 가리키는 것 같다. 신은 미묘한 정신을 의미한다. 밝음(明)이란 사람이 객관적 대상을 밝게 인식할 수 있는 능력이다. 인간은 혼돈의 기(元氣) → 중화기(中和氣) → 정 → 신 → 밝음이라는 생성과정을 통하여 생명력과 정신과 신체, 그리고 인식능력을 갖는다.

정과 신, 그리고 좁은 의미의 기는 천지 안의 기 즉, 원기에 의하여 존재한다. 이와같은 인간의 구조에 대한 해명은 『태평경』의 특징인 삼분법적 사고를 보여준다. 인간은 세 기로 이루어지는 존재이지만, 세 기는 일자 즉, 원기에서 근원하는 것이므로 '다 함께 동일한 지위'(共一位)에 있다. 그러나 신은 하늘의 특징을, 정은 땅의 특징을, 기는 사람 즉, 중화의 특징을 갖는다. 원기는 사람에게 생명을 부여하고 사람에게 활동할 수 있는 힘을 부여하는 원초적 생명력이다.

---

27) "夫人本生混沌之氣, 氣生精, 精生神, 神生明. 本於陰陽之氣, 氣轉爲精, 精轉爲神, 神轉爲明."(太平經聖君秘旨 傳上相靑童君, p.739)

세 기가 사람의 몸 안에 살면서 서로 상호작용할 때 인간이 활동할 수 있는 것이므로, '세 기가 함께 하나가 된다'(三氣共一)고 한다.

인간의 생명은 궁극적으로 원기로부터 생겨나는 것이지만, 현실적으로 정과 신에 의존한다. 여기에서, 엄밀하지는 않지만, 정은 신체, 신은 정신을 의미한다고 할 수 있다. "무릇 일에는 크고 작음이 있으니, 모두 정과 신을 가지며, 큰 것은 큰 정과 신을 가지고, 작은 것은 작은 정과 신을 가져, 각각 스스로 정과 신을 보존하여 기르니, 오래 존속할 수 있다. 정과 신이 줄어들면 늙고, 정과 신이 없어지면 죽는다. 이것이 자연의 분수(分)이다."28)

개체로서 인간이 조화를 이룬다는 것은 그를 구성하는 세 기 즉, 정, 기, 신이 서로 조화를 이루는 것이다. 그러나 인간이 인간답기 위해서 해야 할 가장 중요한 것은 세 기 중 신을 잘 지키는 것이다. "하늘이 신을 지키지 않아 삼광이 밝지 않다. 땅이 신을 지키지 못하여 산과 냇물이 무너지고 끊어진다. 사람이 신을 지키지 않아서 몸이 죽어 없어진다. 만물이 신을 지키지 않으면, 손상을 입는다."29) 이같은 정, 기, 신의 관점에서 본다면, 사람이 건강을 정상적으로 유지하기 위해서는 세 기가 서로 조화를 이루어야 한다. 신이란 인간의 사고작용을 의미하는 것으로, 곧 인간의 본질이다. 따라서 신을 지킨다는 것은 곧 인간의 본질을 지키는 것이다. 사람이 자신을 보존한다고 하는 것은 정, 기, 신의 셋을 지키는 것이며, 그 중에서 신이 가장 중요하다.30)

---

28) "故凡事大小, 皆有精神, 巨者有巨精神, 小者有小精神, 各自保養精神, 故能長存. 精神滅則老, 精神亡則死, 此自然之分也."(鈔 申部 卷120-36, p.699)
29) "天不守神, 三光不明., 地不守神, 山川崩淪., 人不守神, 身死亡., 萬物不守神, 卽損傷."(鈔 癸部 卷154-70「還神邪自消法」, p.727)
30) 丁貽庄 . 劉冬梅, "太平經的守一淺釋"(『宗敎學硏究』 No. 2, 四川大學, 1986). p.69에서 "少年神加, 年衰卽神減.", "神游於外, 病攻其內也." 등의 발언을 예로 들어, 『太平經』이 精, 氣, 神 중 神을 가장 중요한 것으로 간주하고 있

신을 중시하는 것은 신 즉, 정신을 인간의 핵심적 본질로 간주하는 것이다. 핵심적인 신을 일이라 한다. 인간은 자신의 본질을 유지하기 위해서 신을 지켜야 한다. 신을 지키는 것은 곧 '수일'이다. 이러한 관점은 수일이라는 종교적 수행론의 근거가 된다. 수일 관념은 내단적 양생을 의미한다. 이와같은 수일관념은 후대 도교수행의 근거가 되고, 아울러 莊子 이후 인간의 생명을 정 - 기 - 신에 의하여 파악하는 사유체계는 후대의 도교적 인간관의 핵심을 이루게 된다.

3) 삼합상통 : 인간과 자연의 조화

『태평경』은 하늘과 땅, 사람을 삼통(三統)으로 표현한다. 삼통이란 하늘, 땅, 사람을 세계 안에 존재하는 세 가지 기본적 구성요소를 말한다. 하늘과 땅, 사람은 각각 양기, 음기, 중화기의 세 기가 서로 조화를 이루어 생성된다. 따라서 천지인 삼통은 호혜적이며 상보적이다. 이것이 곧 '셋이 합하여 서로 통한다'는 삼합상통의 관념이다. 하늘(天)과 사람(人)은 자연과 인간을 가리키는 전통적 개념으로서, 천인관계란 곧 자연과 인간의 관계이다. 전통적으로 중국철학에서 천과 인 즉, 자연과 인간은 서로 대립적 존재가 아니라 조화로운 관계를 이루는 것으로 파악된다. 삼합상통은 '자연과 인간이 서로 느껴 움직인다'(感動)는 천인상감(天人相感)의 『태평경』적 표현이다. 천인상감은 한대 초기에 보편화된 관념이었지만, 『태평경』은 그것을 삼합상통이라는 도교적 형태로 전환시킨다. "사람은 본보기(象)를 하늘로부터 취하고, 하늘은 본보기를 사람으로부터 취한다. 하늘과 땅, 사람은 각각의 일을 하며 신령을 본받고, 또한 일의 본보기(事法)를 본받아 일한다."[31]

다고 본다.

하늘과 땅, 그리고 사람이라는 삼통은 대자연의 구성요소이다. 인간이 대자연에 속하는 근본요소들 중 하나라는 것은 자연에서 인간을 제외하면 자연 그 자체의 의미가 상실됨을 뜻한다. 인간은 천지간의 신령스러운 벼리(神統)이다. 그러므로 그러한 신령스러운 벼리를 끊는 것은 곧 인류를 절멸시키는 것이다. "대저 사람은 하늘과 땅의 신묘한 계통이다. 없앤다고 하는 것은 하늘과 땅의 신묘한 계통을 끊어 버리는 것을 말한다. 천지의 몸을 상하게 하고 헐뜯어 그 해됨이 더욱 깊어진다면 뒤에 또한 하늘이 사람과 세상무리들을 없애고 죽이게 된다."32)

인간은 조화로운 자연의 일부를 구성하는 근본요소이다. 따라서 인간이 그릇된 사악한 행위로써 자연의 조화를 깨뜨리는 것은 자신이 태어난 터전을 파괴하는 것이다. 자연은 사람의 부모이며, 사람은 자연의 자식과 같다. 인간이 마땅히 해야만 하는 일은 자연의 조화를 유지하는 것이다. 인간이 자연의 조화를 깨뜨리는 것은 자연의 뜻을 거스르는 '역천'(逆天)의 행위이다. "사람은 천지를 주인으로 삼아 만물을 다스린다. 사람이 즐거워 하면 [천지가] 기쁘고 즐거워하여 선하게 된다. [천지 즉, 자연이] 선하게 되면 만물이 질서있게 된다. 사람이 즐거워 하지 않으면 [천지 또한] 악하게 되니, [천지 즉, 자연이] 악하게 되면 만물이 흉하게 된다."33)

자연과 인간 간의 일방적이 아닌 쌍방적 관계를 상정하는 이같은 사고는 주역에서 자연의 봄·여름·가을·겨울(春夏秋冬)은 각각 원

---

31) "故人取象於天, 天取象於人. 天地人有其事, 象神靈, 亦象其事法而爲之."(卷118「天神考過拘校三合訣」, p.673)
32) "夫人者, 迺天地之神統也. 滅者, 名爲斷絶天地神統, 有可傷敗於天地之體, 其爲害甚深, 後亦天滅煞人世類也."(卷40「樂生得天心法」, p.80)
33) "人者主天地理萬物, 人樂則悅喜爲善, 爲善則萬物理矣. 人不樂則爲惡, 爲惡則萬物凶矣."(卷115-6「某訣」, pp.644)

·형·이·정(元亨利貞)의 덕을 가지며, 그것은 또한 인간세계에서 각각 인·의·예·지라는 인간적인 덕으로 표현되는 것이었다. 동중서는 이와같은 천과 인 즉, 자연과 인간이 상응한다는 관념을 기의 관점에 입각하여 재구성하였다. 이상과 같은 삼합상통의 사상은 철학적 세계관과 종교적 세계관이 결합되어 나타난다. 이러한 세계관은 인간과 자연을 질적으로 유사한 존재로 간주하는 일종의 유추적 사고에서 나온다. 그러나 『태평경』의 핵심관념은 원초적으로 천지인 삼통(三統)이 이상적으로 조화를 이루고 있을 뿐 아니라, 현실적 인간세계에서 조화를 이루어야 한다는 조화사상이다. 하늘과 땅과 사람이 원초적으로 조화를 이루고 있었다는 것은 그것들이 근본적으로 하나인 원기로부터 생성된 것이기 때문이다. 현실세계의 다양하고 잡다한 사물들은 근원적으로 조화로운 원기에 의하여 생성된다.

3. 태평경의 생명관

1) 인간생명의 존엄성 : 삶과 죽음

죽음은 인간이 피할 수 없는 자연의 법칙이다. 고래로 중국에서 죽음이란 혼과 백이라는 사람의 두 영혼이 분리되는 것으로 간주되었다. 고대 중국에 있어서 기는 전우주에 충만된 원초적이고 무차별적인 생명력을 의미하였다. 이러한 기가 인간에게 적용될 때에는 혼기(魂氣)를 가리켰다. 『禮記』「郊特性章」에 나타나고 있는 바와 같이, 기원전 2세기 경에는 인간의 영혼이 혼기와 형백(形魄)이라는 이중적 의미로 사용되었다 한다. 혼기는 숨쉬는 영혼을, 형백은 신체의 영혼을 가리킨다. 혼기는 인간의 호흡작용을 가리키고, 형백은 먹고 마시는 주체를 뜻한다. 이러한 관념은 인간의 가장 기본적 활동이 숨쉬고 먹는 것이라는 의미에서 성립된 것으로 보인다. 중국 고대인들은 이와같은 혼기를 하늘 즉, 양에, 형백을 땅 즉, 음에 배당하였다. "우주적이건, 개인적이건, 삶은 두 힘이 상호작용할 때만 존재한다. 예를 들면, 음과 양이 최고도로 구현된 하늘과 땅은 우주적 삶을 이루기 위하여 서로 반응함으로써 작용한다. 그러므로 고대 중국에서 혼백의 성질을 음양의 구도에 꿰 맞추었던 것은 자연스러운 것이다. 그러나 한대에 있어서 … 혼은 양에 속하고, 따라서 능동적이고 천상의 실체이며, 백은 음의 범주에 속하고 따라서 소극적이고 지상적 실체라는 관념은 이미 일반적으로 인정되고 있었다. 이러한 동일시는 혼과 백의 관계에 대한 새로운 관념을 이끌어 내었다. 한 왕조 동안, 살아있을 때에는 혼과 백이 인간의 신체내에서 조화로운 결합을 이루나, 죽음에서 두 영혼이 분리되어 신체를 떠나간다고 하는 믿음을 지식층이나 속인들이 공유하였다."[34]

부연하면, 전통적으로 동아시아에서 풍수사상에 따라 죽은 자의 묘지를 잡는 현상은 중국인의 생명관, 생사관을 보여준다. 이것은 고대인들이 생사의 연속성을 믿고 있었던 것이 증거이다. 살아 있는 인간의 생명은 육체, 혼(魂), 백(魄)의 3요소로 되어 있는데 죽음은 그것들이 분리됨을 의미한다. 사람이 죽으면 혼은 하늘로 올라가고 백은 땅으로 내려 간다고 보았다. 신체와 정신을 이원론적으로 파악하는 서구적 관점과는 달리 혼, 백은 양과 음을 대표한다. 백과 땅은 둘 다 음이기 때문에 영의 물질적 구성요소, 즉 음(陰) 성분인 백은 죽은 자의 장례와 제사를 적절하게 치루어 영을 달래면 지하에서 편안히 쉴 것이나, 그렇게 하지 않을 경우에는 귀(鬼)로 변하여 살아 있는 사람들을 귀찮게 하고 괴롭힐 것이다. 반면 영의 정신적인 구

---

34) Yu, Ying-shih, p.375

성요소, 즉 양(陽) 성분인 혼은, 죽은 자를 올바르게 매장하고 제사를 지내면 남아 있는 식구들에게 축복을 보낼 것이라고 굳게 믿었다. 혼의 힘은 신으로서의 그 본질에서 나온다. 이처럼 보통 귀는 악령, 유령, 망령으로, 신은 좋은 이미지를 가진 영 또는 신령으로 여겨졌다. 신은 신성(神性)을 가진 모든 신적인 존재를 가리키는 말로도 사용되었다. 그래서 죽은 선조와 귀신은 두려움과 외경의 양면적인 대상이 되었다. 여기에 조상숭배가 강조된 이유가 있다. 풍수의 강조와 믿음도 여기에 근거한다.35) 이같은 이해는 중국의 전통이었다.

『태평경』에 있어서 인간에 대한 파악은 원기에 입각한 해명과 아울러 종교철학적 해명이 요청된다. 종교철학적 인간해명에 있어서 우선적으로 문제삼는 것은 삶과 죽음이다. 삶과 죽음은 현실적 인간에게 가장 본질적이다. 특히, 철저한 현실인식으로부터 출발하고, 또한 인간의 생명을 철저히 중시하는 경향을 보여주는 『태평경』은 태어남과 죽음의 문제를 살아 있는 인간에게 있어서 가장 급박하게 해결해야 할 궁극적인 것으로 간주한다. "대저 사람이 죽는다는 것은 다하여 없어지는 것이며, 다하여 재와 흙으로 되어, 장차 다시 볼 수 없게 된다. 지금 사람이 하늘과 땅 사이에 거처하여, 천지가 개벽한 이래 사람 마다 각각 한번 태어나면 다시 태어날 수 없다. … 지금 한번 죽으면, 예부터 하늘을 궁구하고 땅을 번성하게 한 이래 스스로 이름하여 사람이라 하는 것을 다시 볼 수 없으며, 다시 일어나 행할 수 없다. 그러니 슬픔 중에서 커다란 원한이다."36)

---

35) 김영호, 「동양사상의 생명관」,(『과학사상』 1993년 겨울호), p.136
36) "夫人死者乃盡滅, 盡成灰土, 將不復見. 今人居天地之間, 從天地開闢以來, 人人各一生, 不得再生也. … 今一死, 乃終古窮天華地, 不得復見自名爲人也. 不復起行也. 故悲之大冤之也."(卷90 「冤流災求奇方訣」, p.340) 한 가지 흥미로운 사실은 인간의 수명에 관하여 卷102 「經文部數所應訣」, p.464에서 최상의 수명은 120 살, 땅의 수명은 100 살, 사람의 수명은 80 살, 覇의 수명은 60 살, 필적할 수명은 50 살로 간주하는 데서 알 수 있는 바 처럼, 인간에

사람이 태어나고 죽는다는 것은 자연의 필연적 이법이지만, 죽음은 세상에서 가장 흉한 일이다. 인간이 죽게 되면 그 신체는 진흙이 된다. 죽음의 운명이란 인간에게 한번 밖에 주어지지 않는 것이다. 사람은 한번 태어나면 한번 죽을 뿐 다시 태어날 수는 없다. 그러나 자신의 노력으로 시해(尸解)하는 경우만은 예외적이다. "죽어 없어진다는 것은 천하의 커다란 흉사이다. … 대저 세상 사람이 죽어 없어지는 것은 사소한 일이 아니며, 한번 죽게 되면 끝내 하늘과 땅, 그리고 해와 달을 다시 볼 수 없게 되고, 맥과 뼈가 진흙으로 된다. 죽음의 운명은 중대한 일이다. 사람이 천지 사이에 거처하고, 사람마다 한번 태어나고 다시 태어날 수 없다. 거듭 태어남은 도를 얻은 자만이 가능하고, 죽어서 다시 태어날 수 있는 사람은 시해한 사람 뿐이다."[37]

사람에게 태어남이 있다면 반드시 죽음이 있게 되며, 사람이 죽어서 흙으로 되돌아 가는 것은 피할 수 없는 것으로 간주되었다.[38] '태어남에는 반드시 죽음이 있다.'(生必有死) 사물의 생성과 소멸이 음과 양의 작용에 따르는 바와 같이, 인간의 태어남과 죽음 또한 음과 양의 작용에 의한다. 사람이 태어나고 성장하고 늙고 죽는 것, 그리고 일찍 죽거나 오래 사는 것 또한 원기에 의한 음과 양의 상호작용에 의한다. "형체와 몸이 장대하고, 돌고돌아 서로 길러주며, 음과 양이 접촉하며, 남자와 여자가 형체를 이루고, 늙은이와 젊은이가 차례

게 주어진 자연적인 수명(天年)을 120년으로 본다는 점이다.
37) "此死亡, 天下大凶事也. …… 凡天下人死亡, 非小事也, 壹死, 終古不得復見天地日月也, 脈骨成塗土. 死命, 重事也. 人居天地之間, 人人得壹生, 不得重生也. 重生者獨得道人, 死而復生, 尸解者耳."(卷72 「不用大言無效訣」, p.297-8) 『太平經』을 중심으로 死後의 세계에 관한 것은 余英時, "中國古代死後觀的演變"(『中國哲學史研究』 No. 3, 北京, 1985) 참조.
38) 마이클 로이, 이 성규 역, 『古代中國人의 生死觀』, 지식산업사, 1989. 제3장 참조

를 지키며, 천수(天數)를 따라 명을 받는다. … 인명에는 길고 짧음이 있고, 봄, 여름, 가을, 겨울[을 거치며], 태어남과 죽음에는 항상됨이 없다."39)

태어남이란 음기 보다 양기가 증가하는 것이며, 죽음이란 곧 양기가 소멸하고 음기가 지배하는 것이다. "태어남은 양기가 더해지는 것이고, 기록과 명부는 참된 신이 기록하는 선의 기록이며, 허물이 있으면 물러난다. 음기가 더해지면, 갑자기 문득 죽음의 편(死部)에 있게 된다."40) 인간에게 이와같은 죽음이 있는 것은 어쩔 수 없는 것이지만, 주어진 삶을 제대로 살지 못하는 것은 최선의 상태 즉, 참된 도와 덕을 따르지 않고 진실된 원기를 보존하지 못하기 때문이다. 도와 덕, 그리고 원기를 지키지 않으면 사악한 기가 많아지게 되고 병이 많아지게 되어 오래 살 수 없게 된다고 한다.

원기는 그 자체 만물형성 이전의 미분화된, 일종의 혼돈상태의 것으로서 만물을 생성하는 근원적 질료이다. 원기는 만물의 생성 뿐아니라 사물의 성장과 소멸을 주도하는 실체이다. "천지의 도가 길고 또 오래 간다는 것은 그것이 기를 지켜 끊임이 없기 때문이다. 그러므로 하늘은 오로지 기로써 길흉을 삼고, 만물은 그것을 본받는 것이니, 기가 없으면 마침내 죽게 된다."41)

인간의 생명은 정과 신의 증감에 의존한다. 정과 신이 유지되면, 인간의 수명은 유지된다. 정과 신이 감소하면, 인간의 수명은 줄어든다. 정과 신은 인간의 몸 안에서 기능하는 것으로, 그것들이 없어진

---

39) "形身長大, 展轉相養, 陰陽接會, 男女成形, 老小相次, 稟命於天數. … 人命有短長, 春秋冬夏, 更有生死無常."(卷111「善仁人自貴年在壽曹訣」, p.552)
40) "生者養氣所加, 錄籍有眞神仙錄, 有過退焉. 陰氣所加, 輒在死部."(卷112「貪財色災及胞中誡」, p.565)
41) "然天地之道所以能長且久者, 以其守氣而不絶也. 故天專以氣爲吉凶也, 萬物象之, 無氣則終死也."(卷98「包天裹地守氣不絶訣」, p.450)

다는 것은 곧 사람에 있어서 죽음을 의미한다. "음기와 양기가 다시 서로 비벼대어 서로 생성케 할 수 있다. 사람의 기 또한 몸의 아래 위를 굴러 다니니, 신과 정이 그것을 타고 들락날락하는 것이다. 신과 정이 기를 가지는 것은 마치 물고기가 물에 있는 것과 같아서 기가 끊어져 신과 정이 흩뜨러지는 것은 물이 끊어지면 물고기가 죽어 버리는 것과 같다."[42]

자연계에서 하늘과 땅과 사람이 세 가지 근본(三統)인 것과 마찬가지로, 인간에게 있어서 신과 정, 그리고 형(즉, 좁은 의미의 氣)이 삼통이다. 인간의 삼통은 각기 고유한 기능을 갖는다. 신은 태어남(生)을 맡고, 정은 기름(養)을 맡으며, 형은 이룸(成)을 맡는다. 이 셋은 '신묘한 그릇'(神器)을 이룬다. 따라서 신기란 곧 인간을 말한다. 인간에게 있어서 신은 셋 중에서 가장 중요하다. "세 기가 능한 바를 분별하여, 신에 되돌아와 몸을 지킨다. 그러므로, 태양, 천기는 신이라 칭해진다." 신은 원기로부터 받은 것이기 때문에 그것이 없으면 신이 존재하지 않으며, 신이 소멸하면 원기 또한 소멸된다. "오행이 원기로부터 태어나 흥하게 되면, 신이 원기와 더불어 몸을 함께하고 행동을 같이한다."[43] 인간에게 있어서 신과 기는 상보적이다. "신은 기를 타고 행한다. 그러므로 사람에게 기가 있으면 신이 있고, 신이 있으면 기가 있다. [또한] 신이 사라지면 기가 끊어지고, 기가 없어지면 신이 사라진다. 그러므로 신이 없어지면 또한 죽게 되고, 기가 없어지면 또한 죽게 된다."[44]

인간이 주어진 삶을 제대로 살 수 없는 것은 대자연의 순수한 이

---

42) "陰氣陽氣更相摩礪, 乃能相生. 人氣亦輪身上下, 神精乘之出入. 神精有氣, 如魚有水, 氣絶神精散, 水絶魚亡."(鈔 癸部 卷154-70「還神邪自消法」, p.727)
43) "又五行洒興生於元氣, 神洒元氣幷同身幷行."(卷42「四行本末訣」, p.96)
44) "神者乘氣而行, 故人有氣則有神, 有神則有氣, 氣亡則神去. 故無神亦死, 無氣亦死."(卷42「四行本末訣」, p.96)

법인 도를 따라 행위하지 않기 때문이다. 도를 따르지 않으면 곧 원기로부터 주어진 정, (좁은 의미의) 기, 신이라는 세 가지 본질적 요소들을 올바로 보존하지 못한다. 도를 지키지 않으면 사악한 기가 쌓이게 되어 주어진 수명을 단축시킨다. 인간에게 있어서 삶과 죽음의 문제는 그 자체 기의 보존이라는 실천의 문제와 직결된다. 나아가 기의 보존이라는 문제는 한편으로는 '승부의 해소'(解承負)를 요청한다. 승부의 해소는 필연적으로 인간 개인의 구원과 사회전체의 구세라는 차원과 결합되는 것이다. 여기에서『태평경』의 사생관은 또한 皇天이라는 절대자의 문제와 연결된다.

2) 황천과 사후세계

'황천'(皇天)은 『태평경』에 있어서 유일 절대자로서, 우주 안에서 최고의 인격적 존재로서 세계를 다스리는 신적인 존재이다. 황천은 상황, 천사, 신인, 진인, 선인, 도인 등등 인격신을 지배하고, 태평서 전수의 영역에서 궁극적 존재의 지위를 점하며, 태평서를 이 지상으로 보내는 존재이다. 황천은 황천(黃泉)을 담당하는 존재인 후토와 대비되는데, 황천은 하늘을 담당하는 신이며, 후토는 땅을 담당하는 지기(地祇) 즉, 토지신이다. 여기에서 『태평경』은 인간의 선행과 악행에 대하여 응보를 주는 존재로서 황천을 상정하면서, 황천의 주재하에 인간의 모든 행위를 감독하는 천상의 관할기관(天曹)을 구상한다. 천상의 정부에는 인간의 운명을 담당하는 명조(命曹), 장수를 담당하는 수조(壽曹), 인간들의 선행을 평가하는 선조(善曹), 악행을 관찰하는 악조(惡曹) 등 네 개의 관할기관(즉, 曹)이 있다.[45]

---

45) 卷110「大功益年書出歲月戒」, p.526, 卷111「大聖上章訣」, p.546, 卷111「善仁人自貴年在壽曹訣」, p.551, 卷111「善仁人自貴年在壽曹訣」, p.552 등에 각

이와같은 천상의 관할기관들은 각각 고유한 기능을 갖는다. 명조는 모든 사람들의 하루하루의 행위에 근거하여 개인보고서를 기록하여, 그 사람의 운명을 결정한다.46) 선조는 선행을 많이 축적한 사람의 선행 서류를 평가한다. 수조는 선조에서 평가받은 선행을 한 자의 서류를 받아들여 그 사람의 생명을 연장한다.47) 악조는 끊임없이 악행을 한 자의 기록을 보관하여, 지나치게 많은 악행을 한 자를 지하의 토부(土府)로 소환하는 일을 담당한다. 악한 자의 영혼은 황천(黃泉)에 떨어져 토부의 감독 아래 감금당하여 끊임없는 고문에 고통받게 된다.48)

여영시(余英時)는 이상과 같은 사후세계관(死後世界觀)에 관하여 "일련의 전적 및 고고학적 증거들은 위의 천상의 세계와 아래의 지하세계에 관한 불교 이전의 중국인들의 믿음은 혼(魂)과 백(魄)이라는 영혼의 이중적 관념과 밀접하게 관련되어 있음을 시사한다. 죽음에 있어서 혼과 백은 분리되어 가는 것으로 생각되어, 전자는 하늘

曹에 관한 설명이 있다. 이와같은 하늘의 정부는 인간세계의 국가기관에 있는 기구를 모방하여 구상한 것이라 할 수 있다.

46) "故言天君勅命曹, 各各相移, 更爲直符, 不得小私, 從上占下, 何得有失. 有性之人, 自無惡意, 雖有小惡, 還悔其事, 過則除解. 有文書常入之籍, 惡者付下曹, 善者白善, 惡者白惡, 吉凶之神, 各各自隨所入, 惡能自悔, 轉名在善曹中. 善爲惡, 復移在惡曹, 何有解息? 地上之生人中, 有胎未生, 名姓在不死之錄." (卷111 「善仁人自貴年在壽曹訣」, p.552) 참조

47) "與人語言發聲, 爲善行得人心意. 是天善之, 無出惡言, 而自遺咎. 同出口氣, 正等擇言出之. 無一小不善之辭, 可得延命. 殊能思行天上之事, 得天神要言, 用其誠, 動作使可思, 可易命籍, 轉在長壽之曹."(卷114 「見誡不觸惡訣」, p.602) 卷114「爲父母不易訣」第二百三, p.625 참조

48) "爲惡不止, 與死籍相連, 傳付土府, 藏其形骸, 何時復出乎? 精魂拘閉, 問生時所爲, 辭語不同, 復見掠治, 魂神苦極, 是誰之過乎?"(卷114 「不用書言命不全訣」, p.615) "惡人早死, 地下掠治, 責其所不當爲. 苦其苦處, 不見樂時. 是爲鬼, 何以獨不有赦時. 是惡之極, 爲鬼復惡, 何所依止. ‥‥ 惡行之人, 不可久視天地日月星晨, 故藏之地下, 不得善鬼同其樂, 得分別也. 文書前後復重者, 誠憎是惡人, 不可求生耳."(卷114 「不孝不可久生誡」, p.598-9)

로 되돌아 가고 후자는 땅으로 되돌아 간다고 생각되었다. 사후세계에서의 상과 벌이라는 대립적인 측면으로서 하늘과 지옥이라는 관념은 불교가 전래되기 전까지는 중국인의 사유에서 충분히 발전되지는 않았다."49)고 총괄한다.

황천은 후대 도교에 나타나는 각종 신격들 특히, 태상노군50)과 같은 신들의 선구적 형태라 할 수 있다. 이점에서 태평경이 도교적 세계관의 형성에 기틀이 되고 있음을 부정할 수 없을 것이다. 그리고 그것이 도, 원기, 자연, 음양 등의 개념을 전제로 하고 있는 한 노자적 세계관 및 한대적 세계관을 반영하면서, 아울러 그러한 세계관과 새로운 도교적 세계관의 결합을 시도하였다고 할 수 있다. 어쨋든 『태평경』에서 절대자 황천관념의 설정과 황천의 주재 아래 이루어지는 사후세계를 관장하는 명조(命曹), 수조(壽曹), 선조(善曹), 악조(惡曹) 등 관할기관(즉, 曹)의 설정은 현세에서의 윤리적 행위를 필연적으로 권장하기 위한 것이며, 그것은 또한 인간의 삶과 죽음이라는 문제에 있어서 철두철미 생명을 중시하는 경향을 보여주고 있다.

3) 생명중시의 사상 – 도덕적 규정의 생명철학적 전환

『태평경』은 전통적인 신선의 이념에서 나타나는 개인주의적이고 은둔적인, 따라서 세상을 도피하는 경향을 배제하고, 가족의 일원으로서, 그리고 사회 구성원으로서 개인의 역할을 중시하는 현실에로

---

49) Yu, Ying-shih, p.386
50) 태상노군(太上老君)이란 신격은 張陵이 처음 사용하였다고 한다. 이에 대한 구체적 언급은 『魏書』「釋老志」「老子內傳」에 보인다. 여기에서 "太上老君, 姓李名耳, 字伯陽, 一名重耳., 生而白首, 故號老子, 耳有三漏, 又號老聃."으로 설명된다. 같은 내용이 『雲笈七籤』卷二百二 및 『太上老君開天經』에 언급된다. 南朝(502-558) 梁 陶弘景은 『眞靈位業圖』에서 道敎의 최고 天神을 虛皇道君, 곧 元始天尊이라 한다.

의 지향성을 강하게 표출한다. 전통적으로 선의 관념은 불사의 관념과 결합되어 있다. 불사를 성취한 자는 선(仙)이다.『태평경』은 가정 안에서의 효라는 덕목의 형이상학적 당위성을 다음과 같이 도출한다.

"대저 하늘과 땅, 중화라는 무릇 세 기는 안으로는 서로 함께 하나의 가족을 이루어 도리어 함께 삶을 다스리며, 함께 만물을 부양한다. 하늘은 삶을 맡아 어버이라 칭한다. 땅은 기르기를 맡아 어미라 칭한다. 사람은 그것을 다스리는 일을 맡아 자식이라 칭한다. 어버이는 때에 맞추어 교화를 맡고, 어미는 어버이를 따라 기르는 일을 맡으며, 자식은 어버이로부터 생명을 받아 어미로부터 길러지니, 자식된 자는 마땅히 어버이를 공경하고 어미를 사랑해야 한다."51)

『태평경』은 일견 유가적 관념인 효를 중시하는 것처럼 보이지만, 효의 실천근거를 생명에 둠으로써 유가와 다른 길을 걷는다. 효의 당위성은 부모로부터 생명을 부여받았다는 데 근거한다. 효는 우선 부모의 장수를 염려하는 것으로 정의된다. 효란 항상 부모가 늙어 죽을지를 생각하고 부모의 장수를 위하여 실천하는 것이다. "제일 훌륭한 효자는 부모가 늙어 죽을지를 염두에 두어, 홀로 한가한 곳에 거처하여 [부모가 늙어 죽는 것을] 항상 걱정하며, 어디에서 불사의 기술을 얻을 것인가를 생각하며, 거기에 몸소 가서 거처할 수 있게 된다."52) 부모의 장수를 염려하는 것이 효의 일차적 의미이지만, 그러한 효의 실천을 통하여 자신의 장수를 얻을 수 있다는 효의 이차

---

51) "夫天地中和凡三氣, 內相與共爲一家, 反共治生, 共養萬物. 天者主生, 稱父., 地者主養, 稱母., 人者主治理之, 稱子. 父當主教化以時節, 母主隨父所爲養之, 子者生受命於父, 見養食於母. 爲子乃當敬事其父而愛其母."(卷45「起土出書訣」, p.113)
52) "上善第一孝子者, 念其父母且老去也, 獨居閒處念思之, 常疾下也, 於何得不死之術, 嚮可與親往居之."(卷47「上善臣子弟子爲君父師得仙方訣」, p.134-5)

적 의미가 주어진다. 이러한 효의 의미를 통하여 효라는 인륜적 행위를 해야 한다는 당위가 성립된다. 효를 충실하게 행하는 사람은 장수를 얻을 수 있다. 효는 장생을 기약해주는 것이며, 효의 결과는 장생이다. 이와같은 효라는 도덕적 행위를 통하여 장수 또는 불사할 수 있다는 사고방식을 보여줌으로써, 인륜적 도덕과 전통적 선(仙)의 이념을 결합한다. 이것은 피세적 선의 관념을 현실화한 것이다.

더 나아가 이같은 관점은 효를 지극하게 행하면 승부에서 벗어나 장수할 수 있다는 관념으로 전환된다. "그 뒤에 태어나는 자는 효성스럽고 또한 수명을 다하며, 모두 스스로 늙은이를 돌보고, 안색은 도가 없을 때와 같지 않으며, 뒤에 태어나는 자가 날로 그 지극한 뜻을 알아 집안를 이룬다. 다시 그 앞 사람 보다 나아지는 것을 배우면, 나날이 서로 도탑고 서로 친함을 보태어 도 있는 사람을 사랑하며 중하게 여기고, 전쟁과 범법, 교활함이 다시 행해지지 않는다. 그러므로, 승부의 재앙이 날로 줄어 들게 되니, 이것이 자연스러운 기술이다."53) 『태평경』에 의하면, 장수, 장생은 원기의 보존을 위한 수일을 통하여 이루어진다. 그리고 수일의 목적은 '승부의 해소'(解承負)에 있다. 승부의 해소는 국가사회적 차원에서는 통치자의 죄악에 따르는 응보의 제거이고, 개인의 차원에서는 개인의 죄악에 따르는 응보의 제거이다. 따라서 승부는 국가 및 개인을 포괄하는 종교적 차원의 것이다.

『태평경』은 인, 효 등의 유가윤리의 핵심을 구성하는 덕목들을 유가윤리와 동일선상에서 파악하고 있는 것 처럼 보이지만, 다른 한편으로는 그러한 덕목들의 실천이 궁극적으로 승부의 해소와 장수의

---

53) "其後生者孝且壽, 悉工自養老, 顏色不與無道時等, 後生者日知其至意以爲家也. 學復過其先, 日益就相厚相親, 愛重有道人, 兵革姦猾悉無復爲者也. 故承負之厄會日消去, 此自然之術也."(卷42「驗道眞僞訣」, p.92)

실현을 목적으로 하는 것이라고 보는 점에서 철저하게 도교적인 특징을 보여준다. 효나 인이라는 덕목은 장수의 하위가치이다. 이처럼 효와 장수를 결합시킴으로써, 현실적 인간의 윤리적 덕목과 도교적 인간의 이상을 결합한다. 이것은 황천의 뜻에 따라 원기로부터 주어진 인간의 생명력을 보장하는 유일한 길은 곧 인륜성의 실현임을 부각시킨다. 효나 인과 같은 인륜성의 실현은 현실에 사는 인간존재의 도덕적 행위이다. 그러한 도덕적 행위와 인간의 수명은 밀접한 관계에 있다. 도덕적 행위, 인륜성의 실현은 그 자체가 목적이 아니라 인간의 생명력을 보존하기 위한 수단이다. 나아가 인간의 생명을 유지하는 것은 기로 충만되어 있는 우주적 생명력을 보존하는 길이다. 여기에서 태평경이 도교적 윤리관념을 적극적으로 정립하고 있음을 알 수 있다. 현실에서의 윤리적 행위가 장수를 보장한다는 이같은 도교적 윤리관념은 후대 功過格 사상 등의 선구이면서 생명을 철저히 중시하는 사상적 경향을 여실히 보여주는 것이다.

윤리적인 삶에 대한 규정과 수일이라는 종교적 실천규정은 긍정적으로 장생 즉, 장수라는 하나의 목적에 수렴된다. 수일은 일차적으로 원기의 보존을 의미하지만, 다른 한편으로 그것은 필연적으로 승부의 제거를 요청한다. 『태평경』은 현실적 실천과 종교적 수행이라는 양면을 동시에 포괄한다. 또한 그것은 인간이면 누구나 지향해야만 하는 궁극적인 목적이다. 종교이건 윤리이건, 그것들은 도교적 장수라는 목적을 실현하기 위한 것이다. 이 두 가지 실천방법은 동전의 양면과 같이 표리의 관계를 이룬다. 이 점에서 도덕과 종교는 다른 차원의 것이 아니라 동일한 연장선상에 있다. 『태평경』에서 도덕과 종교는 결코 분리되어 파악될 수 없다.

이와같이 생명을 중시하는 『태평경』의 사상은 다음과 같은 몇 가지 차원에서 명백하게 나타난다. 첫째 여아살해에 대한 금지가 그것이다. 여아살해를 금지하는 것은 일찍이『韓非子』에도 나타나는 것인데, 분열과 혼란의 시대에 있어서 사회적인 불안과 열악한 사회적 생산력으로 인하여 여아살해는 필연적인 현상이었던 것으로 보인다. 『태평경』에서 여아살해를 금지하는 참된 이유는 후손의 문제와 직결된다. 여자를 살해하는 풍조가 만연되면, 여자 보다 남자의 수가 많아질 것이다. 남자가 여자 보다 많다면 자손이 줄어 들게 될 것이며, 더 나아가 인류가 절멸될 수 있다. "대저 남자는 천통을 계승하고, 여자는 지통을 계승한다. 지금 [사람들이] 지통을 끊어, 다시 삶을 서로 전하지 못하게 하고, 그 뒤에 후세를 끊어 없애고 있다. 그 죄가 얼마나 무거운 것인가? 이 [세상에 사는 사람들]은 모두 서로 무리를 태어나게 하여 전하게 해야 한다. 그러나 지금 지통을 끊어 버리고, 인류를 없애므로, 하늘이 오래도록 그 세상무리들을 단절시킨다."54) 인류가 끊어 없어진다는 것은 곧 인간이라는 존재 그 자체가 소멸되는 것을 의미한다. 여자를 죽이는 것은 지통을 단절시켜 버리는 것이다. 천통과 지통 중 어느 하나라도 없게 되면, 자연의 커다란 불화와 재앙이 초래된다. 그것은 또한 인간의 불화이며 재앙이다. 여자를 살해하게 되면, 지통을 상실하게 될 뿐 아니라 남녀의 수적 균형이 파괴되어 결국은 후손의 보존에 막대한 지장을 초래한다. 그런 현상이 극도에 이르면, 여자가 존재하지 않게 되어 후손이 단절될 것이며, 그것은 곧 인류의 절멸을 뜻한다. 원기에 음과 양이 있어 자연의 운행이 일어날 수 있듯이, 인간에게도 여자와 남자가 있으므로 인류가 끊임없이 존재한다. 여자살해는 철저하게 자연의 이법을 거스르는 것이다. 그것은 또한 도를 거역하는 것이다. 이와 같은『태평경』

---

54) "夫男子洒承天統, 女子承地統, 今乃斷絶地統, 令使不得復相傳生, 其後多出絶滅無後世, 其罪何重也! 此皆當相生傳類, 今乃絶地統, 滅人類, 故天久久絶其世類也."(卷35「分別貧富法」, p.36)

의 여아살해금지는 생명을 중시하는 세계관의 반영이다.55)

여자를 멸시하고 학대하고 더 나아가서는 여자를 살해하는 것은 '천통과 지통, 음과 양의 균형'을 깨뜨리는 것이며, 인류를 절멸시키는 것이다. 후손의 보존이 인류의 보존과 직결된다는 이러한 관점은 또 다른 태평경 특유의 도덕적 규정과 관련된다. 그것은 상식적으로 인정되는 정조의 관념을 부정하는 것이다.

> "순결한 남자는 [종자를] 베풀지 않고, 순결한 여자는 [종자를 삶으로] 변화시키지 않는다. 음과 양이 교섭하지 않으면, 세상의 무리를 끊고 없애 버린다. 두 사람이 함께 천지의 벼리(統)를 끊고, [정조라는] 사소하고 허황되며 거짓된 이름을 탐하여 거꾸로 후손을 없애고 그 실질과 핵심을 잃어 버리게 되니, 이것이 천하의 커다란 해이다. 네가 부모를 얻지 못하여 삶을 이어 받지 못했다면, 네가 어찌 [지금의] 너이겠는가? 도리어 그것을 끊고 잘라 버리는 것은 천지가 함께 미워하는 것이니, 조리를 끊어 크게 거역하는 사람이라 이름한다."56)

남자는 하늘의 정신이며, 여자는 땅의 정신이다. 남자가 양이라면 여자는 음이다. 남자와 여자가 정조만을 곧게 지키는 것은 하늘과 땅의 교섭, 음과 양의 교합을 막아 버리는 것과 같다. 남자와 여자들이 정조라는 관념을 지켜, "남자와 여자들이 금욕한다면, 그것은 단

---

55) 이와 같은 사고는 남자 대 여자의 비율이 120 : 100 이상이 되면 사회불안 내지는 전쟁이 초래될 수 있다는 일종의 사회심리학적 해석과도 통하는 것으로 볼 수 있을지도 모른다. 음양론적으로 설명한다면, 남자가 여자보다 많아지는 것은 인간사회에 양이 음 보다 지나치게 많아져 음양이 조화를 이루지 못하는 현상으로 해석할 수도 있을 것이다.

56) "夫貞男乃不施, 貞女乃不化也. 陰陽不交, 乃出絶滅無世類也. 二人共斷天地之統, 貪小虛僞之名, 反無後世, 失其實核, 此天下之大害也. 汝響不得父母傳生, 汝於何得有汝乎? 而反斷絶之, 此乃天地共惡之, 名爲絶理大逆之人也. 其應乃使天地隔絶."(卷35「一男二女法」, pp.37-8)

지 허명을 얻기 위하여 우주의 생명력이 넘치는 과정을 방해하는 것이다."57) 여기에서 정조관념을 부정하는 것 또한 인권과 관계되는 것이 아니라, 후손의 보존을 통한 인류의 존속이라는 현실적 의미와 우주적 생명력의 보존이라는 차원에서 강조된다. 이러한 경향은 후대의 한 도교파에서 집단성교를 권장하였던 것과 무관하지 않은 것으로 보인다. 앞에서 살펴본 바와 같이, 『태평경』은 삶(生)을 '우주적 생산력'으로 이해하기 때문에 그러한 힘을 방해하는 모든 행위는 잘못된 행위일 뿐아니라 황천의 의지를 거슬리는 사악한 행위로 간주된다.

생명의 힘을 중시하는 『태평경』의 이와같은 경향은 후손을 통한 인류의 보존이라는 차원에서 한 남자가 두 여자를 취해야 한다(一男二女)는 주장으로 나타나기도 한다. "하늘의 법에 양의 수는 하나이고, 음의 수는 둘이다. 그러므로 양은 홀수이고, 음은 짝수이다. 따라서 군주는 적고, 신하는 많으며, 양은 존귀하고, 음은 천하다. 따라서 두 음이 하나의 양을 함께 섬겨야 한다. 하늘의 수는 하나이고, 땅의 수는 둘이다. 따라서 마땅히 두 여자가 한 남자를 함께 섬겨야 한다."58) '남자 한 명에 여자 둘을 거느려야 한다'는 규정은 곧 음과 양을 본받는 것으로, 양수는 홀수(즉, 一)이고, 음수는 짝수(즉, 二)라는 형이상학적 근거를 가지고 있는 것처럼 보인다. 이것은 자연의 음양과 인간의 남여를 동질적으로 파악하는 유추적 사고에서 나오는 것이다. 그러나 한 남자는 두 여자 만을 취할 권리를 갖는다. 둘 이상의 여자를 취하는 것 또한 너무 많은 음을 취하는 것으로서 음과

---

57) Max Kaltenmark, "The Ideology of the T'ai-p'ing ching"(Welch, Holmes and Seidel, Anna ed., *Facets of Taoism*, London, 1979), p.38
58) "然天法, 陽數一, 陰數二. 故陽者奇, 陰者偶. 是故君少而臣多, 陽者尊, 陰者卑, 故二陰當共事一陽, 故天數一而地數二也, 故當二女共事一男也. 何必二人共養一人乎?"(卷35「分別貧富法」, pp.33-4)

양 간의 자연적 조화를 깨뜨리는 것이다. "태평기를 다다르게 함에 순결한 사람을 귀히 여길 수 없고, 안에서 홀로 허물을 행함이 매우 심하고, 왕의 다스림을 조화롭고 좋은 것으로 만들지 못하며, 무릇 사람이 또한 절도를 넘어갈 수 없으므로, 한 남자가 두 여자만을 취하라고 하였다."59)

나아가 『태평경』에 나타나는 천지가 부모라는 관념은 '결코 땅을 파지 말라'는 도덕적 규정으로 전환된다. 땅을 파지 말라는 규정은 인간생활에서 식수를 얻기 위하여 필요한 '우물도 파지 말라'는 도덕적 규정을 낳는다. 그 이유는 다음과 같다. 하늘은 어버이이고, 땅은 어미이다. 어떤 사람이 땅을 꿰뚫는 죄를 범하면, 땅은 하늘에 하소연하며, 하늘은 화를 내며, 한편 땅 쪽에서는 더 이상 아무 것도 생산하지 않는다. 실제로 땅을 파는 것은 자기 어머니에게 상처내는 것과 똑같이 커다란 죄를 범하는 것이다. 땅에 구멍을 내어 우물을 파는 것은 어머니 땅의 혈관을 접촉하여 출혈을 야기함을 의미한다.60)

이와 같은 사유는 서양의 연금술 및 점성술의 토대가 되는 '자연의 마법' 즉, 중세적 사유구조와 유사한 면을 보여준다. "'자연의 마법'의 근본적 주장은 우주가 생명과 활동으로 충만한 유기체라는 것이다. 이는 인간을 포함한 모든 것이 서로 연결되어 있다는 이론('존재사슬' 참조)과 접맥되고 상호영향을 주면서 물질뿐만 아니라 신비롭고 영적인 구성요소까지도 서로 교류되는 모든 것(육체내의

---

59) "令太平氣至, 不可貴貞人也, 內獨爲過甚深, 使王治不和良, 凡人亦不可過節度也, 故使一男二女也."(卷35「一男二女法」, p.38)
60) "泉者, 地之血., 石者, 地之骨也., 良土, 地之肉也. 洞泉爲得血, 破石爲破骨, 良土深鑿之, 投瓦石堅木於中爲地壯, 地內獨病之, 非一人甚劇, 今當云何乎? 地者, 萬物之母也, 樂愛養之, 不知其重也, 比若人有胞中之者, 守道不妄穿鑿其母, 母無病也., 妄穿鑿其母而往求生, 其母病之矣. 人不妄深鑿地, 但居其上, 足以自彰隱而已, 而地不病之也."(卷45「起土出書訣」, p.120)

기관들, 지성, 감각, 영혼과 감정들)은 자연이라 불리는 보다 더 큰 대우주의 다양한 부분들과 상호교류하면서 연결되어 있다고 한다. 예를들어, 인간의 심장은 우주의 심장인 태양과 대응되어 태양은 심장의 상징이며 이 역도 성립된다는 것이다. … 더 나아가 자연을 폭행하는 것(탄광, 채굴 등)은 인간(여성)을 폭행하는 것이 된다. 결과적으로 이 '자연의 마법'은 자연을 이해하는 전제조건으로 인간과 자연 그리고 주체와 객체가 철저히 구분되어야 한다는 어떠한 제안도 거부하게 되었으며, 오히려 정반대의 입장을 취하게까지 되었다. '자연의 마법'을 믿는 사람은 그 스스로가 연구하는 자연으로부터 벗어날 수 없는 한 부분임을 인정해야만 했다."61)

결국 이와같은 세계관은 궁극적으로 이 세계 즉, 우주가 생명활동으로 충만된 유기체이며, 인간을 포함한 모든 존재들이 서로 연관되어 있을 뿐아니라 그 중 하나의 고리(즉, 존재)가 끊어지면 생명계 전체가 파괴된다는 '존재사슬'(또는 '먹이사슬')의 관념을 근간으로 한다. 이같은 생명현상의 복잡다양성, 존재의 다양성 그리고 그러한 다양성은 유기적으로 연관되어 있다는 존재사슬 관념 또한 『태평경』에 표현되고 있다. "하늘 위에서 각기 달라 자연스러운 원기와 음양으로부터 나의 글과 서로 비슷하여 각각 그 습속을 따라 나의 책(書)과 말(辭)을 기록하여 행하니 곧 태평이라"고 시작되는 문장에서 자연스러운 원기와 음양이라는 하나의 현상에 적용되는 태평이 실현된 상태에 대한 묘사가 천상 무극의 삼광(天上無極之三光), 천상에 거처하는 것(天上中居), 천상의 삼광(天上三光), 천상의 구름기운(天上雲氣), 천상의 소리와 번개, 우뢰(天上音響雷電), 하늘 아래의 바람과 비(天下風雨), 하늘 아래 바람과 구름의 기운(下居中風雲氣), 땅위의 사람(地上之人), 땅위의 기어 다니는 것(地上蚑行), 땅위의 풀과 나무(地

---

61) 『현대환경론』, pp.98-9

上草木), 지상의 산과 곶(地上山阜), 지상의 산과 계곡 그리고 물과 못(地上山谷水澤), 땅밑(地下), 땅밑의 무극음양(地下無極陰陽), 五行, 사계절(四時), 六甲十干, 六甲十二子, 八方, 神靈 등 통털어 21가지의 다양한 존재현상에 적용되고 있다.62) 이런 표현은 곧 자연현상, 즉 존재의 질서가 다양함을 의미할 뿐아니라 다양한 존재들이 서로 유기적으로 연관되어 있음을 표현한다. 물론 이와같은 표현은 종교적 의미에서 자연의 다양한 현상을 표현하는 것이긴 하나, 다른 한편으로는 그러한 자연현상은 그 자체로서 자연스러운 것임을 표현하는 것이다. 『태평경』에 의하면, 이와같은 다양한 존재의 다양성은 현실적으로 조화를 이루는 것이 가장 이상적 상태이며, 나아가서 필연적으로 조화를 이룰 수 밖에 없는 것으로 표현된다. 이와같은 조화는 [三合相通]으로 표현된다.63)

이같은 존재사슬 관념은 전통적인 동양적 사유에서 일반적으로 나타나는 것이지만 한편으로는 서양의 중세적 세계관에 나타나는 특징이기도 하다. "중세의 해석에 따르면 세계는 감정을 가진 커다란 동물과 같이 사람들은 이 거대한 동물의 체내에서 마치 기생충처럼 살아가고 있다는 것이다. 지구의 물과 화산이라는 통로는 이 거대한 동물의 순환 및 소화기관에 해당하므로 화산의 분출은 이 동물이 방귀를 뀌는 것으로 해석되었다. 이러한 범신론과 물활론(animism)에 관련된 개념과 이의 분석은, 중세 이래로 '물리적 세계에 대응해 적절하게 완성된 생물학적 세계의 구성을 포용'하는 우주론에서 연유하는 것이다. 이 우주론이 바로 '존재사슬'(great chain of being)이라

---

62) 鈔 辛部 卷120-36, pp.692-4에 "天上各異, 自有自然元氣陰陽, 與吾文相似, 各從其俗, 記吾書辭而行之, 卽太平矣."라는 표현이 길게 21가지 존재현상에 적용되어 반복적으로 언급되고 있다.
63) 右包裹元氣自然天地凡事三合相通幷力同心天命券和皇平治法(卷48「三合相通訣」, p.156)

는 개념인데, 이에 따르면 우주를 구성하는 모든 원소는 살아 있거나 죽었거나 정신적이거나 물질적이거나간에 모두 이 거대한 사슬속에 서로 맞물려 있다는 것이다. 이 구성요소들은 고정된 위계질서에 따라 함께 결합되어 있으므로 상호의존적일 수 밖에 없다."64) 이것은 인간과 자연의 친밀한 관계를 상정하고, 철두철미 인간의 자연에 대한 겸손을 강조하는 현대의 생태주의에로 연결될 가능성을 보여주고 있다는 점에서 의미있는 사유방식이라고 아니할 수 밖에 없다.

일반적으로 노장 특히 장자에서는 죽음에 초연하거나 죽음을 초탈하는 태도가 강조되었다. 죽음은 자연의 순환과정 중 하나의 변화에 불과한 것으로서 한낱 돌아감이요 흩어짐일 뿐이다. 이것은 인도적, 불교적인 윤회관과는 본질적으로 다른 자연주의적인 생사관 또는 생명관이다. 이같은 노장의 자연주의적 생명관은 후대의 도교에서는 다른 양상으로 변환된다. 도교의 생명관은 "가능한 한 생명을 연장시키거나 끝나지 않게 하려는 장생불사(長生不死)관과 그 실천방법론을 개발했다. 영을 양적인 요소(신은 음적인 요소), 즉 육체의 장애에서 벗어나게 하여 불멸체로 전환하든가, 그렇게 하지 못하면 최소한 육체와 혼의 결합체 그대로 연장하든가 하는 욕망을 실현하기 위해서 외단(外丹), 내단(內丹)으로 크게 분류하는 여러 가지 방법론과 비법을 만들어 냈다."65)

아울러 이런 생명관, 생사관에 따르는 수행방식 또한 다른 양상으로 전개되었던 것이 사실이다. 외단의 경우 연금술을 이용한 불사약의 제조가 대표적이었지만, 三神山說, 북두칠성에 대한 제사, 부엌신(즉, 竈神) 숭배, 부적사용 등의 수행방법 등은 특이한 경우이다. 도

---

64) 데이비드 페퍼, 『현대환경론』, p.81
65) 김영호, p.137

교의 수행자는 되도록 적게 먹고 먹더라도 가려 먹었다. 음식의 소비는 최소한 신체의 유지를 위해서만 필요할 뿐이다. 곡물(五穀)을 먹지 않는 辟穀과 같은 실천은 생명력의 순환을 원활치 못하게 만드는 요인들은 반드시 배제한다는 원리에서 나온 것이었다.

4. 맺는 말

서론에서 살펴본 바와 같이, 생명에 대한 이해나 포괄적인 정의는 현실적으로 난해한 문제이다. 생명에 대한 고전적인 정의들은 신비주의적인 경향을 드러 내기도 한다. 그러나 현대의 물리학적-생물학적 정의는 생명에 대한 포괄적인 정의일 수는 없다. 그것은 곧 근대과학적 생명관이 갖는 한계임이 분명하며, 그러한 한계는 일반적으로 근대과학이 갖는 한계에서 나오는 것이라 하겠다. 근대과학은 특유의 서구적 자연관을 창출하였고, 나아가 그것은 인간중심주의적 사고를 철저하게 정당화하는 것이었다. "대략 15세기말에서 17세기말에 인간을 자연의 통제자로 여기는 사고가 구체화되기 시작하면서 좀더 현대적인 사고로 발전하게 된다. 이 시기에는 '자연을 지배하라'는 창세기의 명령과도 다르고 인도와 중국의 전통적 자연관과도 다른 독특한 서구의 자연관이 나타났다. 18세기에는 인간의 힘에 대한 인식이 증가되었으며 19세기에는 이 인식이 더욱 극적으로 증가되어 마침내 20세기에는 과거의 어떤 것도 필적할 수 없는 '인간의 자연에 대한 힘'에 기초해서 서구인은 획기적인 인간중심주의를 갖게 되었다."[66]

---

66) 『현대환경론』, p.87

16-7세기에 들어와 근대의 자연과학의 발전에 힘입어 본격적인 자연정복의 개념이 등장했는데, 그 시초는 이른바 베이컨주의이다. 베이컨은 '아는 것이 힘'(Scientia est Potentia)이라 하였는데, 인간은 관찰이나 실험을 통한 폭넓은 경험적 지식에 기초한 과학적 지식으로써 자연을 지배할 수 있다는 신념을 표출하였다. 곧, 지식은 자연에 적극적으로 도전하여 얻어지는 것이며, 행동적-조작적 과학은 인류에게 물질적 혜택과 복지를 준다고 보았다. 과학의 힘은 인류가 우주를 지배하는 힘과 영역을 확장한다. 과학자는 곧 그러한 자연과정에의 적극적 참여자이다. 베이컨은 과학자집단이 사회지배계층을 구성하는 신비로운 섬을 그리는 뉴 아틀란티스(New Atlantis)에서 과학자의 모습을 신의 위치에 까지 끌어 올리려 했다. "과학적 행위에는 양심의 가책이나 거리낌이 있을 수 없으며, 모든 세계는 인간을 위해 존재하므로 인간이 이용할 수 없고 열매를 얻을 수 없는 어떤 것도 존재하지 않기 때문에 자연은 그들 자신이 아닌 인간을 위해 존재하고 있다."[67]

근대자연과학에 대한 베이컨의 이상과 더불어 이해되어야 할 과학의 기본적 사고는 기계적 자연관이다. 기계적 자연관은 케플러, 갈릴레이 및 데까르트 등의 사상에 나타나는 패러다임이다. 데까르트는 '수학적인 것이 진리이고 진리야말로 수학적인 것이다.'라고 주장하였다. 그에 있어 수학은 곧 기하학을 말한다. 이러한 입장에서 그는 심지어 동물과 같은 유기체도 기계로 보았다. 자연현상을 수학 즉, 기하학적으로 환원하여 이해할 수 있다는 입장은 근대과학 뿐아니라

---

67) 『현대환경론』, p.102. 베이컨에 있어서 이와같은 자연정복의 개념은 '마녀사냥'에 비견되는 것이었다고 한다. 자연은 여자와 같아 자연을 공격하는 것은 여자를 공격하는 것과 같다. 이는 당시 법무부장관 출신인 베이컨이 당시 마녀재판을 통하여 마녀를 심문하는 방식으로 자연을 공격하는 것이 지식의 축적을 가져 온다고 생각했던 것으로 보인다.

근대사상을 지배하게 된 환원주의(reductionism)이다. 근대철학에 나타나는 이같은 환원주의는 데까르트 패러다임(Descartes paradigm)이라 불리며, 그것은 근대과학의 자연관을 지배하고 있다. 데카르트 패러다임은 기계적이고 환원론적이다. 과학자들은 이 경향을 바탕으로 인간의 의식까지도 기계적으로 해석할 수 있으며, 개인의 심령적인 삶은 육체라는 물리적 기관의 산물에 지나지 않는다고 주장했다. 이와같은 환원론적 입장에 있어서 어떤 것이 과학적인가의 척도는 그것이 얼마나 수학적인가로 귀착된다. 따라서 근대과학에 근거한 '사회·경제적 과학'의 역사는 곧 근대과학이 강조하는 계량화의 역사라 해도 과언이 아니다. 나아가 근대과학은 곧 근대의 산업혁명의 토대가 되었고, 이렇게 볼 때, 산업혁명의 기반에는 기계적 자연관이 존재한다. 이와같은 기계적 과학주의는 과학 그 자체가 곧 진보이며, 자연은 유기체가 아니라 운동하는 물질에 불과하다고 간주하는 특징을 보여준다.

따라서, 복잡다양한 생명현상을 탐구함에 있어서, "서양과학철학의 접근방향은 상향접근(bottom-up approach)으로 개별적인 현상탐구에서 체계적인 이론을 정립하고 이들을 종합하여 복합적인 자연현상을 해석한다. 이러한 접근방향은 비교적 간단한 현상의 이해에는 접근할 수 있으나 생명현상처럼 다원적인 유기체를 이해하는 데는 한계가 있다. 우선 근대과학은 물질의 가장 기본단위인 원자와 분자의 구조론 및 결합이론을 통해 미시적인 자연세계를 들여다볼 수 있게 해주었으나, 이러한 방식을 연장하여 보다 거시적인 자연현상을 보려할 때는 미시적인 이론이 잘 적용되지 않았다. 이것은 근대물리학의 핵심이론인 양자역학이 가지는 범위라고 볼 수밖에 없다."[68] 근대과

---

68) 이대실, 「생학자가 보는 생명」(『과학사상』 1993년 겨울 - 특집 생명이란 무엇인가 -), p.93

학에서는 물리학, 화학, 생학 등 많은 학문분야들이 제각기 발전해왔다. 이 모든 학문분야들은 공동연구대상을 설정하고 유기적인 관계를 유지하면서 탐구하는 경험을 하지 못했다. 이는 근대과학이 생명현상을 종합과학연구의 대상보다는 한 학문분야의 영역으로 간주해 버렸기 때문이다.

"근대과학은 생물을 지나치게 유형적인 관점에서 조명했다. 다시 말해서 여러 생체기능이 모여서 생명현상을 나타내는 유기체(有機體)로서의 접근이 미약한 것이 사실이었다. 생물자체의 구성은 유형적인 생체구성물 뿐 아니라 무형적인 요소들 - 전기, 전자파, 자장, 중력, 정보, 에너지 등 - 과 함께 어우러진 집합체다. 하나의 형태적인 개념만을 가지고 생물의 구성과 생명현상을 해석한다는 그 자체가 이미 유기체로서의 생물을 보는 것이 아니라 구성물의 부분개념으로 보기 시작했다는 것이다. 이는 출발부터 모순이 내포되어 있음을 나타낸다. 총체적으로 볼 때 생명은 유형과 무형의 상보적인 조화체다."[69]

여기에서 생명을 유기체로 이해하고 상보적인 조화체로 파악하는 관점은 일반적으로 연역적인 해석으로서 동양철학적 접근방식을 요청하는 것으로 이해되는 것이 현실이다. 현재 서양철학은 새로운 학제간 연결을 통하여 종합적이고 전체적인 해명의 돌파구를 찾고 있고, 동양철학은 자신에게 결여된 실증적인 접근을 모색하고 있다. 이것은 곧 서양과 동양의 만남을 의미하는 것이며 그렇게 함으로써 상보적인 개념에 입각한 생명현상에 대한 분석적인 연구와 유기적인 연구가 이루어질 수 있을 것이다. 서양과학철학과 동양과학철학의 상보적인 연구가 진행될 수 있다면, 생명 그 자체에 대한 이해 또한 바람직한 방향으로 진행될 수 있을 것이다. "이러한 맥락에서 상보적

---

[69] 이대실, p.96

인 요소들을 동시에 볼 수 있는 통일된 과학사상의 등장은 자연스러운 일이다. 이것이 바로 대칭적 과학사상이 수용된 통일적 개념의 상보론(相補論)이다. 상보론에 근거한 새로운 과학사상에 대한 요청은 기존의 근대적 과학철학적 관점의 변경을 요청한다."70)

생명현상 전체에 대한 경시풍조가 일반화되어 있는 오늘날, 그로 말미암아 파생되는 근본적인 문제는 환경파괴의 문제라 할 것이다. 환경파괴가 자행되어 나타날 수 밖에 없는 필연적인 현상은 지구라는 우주선의 파괴일지도 모른다. "우리가 거주하고 있는 지구는 '독자적인 내적 시스템을 갖고 있는 우주선 지구호'이다. 인간은 탑재된 에너지 교환구조를 오용하여 오염시켜 왔으며, 우주선내에서 생명을 재생시키는 일이 점차로 어렵게 되는 데 까지 이르고 있다는 것이다. 그런데 문제는 이 지구호를 원활하게 비행시킬 수 있는 사람은 없다. 우리가 우주선 지구호의 조종방법을 알지 못하게 된 이유는 그 안전성이 너무도 정교하여 우주선의 혹사로부터 발생되는 환경문제를 알아채지 못하고 살아 왔기 때문이라는 것이다. 이러한 관점에서 '우주선윤리'(spaceship ethics)가 요구된다."71)

이같은 상황에서 환경위기를 극복하기 어려운 이유는 인간심성의 근본적 왜곡현상에 따른 도덕성의 타락 때문일 것이다 현대사회와 현대인들은 경제적 효율성을 표방하는 이기적 합리주의에 지배되고 있다. 그러나 이런 합리주의는 근본적으로 인간의 이기심에서 나온다. 인간의 이기심의 충족만을 추구하는 인간활동들이 조금이라도 더 확산된다면 지구상의 많은 생물들의 사멸이 불가피하게 될 것이다. 지구위에 살고 있는 인간을 포함한 모든 생명체들의 생존을 위협하는 환경위기를 극복하기 위한 방안은 결국 생명에 대한 올바른

---

70) 이대실, p.99
71) 김용정, 「과학과 윤리」(『과학사상』 1995년 봄호 권두논문), pp.16-8

이해와 파악을 통하여 생명 그 자체에 대한 외경심의 고양을 통해서, 더 나아가서는 생명에 대한 지금까지의 잘못된 고정관념을 깨뜨림으로써 가능할 것이다. 이러한 고정관념의 파괴는 필연적으로 생명, 즉 자연전체에 대한 인간적 태도의 근본적 변경을 요청한다.

참고문헌

王明,『太平經合校』, 1960
卿希泰,『中國道敎思想史綱』第一卷, p.75
데이비드 페퍼, 이명우, 오구균, 김태경, 최승 옮김,『현대환경론 - 환경문제에 대한 환경철학적. 민중철학적 이해』, 한길사(서울), 1989
마이클 로이, 이 성규 역,『古代中國人의 生死觀』, 지식산업사, 1989
Kaltenmark, Max, "The Ideology of the T'ai-p'ing ching", Welch, Holmes and Seidel, Anna ed., Facets of Taoism, London, 1979
余英時,「中國古代死後觀的演變」,『中國哲學史硏究』No. 3, 北京, 1985
丁貽庄 . 劉冬梅,「太平經的守一淺釋」,『宗敎學硏究』No. 2, 四川大學, 1986.
Yu, Ying-shih, "'O Soul, Come Back!' A Study in the Changing Conceptions of the Soul and Afterlife in Pre-Buddhist China", Havard Journal of Asiatic Studies, Vol. 47, No.2, Cambridge, 1987.
鄭在書,「『太平經』의 成立 및 思想에 관한 試論」, 梨花女大 韓國文化院『論叢』第59集 第1號, 1991.
「좌담 : 생명, 과학, 종교」,『과학사상』1993 여름.
김영호,「동양사상의 생명관」,『과학사상』1993년 겨울.
이도원・유신재,「생태학적 생명관의 전개와 생물다양성」,『과학사상』

1993년 겨울.
박인원,「생명의 기원」,『과학사상』1993년 겨울.
이대실,「생학자가 보는 생명」,『과학사상』1993년 겨울.
장회익,「생명문제의 문명사적 의의」,『과학사상』1993년 겨울.
박연규,「미국환경윤리학의 현황 1970-1994년」,『과학사상』 제12호, 1995년 봄.
김용정,「과학과 윤리」,『과학사상』1995년 봄.
「좌담 - 동서양의 생명관」,『과학사상』1996 여름.
장회익,「'온생명'과 현대문명」,『과학사상』1995년 봄.
김남두,「온생명과생명의 단위 - 장회익 교수의 '온생명과 현대문명에 관한 토론"」,『과학사상』1995 여름
원의범,「인도철학에서 본 생명관」,『과학사상』1996 여름.

도교의학에서 본 생명관*

정 우 열**

―――――――――――― <차례> ――――――――――――
1. 머리말
2. 도교와 도교의학
   1) 도교의 성립과 도사의 출현
   2) 도교의학의 성립과 내용
3. 『내경』과 『동의보감』에 나타난 생명사상
   1) 『내경』에 나타난 생명사상
   2) 『동의보감』에 나타난 생명사상
4. 도교의학에서 본 생명관
5. 맺는 말

1. 머리말

대부분의 사람들은 삶의 욕망을 의학에, 죽음의 공포를 종교에 의지한다. 즉, '삶과 죽음', '의학과 종교'는 표리관계(表裏關係)로 인류의 역사 속에 공존하여 세계 어느 곳에서나 의학의 시초는 이 둘이 하나로 일치되었던 무의시대(巫醫時代)를 거쳤다.[1]

그러나 문자의 발명으로 민속의료체계(民俗醫療體系)가 세워지면

―――――――――――――
* 이 논문은 1997년 한국학술진흥재단의 공모과제 연구비에 의하여 연구되었음.
** 원광대 한의학과 교수
1) (1)金斗鍾,『韓國醫學史』, 서울, 探求堂, 1981, p.4.
   (2)吉元昭治, 都珖淳역,『道教와 不老長壽醫學』, 서울, 열린책들, 1992. p.31.
   (3)鄭遇悅,「한의학과 기」,『한국정신과학회』, 1997, pp.122-123.

서 의료는 종교에서 분리되었으며, 따라서 그 동안 정령병인설(精靈病因說)에 지배되었던 병리관은 육기병인설(六氣病因說)[2]로 바뀌어 지금까지 무당이 주술적 방법에 의하여 치료하던 병을 의사가 탕액(湯液)을 사용하여 치료하게 되었다.

그러므로 의료의 변천과정에서 무의(巫醫)인 무당은 민간신앙과 민간의학에 남게 되었고 아울러 탕액이나 침·뜸으로 병을 치료하는 전업의(專業醫)가 출현하여 오늘날의 의사가 나타나게 되었다[3].

그 후 민간신앙이 불교의 영향을 받아 도교라는 종교적 형태를 이루면서 무당은 도사가 되어 민중의 염원인 복(福)·록(祿)·수(壽)를 빌어주는 교역자(敎役者)로서의 역할과 불로장수를 위하여 건강을 치료하는 의사로서의 역할을 다 함께 하였다.

즉, 도교는 고대의 민간신앙을 기반으로 하여 거기에 도가·음양오행·참위(讖緯)·의학·점성(占星)등의 여러 설과 무속신앙을 덧붙여 불교의 조직과 체제를 본따 완성한 불로장수를 목적으로 한 주술적 경향이 강한 현세이익적인 자연종교이다[4].

이렇게 볼 때 도교에는 도가(道家)의 무위자연설에 바탕을 한 신

---

[2] (1) 마루야마도시야끼(丸山敏秋), 박희준옮김,『氣란 무엇인가』, 서울, 정신세계사, p.101, 1992.
　(2) 洪元植,『中國醫學史』, 서울, 東洋醫學 硏究院, 1994, p.16017.
　(3) 이 병인설은 진(秦)시대에 의화(醫和)가 주장한 것으로 여기서 6기란 음(陰)·양(陽)·풍(風)·우(雨)·회(晦)·명(明)을 일컫는다. 이때 음음(陰淫)은 한질(寒疾 : 추위를 느끼는 병), 양음(陽淫)은 열질(熱疾 : 몸에 열이나는 병), 풍음(風淫)은 말질(末疾 : 손발의병), 우음(雨淫)은 복질(腹疾 : 배앓이병), 회음(晦淫)은 혹질(惑疾 : 마음이 어지러운 병), 명음(明淫)은 심질(心疾 : 마음에 충격을 받아 생기는 병)을 말한다.
[3] (1) 賈得道,『中國醫學史略』, 山西, 人民出版社, 1979, p.14.
　(2) 洪元植 上揭書 參考, p.16.
[4] (1) 窪德忠, 정순일옮김,『도교와 신선의 세계』, 서울, 법인문화사, 1992. p.31.
　(2) 吉元昭治, 都珖淳역,『道敎와 不老長生醫學』, 서울, 열린책들, 1992, p.38.
　(3) 窪德忠,『道敎史』, 산천출판, 1977, p.42.

선사상과 민간의 현세이익적인 기복사상(祈福思想)이 공유하여 이상과(理想) 현실(現實)이라는 양면성이 있음을 알 수 있다.

여기서 신선사상은 불로장수하여 신선이 되는 것이 궁극적 목적이므로 거기에는 특별한 수련과 여러가지 금기가 뒤따른다. 거기에는 양형(養形), 즉 몸을 단련하는 여러가지 수련법과 벽곡(辟穀)·복이(服餌)법등 뿐만 아니라 양신(養神), 즉 정신의 수양과 단련을 하는 조식(調息)·태식(胎息)·도인(導引)법등이 있다. 도교의 이러한 여러가지 수련법은 양생술로 발달하여 한의학(漢醫學)[5]에 흡수돼 예방의학의 기초가 되었으며, 한편 도가(道家)의 철학적 이론은 인체의 형성 및 생리·병리를 설명하는 기초이론이 되었다[6].

예를 들면 우리가 한의학의 최고 경전으로 알고 있는 『황제내경』 속의 「사기조신대론(四氣調神大論)」·「상고천진론(上古天眞論)」·「금궤진언론(金匱眞言論)」 등은 도가 양생사상의 영향을 받은 것이며, 우리나라 대표적 의학서인 허준(許浚)의 『동의보감(東醫寶鑑)』 역시 도가사상의 영향을 받은 책이다[7].

따라서 이 논문에서는 도교의학의 생명관을 알아보기 위해 먼저 도교와 도교의학의 관계를 살펴본 뒤, 도교의학의 영향을 받은 『내경』과 『동의보감』에서 도교적 본체론과 인신론을 찾아내고, 이들 이론들을 통하여 도교의학에서는 어떻게 생명을 보았는가를 알아보고자 한다.

---

[5] 여기서 말하는 한의학(漢醫學)은 『내경(內經)』을 이론적 근간으로 하여 한대(漢代)에 발달한 의학을 말한다. 변증유물론적(辨證唯物論的) 입장의 현재의 중의학(中醫學)과는 차이가 있다.
[6] 鄭遇悅 「『東醫寶鑑』과 許浚의 醫學思想」, 『한국과학사학회지』 제13권 제2호, 한국과학사학회, 1991, p.134.
[7] 上揭 鄭遇悅, 「『東醫寶鑑』과 許浚의 醫學思想」, pp.134-137 參考.

2. 도교와 도교의학

1) 도교의 성립과 도사의 출현

　도교가 종교집단으로서의 조직과 체제를 갖추고 사회적 활동을 시작한 것은 불교가 중국에 들어온 후부터이다[8]. 그러나 도교의 근원은 아득한 옛날까지 거슬러 올라간다.
　중국인에게는 일찍부터 모든 것에는 정령(精靈), 또는 신성(神性)이 있다고 보는 애니미즘(Animism)과 같은 원초적 종교의 형태가 있어, 그들은 이 세상에 있는 일체의 것에 초월적인 힘을 지닌 정령이 있는 것으로 생각하고 점차 그러한 정령들은 인간과 직접 말을 통할 수는 없으므로 그러한 정령들과 매개적 역할을 하는 존재, 즉 인간의 소원을 정령들에게 전하고, 또 정령들의 의지를 인간에게 전하는 사람이 필요하게 되었다. 이러한 필요에 따라 인간과 정령사이의 매개적 역할을 한 무리들이 샤만(Sharman), 즉 무당(巫)이다[9].
　전국시대 말경, 기원전 3세기 중엽에는 신선사상(神仙思想)이 산동지방을 비롯하여 각지에 유포되면서 원초적인 의술이나 복서·점성들에 의해 장생의 목적을 실현하려는 방법인 방술(方術)이 나오게 되었다. 방술을 행하는 사람들을 방사(方士)라 하는데 이들은 사람들

---

[8] 불교가 중국에 들어온 시기를 후한(後漢) 명제(明帝)의 영평(永平) 10년(서기 67년)이라고 하나, 실크로드가 연결된 것이 기원전1세기경이고, 영평8년(65년)경에 이미 명제의 이종동생인 초왕영(楚王英)이 불교를 믿었으므로 기원전 1세기경에 불교가 들어왔다고 볼 수 있다.
[9] 窪德忠, 『道敎史』, 산천출판, 1977, p.50.
　窪德忠, 정순일옮김, 『道敎와 신선의 세계』, 서울, 법인출판사, 1992, pp.26-28.

사이에 인기가 높았다. 진(秦)의 시황제(始皇帝)나 전한(前漢)의 무제(武帝)가 사람을 시켜 불로장생의 불사약(不死藥)을 구하게 한 사람들이 바로 이 방사들이다.

그후 신선사상은 진시황의 분서갱유(焚書坑儒)와 한무제의 중앙집권적 봉건제를 떠받치는 지도이념으로 전국시대의 제자백가의 사상이 유학사상으로 통일되면서 유학에 흡수되고 지지자를 잃어 그 힘이 약화되었다. 따라서 도가사상은 전한 초기에는 오히려 유가에 밀리게 되었으나 무제 이후에는 민간 의학자, 즉 편력의(遍歷醫 : 떠돌아다니는 의사)와 은둔지사(隱遁志士 : 숨어지내는 선비)의 지지를 받게 되어 오히려 도가나 그 밖의 신비적 사상이 사람들의 인기의 대상이 되었다. 그것은 후한에 접어들면서 학문의 경향이 점차 훈고학(訓古學)10)으로만 흘러 지도이념으로서의 사상성을 잃게 되었기 때문이다.

진으로부터 전한에 이르는 사이에는 도가의 사상 이외에 황제(黃帝)와 노자(老子)를 중심으로 하는 학문, 즉 '황노의학(黃老之學)'이 있었다. 그러나 노자는 기원전 4세기 무렵에 태어나서 도가사상을 처음 설한 사람으로 '황노의학' 역시 도가사상을 이어받은 사람들에 의해 연구되었을 것이다. 그러므로 '도가'와 '황노의학'은 매우 밀접한 관계를 갖고 있다.

기원전 1세기경, 전한의 왕조가 막을 내릴 무렵에는 황제나 노자가 모두 보통인간과는 다른 뛰어난 힘을 지닌 일종의 초인적 존재로서 많은 사람들의 존중을 받게 되었으며, 당시 일반인들에게는 신선

---

10) 한대(漢代)에는 선진(先秦)의 고서(古書)를 탐색하여 연구하는 학문의 경향이 유행하였는데, 이때 고서(古書 : 공자의 옛집 벽에서 발견되었다고 하는 주대의 문자로 쓴 경서, 즉 고문)들에 대해 해석과 주석을 위주로 하는 학문을 훈고학이라함. 한대의 학문의 경향에 대하여는 홍원식의 앞의책 p.36을 참고할 것.

에 관한 이야기나 방술이 대단히 인기가 있었다.

　이러한 경향은 일반사람들 뿐만아니라 제왕을 중심으로한 지배층에게도 있어 실제 그들의 사생활에서 황제나 노자를 신선으로 숭배하고 신앙하고 있던 사람들이 있었다. 불교가 중국에 들어온 것이 바로 이러한 때였다. 이때 불교가 중국에 거부없이 급속히 전파될 수 있었던 것은 중국의 민간신앙 속에 신선설·방술·황노의 신앙등이 있었기 때문이다. 즉 중국인들은 불교의 불상을 신선의 모습, 승려는 방사, 분향이나 근행의 모습은 방술의 일종으로, 석가는 황제나 노자와 비슷한 인물로 해석하였다. 중국인이 불교를 방술이나 황노의 신앙과 흡사하다고 생각하여 쉽게 받아들일 수 있었던 이유에는 노자의 화호설(化胡說)이라는 또 다른 이유가 있다[11]. 이와같이 불교가 중국인들에게 수용된 이래 외국인 승려들의 도래하는 숫자가 증가하고 경전이 중국어로 번역되어 감에 따라 그 교세가 점차 신장되었다.

　이러한 불교의 교세신장과 더불어 중국사회에서는 정치적으로 환관의 횡포가 심해지게 되어 호족이나 부유한 농민과 토지를 잃고 유랑하는 빈민들 사이에서 일어난 생활상의 차이등 사회적 불안이 점차 증가하게 되었는데 이러한 경향은 정치적인 혼란이 가중됨에 따라서 점차 현저하게 되었다.

　국가의 지도이념이던 유학은 형식적인 면으로 흘러 새로운 발전이 없는 가운데 위선적인 풍조마저 만연해 유학의 무력화는 당연히 도가나 신선설, 그리고 방술을 성하게 하는 결과를 낳았다. 그리하여

---

11) 이 설은『사기(史記)』의「노자전(老子傳)」에 나오는 이야기로 "노자는 중국의 서쪽 끝인 관소(館所)를 나서서 서쪽으로 갔는데 어디에서 죽었는지 알 수 없다"고 쓰여 있는 점에서 출발한 것이다. 이를 바탕으로 중국인들은 노자가 실은 죽은것이 아니라 불교를 설하고 그 지방사람들을 교화하였다고 생각하였고, 불교가 원래 노자의 가르침이라고 받아들여졌다.

현실적으로 고통을 받는 많은 사람들이 이 방면으로 기울어지게 되었다. 우길(于吉)이 설하고 장각(張角)이 정리하여 문을 연 태평도(太平道)나, 장릉(張陵)의 손자인 장로(張魯)가 조직화한 오두미도(五斗米道)등 두개의 도교적 종교집단이 많은 사람들의 지지를 받아 세력을 얻게 된 것도 바로 이때였다.

그 후 구겸지(寇謙之)는 북위(北魏)의 태무제(太武帝)때, 오두미도의 장단점을 취사선택하고 거기에 신선사상·도가사상 및 불교적 요소를 가미하여 신천사도(新天師道)라는 새로운 도교의 일파를 개창하였다.

이러한 과정에서 우리는 도교가 그리스도교나 불교등의 종교와 같이 확실한 교조(教祖)나 개조(開祖)를 가지고 출발하지 않았음을 알 수 있다.

다만 도교는 후에 불교의 교리나 체제, 조직 등을 상당부분 취하여 노자를 교조로 하고 장릉을 개조로 하여 교단적 체제를 이루어 하나의 종교적 집단을 이루게 된 것이다.

여기서 노자를 교조로 한 것은 도가의 사상을 수용할 때 노자를 끌어들여서 그의 화신으로써 태상로군(太上老君)이라고 하는 신을 만들어 낸 것에 불과한 것이다.

또한 장릉을 도교의 개조라고 한 것에도 오류가 있다. 그것은 태평도가 오두미도 보다 먼저 창립되었기 때문이다. 그러나 태평도를 도교의 개조라 하기에도 조금 무리가 있다. 오히려 대성자를 개조로 생각할 수 있다면 북위의 구겸지를 개조라고 해야할 것이다[12].

이와 같이 도교의 형성과정은 매우 복잡하고 미신적 색채를 띤 부분이 많아 지식인층들로부터 멸시를 받아 오히려 민중속에서 그 뿌리가 내려 중국인 의식속에 깊게 자리하여왔다.

---

12) 쿠보노리타나(窪德忠)의 『도교와 신선의 세계』 p.31 參考.

도교의 궁극적 목적이 불로장수하여 신선이 되어 등천(登天)하는 데 있으므로 의학은 도교와 일찍부터 밀접한 관계를 갖고 있었다. 그러면 도교의학의 성립과정과 그 내용을 알아보자.

2) 도교의학의 성립과 내용

인간에게는 누구나 행복하게 살려는 욕망이 있다. 행복의 가치가 민족에 따라 다소 다르겠지만 부(富)를 누리면서 오래 살기를 원하는 것은 누구나 원하는 공통된 바램이다. 중국사람들의 이러한 염원은 그들의 생활속에서 복(福)·록(祿)·수(壽)로 잘 나타나는데 사람들은 행복을 분석하여 '오복'(五福)이라 생각했다[13]. 즉 장수, 부유, 무병과 도를 즐기고 천명을 누리는 것을 말하는 것인데 여기서 중국인들의 소망이 현실적 이익에 있음을 알 수 있다. 이에 반해 육극(六極), 즉 요절(夭折), 질병(疾病), 빈곤(貧困), 추함, 병약 등을 불행으로 생각하였다.

그러나 오복의 소망을 성취하는데는 사회적 질서 및 윤리·도덕이 있어야 하므로 이러한 질서의 규범의 필요성에 따른 것이 종교이다. 생을 위해 현세에서의 기쁨과 즐거움을 사람들에게 가르치며 퍼져간 것이 도교이며 장수의 수단과 현세의 이익을 위해 제공된 의학이 도교의학이다. 따라서 도교의학은 생·노·병·사 모든 것에 연관되어 있으며 지금도 민간요법의 형태로 중국사회 속에 깊숙이 뿌리내려져 있다. 도교의학은 바로 '불로장수'를 위한 의학이다.

또 다른 여러 종교들이 그러하듯 도교에 있어서도 포교의 수단과

---

13) 수성노인(壽星老人)이 복숭아(장수또는 액맥이를 상징)를 들고 있는 그림이나, 마카오의 화폐에 복·록·수가 새겨져 있는 것등은 그들의 소망을 상징하는 것이다.

방법으로 의학을 필요로 하였다. 따라서 도교에 의학이 필수적으로 따르게 된데 에는 두 가지 이유가 있음을 알 수 있다.

첫째는 인간의 행복의 하나인 불로장수를 위한 것이고, 둘째는 도교의 포교를 위한 수단에서 였다. 그러나 궁극적 목적이 신선이 되어 등천하는 것이라면 도교의학은 신선이 되기위한 필수적 요건이다.

그러면 도교의학은 어떠한 내용을 담고 있을까?

청(淸) 광서(光緖) 32년(1906년)때 사천성(四川省) 성도(成都)에서 중간(重刊)된 『도장집요(道藏輯要)』의 『통지도학서목(通志道學書目)』에서 도교의학과 관련된 부분을 찾아보면 거기에는 부록(符籙), 토납(吐納), 태식(胎息), 내시(內視), 도인(導引), 벽곡(辟穀), 내단(內丹), 외단(外丹), 금석약(金石藥), 복이(服餌), 방중(房中), 수양(修養)등이 실려있고, 또『도교자목인득(道敎子目引得)』[14])에는 수련(修鍊), 참송(懺頌), 부록(符籙), 방술(方術), 복식(服食), 토납(吐納), 단법(丹法), 복서(卜筮), 술수(術數), 박물(博物)등의 항(項)이 의학생리의 분류와 함께 실려있다. 이들 도교의학의 내용을 정리하여 체계적으로 분석하면 다음과 같다.

Ⅰ. 탕액(湯液)·침구(針灸)·본초(本草)   --- 한의학
Ⅱ. 조식(調息)·도인(導引)·복이(服餌)
　　방중(房中)·벽곡(辟穀)   --- 단정파(丹鼎派)
Ⅲ. 주(呪)·축(祝)·재(齋)·부(符)·첨(籤)--- 부록파(符籙派)

위의 Ⅰ은 현재 중국의학과 같은 내용으로 도교의학과 중국의학의 가장 가까운 부분이다. 또 본초학에는 도교의 특징인 외단술(外丹術)에 쓰이는 광물류가 있다.

---

14) 옹독건(翁獨建)편, 연경대학, 1965.

Ⅱ는 도교의학의 특색이 있는 내용으로 도인·조식·내단·벽곡·내시·방중 등이 포함된다. 자력적 경향이 강하며 소위 단정파(丹鼎派)15)라 불리는 사람들이 지지했다. 현재의 운동·체조요법·호흡요법·신경학요법·절식요법·성과학(性科學)등이 이에 해당한다.

Ⅲ은 가장 도교적인 불가사의한 내용으로 민간신앙, 민간요법과 깊이 연관된다. 부(符)·점(占)·첨(籤)·주(呪)·재(齋)·제사(祭祀)·기도 및 금(禁)등으로 이들은 계율적, 윤리적, 타력적인 내용이다.

소위 부록파(符籙派)16)사람들이 지지했고 현재의 심리적 요법이라고도 할 수 있을 것이다. 이것은 신앙요법이라고 할 수 있는 부분이다.

이들 3이 도교의학인데 이들은 중국의학개념을 훨씬 뛰어넘는 복잡한 내용을 가지고 있으며 현재는 이 세부분이 서로 섞여 확실한 구분을 할 수 없는 상태, 즉 민간요법의 형태를 취하고 있다.

또 도교의학의 기초이론에는 정(精)·기(氣)·신(神)이론이 있는데 이중 '기'가 가장 중심이 되며 내단술은 실로 이 기의 추구에 있다 할 수 있으며, 도인·조식·토납 등도 모두 이 기와 관계된 것이다. 이 정·기·신을 도교에서는 '내삼보(內三寶)' 또는 '인삼보(人三寶)'라 하여 중시하고 있다. 취정(聚精), 양기(養氣), 존신(存神)이라고도 한다.

노신(魯迅)이 "중국의학을 아는 데는 도교의학을 이해해야하며 도

---

15) 연단(煉丹) 복식(服食)을 주로하며 이것으로 신선이 되는 도를 연다는 일파. 그 연단 제조과정은 과학발전의 기원이 되었으며 동시에 의학개발에도 공헌하였다. 나중에는 복기(服氣)에 의해 수성섭생(修性攝生)을 꾀하는 파가 되었다.
16) 주(呪)·부(符)·제사(祭祀)·기도(祈禱)가 주된 방법이며, 이것으로 귀신을 쫓는 치료를 했다. 상고시대의 주술의 부활로 중국의학상에 미신으로서의 색채를 가졌다.

교를 이해하면 중국의학도 알게된다"하였고[17], 또 니담(J. Needham) 이 "도교는 인류가 일찍이 경험했던 것으로 본질적으로는 반과학적 이 아니었던 유일한 신비주의적 체계이며 약학과 의학의 발생역시 도교와 극히 밀접하게 연결되어 있다."[18] 하였는데 이는 모두 도교와 중국의학의 관계를 중요시한 말이다.

3. 『내경』과 『동의보감』에 나타난 생명사상

1) 『내경』에 나타난 생명사상

① 인간과 자연

『내경』에서는 천인상응사상(天人相應思想)의 영향을 받아 사람은 자연계의 생물의 일종이며, 시시각각 자연환경과 접촉하고 있으므로 양자사이에는 불가분리(不可分離)의 관계가 있다고 하였다.

여기서는 우주의 구성원리와 인체의 구성원리를 동일하게 취급하고 있는 것이 특징이며, 우주의 자연법칙에 따라 인체의 생리·병리·약리 및 치료규정을 마련하여 학술적 성과를 이루었다.

예를 들면 『영추(靈樞)』의 「사객편(邪客篇)」에 황제가 그의 신하 백고(伯高)에게 "인체의 사지 관절이 자연과 어떻게 상응(相應)하느냐?"라는 물음에 대해, 그는 "하늘은 둥글고 땅은 모가 나며, 이에 상응하여 사람의 머리도 둥글고 발도 모가 나며, 하늘에는 해와 달이 있어 사람에게 두눈이 있으며 … 이것이 사람이 자연과 상응하는 것이다."[19]하였다.

---

17) 죽내호(竹內好), 『노신작품집(3)』, 축마서방(筑摩書房), 1974, p.169.
18) 조셉니담, 『중국의 과학과 문명』2권, 사색사, 1974, p.39.

여기서 천지(天地)는 자연계를 대표하며 '상응(相應)'이란 자연계의 변화가 인체에 영향을 미칠 때, 인체는 반드시 자연계에 상응하는 반응을 일으킴을 가리킨 것이다. 이러한 내용은『도추(道樞)』·『도법회원(道法會元)』·『품생수명(稟生受命)』·『정명충효전서(淨明忠孝全書)』·『태상장문동령유현상품묘경(太上長文洞靈幽玄上品妙經)』 등 도교경전에서도 찾아 볼 수 있어 황제내경이 도교의 영향을 받았음을 알 수 있다.

사람과 자연과의 관계에 대한 이론은『소문』「사기조신대론(四氣調神大論)」·「생기통천론(生氣通天論)」·「음양응상대론(陰陽應象大論)」·「착지교론(著至敎論)」·「이법방의론(異法方宜論)」 및 「장기법시론(臟氣法時論)」 등에도 논술되었는데, 그 중 「착지교론」에서 황제가 신하인 뇌공(雷公)의 물음에 답하는 가운데, "위로는 천문(天文)을 알고, 아래로는 지리(地理)를 알고, 가운데로는 인사(人事)를 알아야(그 의술이) 오래 갈 수 있다"고 하여 천문·지리·인사에 밝은 의술(醫術)이어야만 오랫동안 존속될 가치가 있다고 함으로써 사람과 자연과의 관계를 강조하고 있다.

또한「음양응상대론(陰陽應象大論)」에서는 천지자연의 현상과 인체의 음양의 작용을 비유하면서, "하늘의 규율을 따르지 않고, 땅의 이치를 이용하지 않으면 재해가 따른다"20)고 하여, 치료에 있어서 천지의 자연현상을 충분히 파악하여 그 이치에 따르지 않으면 실책을 초래한다고 하였는데, 이러한 논술이 모두 사람과 자연과의 관계를 중시한 것이라 할 수 있다.

사람과 자연과의 관계를 논술할 때, 반드시 자연계의 현상과 그

---

19)『영추』「사객편」"黃帝問於伯高曰 願聞人之肢節 以應天地奈何", "天圓地方 人頭圓足方以應之, 天有日月 人有兩目, … 此人與相應也"
20)『소문』「음양응상대론」"故治不法天之紀 不用地之理 則災害至矣"

변화과정을 살펴야 하는데,『소문』의「오운행대론(五運行大論)」에서 "땅은 사람의 아래에 있고, 태허(太虛 : 우주)의 가운데 있어… 대기(大氣)가 이를 떠받치고 있다."21)하여, 대지는 태허의 중앙에 있으며, 의지하는 것 없이 대기의 힘에 의하여 지탱되고 있음을 알고 있었다. 그리고 천지사이의 만물이 끊임없이 운동변화하는 것도 알았다. 즉 『소문』「육미지대론(六微旨大論)」에, "올라간 뒤에는 내려오므로 내려옴은 천기(天氣)의 작용이고, 내려온 뒤에는 올라가므로 올라감은 지기의 작용이다. 천기는 아래로 내려옴으로 그 기가 땅으로 흐르고, 지기는 위로 올라감으로 그 기가 하늘로 오른다. 그러므로 천지의 기가 아래위로 감응(感應)하며, 위로 올라감과 아래로 내려옴이 서로 인과(因果)가 됨으로써 변화가 일어난다."고 하여, 변화의 발생은 천기가 부단히 하강(下降)하고, 지기는 부단히 상승(上昇)해서, 상하가 서로 끌어 당겨 승강(升降) 하여, 상호작용하기 때문이라고 하였다22). 또한 『소문』「천원기대론(天元紀大論)」에서, "동(動)과 정(靜)이 서로 부르고, 상(上)과 하(下)가 서로 만나며 음(陰)과 양(陽)이 교착함으로 말미암아 변화가 일어난다"23) 하여, 동과 정이 상호영양을 미치어 변화를 일으키는 것이라 논하였다. 이는 곧 천지음양의 기는 정지하고 있는 것이 아니라, 상하승강운동(上下昇降運動)을 끊임없이 계속하기 때문에 변화가 생기는 것이며, 변화가 생김으로써 비로소 만물이 생성되는 것이다. 그러므로 사람도 천지음양의 기의 운동변화 가운데 생활을 영위하는 것으로 이해하였다.

또한 자연계의 법칙에는 일정한 법칙이 있는 것으로 알았다.

「소문천원기대론」에 "신(神)은 하늘(天)에서 바람[風], 땅(地)에서는

---

21)『소문』「오운행대론」 "地爲人之下太虛之中者也…大氣擧之也"
22)『소문』「육미지대론」 "昇己而降 降者謂天 降己而昇 昇者謂地 天氣下降 氣流于地 地氣上昇 氣騰于天 故高下相召 昇降相因 而變作矣"
23)『소문』「천원기대론」 "動靜相召 上下相臨 陰陽相錯 而變由生也"

나무[木]가 되고, 하늘에서 열(熱), 땅에서는 불[火]이 되며, 하늘에서 습(濕), 땅에서는 흙[土]이 되고, 하늘에서 조(燥), 땅에서는 쇠[金]가 되며, 하늘에서 한(寒), 땅에서는 물[水]이 되기 때문에 하늘에서는 기가 되고 땅에서는 형상을 이룬다. (이) 형상과 기가 서로 감응하여 만물을 화생(化生)하는 것이나"[24]라고 하였고, 또 "한(寒)·서(暑)·조(燥)·습(濕)·풍(風)·화(火)는 천의 음양으로 3음3양이 되어 위로 하늘을 떠받들고, 목(木)·화(火)·토(土)·금(金)·수(水)는 땅의 음양으로 생(生)·장(長)·화(化)·수(收)·장(藏)이 되어 아래로 땅에 감응한다"[25]고 하였다. 즉, 하늘은 한·서·조·습·풍·화의 기를 가지고, 땅은 목·화·토·금·수의 형을 가져서, 형과 기가 상호감응하여 서로 영향을 미치는 상황아래서 변화가 생기며, 그 변화에 의하여 만물이 발생한다는 것이다. 동시에 만물이 생긴 후에도 불변하는 것이 아니라 생(生)·장(長)·화(化)·수(收)·장(藏)의 과정을 거쳐 끊임없이 변화한다고 하였다.

위에서 살펴볼 때 이 세상의 모든 생물의 생존(生存)과 변화(變化)는 천지음양변화의 영향을 받아 이루어지는 것으로 인류의 생명도 천지자연의 기로부터 탄생되며 자연의 기에 의해 생명활동을 영위한다고 할 수 있다.

그러면 내경에서는 인간 생명의 탄생을 어떻게 설명하였는지 알아보자.

② 생명의 탄생

---

24) 『소문』「천원기대론」"神在天爲風 在地爲木 在天爲熱 在地爲火 在天爲濕 在地爲土 在天爲燥 在地爲金 在天爲寒 在地爲水 故在天爲氣 在地成形 形氣相感而 化生萬物矣"
25) 上同 "寒暑燥濕風火 天之陰陽也 三陰三陽上奉之 木火土金水火 地之陰陽也 生長化收藏下應之"

사람은 어떻게 해서 태어날까?

『내경』에서는 남녀의 교합(交合)으로 남자의 양정(陽精)과 여자의 음정(陰精)이 서로 합쳐서 이 합쳐진 정[수정체(受精体)]이 부모로부터 하늘의 기[천기(天氣) : 대기중의 산소]와 땅의 기[지기(地氣) : 땅속에서 나온 곡식]를 받아 태중에서 자란 뒤 10개월이 되면 출생한다 하였다.26)

『회남자(淮南子)』「정신훈(精神訓)」에서는 태아의 발생과정을 다음과 같이 기술하였다.

"첫 달에는 기름같이 엉기고, 두달째에는 부풀어오르고, 석달째에는 태아의 모양이 갖춰지고, 넉달째에는 살갗이 생기고, 다섯째 달에는 힘살이 생기고, 여섯 달째에는 뼈가 생기고, 일곱달째에는 사람의 모양이 갖춰지고, 여덟달째에는 움직이고, 아홉달째에는 몹시 보채며, 열달만에 태어난다. 이렇게 하여 몸의 형체가 이뤄지고 오장이 갖춰지게 된다."27)

출생할 때 태중에서 부모로부터 받은 정을 '선천(先天)의 정'이라 하고, 태어나 호흡작용과 영양섭취에 의해 얻어진 정을 '후천(後天)의 정'이라고 하였다.

부모로부터 받은 선천의 정은 신(腎)에 저장되어 남자는 16세가 되면 이 정에서 정자(精子)가 나오고, 여자는 14세가 되면 난자(卵子)가

---

26) 1)『영추』「결기편(決氣篇)」 "兩神相搏合而成形 常生身生 是謂精"
    2)『영추』「경맥편(經脉篇)」 "人始生 生成精 精成而腦髓生"
    3)『소문』「금궤지언론(金匱眞言論)」 "夫精者, 生之本也"
    4)『소문』「음양응상대론(陰陽應象大論)」 "氣歸精, 精歸化"
27)『회남자』「정신훈」 "故曰, 一月而膏, 二月而胅, 三月而胎, 四月而肌, 五月而筋, 六月而骨, 七月而成, 八月而動, 九月而躁, 十月而生, 形體以成, 五藏及形"

나와 생식할 수 있다. 그러나 이 정은 남자의 경우는 64세, 여자의 경우는 49세가 되면 고갈되어 생식력을 잃게 된다[28]. 이처럼 정은 생식(生殖)·성장(成長)·발육(發育)과 깊은 관계를 가지고 있다. 그러므로 도교의학에서는 늙지 않고 오래살 수 있는 불로장생법(不老長生法)으로 장정(藏精)과 보정(保精)을 강조했다.

2) 『동의보감』에 나타난 생명사상

『동의보감』에서 허준(許浚)은 인간생명의 원천(源泉)을 정·기·신의 3요소로 보고 이 3요소는 5장 6부와 함께 유형한 육체의 구조를 움직이는 근원적 요소로 보았다.

그는 『내경편(內景篇)』「신형(身形)」에서 「오진편주(悟眞篇註)」의 말을 인용하여 "사람의 몸은 천지의 수기(秀氣)를 품부(稟賦)받아 생겨나고 음양에 의탁하여 형성되기 때문에 일신 가운데서 정기신이 중심이 된다. 신은 기에서 나고, 기는 정에서 난다. 그러므로 참된 도를 수련하는 사람이 몸을 닦는 길은 정기신 셋의 단련을 벗어나지 아니한다"[29]하였고, 또 『선경(仙經)』의 말을 인용하여 "뇌는 수해(髓海)로서 상단전(上丹田)이요, 심은 강궁(絳宮)으로서 중단전(中丹田)이요, 제하(臍下)의 3촌은 하단전(下丹田)이다. 하단전은 정을 간직하는 곳, 중단전은 신을 간직하는곳, 상단전은 기를 간직하는 곳이다"[30]하

---

28) 『소문』「상고천진론(上古天眞論)」 "女子七歲腎氣盛…二七至天癸至…七七任脉虛…丈夫八歲腎氣實…   太衝脉衰少天癸竭…二八腎氣盛天癸至…八八則齒髮去…"
29) 『悟眞篇註』 "人之一身稟天地之秀氣而有生 託陰陽陶鑄而成形 故一身之中 以精氣神爲主 神生於氣 氣生於精 故修眞之士 若執己身而修之 無過煉治 精氣神 三物而已"
30) 『仙經』 "腦爲髓海上丹田 心爲絳宮 中丹田 臍下三寸爲下丹田 下丹田藏精之府也 中丹田藏神之府也 上丹田藏氣之府也"

였으며, 상천(象川)의 말을 빌어 "정이 기를 낳고, 기가 신을 낳으니 한몸을 보전하는데는 이보다 더 중요한 것이 없다. 양생함에는 무엇보다도 정을 중히 여겨야 한다. 정이 가득하면 기가 활발하며, 기가 활발하면 신이 왕성하다. 신이 왕성하면 몸이 건강하고 몸이 건강하면 병이 적다"[31)]하여 그는 정기신을 생명의 3요소로 보았고, 이 3요소는 뇌(腦)·심(心)·제하(臍下)의 상·중·하 3부로 나뉘어 뇌의 상단전에서는 기를 간직한다 하였으며, 이 3자는 상호의존관계 속에서 유지된다고 보았다. 그런데 이러한 정기신은 이미 후한(後漢)무렵의 도교경전인『태평경』속에 "신은 하늘에서, 정은 땅에서, 기는 천지의 중화(中和)의 기에서 유래하여 인간생명의 3요소를 형성한다"[32)]하여 나타난 이래 도교의 내단사상(內丹思想)에서 중요 개념으로 활용하였다.

이와 같이 동의보감에서는 인체의 생명 구성요소를 정·기·신의 3요소로 보았는데, 이 3요소는 각각 따로 분리되어 존재하는 것이 아니라 상호의존 속에서 기의 양태로 나타나며 이때 정신과 육체를 2원적 요소의 결합이 아닌 기를 중심으로한 일원적 관점에서 관찰하였다.

또, 그는 인체의 구조를 내경편(內景篇)「집례(集例)」에서

"사람의 몸은 안으로 5장6부가 있고, 밖으로는 근(筋)·골(骨)·기(肌)·육(肉)·혈맥(血脉)·피부(皮膚)가 있어 형체를 구성하였는데, 정·기·신이 장부백체(臟腑百休)의 주인이 되어 이를 주관한다."[33)]

---

31) 象川翁曰 "精能生氣 氣能生神 營衛一身 莫大於此 此養生之士 先保其精 精滿則氣壯 氣壯則神旺 神旺則身建 身建而少病"
32) "三氣共一爲神根也 一爲精 一爲氣 一爲神 此三者共一位也 本天此人之氣 神者受之 于天 精者受之于地 氣者受之于中和 三者共爲一道"
33) 『동의보감』卷之一「집례」"臣謹按人身內有五臟六腑 外有筋骨 肌肉血脉 皮

고 하였다. 즉, 인체의 안은 5장6부, 밖은 근육·피부·뼈·혈관 등으로 구성되어 있는데, 인체가 생명활동을 할 수 있는 것은 정·기·신에 의하여 이루어진다고 하였다.

그는 또 『동의보감』 맨 앞에 『장부신형도(臟腑身形圖)』를 그려 넣어 인체의 구조와 생리를 설명하였는데, 이 그림은 해부학적 입장의 인체도가 아닌 기의 순환을 중심으로 한 도교의학적 인체도 이다.

그는 장부도와 함께 손사막(孫思邈)과 주단계(朱丹溪)의 말을 다음과 같이 인용하였는데, 이 두사람은 모두 노장학에 밝으며, 또한 양생학에 조예가 깊은 도교의학자들이다.

"사람은 우주에서 가장 귀중한 존재이다. 머리가 둥근 것은 하늘을 본뜬 것이요, 발이 네모난 것은 땅을 본뜬 것이다. 하늘에 사시(四時)가 있으니 사람에게는 사지(四肢)가 있고, 하늘에 오행이 있으니 사람에게는 오장(五臟)이 있고, 하늘에는 6극(六極)이 있으니 사람에게는 육부(六府)가 있다.(중략) 하늘에 365도가 있으니 사람에게는 365골절이 있는 것이다.(중략)"[34]

위의 글은 손진인(孫眞人 : 손사막)의 말이다. 즉, 손은 사람은 이 세상에서 가장 고귀한 영장의 동물로 하늘을 닮았다하여 인체의 구조, 형상 및 기능을 모두 하늘에 대응시켰다. 이러한 천인상응사상은 이미 앞에서 지적한 바와 같이 도교사상으로 도교의학의 기초이론을 형성하고 있으며, 또한 이 사상은 이미 내경의학에 침투(浸透)되어 한의학의 이론 체계에도 많은 영향을 미쳤다. 천인상응사상에는 형상적상응[35])과 시간적상응[36])이 있다.

膚以成其形 而精氣神 又爲臟腑百体之主"
34) 孫眞人曰 "天地之內以人爲貴 頭圓象天足方象地 天有四時 人有四肢 天有五行 人有五臟 天有六極 人有六府…天有三百六十五度 人有三百六十五骨節…"

"무릇 사람의 형태는 키가 큰 사람, 몸집이 뚱뚱한 사람, 피부색이 흰 사람, 살결이 부드러운 사람, 피부가 얇은 사람이 있는데, 비만한 사람은 습(濕)이 많고, 수척한 사람은 화(火)가 많다. 피부색이 흰 사람은 폐기가 허약하고, 검은 사람은 신기가 충족하다. 형색이 이미 다르고 장부가 또한 다르다. 외형이 비록 같더라도 치료법은 같지 않다."[37]

라고 하였는데, 이는 사람은 형색(形色)·비수(肥瘦)에 따라 체질이 다르고 장부의 허실이 다르므로 치료에 있어서도 외증(外證)이 비록 같더라도 그 치법이 달라야하며, 체질에 따라 그 병증이 달라 치법 또한 달라야 한다고 한 것이다. 이것은 허준이 기존의 병리적 병증에서 한걸음 더 나가 체질적 병증을 인식한 것으로 그 후 손의 '형상적 상응설'과 주의 '형색이수(形色異殊), 장부역이론(臟腑亦異論)'은 이제마(李濟馬)에 의해 체계화된 체질의학의 남상(濫觴)이 되었다.

한편 『동의보감』의 신형장부도에는 3관(三關)과 니환궁(泥丸宮)이 표시되었는데, 여기서 3관은 옥침관(玉枕關)·녹로관(轆轤關)·미려관(尾閭關)으로 정기가 오르내리는 길이며, 니환궁은 뇌의 9궁중의 하나로 혼백이 드나드는 구멍이 여기에 있다[38].

또 『동의보감』에서는 태아의 발육과정을 『성혜방(聖惠方)』과 『상양자(上陽子)』의 말을 인용하여, 『성혜방』에서는

---

35) 사람의 형상을 하늘의 형상에 상응한 것으로 하늘이 둥글고 땅은 모가나 이에 따라 사람의 머리는 둥글고 발도 모가 난다고 보는 사상.
36) 사시계절의 기의 변화에 따라 인체의 기도 변한다고 보는 생체리듬과 같은 자연관이다.
37) 朱丹溪曰 "凡人之形長不及短 大不及小 肥不及瘦 人之色白不及黑 嫩不及蒼 薄不及厚而 況肥人濕多 瘦人多火 白者肺氣虛 黑者腎氣足形色旣殊臟腑脉異 外證雖同治法逈別"
38) "背後有三關 腦後曰玉枕關 夾脊曰轆轤關 水火之際曰尾閭關 皆精氣升降往來之道路也"

"천지의 정기는 만물의 형체가 된다. 아버지의 정기는 혼(魂)이 되고 어머니의 정기는 백(魄)이 된다. 임신한지 한달이 되면 그 태가 졸인 소젖[酪]같고, 두달이 되면 추리열매[果李]만 하다. 석달이 되면 사람의 형태를 이루고 넉달이 되면 남녀가 구별된다. 다섯달이 되면 뼈와 힘줄이 생기고, 여섯달이 되면 남녀가 구별된다. 일곱달이 되면 혼이 작용하고 오른손을 움직인다. 여덟달이 되면 백이 작용하고 왼손을 움직이며, 아홉달이 되면 몸이 세번 돌아간다. 열달이 되면 모든 것이 갖추어짐과 함께 어머니에게서 떨어져 해산하게 된다. 좀 지나서 낳은 아이는 잘 살면서 오래살고, 달이 차기 전에 낳으면 가난하게 살면서 일찍 죽는다."39)

고 하였으며, 『상양자』에서는

"사람은 처음 기를 받을때에 9일이 되면 음양이 정해지고, 49일이 되면 먼저 태가 생긴다. 그후 7일만에 한번씩 변하기 때문에 만 306일이나 296일이 되어 낳은 아이는 상등품이 되고 296일이나 266일이 되어 낳은 아이는 중등품이 되며, 256일이나 246일이 되어 낳은 아이는 하등품이 된다. 대체로 천간(天干)인 갑(甲)은 반드시 기(己)와 합쳐야 곧 낳게 되고, 지지(地支)인 축(丑)은 반드시 자(子)와 합쳐야 곧 자란다. 또한 천지의 덕이 합치지 않고서는 사람이 생겨나지 못한다. 그러므로 9달이 되면 의식이 생겨나고 기가 가득차서 태아가 다 자란다. 또한 태아가 10달동안 태(胎)속에 있다가 천지의 덕이 기와 합친 다음이라야 나오게 된다."40)

---

39) 『聖惠方』 "天地之精氣化萬物之形 父之精氣爲魂 母之精氣┬爲魄 一月懷其胎 如酪 二月成其果而 果李相似 三月有形像 四月男女分 五月筋骨成 六月鬢髮生 七月遊其魂而能動右手 八月遊其魄而能動左手 九月三轉身 十月滿足母子分 解其中有延月而生者富貴而壽 有月不足者 貧賤而夭"
40) 『上陽子』 "人初受氣也 九日而陰陽大定 四十九日而始胎 然後七日而一變 故滿三百有六日者 滿二百九十六日者 皆上器也 有而百八十六日者 二百六十六日者 中器也 有二百五十六日者 二百六十六日者 下器也 蓋天干甲必合己而方生 地支丑必合子而方育 自非天地合德則人必不生也 故云九月神布氣滿而

고 하였다.

　이상의 문헌으로 볼 때 『동의보감』에서는 생명의 근원을 정, 생명활동은 정·기·신의 상호작용으로 이루어진다고 보았는데 이러한 사상은 도교사상으로 그의 생명관은 도교사상에 바탕하였음을 알 수 있다.

4. 도교의학에서 본 생명관

　도교에서는 신선이 되는 것이 궁극적 목적이므로 어떻게 하면 죽지 않고 오래 살수 있느냐하는 장생(長生)·불사(不死)에 대한 실천방법이 일찍부터 개발되었다.

　그들은 영(靈)을 양적(陽的) 요소, 신(身)을 음적(陰的)요소로 보고 양적요소인 영이 육체의 장애에서 벗어나게 하여 불멸체로 전환하던가, 그렇지 못하면 최소한 육체와 혼의 결합체 그대로 연장하던가 하는 욕망을 실현하기 위해 외단(外丹), 내단(內丹)으로 나누어지는 여러가지 방법과 비법을 만들어 냈다. 여기서 외단은 진사(辰砂)와 같은 약물을 이용하여 신선이 될 수 있는 단약(丹藥)을 만드는 것으로, 이는 중국의 제약기술을 발달하게 하였으며, 내단은 단전(丹田)호흡을 비롯한 도인(導引)·안마(按摩)등의 양생법을 말하는 것으로, 근래 유행하고 있는 기공(氣功)도 여기에 속한다.

　도교에서는 사람은 누구나 몸의 머리, 가슴, 배에 일종의 '활력센터'를 갖고 있는데, 그것을 단전이라 하며 각각 상단전(上丹田)·중단전(中丹田)·하단전(下丹田)이라 하였다.

　　胎完亦云十月懷胎也 此天地之德合於氣而後生也"

여기서는 정(精)·기(氣)·신(神)을 관장하는데 이들의 활력은 피[血]·정액[精液]·숨[氣]으로 응축되어 나타난다. 이것은 일정하게 주어진 것이기 때문에 가능한한 다 써버리지 말고 보존해야 한다. 이것이 존명(存命)과 양생의 원리이다. 그래서 단전호흡을 통해서 숨을 가능한 깊게 쉬거나 오래 멈추려고 노력한다. 이에 따라 오래 정지할수록 불사(不死)에 가까워진다고 생각하기도 했다. 마찬가지로 정액의 소진(消盡)도 생명-정신-의 없어짐과 같은 것으로 보고 크게 경계했다. 그러한 경계의 한가지 기술로서 사정(射精)의 억제를 권장했다. 마지막 순간 억제된 정액은 척추의 3관(三關)을 통해서 뇌의 니환궁(泥丸宮)에 도달하여 그곳에 자리한 상단전을 양생시킨다.[41] 이와 같이 숨과 정액이 신체의 여러기관과 통로들을 통하고 순환하면서 이러한 수행을 실천하는 사람이 끊임없이 활기를 되찾게끔 한다는 것이다.

도교수행자는 또한 먹는 음식의 양을 되도록 적게 하고 가려먹었다. 음식의 소비는 육체적 몸의 유지만 도울 뿐이며, 찌꺼기를 배출시켜 여러 내부통로를 막음으로써 생명력의 순환을 원활치 못하게 만들기 때문이다.

이에 대해 『양생유찬(養生類纂)』에서 "곡기(穀氣)가 원기(元氣)를 이기면 그 사람은 살이 찌고 오래 살지 못한다. 그러나 원기가 곡기를 이기면 그 사람은 여위고 오래 산다"[42] 하여 비만(肥滿)이 생명을 단축시키는 원인이라 하여 소식(少食)을 장수의 비결로 여겼다.

그들은 곡물[五穀]도 먹지 않았는데, 이는 곡물이 몸안에 들어있는 영(靈)의 부정적 부분인 귀(鬼)에 영양을 공급한다고 생각했기 때문이다.[43]

---

41) 주66)을 참고할것.
42) "穀氣勝元氣 其人肥而不壽 元氣勝穀氣 其人瘦而壽."

이상은 주로 상고시대로부터 내려온 민간신앙과 도교신앙을 중심으로한 중국인의 생명관이었다.[44]

그러면 도교의학에서는 인간은 생명과 생명활동을 어떻게 이해했을까?

도교의학에서는 이미 말한바와 같이 인간이 생명의 구성요소인 정·기·신 3요소가 생명활동의 근원적 요소가 된다고 생각했다.

여기서 정은 생명의 근원적 물질로 '하늘과 땅의 기[天地之氣]'로부터 래원(來源)이 된다. 즉, 수곡(水穀 : 음식물)을 통하여 비위(脾胃)에서 얻은 정미(精微 : 영양물질)인 '땅의 기(地氣)'와 폐를 통하여 대기중에서 흡입한 청기(淸氣 : 산소)인 '하늘의 기(天氣)'이다. 그러므로 정을 정기(精氣)라고도 하는데, 이러한 정기는 부모로부터 태어나서 얻은 것이기 때문에 '후천의 정' 또는 '후천(後天)의 기'라고 한다.

그러나 사람은 태어나기 이전에 부모로부터 이미 정을 받는 동시에 기를 받는다. 이것을 '선천(先天)의 정' 또는 '선천(先天)의 기'라고 한다. 이때 정기는 인체의 신(腎)에 저장되어 생식(生殖)과 발육(發育)에 관련하며 또한 뇌수(腦髓)를 생성하고 질병에 대한 예방 능력을 갖는다.

도교의학에서는 이 정을 생식능력을 가진 물질인 '생식의 정(生殖之精)'이라 하여 장정(藏精) 또는 보정(保精)을 양생의 요체로 하였다.

또한 도교의학에서는 생명활동을 기의 운동변화로 인식하고 인체의 기중에서 가장 기본적인 기를 진기(眞氣), 또는 원기(原氣, 元氣)

---

43) 인간의 생명은 육체·혼·백의 3요소로 구성되어 죽으면 혼은 하늘로 올라가고 백은 땅으로 내려간다. 혼·백은 다시 귀(鬼)·신(神)으로 연결된다. 영의 물질적 요소인 음인 백은 죽은 뒤 장례와 제사를 잘 지내면 편안히 쉴 것이고, 그렇지 않으면 귀로 변하여 사람을 괴롭힌다.
44) 이 내용은 김영호의 「동양사상의 생명관」(『과학사상』제7호, 1993, pp.137-8.)에서 인용한 것이다.

라 하였는데, 이 진기는 신(腎)가운데 있는 정기(精氣), 비(脾)의 운화 작용(運化作用)에 의한 수곡(水穀)의 기인 정미(精微 : 영양물질)와 폐에서 흡입(吸入)한 천기(天氣 : 산소)의 셋이 결합되어 조성된 것으로 이 기는 전신을 운행하면서, 추동작용(推動作用 : 생장·발육·생리적 기능 및 대사추진)·온후작용(溫煦作用 : 체온의 조절 및 유지)· 방어작용(防禦作用 : 병사의 방어와 배제)·기화작용(氣化作用 : 혈과 진액의 화생과 수포 및 전화)·고섭작용(固攝作用 : 땀·소변·진액의 분비조절)을 한다.

   기의 운동을 현대 한의학에서는 '기기(氣機)'라 칭하며, 주로 승(昇)·강(降)·출(出)·입(入)의 네가지 형식으로 표현한다. 인체의 장부·경락 등의 조직은 모두 진기가 승강출입하는 장소이다. 인체의 생명활동은 결국 기기의 승강출입운동이라고 할 수 있다.

   『소문』「육미지대론(六微旨大論)」에 "승강출입운동은 틀[器 : 구조] 없이 이루어 질 수 없다"45)고 하였는데, 이는 기의 운동은 일정한 장(場 : Field) 안에서 이루어진다는 말이다.

   따라서 생명활동은 기가 승강출입하는 장운동으로 이 운동이 일단 멈추면 생명활동이 정지되어 사망하게 되고 또한 정지되지 않더라도 기기(氣機)운동의 일정한 규율이 깨진다던지 장을 벗어나게 되면 질병이 발생하게 된다.

   그러면 사람은 정과 기만 가지고 있으면 생명활동을 할 수 있을까? 그렇지 않다. 생명활동에는 신(神)이 있어야 한다. 부모로부터 받은 정은 단순한 물질이 아니다. 이 정에는 기가 들어 있으며 아울러 신도 들어 있다. 그러면 신은 어디서 나온것일까? 이에 대해『소문』「천원기대론」에, "만물의 생(生)을 화(化)라 하고, 사물의 발전이 극에 달했을 때 일어나는 현상을 변(變)이라 하여 헤아리기 어려운 음

---

45) 「육미지대론」 "昇降出入 無器不有"

양의 변화를 신이라 한다"[46]하여 신의 음양작용에 의해 생긴다고 하였는데, 이는 인간의 생명이 남녀의 단순한 정액(精液)의 결합체로서만이 존재하는 것이 아니라 거기에는 헤아릴 수 없는 음양의 변화가 일어나 물질을 초월한 생명이 존재한다는 뜻이다. 또 남녀의 음양관계를 '신(神)'이라 하여[47] 남녀의 교합(交合)으로 이루어진 수정체(授精休)에는 반드시 부모의 '신기(神氣)'가 들어 있어 하나의 수정체인 물질이 생명체가 된다 하였고, 『소문』「오상정대론(五常政大論)」에, "가운데[中]에 근본한 것을 신기(神機)라 하니 신이 사라지면 생기(生氣)가 그친다. 밖[外]에 근본한 것을 기립(氣立)이라 하니 기의 정상운동이 멈추면 생화(生化)의 기(機)가 끊어진다."[48]하여 사람은 생명의 내재적 근본인 신과 외재적 요소인 기에 의해 생명을 유지한다 하였다. 그러므로 사람은 이러한 신기의 기능을 상실하면 생명활동이 정지되어 생명을 잃게 된다.

현대 생물학에서는 물질에서 생명이 나오는 것을 '물질의 초월성'이라하여 물질과 물질의 고차적관계로 보고 있다.[49]

도교의학에서는 기능과 현상의 물질적 기초를 정, 동력을 기, 주재자(主宰者)를 신으로 설정하여 이러한 정·기·신의 상생상제(相生相制)의 관계에 의해 물질·기능·현상의 상호관련성과 불가분의 통일성을 표현하였는데, 여기서 신이란 물질과 기능을 바탕으로 일어나는 모든 생명활동현상의 정화(精華)를 가리킨다. 그러므로 정기(精氣)가 충족하면 신왕(身旺)하고, 정기(精氣)가 쇠하면 신겁(神怯)하게 된다.[50]

---

46) 「천원기대론」 "物生謂之化, 物極謂之變, 陰陽不測謂之神"
47) 「음양응양상대론」 "陰陽相搏謂之神"
48) 「오상정대론」 "根于中者, 命曰神機, 神去則機息, 根于外者, 名曰氣立, 氣止則化絶"
49) 『과학사상』제7호 특집, '생명이란 무엇인가'의 대담중 p.34 서정선교수의 말을 참고할것.

이상에서 살펴볼 때 도교의학에서는 생명의 원천을 정으로 보았으나, 이 정에는 기가 있어 결국 생명은 기에 의해 나온다고 보았으며, 또한 이 기는 우주에 충만하여 기질에 따라 집산(集散)하여 신과 함께 나타나므로 기일원적 생명관으로 모든 생명은 평등하며 존귀하다는 경물중생(輕物重生)의 생명관을 갖고 있음을 알 수 있다.

5. 맺는 말

서양의 생물학에서는 생기학설이후 세포학설이 나오면서 생명현상을 세포를 구성하고 있는 단백질의 기능으로 보고, 그때 세포의 주된 기능은 외부로부터 에너지를 받아들여 자신이 필요로하는 물질을 만들어 내 자기 복제의 메카니즘에 기여하는 것이라고 보았으며, 이때 세포의 활동을 생합성·화학적 작용·기계적 작용의 3가지 작용으로 이해하였다.

그 후 유전학이 나오면서 생명은 세포에서 세포로만 계승된다하여 슈뢰딩거(E. Schrödinger)는 생명은 시계와 같다고 하였으며, 왓슨(J. D. Watson)과 크릭(F. H. C. Crick)의 이중나선구조의 발견으로 분자생물학은 철저히 세포의 화학적, 생물학적 구성에 대해서만 연구하게 되었다.

정신은 세포라는 물질의 연장에서 이해되어 이 세포들이 모여 유기체를 이루고, 뇌를 만든다고 생각했다. 그러나 여기서 고려해야 할 것은 하나의 세포가 아니라 세포들간의 관계이다. 현대생물학의 가장 난제는 수정란이 어떻게 개체로 발전하는가? 뇌의 고차적인 기능,

---

50) "此養生之士 先保其精 精滿則氣壯 氣壯則神旺 神旺則身健 神健而少病"

즉, 인지·감각·의식 등에 대한 연구이다. 현대생물학에서는 물질에서 어떻게 생명이 나오는가에 대해 물질의 '물질 초월성 현상'이라고 하고 있다. 물질들은 그것들이 결합됨으로써 원래의 물질이상의 기능을 가질 수 있다는 것이다. 즉, 세포내 물질들의 서로 관계를 맺음으로써 원래의 물질에는 없었던 특성이나 기능을 갖게되며, 또한 그렇게 구성된 세포들이 서로 연관됨으로써 원래 세포가 갖지 못했던 특성과 기능을 갖게 된다는 것이다. 이것은 인간의 어떤 부분, 어떤 능력에 대해서도 물리적 단절을 두지 않고 대단히 통일적 틀에서 이해하려는 개념틀이자 연구들이다. 따라서 생물학적 입장에서 정신이란 다른 물질들과 특별히 다를 것이 없다. 단백질들간의 관계는 직접접촉에 의해서만 이루어진다. 이는 형상적 상보성에 의한 것인데, 즉 열쇠나 열쇠구멍처럼 서로 결합가능한 형상들이 미리 존재하여 그것들간에 결합이 이루어진다. 그 결합방식은 대단히 약하여 약간만 떨어져도 영향을 미치지 못한다. 즉, 하나의 단백질은 한가지의 기능을 가지며, 또한 단백질 결합에서는 미리 설정된 특정한 관계 이외의 것은 불가능하다. 단백질들간의 일대일 인과관계가 대단히 명확해진다. 그러나 그러한 관계개념에서 세포내 물질이 세포내 농도경사에 따라 그 형태가 달라지는 경우나 세포와 세포간의 다양한 관계는 이론적으로 이해되기 어렵다.

 도교의학에서는 생명의 기본단위를 세포가 아닌 정·기·신의 유기체 차원에서 파악하였다. 이 때 정은 현상의 물질적 기초로, 기는 동력, 신은 주재자로서 이들은 상호상제의 관계에 의해 물질·기능·현상의 상호관련성과 불가분의 통일성으로 표현되었다.

 여기서 신이란 물질과 기능을 바탕으로 일어나는 모든 생명활동 현상의 정화이다.

 이러한 동양의 생명인식은 분석적·환원적 방법이 아닌 귀납적·직관적방법을 사용하였다. 일대일의 인과관계는 분석적·환원적 방법으로 가능하나 다대다의 인과관계는 부분적 접근을 허용하지 않아 서양의 분석적·환원적 방법만으로는 불가능하다.

따라서 21세기 생명연구는 동양의 귀납적·직관적 방법과 서양의 분석적·환원적 방법의 상보성(complementarity)에서 연구가 진행되어야 할 것이다.

참 고 문 헌

1) 許浚,『東醫寶鑑』, 서울, 南山堂, 1985.
2) 洪元植,『精校黃帝內經』, 서울, 東洋醫學硏究所, 1985.
3) 쿠보노리타다(窪德忠), 정순일 옮김,『도교와 신선의 세계』, 서울, 법인문화사, pp.25-42, 1992.
4) E.슈뢰딩거, 서인석 : 황상익 옮김,『생명이란 무엇인가』, 서울, 한울, 1993.
5) 葛洪, 張泳暢편역,『抱朴子』, 서울, 자유문고, 1993.
6) 老子, 盧台俊역해,『道德經』, 서울, 총신문화사, 1994.
7) 鄭在書역주,『山海經』, 서울, 民音社, 1993
8) 李相玉역해,『新完譯管子』, 서울, 명문당, 1985.
9) 李錫浩역,『淮南子』, 서울, 세계사, 1992.
10) 金學主,『墨子-그의 생애, 사상과 墨家』, 서울, 民音社, 1994.
11) 柳坪秀해역,『列子』, 서울, 자유문고, 1995.
12) 金斗鐘,『韓國醫學史』, 서울, 探究堂, 1981.
13) 馬伯英외, 鄭遇悅역,『中外醫學文化交流史』, 서울, 電波科學史, 1997.
14) 金龍培,『東洋哲學思想史大觀』, 서울, 三鳩文化社, p.129-131, pp.140-41.

1956.
15) 유아사야스오(湯淺泰雄), 손병규역, 『氣와 인간과학』, 서울, 여강출판사, 1992.
16) 憑友蘭·더크보드, 姜在倫역, 『中國思想史』, 서울, 日新社, 1982.
17) 가노우요시미츠(加納喜光), 한국철학사상연구회, 『중국의학과 철학』.
18) 마루야마도시아끼(丸山敏秋), 박희준옮김, 『氣란 무엇인가』, 서울, 정신세계사, 1992.
19) 요시모토 쇼오지(吉元昭治), 都珖淳역, 『道敎와 不老長壽醫學』, 서울, 열린책들, 1992.
20) 洪元植, 『中國醫學史』, 서울, 東洋醫學硏究院, 1984.
21) 賈得道, 『中國醫學史略』, 山西, 人民出版社, 1979.
22) 프리고진, 이성범등, 「동서양의 생명관」, 『과학사상』제17호, 서울, 범양사, 1996.
23) 이철수, 「있음에서 됨으로」, 『과학사상』제17호, 서울, 범양사, 1996.
24) 이용필, 「자기조직하는 우주」, 『과학사상』제17호, 서울, 범양사, 1996.
25) 장회익, 「생명문제의 문명사적의의」, 『과학사상』제7호, 서울, 범양사, 1993.
27) 서정선, 항세웅, 소광섭, 「생명, 과학, 종교」, 『과학사상』제7호, 서울, 범양사, 1993.
28) 박인원, 「생명의 기원」, 『과학사상』제7호, 서울, 범양사, 1993.
29) 이대실, 「생학자가 보는 생명」, 『과학사상』제7호, 서울, 범양사, 1993.
30) 이도원·유신재, 「생태학적 생명관의 전개와 생물다양성」, 『과학사상』제7호, 서울, 범양사, 1993.
31) 김영호, 「동양사상의 생명관」, 『과학사상』제7호, 서울, 범양사, 1993.

32) 정우열, 「기의 철학사상과 한의학」, 『과학사상』제16호, 서울, 범양사, 1996.
33) 이강수, 「도가사상과 새로운 과학」, 『과학사상』제3호, 서울, 범양사, 1996.
34) 정우열, 「『東醫寶鑑』과 許浚의 醫學思想」, 『한국과학사학회지』제13권 2호, 한국과학사학회, 1991.
35) 정우열, 「『東醫寶鑑』의 「身形臟腑圖」와 許浚의 醫學思想」, 『龜巖學報』제14호, 龜巖學會, 1996.
36) 정우열, 「한의학과기」, 『한국정신과학학회지』 제1권 제1호, 한국정신과학학회, 1997.
37) 張 冰, 「道家 '養性'與 中醫 '養心' 保健說 探討」, 『第1次 國際中國醫學史學術會議論文集』, 북경학술대회, 1992.
38) 祝亞平, 「唐宋道敎與醫學」, 『第1次 國際中國醫學史學術會議論文集』, 북경학술대회, 1992.
39) 朱 明, 「中醫道學硏究」, 『第1次 國際中國醫學史學術會議論文集』, 북경학술대회, 1992.
40) 吉元昭治, 「中國醫學與道敎」, 『第1次 國際中國醫學史學術會議論文集』, 북경학술대회, 1992.
41) 맹광호, 「의학적 측면에서 본 인간생명」, 서강대학교 부설생명문화연구소, 제1회 세미나자료집, 1992.
42) 김열규, 「오늘에 되새기는 한국인의 무속적 죽음」, 서강대학교 부설생명문화연구소, 제3회 심포지움자료집, 1992.
43) 정우열, 「東武李濟馬의 哲學과 醫學思想」, 『醫史學』 제3권 제2호, 대한의사학회, 1994.

『抱朴子』에 보이는 養生思想*

李 鎭 洙**

―――――――― <차례> ――――――――
1. 서언   3. 『포박자』에 보이는 養生思想
2. 『포박자』에 보이는 身體思想   4. 포박자에 보이는 導引
   1) 氣로서의 신체   5. 결론
   2) 形神으로서의 신체

1. 서언

포박자『抱朴子』는 갈홍(葛洪, 283-343)의 저작으로 내편, 외편 50권으로 되어 있다. 내편은 神仙, 道, 먹으면 신선이 되는 丹藥의 처방, 늙지 않고 오래 사는 법을 기술하였으며 외편은 세상 풍속의 선악을 논한 儒家계통의 책이다. 책의 이름을 포박자라 한 뜻은 저자가 원래 소박한 것을 좋아했기 때문에 그것을 살리기 위한 것이라 한다.

"홍의 사람됨은 어벙한 촌놈이다. 머리는 둔하고 말솜씨가 전혀 없다. 얼굴이 추하고 더러운데도 스스로 꾸미려 하지 않는다. 모자

―――――――――――――――
* 이 논문은 1997년 한국학술진흥재단의 공모과제 연구비에 의하여 연구되었음.
** 한양대 체육학과 교수

와 신발은 더럽고 틀어졌으며 의복도 때에 따라 헤어진데가 많으나 그것을 부끄러워하지 않는다. 세간의 복장은 변한다. 넓은 동정에 큰 띠가 유행하다가도 바로 몸을 감싸는 긴 소매가 되어 버린다. 한 때는 길이가 땅을 끌 정도로 길다가 한 때는 무릎이 보일 정도로 짧다. 나는 常을 지키는 주의로 세간의 변화를 따르는 사람이 아니다. 말 할 때에는 솔직하게 필요한 것만 말한다. 쓸데 없는 이야기는 하지 않는다. 마음에 들지 않는 사람과는 하루 종일 한 마디도 하지 않는다. 그래서 나라 사람들이 나를 朴을 안고 있는 이라고 부른다. 그래서 이 책을 쓰고는 抱朴을 그대로 나의 號로 하였다.

("洪之爲人也, 而驗野, 性鈍口訥, 形貌醜陋, 而終不辨自矜飾也. 冠履垢弊, 衣或襤褸, 而或不恥焉. 俗之服用, 俄而屢改. 或忽廣領而大帶, 或身促而修袖, 或長裾曳地, 或短不蔽脚. 洪其於守常, 不隨世變, 言則率實, 杜絶嘲戱, 不得其人, 終日默然. 故邦人咸稱之爲抱朴之士, 是以洪著書, 因以自號焉") (葛洪, 1988 ; 247)

갈홍이 선도를 좋아한 이유는 당시의 지식층의 유행을 따른 것도 있겠으나 그의 증조부인 葛玄의 영향이 컸다. 갈현은 유명한 선인 左慈의 제자로, 鍊丹術을 배워 크게 취했을 때나 매우 더울 때는 깊은 연못 속에서 하루 종일 쉬고 나왔다고 한다. 갈현의 연단술은 鄭隱에게 전하여지는 데 정은이 바로 갈홍의 스승이다.

포박자는 갈홍이 20세를 넘었을 때 자신의 철학을 기술하겠다는 목적으로 쓰기 시작, 전란 속에서도 멈추지 않고 계속하여 14년이 지난 317년에 완성하였다.

이 책의 주요한 특징의 하나는 누구라도 배우기만 하면 신선이 될 수 있다는 것이다. 강한 의지와 재능만 있다면 누구나 가능하다. 리비아 콘이란 외국의 학자는 신선을 다음과 같이 정의하고 있다

"The character for xian, 'immortal' or 'transcendent' consist of the graphs for 'man' and 'mountain'. Another variant appears in the Shijing(Book of Songs) meaning 'to dance with flying sleeves.' The Shuowen defines this as 'living long and vanishing in flight.' The commentary to the Shouwen further details that the 'man-and-mountain' variant means 'to reach old age and not die,' while the 'dance with flying sleeves' character signifies 'to move away and enter the mountains.' The obvious basic implication of the term xian is therefore twofold. It connotes, first, the idea of a takeoff, a seperation from normal life, be it in an ecstatic dance or by going into the mountains ; and, second, the notion of longevity and the complete avoidance of death." (L. Kohn)Early Chinese Mysticism, Princeton University Press, 1992 ; 84

그러나 포박자에 나타나는 신선은 위의 설명과는 달라 훨씬 세속적인 인물로 묘사되고 있다. 포박자에 보이는 신선은 '언제나 건강한 모습으로 맛있는 음식을 먹고, 좋은 옷을 입고, 성교도 하며, 높은 봉록을 받고, 이목은 총명하여 몸의 각 관절도 튼튼하고, 안색도 윤기가 나 항상 살아있는' 그런 신선이다. (葛洪, 1987 : 37709)

그렇다면, 우리가 신선이 될려면 어떻게 하여야 하는가? 이 문제가 지금 우리들이 당면한 연구의 목적이기도 하다. 이 연구의 목적을 달성하기 위해서는 포박자를 철저하게 분석하여 그 진수를 추출하여야만 할 것이다. 이 연구에 사용한 자료로서 포박자는 1987년 법인문화사가 영인하여 정통도장에 실린 것이다. 이『正統道藏』은 명나라 영종 正統 10년(1445)에 칙명에 의해 종래의 도장을 수정 증보하여 완성한 도교 신학 체계의 종합판이다. (鄭在書, 1994 : 118)

신선이 되려면 우선 죽지 않아야 하는 데, 갈홍은 죽음의 원인으로 첫째 정력의 소모, 둘째 늙음, 셋째 질병, 넷째 중독, 다섯째 邪氣, 여섯째 風冷氣를 든다. 따라서 이 6가지만 막는다면 우선 사망을 모면할 수 있다. 導引, 房中術, 음식의 절제, 補藥, 몸을 지키는 符籍, 精神統一 등은 사망을 막는 좋은 방책이 된다.

특히 도인은 호흡, 안마, 신체운동을 포함하는 고대의 체조로 체육학의 분야에서 반드시 연구되어야 할 대상이다. 그럼에도 불구하고 신선이란 신비적인 베일에 가려 그 실체가 학문적으로 규명되지 못하고 있는 것이 현실이다. 따라서 이 연구에서는 도인에 촛점을 맞추어 갈홍의 신체사상과 양생사상을 밝히기로 한다.

2. 『포박자』에 보이는 身體思想

1) 氣로서의 신체

포박자에 보이는 기본 철학은 道家와는 달라 神仙思想을 구체화한 것이다. 신선사상은 실제적 육체적으로 죽음을 초월하고자 소망하는 의식형태 및 그 달성에 수반되는 다양한 방법적 기술적 체계를 총칭하는 것으로 정의될 수 있다. (鄭在書, 1994 : 34) 따라서 살아 있는 인간의 신체 그 자체가 목적이 될 수밖에 없다. 老莊의 철학이 모두 신체를 氣로 이해하고 있음은 그들의 문집에서 쉽게 볼 수 있다. (老子) 42장에는 '道는 一을 낳고, 一은 二를 낳으며, 二는 三을 낳으며 三은 萬物을 낳는다 (道生一, 一生二, 二生三, 三生萬物)' 이라 보인다. 一은 混沌의 氣를, 二는 陰陽의 두 氣를, 三은 陰陽和合을 말한다.

莊子에는 '기가 변하여 몸이 생기며 몸이 변하여 행동이 있다.' 고 보이며, '사람의 태어남은 기의 모임이다. 기가 모이면 태어나고 흩어지면 죽는다.(人之生, 氣之聚也. 聚卽爲生, 散卽爲死)' 고 보인다.

이러한 思惟를 우리는 氣哲學이라 부를 수 있다. 기철학은 고대 중국 우주론의 기초를 이룬다. 원래 노장의 철학은 기를 근본으로 한 것이기는 해도 生과 死를 우주생명의 流轉으로 보아 사람이 어찌할 수 없는 것, 생사는 낮과 밤처럼 흘러가는 변화에 불과하다는 해탈의 경지를 그 宗旨로 삼는다. 그러나 이것과는 달리 포박자는 신체 그 자체의 영원한 생명을 실현하려고 한다. 이것이 갈홍의 독특한 신체사상이라 할 수 있다. 이것을 정재서는 도가와 신선가의 이론을 가름짓는 중요한 관점이라 한다. (鄭在書, 1994 : 39)

漢代로 들어와 王充은 그의 『論衡』에서 천지의 기가 합해 만물이 자생하였다는 元氣自然論을 제창한다. (陶建國, 1985 : 353) 갈홍은 이 소박한 유물론을 그대로 받아들여 '사람은 氣 안에 있고 氣는 사람 안에 있다. 하늘과 땅으로 부터 만물에 이르기까지 氣가 아니면 태어나지 못한다.'고 한다. (葛洪, 1987 : 37723) 따라서 사람의 신체도 전적으로 氣다. 때문에 氣가 전부 소모되면 사람은 죽는다. '몸이 피로하면 정신이 흩어지며 氣가 다하면 죽는다(身勞卽神散, 氣竭卽命終)'

신체가 氣이니 죽지 않으려면 기를 길러야 한다는 養氣의 문제가 심각하게 대두되는 것도 여기에 그 사상의 근거가 있다. 사람의 몸은 기가 그 근본이기 때문에 양기할 것이냐 아니할 것이냐가 인간에게는 죽을 것이냐 살 것이냐의 주요한 문제가 된다(葛洪, 1987 : 37806). '기를 기르면 그 몸이 온전하며, 기가 다하면 바로 죽는다. 죽은 것은 살 수 없으며 존재하지 못한다(養其氣所以全其身, 氣竭卽身死, 死者不可生也, 亡者不可存也)'

2) 形神으로서의 신체

形은 사람의 몸이요, 神은 사람의 정신이다. 사람의 몸은 형체가 있으니 우리가 눈으로 볼 수 있으나 신은 형체가 없어 볼 수 없다. 형과 신의 관계는 사유와 존재의 관계라 할 수 있다. 갈홍은 이 관계를 유와 무의 관계, 즉 구체적인 形과 추상적인 神의 상호 작용으로 이해한다. (葛洪, 1987 : 37723) '무릇, 있는 것은 없는 것으로 말미암아 생겨나고, 형체는 신에 의해 성립된다. 있는 것은 없는 것의 터전이며 形은 神이 사는 집이다. 비유컨데 제방이 무너지면 물이 남아있지 못하고, 초가 모두 닳으면 촛불이 꺼지는 것과 같다. (夫有因無而生焉, 形須神而立焉, 有之, 無之宮也, 形者, 神之宅也)' 인간의 신체인 形은 정신의 집이라는 것이다.

홍이 말한 '형체는 신의 집이다'라는 문구는 『黃帝內經靈樞』「本神篇」에 보이는 '심장이 정신의 집(心藏脈, 脈舍身)'이라 한 한의학적 지견과 일치한다. (著者未詳, 1987 ; 28464) 이것은 갈홍 이전에 신체에 대한 인식을 바탕으로 이미 형성된 의학이론이지만 포박자에서는 신선사상이 의학을 통해 論證되고 있다는 데에 그 특성이 있다. 갈홍이 지은 『肘後備急方』은 질병과 그 치료 방법만을 기술했다는 점도 중요하지만 수은을 이용한 버짐, 악성종기의 치료는 中國醫學史에서 지금도 높이 평가되고 있다. 신체에 특히 주목한 醫家로서의 갈홍이 돋보이는 점이 여기에 있다. 그는 신체를 제방, 정신은 물로, 혹은 초와 촛불의 관계로 파악한다. 형이 신에 의하여 존립하지만 신도 형이 없으면 존재하지 못한다. 이 形神觀은 精神(mind), 肉體(body)로 대비되는 일종의 이원론처럼 보이지만 데카르트의 심신이원론(cartesian dualism)과는 근본적으로 틀리다. 神이 사유의 본질이긴 해도 形을 떠나 독자적으로 존재하지 못하기 때문이다.

'형은 정신에 의해 존립한다(形須神而立)'는 갈홍의 명제는 같은 시대에 양생론을 지어 유명한 혜강(嵇康)의 '형은 신에 의지하여 서며, 신은 형에 의해 존재한다(形恃神而立, 神須形而存)'과 비슷하다. 性을 닦아 神을 보호하며, 마음을 안정시켜 몸을 온전히 해야 한다 (修性以保神, 安心以全身). 혜강은 形과 神을 신체의 안과 밖으로 이해한다. 그에 의하면 형과 신이 서로 친하면 안팎이 정비된다고도 한다(使形神相親, 表裏俱濟也) (嵇康, 1989 ; 15). 이와 같은 形神觀은 당시에 의미 유행하던 하나의 철학사조로 보인다.

形神을 길러야 한다는 養形, 養神의 이념은 이미 장자에 보인다. (莊子, 1987 ; 15091) 그러나 장자는 양형을, 導引으로 신체를 건강하게 하는 일에만 몰두하는 사람들이나 하는 것으로 보아, 聖人 혹은 眞人이 행하는 虛無 無爲의 양신과는 다르다고 낮게 평가한다. (坂出 詳紳, 1983 ; 64) 장자와 갈홍의 또다른 점은 여기에서도 확실히 나타난다.

養形을 먼저 할 것인지, 養神을 우선할 것이냐는 후대의 도교에서도 남파·북파로 갈라지게 하는 요인이 된다. 이것은 이미 장자와 갈홍의 시대로부터 배태된 끊임없는 논쟁의 하나이다. 형이 신의 집이며, 有가 無의 터전이라고 주장하는 갈홍은 養形 쪽에 더 많은 가치를 인정한다.

3. 『포박자』에 보이는 養生思想

『포박자』에는 養生이란 용어가 여러 곳에 보인다. 이 용어는 지금의 보건·위생의 개념과 거의 같다. 갈홍은 『仙經』을 인용하여 다음과 같이 주장한다.

"養生은 不傷이 기본이라 하였다(養生以不傷爲本). 損傷의 원인은 자신의 능력 이상의 것을 바라며, 지나친 희로애락, 수면부족, 힘에 부치는 것을 억지로 들거나 大醉, 飽食한 뒤에 바로 잠자는 것, 性交를 끊는 것 등이다."

양생의 기본이 신체를 손상시키지 않는 것에 있음을 확인한다. 그는 또,

"양생의 방법은 침을 멀리 뱉지 않으며, 길을 갈 때 달리지 않으며, 눈과 귀를 피로케 하지 않으며, 오래 앉거나 눕지 않으며, 추위나 더위에 앞서 옷을 갈아 입으며, 배고픔이 극에 달해 밥먹지 말며, 과식하지 않는다. 갈증이 극에 달하여 물마시지 말며, 과음하지 마라, 과식하면 체하고 過飮하면 痰에 걸린다. 지나치게 피로하지도 편하게도 마라. 너무 늦게 일어나지 말며, 땀을 흘리지 말고, 잠을 많이 자지마라. 마차와 말을 빨리 달리지 말며, 아주 먼 곳을 힘을 써 바라보지 말며, 많이 마시지 마라 냉병에 걸린다. 술을 마시고 바람에 맞지 말며, 자주 목욕하지 말며, 헛된 바램·지나친 교묘함을 삼가라. 겨울에는 너무 뜨겁게, 여름에는 너무 차게 하지마라. 길에서나 별 아래에서 눕거나 잠자지 마라. 大寒, 大熱, 大風, 大霧를 피해라. 五味를 먹되 치우치게 먹어서는 안된다. 신 것은 脾를, 쓴 것은 폐를, 매운 것은 간을, 짠 것은 심장을 단 것은 콩팥을 상하게 한다. 五行은 자연의 법칙이다.

양생을 잘 하는 사람은 자고 일어나는 것에 四時의 절도를 지키고 언제나 筋骨을 단련하며, 導引으로 질병을 없애고 呼吸法을 사용하여 氣를 榮衛에 유행시키며, 방중술(補瀉之法)로 피로를 조절한다. 분노를 참아 陰氣를 보전하며 기쁨을 눌러 陽氣를 기른 연후에 초목을 마셔 훼손된 것을 보충한다."

("養生之方, 唾不及遠, 行不疾步, 耳不極聽, 目不久視, 坐不至久, 臥不及疲, 先寒而衣, 先熱而解, 不欲極飢而食, 食不過飽, 不欲極渴而飮, 飮不過多. 凡食過則結積聚, 飮過則成痰癖, 不欲甚勞甚逸, 不欲起晚,

不欲汗流, 不欲多睡, 不欲奔車走馬, 不欲極目遠望, 不欲多啖生冷, 不欲飮酒當風, 不欲數數沐浴, 不欲廣志遠願, 不欲規造異巧, 冬不欲極溫, 夏不欲窮涼, 不露臥星下, 大旱大熱大風大霧皆不欲冒之, 五味入口不欲偏多, 故酸多傷脾, 苦多傷肺, 辛多傷肝, 鹹多則傷心, 甘多則傷腎, 此五行自然之理也. 善攝生者, 臥起有四時之早晩, 興居有至和之常, 制調利筋骨, 有偃仰之方, 杜疾閉邪, 有呑吐之術, 流行榮衛, 有補瀉之法, 節宣勞逸, 有興奪之要, 忍恕以全陰氣, 抑喜以養陽, 然後先將服草木以救虧缺, 後服金丹以定無窮長生之理)" (갈홍, 1987 ; 37771)

지금의 보건위생의 개념과 다른 점은 金丹을 복용하여 죽지 않고 오래 산다는 것일 뿐 다른 것은 오늘을 사는 우리에게도 좋은 건강법이 될 것이다.

금단은 보통사람을 신선이 되게 하는 약으로 丹砂, 금, 백금 등을 포함하는 고가의 자료를 필요로 한다. 갈홍도 그 비법은 알고 있었으나 비용을 대지 못해 만들지 못하였다. 더구나 금단의 주성분인 단사는 그 주성분이 水銀이었기 때문에 금단을 복용한 사람 중에는 수은 중독증을 일으켜 사망하는 예가 많이 발생하였다. 따라서 이 금단의 복용은 후대로 내려와서는 신체 그 자체의 수련을 통해 신체 안에 丹을 형성시킨다는 內丹思想으로 발전하게 된다. 그러나 당시의 갈홍에게 양생의 목적은 장생불사에 있었기 때문에 죽음을 더디게 하거나 그것을 막는 방법이 강구된다.

"무릇 사람이 죽는 것은 損, 늙음, 백병의 침입, 중독, 사기에 의한 손상, 한기의 침해 등 6가지 害에 의한다. 지금 도인 행기하고 환정보뇌하며, 음식 기거에 절도를 지키고 약물을 복용하고 思神守一 하며 악귀를 막는 부적을 지니고 생명을 축소시키는 기름진 음식, 미녀 등 삶을 손상시키는 것 일체를 멀리 한다면 이 六害로부터 벗어날 수가 있다." ("夫人所以死者損也. 老者百病所害也. 毒惡所中

也. 邪氣所傷也. 風冷所法犯也. 今導引行氣, 還精補腦, 食飮有度, 興居有節, 將服藥物, 思神守一, 柱天禁戒, 帶佩符印, 傷生之徒一切遠之, 如此則通可以免此六害") (葛洪, 1987 : 37724)

사람을 죽게 하는 여섯 가지의 해로운 것을 막는 방법으로 제시된 것이 도인, 행기, 환정보뇌, 기거의 절도, 복약, 사신수일, 부적, 상생시키는 무리를 멀리 하는 것이다.

還精補腦란 사람의 정액을 돌려 뇌를 보한다는 방중술을 말한다. 남녀의 성행위는 생명 유지에 불가결한 것이므로 없어서는 않되지만 과도한 성교로 인한 정력의 소모는 건강을 해친다. 갈홍은 이것을 다른 용어를 써 寶精이라고 한다. (葛洪, 1987 : 37738) 말 그대로 사람의 정액을 보물처럼 아껴야 한다는 것이리라.

思神守一이란 신을 생각하고 一을 지킨다는 말이니『仙經』에 "단을 마시고 일을 지키면 하늘만큼 오래 살고, 환정 태색하면 한없이 오래 산다. 이것은 지극한 道이다(服丹守一如天相畢, 還精胎息延壽無極, 此皆至道要言也)"라고 보여 (葛洪, 1987 : 37707) 일종의 정신통일을 뜻한다. 갈홍에 의하면 "하늘은 一을 얻어 맑으며, 땅은 一을 얻어 편안하며, 사람은 一을 얻어 살며 신은 一을 얻어 영험하다."고 한다. (葛洪, 1987 ; 37804) 그는 眞一의 대략을 다음과 같이 설명한다. "하나를 지키고 참됨을 간직하면 능히 신령과 통할 수 있다. 욕심을 줄이고 식사를 간소히 하면 하나가 거기에 머문다. 칼날이 목에 닿아도 하나를 생각하면 살아날 수 있다. 하나를 아는 것은 어렵지 않으나 어려움은 그것을 끝까지 하는 데 있다. 그것을 지켜 잃지 않으면 무궁할 수 있다. 뭍에서는 나쁜 짐승을 쫓을 수 있고 물에서는 蛟龍을 물리칠 수 있다. 허깨비나 독충을 무서워하지 않게 된다. 귀신도 접근할 수 없고 칼날도 몸을 맞힐 수 없다. 이것이 眞一의 대략이다."(鄭在書, 1994 : 44-45) 이것은 노자의 '抱一' 장자의 '守一' 과 같이 천지가 생기기 이전의 실재 우주의 생명력을 의미하는 것 같으나 노장에서 볼 수 없는 다른 점은 이 一이 '姓과 服色을 가지 며, 남성의 一은 신장 9분, 여성의 一은 신장 6분, 사람 몸의 세 단전 에 살고 있다. 세 단전이란 배꼽아래 2촌 4분의 하단전, 심장 아래의 중단전, 양미간에서 3촌 들어간 곳에 있는 상단전을 말한다. 이 一은, 음양의 생성 한서의 교대를 권장하며 크면 우주를 넘고, 작으며 바 늘 끝보다도 작다. (갈홍, 1987 ; 37804)

이 一은 심호흡과 명상에 의한 일종의 見神體驗을 말하고 있는 듯 이 여겨지나 장자의 '坐忘'보다 주술적이며 신체적이라 할 수 있다. 인간의 생명이 천지의 생명과 맺어져 있다고 하는 장자의 좌망은 죽 음과 삶을 잊는 종교적 체험이었으나 갈홍은 그 심경을 해, 달, 별의 기를 몸에 주입하는 신체 강화 기술로 전용시킨다. 노자의 無慾의 이념을 창자를 깨끗이 하는 수행이나 약을 조제하기 전의 마음준비 로 보는 등, 포박자에서는 신체적 기술적인 배려가 우선하며 노장철 학은 그 변두리의 장식용에 가깝다. (本田濟, 1977 ; 554) 갈홍에게 眞 一은 "기욕을 끊어 혈기를 굳건히 한 후에 생기는 것이다."(豁耆慾所 以固血氣, 然後眞一存焉). (갈홍, 1987 ; 37806)

도인과 행기에 관해서는 다음 절에서 상세히 논하기로 하고 여기 에서는 생략하기로 한다.

갈홍의 양생은 이렇게 전적으로 신체에 그 중심을 두고 있는 것 같으나, 이러한 신체수련에 앞서 사람으로서의 인격성을 강조하고 있는 점에 주목하지 않으면 안된다. 그것은 養神 곧 정신수련의 중 요성에 대한 명시적인 표현이라 할 것이다.(鄭在書, 1994 ; 47) 갈홍은 다음과 같이 말한다.

"長生을 얻고자 하는 사람은, 반드시 善을 쌓고 공을 세우며 사물에 대해 자비심을 갖고 자신을 용서하듯이 남을 용서하고 어진 마음을 곤충에까지 미쳐야 한다. 남의 행운을 즐거워 하고 남의 고충을 가엾이 여기며 남의 위급함을 돕고 남의 가난을 구제해야 한다. 손으로 산 것을 해치지 않고 입으로는 재앙이 될 일을 권하지 않아야 않다. 만의 이득을 보면 자신이 얻은 것처럼 여기고 남의 손상을 보면 자기가 잃은 것처럼 여겨야 한다. 거만하지 않고 뽐내지 않으며 자기보다 나은 사람을 시샘하지 않으며 아첨하거나 몰래 중상모략 하지 않아야 한다. 이와 같은 경지에 이르러야 덕있는 사람이라고 할 수 있고 하늘에서 복을 받아 하는 일이 꼭 이루어져 신선을 추구해도 가능성이 있는 것이다."

결국 완전한 인격과 덕성이 양생의 전제임을 역설한 것이다. 양생이라 하여 오로지 자기 개인의 장생만을 위한 것은 결코 성공할 수 없음을 알아야 한다.

4. 포박자에 보이는 導引

포박자가 쓰여지기 이전에 이미 10권으로 된 『道引經』이란 책이 있었다고 한다. (갈홍, 1987 ; 37808) 그의 스승인 정은이 소장하고 있던 여러권의 책중의 하나인데 다른 제자들에게는 보여 주지도 않은 책이다. 갈홍이 이 책을 얼마나 인용하였는지 확실히 알 수 없으나 오금희를 도인법에 대응하고 있는 것으로 보아 도인경의 내용을 알고 있었던 것도 같다. 그러나 도인을 말하면서도 도인경의 책명을 인용하지 않는 점을 보면 다른 제자들처럼 갈홍도 책의 제명만을 보았을 가능성도 배제할 수 없을 것이다.

어떤 이가 치아를 튼튼히 하는 방법, 귀가 잘 들리는 방법, 눈이 밝아지는 법에 대해 물었다. 포박자는 다음과 같이 가르친다.(갈홍, 1987 ; 37784)

"치아를 건강하게 하는 법 ; 타액으로 입안을 적시고 이른 아침에 이를 아래 위로 300번 마주치면 치아가 영원히 혼들리지 않는다. 귀를 밝게 하는 법 ; 용이 밀고, 호랑이가 당기며, 熊經, 龜咽 거북이처럼 숨쉬며, 燕飛제비처럼 날으며, 蛇屈 뱀처럼 감으며, 鳥伸 새처럼 하늘을 우르러며 땅을 굽어 보며, 방안에서 猿據 원숭이처럼 매달리며, 兔驚 토끼처럼 뛰기를 1200번 하면 귀가 밝아지고 상하지 않는다. 눈을 밝게 하는 법 ; 三焦, 昇景을 능히 끈다."
("或問堅齒之道, 抱朴子曰, 能養以華池, 浸以醴液, 淸晨建齒三百過者, 永不搖動. --- 或問聽耳之道, 抱朴子曰, 能龍導虎引,熊經, 龜咽, 鷰飛, 蛇屈, 鳥伸, 天俛地仰, 令赤黃之景不去洞房, 猿據兔驚千二百至則聽不損也. --- 或問明目之道, 抱朴子曰, 能引三焦之昇景")

華池를 적신다는 말을 本田은 침으로 치아를 기른다고 해석한다.(本田濟, 1977 ; 88) 눈이 밝아지는 도인법 중에 호랑이, 곰, 새, 원숭이는 화타의 五禽戲와 비슷하다고 판단되나 용, 제비, 뱀 등의 동작은 포박자에 처음 보이는 것들이니 이것은 아마도 도인경에 실려 있던 것이라 생각된다. 이와 비슷한 것으로는 『淮南子』에 "곰과 같이 달리고 새처럼 펴며, 오리같이 목욕하고, 원숭이처럼 뛰며, 올빼미처럼 보고 호랑이처럼 되돌아 보는 것은 양형하는 사람이라 한다.(熊經鳥伸鳧浴猿척鴟視虎顧, 是養形之人)"를 들 수 있을 것이다. (許愼, 1987 ; 37516)

龍導라는 용어는 마왕퇴 출토 도인도에 보이는 龍登과 비슷한 것일지도 모른다. 이것은 용이 하늘로 오른다는 말이다. 『引書』제24에 "용등이란 무릎을 앞으로 굽히고 뒤로 펴며 손을 깍지껴 무릎을 잡고 하늘을 쳐다본다."고 보인다. (馬繼興, 1992 ; 856) 원래 포박자는 화타의 오금희를 도인법이라고 생각하지 않고 특별한 운동으로 생각한 듯 하다. 왜냐하면 제자 오보가 "오금희를 배워 이것을 도인법 대신으로 하여 100살을 더 살았다."고 명시하고 있기 때문이다 (吳普者 從華陀, 受五禽之戲, 以代導引, 猶得百餘歲. (葛洪 ; 1987 ; 37725)'

　오금희를 도인 대신으로 하였다(五禽之戲以代導引)는 말은 오금희가 도인과는 다르다는 것을 확실히 한 것이라 생각되나 어떤 점에서 구별되는지 밝힌 것이 없다.『後漢書』제 82권의 方術, 화타 조에 보이는 "나에게 한가지 술법이 있으니 오금지희이다. 하나는 호랑이요, 둘은 사슴이며, 셋은 곰, 넷은 원숭이, 다섯은 새이다. 또한 병을 없애고 발을 빠르게 하니 바로 도인에 해당한다. (以當導引(이당도인))." 한 것과는 차이가 있다. '이대도인'과 '이당도인'의 차이는 어디에서 생겼을까? 갈홍이 당시 보았다고 하는『도인경』속에 오금희가 포함되어 있지 않았을 가능성도 있다. 또는 오금희의 가치를 낮게 보는 견해를 확실히 하기 위해 그렇게 말할 수도 있었을 것이다. 그러나『도인경』이 실전된 현재로서는 이 모두가 추측의 한계를 넘지 못한다. 어떻든 오늘날 오금희는 도인법의 대표로 인정되어 그 가치가 높이 평가되고 있다.

　龜咽에 관해서는『仙經(선경)』에서 거북이의 호흡법을 흉내낸 도인법으로 설명하고 있다. 그러므로 "眞人은 鶴이나 거북이의 호흡법을 배워 나이를 늘이고 氣를 마시고 穀物을 끊는 법을 가르친다."고 갈홍은 주장한다. (갈홍, 1987 ; 37708)

　鶴에 관한 도인법으로는 마왕퇴 도인도에 '鶴(학)戾'라 보인다. 원문에는 戾(려)가 㕸(听)으로 되어 있다. 은이니 려는 同源字이다, 학이 공중에 날아 오르며 우는 형상을 딴 도인법이다. (馬繼興, 1992 ; 855)

'삼초의 승경을 끈다'는 문구도 도인법을 설명한 것으로 보이는데 승경의 의미를 알 수가 없다. 昇字를 作으로도 쓴 것이 있는 것 같으나 그 의미를 확실히 알 수 없다. 호부침은 三焦의 열을 제거시키는 도인이라 한다. (胡孚琛, 1990 ; 289)

『抱朴子』別旨에는 다음과 같은 기사가 실려 있다. (갈홍, 1987 ; 37817)

"무릇 導引이란 이름을 세우거나 사물의 모양을 그려 나타내려는 것이 아니다. 굴신하거나 하늘을 쳐다보거나 걷거나 누우며, 혹은 기대거나 서며, 혹은 뛰어 오르며, 서서히 걸으며, 읊조리며, 숨쉬는 것이 모두 도인이다. 매일 아침 반드시 행할 필요는 없지만 몸에 이상이 느껴지면 이것을 행한다. 행할 때는 閉氣하고 氣를 조절하여 충격을 주면 기가 통한다. 도인할 때에 당기지도 않았는데 골절에서 큰 소리가 난다. 소리가 적게 나면 근이 부드럽고 기가 잘 통하는 것이다. 도인은 병나기 전의 병을 고치며 和 못한 기를 통하게 한다. 운동하면 여러 관절에 기가 소통되며 운동하지 않으면 三宮의 혈액이 엉긴다. 도인은 양생의 큰 법칙이며 질병을 없애는 玄術(현술)이다."(養生之大律, 却疾之玄術).

도인의 개념을 잘 설명하고 있다. 도인은 관절을 이롭게 하며 혈기를 소통시키고 병을 고치는 일종의 健身術이다. (胡孚琛, 1990 ; 290) 읊조린다(吟)는 것이 어떻게 도인이 될 것인가마는 노래가 성정을 기른다고 하는(歌詠所以養性情)사상은 후대에 들어와서부터 형성된 듯하다. (呂光榮, 1989 ; 451)

앞에서도 잠깐 언급한 바 있지만 도인과 行氣는 포박자에서 같은 체계로 이해되고 있다.『선경』에 보인다는 호흡법 즉, '龜咽(구인)'은 행기의 대표적인 용어이다. 마왕퇴 導引圖에서는 '龜㫃'이라 보인다. 㫃은 咽과 同源子이다. 거북이가 목을 늘여 호흡하는 형상을 딴 도

인법이다. 『諸病原侯論』의 대변불통(大便不通)조에 '龜行氣'라 보인다. (馬繼興, 1992 ; 865)

갈홍은 신선이 되고 싶으면 '寶精, 行氣, 金丹'을 수련하는 것이 가장 중요하다고 한다. 보정은 방중술, 금단은 仙藥이며 행기는 호흡법이다.

만물이 모두 기라고 하는 기철학이 신선가들의 근본임은 이미 앞에서 언급한 바 있다. 기는 호흡이며 생명의 기본이기도 하다. 행기는 기를 확충하는 일종의 호흡 운동이다. 이 운동은 服氣, 閉氣, 累氣 (기를 쌓음), 運氣 (기를 돌림), 調息 (호흡을 고름), 胎息 등으로 불리운다. 복기, 폐기, 누기 등은 기를 축척한다는 견지에서의 호흡 훈련이며, 행기, 운기는 축척한 기를 체내의 경로를 따라 운행시키는 수련을 말한 것이며, 조식, 태식은 자연스런 복식호흡을 이름한 것이다. (鄭在書, 1994 ; 54-55) 갈홍은 다음과 같이 말한다.(갈홍, 1987 ; 37783)

"행기는 이것으로만 병을 고칠 수 있으며, 전염병이 있는 곳에도 들어갈 수 있으며, 뱀이나 호랑이도 다스릴 수 있으며, 상처의 피를 멈추게 할 수 도 있다. 이것으로 물속에 둘어가 있을 수도 있고 물위를 걸을 수도 있다. 배고픔이나 갈증을 멈추게 하며 수면을 늘일 수도 있다. 그 大要는 胎息에 있다. 태식의 요령을 깨닫는다면 코나 입을 사용하지 않고도 호흡할 수 있다. 어린이가 어머니의 태속에 있을 때와 같이 호흡할 수 있다면 완성된다.

처음 행기를 배울 때에는 콧속에 기를 끌어 넣어 닫고 마음 속으로 숫자를 센다. 120까지 세고 비로소 입으로 서서히 기를 토해낸다. 토해낼 때나 들이쉴 때의 기의 출입하는 소리가 귀에 들려서는 안된다. 언제나 들여 마시는 것이 많고 뱉는 쪽이 적도록 한다. 새의 깃털을 코와 입위에 대어 숨쉴때 깃털이 흔들이지 않는 것을 징험으로 삼는다. 점점 익숙하여지면 마음으로 세는 수를 늘린다. 점점 길어져 천번을 셀때까지 된다. 천번에까지 이르면 노인도 하루하루 젊어진다.

　대개 행기는 生氣의 시간에 행하여야지 死氣의 때에 행해서는 안된다. '선인은 六氣를 마신다.'는 속담도 이런 의미이다. 하루 12시간 중에 야반에서 정오까지의 6시간이 생기이며, 정오로부터 야반까지의 6시간이 사기이다. 사기일 때에 행기하는 것은 무익하다. --- 행기할 때에 중요한 것은 포식해서는 안된다는 것이다. 날 야채, 기름진 것, 비린 생선 등을 먹어서는 안된다. 이런 것을 먹으며 기가 강해져 닫기 어렵게 되기 때문이다. 또 화를 내면 안된다. 자주 화를 내면 기가 어지러워진다. 이렇게 되면 기가 저절로 넘치지 못한다. 더구나 때로 기침이 발작하기도 한다."

　갈홍의 종조부인 葛仙翁 玄은 매우 취했을 때, 한 여름의 더위 때에는 반드시 깊은 못속에 들어가 하루가 지나서야 나오곤 했는데 이것도 기를 닫아 태식할 수 있었기 때문이었다. 이 일화는 鄭北窓의 龍虎訣에도 보이고 있어 우리에게도 낯이 익은 이야기이다. (李鍾殷, 1992 ; 201) 대개 사람은 氣 속에 있다. 또 기는 사람 속에도 있다. 천지로부터 만물에 이르기까지 기에 의해 생겨나지 않는 것은 없다. 때문에 행기를 잘하는 이는 안으로 나의 몸을 기르고, 밖으로는 사악함을 물리칠 수가 있다.(善行氣者, 內以養身, 外以却惡) (갈홍, 1987 ; 37725)

　호흡 수련의 효과는 매우 크다. 기의 확충은 신체를 변화시켜 불로장생으로 이끌며 기의 운용은 갖가지 초자연적인 능력을 구사할 수 있도록 한다. 호흡은 정신수련과 밀접한 관련이 있다. 명상 내관들의 정신 수련은 흔히 호흡 수련과 병행 되는데 수련이 일정한 수준에 도달하면 신선가들은 열기가 온몸을 주류하는 이른바 '주천화후'와 같은 생리적 변화와 아울러 입신, 망아와 같은 숭고한 정신 경지를 체험하게 된다. 그리고 단계를 높여 가면서 더 이상의 체험을

겪어 나감에 따라 수련인의 정신과 육체는 더욱 고양되어 나간다. (鄭在書, 1994 ; 56)

그러나 이 호흡 수련에 대한 서양인의 견해는 다르다. 니담(Needham, J.) 은 다음과 같이 주장한다.

"호흡 훈련의 큰 목적은 자궁속의 태아의 호흡으로 되돌아 가려고 시도하는데 있다. 모체와 태아를 연결하는 혈액순환 속에서의 기체(산소와 탄산가스)에 관해서는 아무것도 몰랐기 때문에 자궁속 태아로의 복귀는 도가의 단순한 공상에 불과하였을 것이다. 그들은 흡기와 호기를 될 수 있는 대로 조용하게 유지하려 하고 특히 숨을 될 수 있는 대로 오랫동안 막은 채로 참아보려 하였다. 그들이 체험하고 또 자기들에게 좋다고 믿었던 주관적 효과가 거의 무산소혈증(anoxaemia)에 의한 것이었다는 것은 의심의 여지가 없다. 그들이 경험한 것이 귀울림, 어지러움, 발한과 같은 窒息假死的(질식가사적)인 징후였기 때문이다."(李錫浩 外譯, 1987 ; 206-207)

정신통일에 의한 망아의 경지를 산소 부족으로 인한 질식 증세로 밖에 이해하지 못한다는 사실을 알 수 있다. 따라서 니이담은 기의 운용으로 일어나는 현상을 충분히 고려하지 못한 것이 된다. 오늘날 스포츠에서의 절정체험(peak experience)은 신체와 정신의 통일로 가능하다는 것이 밝혀지고 있다. 이것은 운동을 통한 의식변용의 가능성을 시사하는 것이다.(李鎭洙, 1996 ; 130) 스포츠에서의 절정체험은 산소부족으로 인한 질식상태와는 전혀 다른 차원의 것이다.

행기는 장생불사를 위해 대단히 중요하다. 그러나 그 실행의 시기는 더욱 중요하다. 나의 몸이 쇠약하기 전에 실시하여야 한다. 吐古納新이란 기를 건강하게 하는 것인데 기가 이미 쇠약한 사람은 강해지기 어렵다. 약물을 복식하는 것은 피를 이롭게 하는 것인데 기가 이미 쇠약한 사람은 강해지기 어렵다. 약물을 복식하는 것은 피를 이롭게 하는 것인데 피가 이미 모자라는 사람은 이롭게 되기 어렵다. 달리면 숨이 차고 힘을 조금 쓰면 피곤해 하는 이는 기에 손상을 입은 사람이며, 얼굴에 빛이 없고 살결이 거칠고 입술이 마르며 맥이 약한 사람은 피가 이미 감소된 사람이다. (갈홍, 1987 ; 37770)

『포박자』에는 도인, 행기, 태식, 토고, 납신 등의 용어가 혼용되어 사용되고 있다. 도인은 굴신을, 토납은 행기로, 태식은 행기의 大要(대요)로 설명된다. 이 모두 몸을 단련하는 술법이다. 갈홍은 先師(선사)master의 구결을 다음과 같이 읊는다.(갈홍, 1987 ; 37731)

"At the foot of Shih-ching(Biginnings-Azure) are the moon and sun.
Like two halves, they mount jointly to become one.
An emission from the Jade Pool(mouth) enters the Golden Room(lungs).
Large as an arbalest's pellet, yellow as an orange ;
Within it has an exellent taste, sweet as honey.
When you have been able to secure it, be careful not to lose it.
One does not pursue that which has already passed, otherwise the body would perish.
The pure, white breath becomes throughli sublimated.
Proceeding to the Somber Gateway(kidneys), it bends and twists thrice.
The Cinnabar Field of the center portion of the body sparkles as never befor.
When the emission comes to a halt at the Gateway to Life(belly), the physique will not perish.
Profound is this marvel, and hard to call in question.
(Ware, James R.) "Alchemy, Medicine, Religion in the China of A.D. 320 : The Neipien of Ko Hung(Pao-pu tzu)" 1966 ; 121

"무릇 시작은 푸른 하늘 아래 달과 해
각각의 반이 함께 올라가 하나로 합치네
그것이 玉池(옥지)로부터 나와 金室(금실)로 들어가지
크기는 탄환만 하고 색깔은 누렇다네
속은 맛이 좋아 꿀처럼 달지
자네가 그걸 얻었다면 잃지 않게 조심하게
과거의 일을 쫓지 말게 몸을 망친다네
순백의 기는 아주 묘하고 비밀스러우니
깊고 깊은 關所(관소)로부터 올라와 3번 구부러진다.
안에서는 짝이 없는 단이 번쩍 번쩍 빛나네
이것을 命門(명문)에 두면 이 몸은 영원히 살으리
알 수 없이 묘하군 구해도 알기 어렵다네."

달과 해란 음과 양이요 물과 불이기도 하다. 옥지란 입이요 금실은 하단전이다. 행기에 의한 단의 형성을 노래한 것이다. 순백의 기는 주천하는 기로 관소는 독맥과 임맥의 경혈을, 3번 구부러지는 것은 협척 쌍관 옥침의 기가 뚫기 어려운 곳을 상징적으로 표현한 것이다. 周天火候의 과정을 읊은 구절이다. 금단을 만들어 먹는 것이 장생의 근본이지만 금단을 못만들더라도 행기만 잘하면 그것만으로도 수백년의 수명을 누릴 수 있다.

　도인은 신선이 되기 위한 중요한 과정이지만 갈홍은 도인만을 강조하지 않는다. 한 가지만을 배우는 것은 부족하다고 한다. "오래 살려는 사람들(好生之徒)의 결점은 각자의 장점만을 고집하는 것이다. 玄女와 素女의 술법만을 아는 이는 방중술이 延年에 좋다. 하고, 토납을 하는 이는 行氣가, 굴신하는 이는 導引이, 초목을 연구하는 이는 服藥하는 것만을 不死의 秘訣이라 한다. 도를 배우되 이루지 못하는 것은 이렇게 한쪽으로 기울어져 있기 때문이다. 무릇 양생하는 사람은 많이 듣고 배워 그중에서 골라 요점을 체득하여야 한다. 한

가지 만을 배우는 것으로는 부족하다."(갈홍, 1987 ; 47729)

5. 결론

이상에서 우리는 갈홍의 [포박자]에 보이는 도인법을 그의 신체사상, 양생사상을 기초로 하여 살펴보았다. 그것을 요약하면 다음과 같다.

1) 인간의 신체는 기로 형성되며 양기 그 자체이다. 신체는 정신의 집이다. 신체 없이 정신은 존재하지 못한다. 기를 기르면(養氣) 건강하게 오래살 수 있다.

2) 양생은 장생불사와 동의어이며, 그 목적은 장생불사에 있다. 양생의 근본은 不傷에 있다. 도인, 행기하고 性을 절제하여 손상의 원인을 제거하고 六害를 막아야 한다.

3) 도인은 양생의 수단으로 오늘날의 보건체조와 같다. 도인에는 굴신을 위주로 한 신체운동과 行氣 胎息으로 대표되는 호흡법이 있다. 포박자에는 龍, 虎, 熊, 鳥, 猿, 蛇, 兎 등의 동물의 운동형태를 모방한 도인이다.

참고문헌

葛洪, 『抱朴子』, 『四部叢刊正編』, 서울, 法仁文化社 影印, 1989.
葛洪, 『抱朴子』, 『正統道藏』, 서울, 법인문화사, 1987.
陶建國, 『兩漢魏晋之道家思想』, 文律出版社, 1985.
馬繼興, 『馬王堆古醫書考釋』, 長沙, 湖南科學技術出版社, 1992

本田濟,『抱朴子』, 東京, 平凡社, 1977.
呂光榮,『中國氣功辭典』, 北京, 人民衛生出版社, 1989.
李錫浩 外譯,『中國의 科學과 文明』, 2권, 서울, 을유문화사, 1987.
李鍾殷,『海東傳道錄』,『靑鶴集』, 서울, 普成文化社, 1992.
李鎭洙 譯,『스포츠철학』, 서울, 교학연구사, 1995.
莊子,『南華眞經』,『정통도장』, 서울, 법인문화사, 1987
鄭在書,『不死의 神話와 思想』, 서울, 민음사, 1994
坂出詳伸,「神仙思想の身體觀」,「理想」제604호, 東京,理想社, 1983
許愼,『淮南子鴻烈解』,『정통도장』, 서울, 법인문화사, 1987.
嵇康,『嵇中山集』,『四部叢刊正編』, 30, 서울, 법인문화사, 1989.
胡孚琛,『魏晋神仙道敎』, 北京, 人民出版社, 1990.
著者 未詳,『黃帝素問靈樞集注』,『정통도장』 서울, 법인문화사, 1987.
Kohn, L., Early Chinese Mysticism, Princeton University Press, 1992.
Ware, James R., Alchemy, Medicine, Religion in the China of A.D. 320
: The Neipien of Ko Hung(Pao-pu tzu), 1966.

朝鮮時代 修鍊道敎의 生命觀*
― 淸寒子 金時習의 『雜著』를 중심으로 ―

梁 銀 容**

<차례>

1. 서 언
2. 淸寒子 金時習과 修鍊道敎
　1) 淸寒子道敎觀의 思想的 基盤
　2) 淸寒子의 道敎受容
3. 『雜著』에 나타난 生命觀
　1) 氣의 認識과 生命觀
　2) 生命保全原理로서의 修鍊
4. 淸寒子 生命觀의 後來的 影響
5. 결 어

1. 서 언

　조선시대의 도교는 흔히 修鍊道敎로 특징지어진다. 한국도교의 주류가 고대는 신선도교, 중세는 科儀道敎, 그리고 최근세는 민간도교의 색채가 강한데 대한 파악이다. 性理學을 國體로 하는 조선왕조는 抑佛崇儒政策을 강력하게 추진하는 가운데 도교는 불교와 더불어 제도적으로 배척을 받게 된다. 이에 따라 고려시대의 왕실의 비호아래 국가적으로 행해지던 齋醮科儀가 조선초기를 거치면서 폐지되고, 대

---

* 이 논문은 1997년 한국학술진흥재단의 공모과제 연구비에 의하여 연구되었음.
** 원광대 동양종교학과 교수

신 연단일사를 중심한 수련도교가 일세를 풍미한다.

그런데 조선시대의 수련도교는 淸寒子 金時習(1435-1493)을 그 비조로 일컫는다. 도맥의 상승이 면면히 이어진 것으로 기록되고는 있으나 그에 이르러 비로소 사실적 성격을 띠고 있다. 즉, 丹學계보를 밝힌 韓無畏의『海東傳道錄』(1610)에는, 중국에서 전래된 도맥이 崔致遠(857-?)에서 몇대를 거쳐 청한자에 전해지는데,

<1>"(申元之로부터 상승해 온 練丹道脈을) 元 俟賢은 김시습에게 전수하였다. 시습은 天遁劍法鍊魔訣을 洪裕孫에게 전수하고, 또 玉函記・內丹法을 鄭希良에게 전수하고, 參同・龍虎秘旨를 尹君平에게 전수하였다. 군평은 郭致虛에게 전수하고, 정희량은 승 大珠에게 전수하고, 대주는 鄭磏과 朴枝華에게 전수하고, 홍유손은 密陽孀婦 朴씨・妙觀에게 전수하였다. 묘관은 張道觀에게 전수하고, 곽치허는 한무외에게 전수하였다."[1]

등으로 나타난다. 청한자에서 구체화되기 시작한 조선단학파가 약 1세기경을 지나 한무외 자신에게까지 전수된 사실을 전하고 있다. 특히 그 도맥이 홍유손(1431-1529)・정희량(1469-?)・윤군평 등으로 확산되면서, 그들에게 道書와 함께 각각 독특한 비법을 전해주고 있다.

그렇다면 청한자의 수련도교 이론이 어떤가에 주목하게 되는데, 그에게는 이에 상응하는 練丹理論이 오늘에까지 남아 전한다.『梅月堂集』에 수록된『雜著』가 그것이다.

본고에서는 이러한『매월당집』의『잡저』에 나타나는 청한자의 生命觀에 대하여 살펴보고자 한다. 청한자의 생애에 있어서 수련도교

---

1) "元俟賢授金時習. 時習授天遁劍法鍊魔訣於洪裕孫. 又以玉函記・內丹之法授鄭希良. 參同龍虎秘旨授尹君平. 君平授郭致虛. 鄭希良授僧大珠. 大珠授鄭磏・朴枝華. 洪裕孫授密陽孀婦朴氏・妙觀. 妙觀授張道觀. 郭致虛授韓無畏."(李能和집술,『朝鮮道教史』21장)

가 갖는 의미와 수련도교의 원리에서 전개된 생명관은 어떤 구조인가를 파악해 보려는 것이다.

2. 淸寒子金時習과 修練道敎

1) 淸寒子道敎觀의 思想的 基盤

청한자는 세조의 왕위찬탈과 관련한 정변에서 生六臣의 한 사람으로 불리는 것처럼, 절실한 시대정신으로 생애를 일관한 인물이다. 유학을 수습하던 그는 이 정변을 계기로 사대부에의 길을 포기하고 祝髮爲僧한다. 그러나 출가한 이후에도 환속하여 결혼생활을 하다가 다시 출가하는 등 계율에 걸림없이 僧俗출입을 자유로이 하였다. 그는 승려의 신분으로 연단에 심취하면서 수련도교이론을 전개한 것으로 보인다. 억불숭유정책이 전개되던 시기에 청한자는 儒·佛·道 三敎를 두루 섭렵하고 있는 것이다. 그러면서도 그들 각각에 정통하고 있다는 것이 고금 학자들의 일관된 관점이다.[2]

그가 남긴 저술은 여러 분야에서 다양한 형식을 취하고 있다. 첫째 가장 많은 부분을 詩가 차지하며 그 중에는 四遊錄으로 불리는 紀行詩가 돋보인다. 둘째 『金鰲新話』로 불리는 소설, 셋째 『雜著』 등에서 보는 記·論 등이 있다. 넷째 불교관련 章疏, 다섯째 贊文·碑銘과 그 밖의 여러 가지가 있다. 저술이 많고 여러 분야에 걸쳐 있

---

2) 李珥(1536-1584)는 청한자의 「傳」에서 승려인 그를 '心儒蹟跡佛'로 표현하여 유불이교를 섭하고 있음를 단적으로 드러내고 있다. 삼교관련의 저술에 대해서도 "多不失儒家宗旨. 至如禪道二敎. 亦見大意. 心究病."(『梅月堂集』冒頭)라 하였다.

는 만큼 연구도 활발한 편이다.3) 시, 소설, 한문학, 정치사상, 그리고 삼교를 중심한 사상적인 분야 등의 연구성과가 그것이다.

이들을 통해 삼교사상을 살펴보면, 유학에 대해서는 구체적인 경학관련 등을 저술은 없으나 義理思想이나 愛民思想이 강조되고 있으며, 조선성리학의 전개상에서 그는 理氣 未分嶺에 서서 氣哲學의 지평을 연 인물로 평가한다.4) 불교에 대해서는 『華嚴經釋題』・『華嚴一乘法界圖註』의 화엄, 『法華經別讚』의 법화, 『曹洞五位要解』・『十玄談要解』의 선 관련저술이 남아 있다. 실천수행이 강조되는 禪一元化과정 속에서 그는 화엄・법화 그리고 조동선에 대해 깊은 천착을 보이고 있는 것이다.

도교에 대해서는 국가초례에 참예한 적이 있는 그이지만 과의도교보다는 수련도교에 대해 긍정적인 태도를 보이고 있다.5) 글 가운데는 도교를 비판한 내용도 나타나지만, 그것은 유학의 입장에서 도교를 말할 때의 관점이고, 도교에 대해서 구체적인 입장을 드러낼 때에는 경우가 달라진다.

2) 淸寒子의 道敎受容

그러면 청한자의 도교관은 어떤 성격을 지니는가? 도교수용과 관련하여 그의 도교관을 살펴보면, 『關西遊錄』에서,

---

3) 졸고, 「金時習關係 硏究文獻 目錄」(金知見외편, 『梅月堂硏究論叢』, 강원대, 1987) 참조.
4) 申東浩, 「梅月堂金時習의 氣學思想硏究I」(『論文集』 20-2, 충남대학교, 1983, 16쪽) 참조.
5) 졸고, 「淸寒子金時習의 丹學修練과 道敎思想」(한국도교사상연구회편, 『道敎와 韓國文化』, 1988, 65쪽 이하) 참조.

<2> "관서에서 백발인 한 늙은이
나에게 無爲를 가르쳐 주었네
나에게 푸른 책을 주고서
고요하게 나의 기운 화하게 하였네
고요함은 玄牝과 합치하지만
希夷의 조짐은 보지 못하네
마치 상서로운 바람에 멍에 씌우고
구름타고 仙品으로 들어가누나
이제부터 延齡하는 법을 배워
널다란 玄關에서 놀리라 했네
내 또한 佛學徒인지라
지극한 도를 평소부터 사모하였네
싸가지고 洞天에 들어가
몸에 지니길 墳素같이 하리라."6)

고 술하고 있다. 이를 통해보는 한 그는 好道的이며, 직접 도교수련을 행하고 있다. 『관서유록』은 1458년에 저술했으므로 출가하고 얼마 지나지 않아서의 일이다. 그가 스스로 空門徒라 하여 승려임을 밝히면서 수련 즉 延延養生術에 정려할 뜻을 굳히고 있다.

李珥의 청한자 「傳」에서 보면, 그러한 뜻이 일생을 관통한 것 같다. 즉, 「전」에서,

<3> "(청한자의) 유언이 있어 화장을 하지 않고, 권조사 옆에 안치하였는데, 3년 후에 장례를 치르기 위하여 시신을 보니, 안색이 살아있을 때와 같았다. 승려들이 경탄하여 '부처가 되었다' 하였다.

---

6) "關西鶴髮翁 教我無爲謂 授我青瑤簡 沕穆和我氣
沕穆合玄牝 希夷不見朕 恰似駕祥風 乘雲入仙品
從此學延齡 汗漫遊玄圃 羲亦空門徒 至道吾素慕
賫向洞天中 服膺加墳素"(『매월당집』 9, 「老翁授我道德經一部」)

그러나 필경은 異敎에 의지한 고로, 茶毘하여 유골을 모야 浮圖를 지었다."7)

라는 내용을 전하고 있다. 사후 3년이 지난 그의 시신에 대하여 '안색이 살아있을 때와 같았다.'는 것은 수련도교의 입장에서 보면 연단의 결과에 의한 尸解仙이라 할 수 있기 때문이다.

조선시대의 불교가 禪一元化의 실천수행적 성격을 분명히 했던 바에서 볼 때, 선수행과 상통하는 수련도교를 접하기 용이했던 것이 아니었을까? 청한자는 『도덕경』을 그런 의미의 延年長壽 비결서로 받고 있는 것이라 하겠다.

이 밖에도 그의 『도덕경』 수용이 시가운데 나타나 있는데,8) 이를 한결같이 연단수련서로 받아들이고 있어서 흥미롭다. 불교수행을 통해 한 경지를 이루고 있었던 그가 수련서로서의 『도덕경』을 전해받으면서 수련의 깊이를 더해간 것으로 생각된다.

물론 청한자의 도교수용에는 丹脈과 관련하여 아직 밝혀지지 않은 부분이 없지 않다. 그에게 『해동전도록』에서 단맥을 전수한 것으로 기록되는 설현이 寒溪山의 金孤雲으로도 불리며, 전수를 시도한 것이 正統初年(1436)이라면9) 1435년에 태어난 그에게는 불가능한 일이다. 여기에 전술한 바와같이 『도덕경』의 수용이 사실적으로 드러나고 있어서 일방적인 전승체계로 보기 어렵다. 그 이전의 상승체계가 사실적이 아니라는 말은 이를 뜻한다. 이와는 반대로 청한자 이후는

---

7) 「遺誡無燒. 葬權厝寺側. 後三年將葬. 啓其殯. 顔色如生. 緇徒驚嘆. 咸以爲佛. 竟依異敎. 茶毘取其骨. 作浮圖.」(『梅月堂集』 「冒頭 金時習傳」)
8) 「사료2」의 『매월당시집』 권9 「老翁授我道德經一部」 외에 권7의 「學餌黃精」, 권12의 「得老子」 등 전후 3차례가 나타난다.(졸고, 전게 「청한자김시습의 단학수련과 도교사상」, 71쪽 이하 참조)
9) 『海東傳道錄』 참조.

분명한 흐름을 형성하고 있기 때문에 그를 조선수련도교의 비조로 볼 수밖에 없다는 말이다. 출가위승한 그의 행적이 삼교를 넘나들며 실천수행적인 성격을 보이는만큼, 도교의 수용 내지 심화도 學無常師로 보아야 할 것이다.

그렇다면 청한자의 수련도교적 생명관 역시 도불이교의 실천수행, 나아가서는 유불도삼교를 회통섭렵하는 사상을 폭넓게 반영하고 있는 것으로 보인다. 이들을 거침없이 넘나든 청한자의 생애에서 다같이 실천수행적인 성격을 강하게 지녔던 조선시대 삼교회통사조의 일단을 엿보게 한다.

3. 『雜著』에 나타난 生命觀

1) 氣의 認識과 生命觀

수련도교는 본질적으로 性命雙修의 성격을 지닌다는 점에서 이와 관련된 자료는 대체로 생명관을 나타낸다고 할 수 있다. 그런데 청한자 저술에 있어서 이들을 『雜著』[10]로 집약하고 있는데, 하나의 정연한 조직체계를 갖추고 있어서 단행본과 같은 성격이다.

이 『잡저』는 天形・北辰・性理・上古・修眞・服氣・龍虎・鬼神・卹災・喪葬의 전후 10장으로 구성되어 있다. 우주관으로부터 죽음과 제사의례에 이르는 각종 사항을 포함하고 있다. 그러나 전후사항을 연결해 보면 그 大旨가 수련도교의 방법론, 특히 양생술로 나타난다. 이 부분이 수진・복기・용호이다. 그 밖의 사항은 이를 체계화시키

---

[10] 『매월당집』 권16-17이 이에 해당하지만, 수련도교에 관련된 것은 권17에 한하며, 따라서 이를 이하에서 『잡저』로 칭한다.

는 기반이 되는 셈이다.

먼저 「天形第一」에서는 天地란 무엇이며, 어떻게 존재하는가를 논하고 있다. 유불이교의 天개념과 유학이론, 그리고 『周易』 등 많은 전적이 인용되고 있다. 天은 둥근 형체가 있고 물체는 없으나, 기운이 존재함을 일월의 거래 등을 예로 들어 설명한다.

「北辰第二」에서는 北辰을 天樞로 보며, 이 별이 氣의 주장이 되어 맷돌의 중쇠같이 하늘의 중심에 존재한다고 본다. 星辰의 존재와 내왕에 의해 세월이 생기고, 그 법도로 大道와 제왕이 존재함을 밝힌다.

「性理第三」에서는 人性과 天理를 하나로 본다. 도와 덕을 말하는데, 도란 천하의 공정한 물건이요, 덕이란 천하의 선을 주재하는 것이라 설하고, '元亨利貞을 天의 덕이요, 仁義禮智를 性의 덕이라'고 본다.

「上古第四」에서는 인류의 역사에 있어서 상고시대를 논한다. 세상을 다스리기 위하여 大經大法을 세운 연유를 말한다.

「修眞第五」에서는 도교에서 말하는 참을 닦는 법을 말한다. '신선은 性을 기르고 氣를 마시며 龍虎를 단련하여 늙음을 물리치는 것'이라고 정의하고, 요령을 存三抱一에 두는데, 삼은 精·氣·神이며 일은 道라고 본다.

「服氣第六」에서는 服氣 내지 養氣를 말한다. 천지에 가득찬 것이 기이므로 복기에 의하여 이를 내 몸속에서 충만케 할 수 있으며, 천지와 같은 수명을 얻을 수 있다는 것이다.

「龍虎第七」에서는 용호에 의한 수련방법을 밝힌다. 龍虎·鼎氣·火候의 원리를 설하여 九轉成丹이 가능함을 주장한다.

「鬼神第八」에서는 만물이 化함에 따른 구별을 말한다. 神·鬼문제와 제사에 관한 원리, 그리고 제사에 대한 고금의 관념차이를 설한다.

「沴災第九」에서는 재앙의 원리와 그것을 막는 방법을 논한다. 신선의 衛生방법, 운명을 점치는 술법, 그리고 운명 그 자체에 대한 견해를 밝히고 있다.

「喪葬第十」에서는 사람이 죽은 후의 상장의례의 원리를 말한다. 풍수와 부적 등 상장례와 관련한 사항에 대해서 논한다.

이들을 전체적으로 살피면, 「천형」에서 「상고」까지는 주로 우주만물의 시원과 인간삶의 역사를 밝히고 있다. 「수진」에서 「용호」까지는 유한한 삶을 천지의 기운과 함께하는 방법을 밝힌 부분이다. 그리고 「귀신」에서 「장상」까지는 생명이 다하는데 대한 원리와 의식 등을 밝히고 있다. 말하자면 정연한 생명론을 전개하고 있는 셈이다.

청한자는 이 가운데서 생명을 氣로 파악한다. 즉, 「천형」은 우주자연의 運行動體를 氣로 파악하는 내용인데, 이 기는 宇宙大氣로부터 비롯하여 人體生氣로 통하고, 山川地氣로 뻗지르고 있다고 본다. 「수진」 등의 내단양생법은 결국 이 기의 조화를 통해 인체를 바꾸는데 있으므로 동일한 체계요, 地氣理論은 「상장」에 나타나는 堪輿法 즉 풍수지리설로 연결되고 있다.

그러면 기는 어떻게 존재하는가? 청한자는,

<4> "하늘과 땅 사이에 가득찬 것이 모두 氣이다. 세로로 말하면, 해와 달이 오고 가는 것과, 별들의 운행과, 추위와 더위가 서로 바뀌는 것과, 음양이 서로 교대하는 것과, 나타났다 그치고 찼다가 비는 것과, 생겨나서 왕성해지고 잘 되고 못 되는 것이 다 氣이다. 가로로 말하면, 크고 작은 산과 물이 녹았다 엉기었다 하는 것과, 바람과 비와 서리와 이슬이 시행되는 것과, 풀과 나무가 번성하고 시드는 것과 인간과 물건이 움직이고 쉬는 것과, 성현과 어리석은 이가 무리로 나누어지는 것과, 맑고 흐리고 순수하고 얼룩짐이 한결같이 아니한 것이 모두 氣가 양쪽 사이에 있기 때문이다. 耳目口鼻에

좋고 싫음과 희로애락의 균등함과 편벽됨이 다 氣가 한몸에 모인 때문이다."11)

<5> "분수가 다르기 때문에 하늘은 위에 있고 땅은 아래에 있으며, 해는 낮에 빛에 빛나고 달은 밤에 빛나며, 산은 높고 물은 흐르며, 다른 동물은 가로로 놓였으나, 사람은 세로로 서는 것이며, 사람은 또한 만물에서 가장 신령한 것이다. 이미 가장 신령한 氣를 타고 났으니, 항상 기를 가지고 잡아서 보존하고 반성하고 살피어, 밤과 아침의 기운으로 하여금 같히어 없어지는 데 이르지 않게 하면 浩然之氣가 우주에 가득찬다."12)

고 말한다. 우주의 형성과 운행은 물론, 만물과 인간생명의 존재와 품성까지를 모두 기로 보고 있다. 주목할 사항은 '다른 동물은 가로로 놓였으나, 사람은 세로로 서는 것'으로, 사람은 '가장 신령한 기를 타고 났다'는 것이다. 우주의 대기는 서로 상응하여 있으므로 나 자신의 기가 순하면 천지의 기도 순하여 음양이 和하고, 풍우가 유순해지는 등의 작용이 가능하다고 본다. 기를 보존하면 호연지기가 우주에 가득찬다고 하였으니, 不老長生의 도교수련 원리를 여기서 발견하고 있는 것이라 하겠다.

그는 이에 따른 몸의 인식과 복기에 대한 시를 남기고 있는데,

<6> "한 몸 중에 천지가 있어
　　줄고 늘고 비고 차는 것이 호흡에 있네

---

11) "天地之間者. 皆氣也. 竪言則日月之往來. 星辰之運行. 寒暑之相推. 陰陽之相代. 消息盈虛. 生旺休日. 皆氣也. 横言則山川岳瀆之融結. 風雨霜露之施行. 草木之榮悴. 人物之動息. 聖賢愚迷之群分. 淸濁粹駁之不齊. 皆氣之寓於兩間也. 耳目口鼻之好惡. 喜怒哀樂之均偏. 皆氣之集於一身者也."(『雜著』「服氣」)
12) "其氣分殊. 故天在上而地在下. 日昱晝而月昱夜. 山則峙而水則流. 物則橫而人則竪. 而人又物之最靈者. 旣賦最靈之氣. 常以此氣. 操存省察. 使夜朝之奇. 不至於梏亡. 浩然之氣充塞乎."(同上)

삼십육궁에 원기가 움직이니
공자의 말없고자 함을 증험하리라."13)

하였다. 기로 가득한 자신의 몸을 하나의 우주로 파악하며 그 생명의 원리를 호흡에서 찾는다. 호흡은 기를 옮겨주는 방법이므로 이를 수련으로 개발하여 원기로 가득채울 때 공자의 「欲無言」을 증험한다는 것이다. 여기서 공자의 「욕무언」이란 『論語』에 나타나는,

<7> "하늘이 어찌 말을 하더냐. 四時가 자연히 운행되고, 온 물건(百物)이 자연히 생성하니, 하늘이 어찌 말을 하겠느냐."14)

는 가르침이다. 청한자는 사시의 운행과 만물의 생성을 천지의 구극, 즉 무위자연으로 해석하고 있다. 儒道二敎의 가르침을 회통시키는 가운데, 복기를 통해 원기를 회복함으로써 천지와 합일한다는 원리이다. 생명보존 즉 불로장생의 원리를 구체적인 수련법 즉 용호법으로 천명하고 있는 것이다.

2) 生命保全原理로서의 修練

청한자는 기란 생명의 원천이기 때문에 養性 내지 練丹養生法이라고 도교수련의 의하여 이를 보전해야 한다고 본다. 이렇게 해서 전개되는 신선의 방법, 즉 수련원리는,

---

13) "一身中有一乾坤 消長盈虛在吐呑 三十六宮元氣動 驗他夫子欲無言"(『梅月堂集』권1, 「有感」)
14) "子曰. 予欲無言. 子貢曰. 子如不言. 小子何述焉. 子曰. 天何言哉. 四時行焉. 百物生焉. 天何言哉."(『論語』「陽貨」17)

<8> "대체 神仙이라는 것은 性을 기르고 기를 마시며 용호로 단련하여 늙음을 물리치는 것이다. 그 養性訣에 말하기를 양성이란 항상 수고를 덜하게 할 것이니 다만 견디기 어려운 큰 피곤과 강한 운동은 하지 말지라, 흐르는 물은 썩지 아니하고 문의 지도리나무는 좀이 쓸지 않는 것은 운동하기 때문이다. 무릇 양성하는 자는 오래 서지 말고, 오래 다니지 말고, 오래 앉지 말고, 오래 눕지 말고, 오래 보지 말고, 오래 듣지 말 것이다. 그 요령은 存三抱一하는 깃이니, 三이란 精·氣·神이요, 一은 道이다. 精은 능히 氣를 낳고, 기는 능히 神을 낳는 것인데, 정이란 것은 현묘한 기운이 萬有를 낳아 기르고, 기라는 것은 元氣이니 先天의 여러 기운의 우두머리이며, 神이라는 것은 元神이니 낮에는 머리에서 나오고 밤에는 배에 머므르는 것이다."15)

<9> "천지의 원기를 도둑질한다고 하는 것은 그 수련하여 오래 사는 까닭이 능히 천지의 正氣를 도둑질하는 것이요, 그 정기를 능히 두둑질하는 까닭은 그 호흡이 있기 때문이니, 날숨(呼)은 뿌리에 이르고 들숨(吸)은 그 꼭지에 이르러 이것으로써 그 氣를 훔쳐 이것을 丹田으로 돌아오게 하는 것이다. 사람의 호흡은 천지의 호흡과 같으니, … 이제 丹의 도로써 이것을 말한다면 하루에 13500의 호흡이 있는데, 한 호흡이 一息이니 1식 사이에 하늘운행의 13500년의 數를 몰래 빼았고, 1360일에는 486만 식이니, 하늘 운행의 486만년의 수를 빼앗아 오는 것이다. 이리하여 더럽고 혼탁한 몸을 다 바꾸어 순전한 陽의 몸으로 變成하는 것이니"16)

---

15) "夫神仙者. 養性服氣鍊龍虎. 而却老者也. 其養性訣曰. 夫養性者. 常欲小勞. 但莫大疲. 及强所不能堪. 且流水不腐. 戶樞不蠹. 以其運動故也. 夫養性者. 莫久立. 莫久行. 莫久坐. 莫久臥. 莫久視. 莫久聽. 其要在存三抱一. 三者精氣神也. 一者道也. 精能生氣. 氣能生神. 精者玄風. 淳化萬有. 氣者元氣. 先天衆氣之魁. 神者始氣. 晝出于首. 夜栖于腹."(『雜著』「修眞」)
16) "盜天地之元氣云者. 其所以修練而長生者. 能盜正氣也. 其所以能盜正氣者. 由其有呼吸也. 呼至於根. 吸至於蔕. 是以能盜其氣. 歸之於丹田也. 且人之呼吸. 猶天地之呼吸也. 呼至於根. 吸至於蔕. 是以能盜其氣歸之於丹田也. 且人之呼吸. 猶天地之呼吸也. 冬至之後爲呼. 夏至之後爲吸. 此一年之呼吸也. 子以後爲呼. 午以後爲吸. 此一日之呼吸也.‥‥今以丹道言之. 則一日有一萬

라 정리된다.

천지간에 무한한 기를 인간이 받아쓰면 무한한 생명을 얻어 무한한 壽를 누린다는 원리이다. 그 작법이 양성술, 즉 양생술이라는 것이다. 그러므로 「자료8」에서는 신선이란 養性服氣하고 龍虎를 단련하여 늙음을 막는 것이라고 전제하고, 『養性訣』을 끌어 그 요체를 存三抱一로 본다. 三은 精·氣·神으로 후술할 바와 같이 三寶로 일컬으며, 一은 道를 가리킨다. 「抱一」은 『도덕경』17)에서 시작된 개념으로 태초의 道인 一을 지킨다는 말이다. 이 「포일」을 정기신삼보와 관련시켜 「존삼포일」이라는 개념으로 채용한 것은 우리나라에서는 아마도 청한자로부터 비롯된다 할 것이다. 정은 기에서 생기고 기는 신에서 생긴다. 이를 생명의 원천인 氣로 설명하면 정은 玄氣로 만물을 化生시키며, 기는 元氣로 先天象氣의 우두머리요, 신은 始氣로 낮에는 머리에서 나오고 밤에는 배에 머문다고 청한자는 본다.

생명체가 기를 머금고 생명으로 존재하는 것은 운동을 하기 때문이라 하면서도, 지나친 운동은 기를 쇠하게 하므로 삼가야 된다고 경고한다. 피로를 줄이는데 역점을 둠으로써 무리하지 않으면서 천지원기를 끌어다 쓰는 방법이다. 청한자는 수련에 의해 무한한 생명을 가져오는 원리로서 용호법의 九轉次第를 제시하고 있는데, 이에 나타난 생명체의 변혁원리를 도시하면 <표1>18)과 같다.

　　三千五百呼吸. 一呼吸爲一息.. 則一息之間. 潛奪天運一萬三千五百年之數. 一年三百六十日. 四百八十六萬息. 潛奪天運四百八十六萬年之數. 於是換盡濊濁之軀. 變成純陽之體." (『雜著』「龍虎」)
17) "聖人. 抱一爲天下式."(『도덕경』 22장)
18) 『雜著』「龍虎」.

<표1> 龍虎法의 九轉次第

차제	명칭	변화원리		비고
제1전	大華自然龍胎之醴	氣	純陽體質	丹華
제2전	玉胎瓊液之膏	血	龍胎體質	神符
제3전	飛丹子華流精	脈		神丹
제4전	朱光雲碧之胏	肉		還丹
제5전	九象紅華神丹	髓		餌丹
제6전	大淸金液之華	筋		煉丹
제7전	九轉霜臺之丹	骨		柔丹
제8전	九鼎雲英	髮		伏丹
제9전	雲光石流飛丹	形		寒丹

　이 구전차제는 도교의 수련원리를 체계화한 葛洪(283-343경)의 九轉金丹에 연원하는 것이다.19) 이후 이는 <표1>이 비고에 나타나는 바와같은 丹藥의 복용으로 신선이 되는 방법, 말하자면 外丹으로 전개된 것이 주류였다. 이것이 청한자에 있어서는 철저한 내단수련에 의한 체질의 변화원리로 제시되는 것이 특징이다.

　그가 長生超脫之術로 부른 九轉變成은 氣 - 血 - 脈 - 肉 - 髓 - 筋 - 骨 - 毛 - 形의 순이다. 기를 돌리는데서 시작하여 체질형태를 바꾸는 데까지 이르고 있다. 存三抱一의 修眞과 丹田呼吸을 통한 龍虎에 의한 成仙이 그가 주장하는 수련원리이다. 인간의 생명은 유한하여 一呼一吸에 달려 있지만, 생명의 원질인 기는 우주에 뻗어 있으

---

19) 『抱朴子』「金丹」篇 참조.

므로, 수련에 의해 換骨奪胎하면 우리의 생명을 천지의 수명과 함께 할 수 있다는 것이다.

病과 人壽문제를 논하여 청한자는,

    <10> "무릇 모든 병은 마음으로 말미암은 것이니, 마음이 생기면 병이 나는 것이다. … 병은 미리 염려하는 데서 생기고, 일찍 죽는 것은 조섭을 잃는 데 있다. … 마굿간의 가축들은 때맞추어 먹이고 기르는 데도 도가 있으니, 數가 수십년에 불과한 것은 미리 막아 주고 조심해서 보호하기 때문이다. 사람이 병나서 일찍 죽는 것도 이와 같은 것이다."20)

    <11> "내가 장생술을 보니, 대개 말을 삼가고, 음식을 절제하고, 탐욕을 덜고, 수면을 가볍게 하고, 기쁨과 노여움을 조절하는 것이 있다. 대개 말이 도가 없으면 허물과 근심이 생기고, 음식이 때를 잃으면 병과 피로가 발생하고, 탐욕이 많으면 위험과 변란이 일어나고, 잠이 많으면 게으름이 생기고, 기쁨과 노여움이 절도를 잃으면 그 性命을 보전할 수 없으니, 이 다섯가지가 절도를 잃으면 眞元이 손상되어 장차 날로 사망으로 나아갈 것이다. 대개 사람의 수가 백살인 것은 예로부터의 이치이나, 다섯가지에 잃는 것을 조심하여 하늘의 수를 보전하면 비록 大耋까지는 못가더라도 넉넉히 수한다 할 수 있을 것이다. 그러므로 '어진 자는 수한다'하였고, 또 '그 마음을 다하면 性을 알고, 그 성을 알면 하늘(天命)을 안다' 하였다. 만약 납과 수은을 단련하고 솔씨와 잣을 먹으며 河車를 돌리고 부적을 차고서 천지의 운행을 도적질하여 그것으로 구차히 살려고 하는 것이라면 내가 알 바가 아니다."21)

---

20) "夫萬病由心. 心生則病. … 病生於豫慮. 夭在於失護. … 廐欄之畜飼之. 以時畜之有道. 而壽不過數十年者. 以其豫防. 而謹護也. 人之所以病而夭者. 亦如是也."(『雜著』「弭災」)

21) "余觀延壽之術. 大槩. 愼言語. 節飮食. 省貪慾. 輕睡眠. 中喜怒也. 蓋言語無度則過患生. 飮食失時則瘵勞發. 貪慾多則危亂起. 睡眠重則怠惰興. 喜怒失中則不能保其性. 五者失節. 眞元耗損. 將日抵於死亡矣. 蓋人壽百歲. 自古之理.

라 밝힌다. 인간생명의 한계를 가져다 주는 병의 근원을 마음에 두고, 性命의 보전을 도의 유무에 둔다. 그는 「수진」·「복기」·「용호」에서 練丹延年法, 즉 內丹修練法을 밝혀왔는데, 「미재」에서는 鉛汞의 단련과 松栢을 먹는 방법을 타기하고 있어서 外丹의 배척을 분명히 하고 있다.

청한자는 인간의 수명을 100세로 본다. 양생법을 살리면 수를 다할 수 있는데, 그 원리는 언어·음식·탐욕·수면·희노의 조절이다. 수진·복기·용호로 이어지는 도교수련 즉 용호법은 이를 조절하는 최선의 방법이 되는 셈이다. 이들 다섯가지가 性命을 겸하고 있다는 점에서 그 용호법은 性命雙修일 수밖에 없다.

그의 체험에 바탕하여 나온 시중에서,

<12> "양기와 영단은 솥과 화로에 있지 않으니
다만 등뒤의 한 기운(神符)이 그것일세
성현이 안속이고 내게 주고 가니
어리석고 똑똑함은 나에게 있다네
밝은 햇빛 창을 쏘아 맑은 노을 움직이고
늦은 연기 골로 가서 엷은 구름 외롭다
이곳 산 속에 살며 얻은 재미
王維(摩詰)이 되살아나도 그렇지 못하리."22)

라 읊고 있어서, 그가 얼마나 철저하게 이를 체험하고 있는지 알 수

操持五失. 善保天年. 雖不至於大耋. 可謂壽矣. 故曰仁者壽. 又曰盡其心則知其性矣. 知其性則知天矣. 至若鍊鉛汞. 餌松栢. 轉河車. 佩圖籙. 盜天地之運. 以徯生. 非吾所知也."(同上)
22) "養氣靈丹非鼎爐 只應肘後一神符 聖賢不賑貽余去 愚知無嫌在我乎
明日射窓淸靄動 晚煙歸洞淡雲孤 自從會得山居趣 摩詰重來不可摸"(『梅月堂集』 권6 「山中十景, 服氣導引」)

있다.

귀신문제에 언급하여 청한자는,

<13> "神으로 화한 것도 있고, 形으로 화한 것도 있으며, 氣로 화한 것도 있다. 신으로 화한 것은 精靈과 妖怪와 도깨비요, 형으로 화한 것은 새와 짐승과 물고기와 자라요, 세가지 화한 것에서 빼어나 가장 신령스럽고 천성을 갖춘 것은 사람이다. … 사람이 만물과 더불어 천지의 기운을 균등하게 타고 났고, 한가지 元妙함으로 길러졌으니, 비록 氣質은 치우침이 있을지라도 알고 깨닫는 본성은 조금도 다름이 없는 것이다."[23]

<14> "사람이 죽으면 다 같이 귀신이 되고, 귀신이 화하면 다 같이 사람이 되는 것이니, …"[24]

라 본다. 후일 조선성리학의 전개과정에서 일대의 주제로 떠오른 人物性同異論의 한 관점이 엿보이거니와, 生死와 鬼神의 문제까지를 모두 氣로 풀어가는 것은 일관된 입장을 견지하고 있다. 생명의 원천이 기인만큼 삶과 죽음도 기의 집산에 의하는 것이요, 사람과 귀신도 그러하다. 불교적인 사생관에서 보면 生死一如의 입장이다.

따라서 기를 다스리면 생명을 다스릴 수 있으며, 천지와 같은 무한한 원기를 다른 천지인 이 몸에 간직하면 천지와 같은 무한한 수명을 누리게 된다. 이러한 생명관 위에 생명보전법으로서의 수련법으로 제시함으로써 예방의학적인 장을 열어 놓고 있다.

23) "有神化者. 有形化者. 有氣化者. 神化者. 精怪罔象也. 形化者. 鳥獸魚鼈也. 秀於三化. 最靈而具性者人也.… 人與萬物. 均稟天地之氣. 同育一元之妙. 雖氣質有偏. 而知覺之性. 未嘗異也."(『雜著』「鬼神」)

24) "人死同爲鬼. 鬼化同爲人."(『雜著』「喪葬」)

4. 淸寒子 生命觀의 後來的 影響

　청한자의 기사상과 수련도교이론을 분석해 보면 그의 관점가운데 氣觀이나 수련법에 있어서 魏華存(252-334)과 孫思邈(581-682) 등이 쓴 중국도가서가 나타나고 있다.25) 아무래도 전술한 바와 같은 몇차례의 『도덕경』 수용을 통해 수련작법에 깊이를 더해 가면서 관련전적을 통해 위화존 등의 사상을 섭렵해 나간 것으로 생각된다.

　어떻든 이렇게 형성된 수련도교의 작법과 그를 통해 전개된 생명관은 도맥의 상승을 따라 확산을 가져온다. 물론 그의 직접제자들에게는 현존하는 저술이 없으나, 예컨대 몇대를 거쳐 전승한 鄭磏(北窓, 1506-1549)의 『丹學指南』(『龍虎訣』)을 대비해보면, 수련이론이 고스란히 전해져, 좀더 구체화되고 있음을 알수 있다.

　청한자 『잡저』의 「수진·복기·용호」론이 정렴의 『단학지남』에서는 총론 외에 「服氣·胎息·周天火候」로 연관성을 가지고 구성되어 있다.26) 생명관과 관련해 보면, 청한자에서 보는 것과 같은 생명원리는 생략되어 있으나 복기·용호 등의 체계에 있어서는 동일하므로 같은 생명관의 영향 아래 전개된 수련작법으로 보인다.

　정렴은 『丹學指南』에서,

　　　　<15> "이른바 玄牝一竅는 곧 百竅를 모두 통하게 한다. 이로 비롯하여 태식이 되고, 이로 비롯하여 周天火候가 되고, 이로 비롯하여 結胎가 된다. … 천백의 方藥과 비교할 바가 아니니, 한 달을 행

---

25) 安東濬,「金時習 文學思想 연구」(한국정신문화연구원 박사논문, 1994, 95쪽 참조.
26) 졸고 「新出 『丹學指南』과 北窓鄭磏의 養生思想」(한국도교사상연구원편, 『道敎의 韓國的 受容과 變容』, 1994, 399쪽) 참조.

하면 백가지 병이 모두 없어질 것이라, 어찌 진심으로 하지 않겠는가."27)

<16> "(廢氣를 통해) 능히 血氣를 써서, 周流가 任督에 있으면, 임독이 모두 통한다. 그런즉, 수명이 길어지고 죽음을 물리칠 것이다. 어찌 반드시 이루지 못할까. 고로 수단의 도는 반드시 폐기를 초보자의 방법으로 한다."28)

고 밝힌다. 복기에서 비롯하여 결태에 이르는 방법이 청한자의 그것과 같다면 一竅나 廢氣(胎息)를 강조하는 것은 한 걸음 전개를 가져온 것이다. 그 가운데 연명법을 찾고 그것이 어느 방책보다 우월하다고 본 바에 청한자의 後榮이 엿보인다.

정렴보다 다소 늦은 郭再祐(忘憂堂, 1552-1617)에 있어서도 같은 경향이 나타난다. 그에게는 『養心要訣』(『服氣調息眞訣』)이라는 편집 전적이 있어 연단에 심취했던 상황을 읽을 수 있는데,29) 청한자와 같이 인수를 100세로 보면서 양생술을 통한 成丹을 염원하고 있다.30)

이 밖에도 조선단학파의 흐름은 이와 다르지 아니한데, 특히 청한자가 언급한 精氣神三寶를 중심으로 보면 영향관계가 확연해진다.

---

27) "所謂玄牝一竅. 則百竅皆通矣. 由是而胎息.. 由是而行周天火候. 由是而結胎. … 至於千方百藥. 莫之與比. 行之彌月. 百疾普消. 可不爲之盡心乎." (『丹學指南』 上篇) 『단학지남』은 한국도교사상연구회편 『道敎의 韓國的 受容과 轉移』, 1994에 수록되어 있고, 같은 내용에 註釋과 分章이 가해진 『龍虎訣』은 李能和집술 『朝鮮道敎史』(李鍾殷역, 보성문화사, 1977) 21장에 수록되어 있다.
28) "能使血氣. 周流在於任督. 任督皆通. 則延命却期. 豈不可必. 故修丹之道. 必以廢氣爲下手之方." (同上 中篇)
29) 졸고 「忘憂堂 郭再祐의 養生思想」(한국도교사상연구회편 『韓國道敎와 道家思想』, 아세아문화사, 1991, 232쪽 이하) 참조. 『養心要訣』의 원본은 동편 『道敎思想의 韓國的 展開』, 아세아문화사, 1989) 소수.
30) "人生一百歲 通計三萬日 何況百歲人 人間百無一"(『忘憂集』「爲舍再祺妻」) "壺中天地 靜裏乾坤 心息相依 自然成丹"(同上「養生箴」) 등.

청한자 이후 정기신의 이해유형은 대체로 내단계통의 저술, 口訣, 의학관련 문헌, 기타 문집 등에 폭넓게 산견되는데[31], 생명관 역시 이들에 두루 영향미쳤을 것으로 보인다. 예컨대 許浚의 『東醫寶鑑』(1596-16110편)에는,

<17> "曜仙 말하기를 '精이란 身의 근본이요, 氣란 神의 주인이며, 形이란 神의 安宅이라' 하였으니, 고로 神을 크게 쓴 즉 비며, 정을 크게 쓴 즉 마르며, 기를 크게 피로케 한 즉 죽는다. 그러므로 사람의 생명이란 神이요, 형체의 움직임은 氣이다. 만약 기가 쇠미한 즉 형태가 소모되니, 그러면서 長生한다는 것은 들어보지 못하였다."[32]

고 기술되어 있다. 이에는 정렴의 아우로서 練丹逸士인 鄭磌(1533-1603)이 편집에 참여하고 있다. 인간의 수명에 관해서는,

<18> "延壽書에 말하기를 '사람이란 만물의 영장이다. 수명은 본래 4만3천2백여일이다.' 하였다.(즉, 120세이니 洪範에서 말하기를 수명은 120세라 하였다.)"[33]

고 밝혀, 청한자와는 다른 입장을 취한다. 『洪範』을 따라 120세설을 쫓고 있으나, 수련의 길을 강조하는데 있어서는 전후의 도교수련 전적과 마찬가지이다. 생명을 神으로 보면서도 생명이 생명됨은 기 때

---

31) 朴炳洙「조선시대 道敎 精氣神論의 전개양상」(한국도교사상연구회편 『道敎의 韓國的 變容』, 아세아문화사, 1996, 341쪽 이하) 참조.
32) "曜仙曰. 精者身之本. 氣者神之主. 形者神之宅也. 故神太用則歇. 精太用則竭. 氣太勞則絶. 是以人之生者神也. 形之耗者氣也. 若氣衰則形耗. 而欲長生者未之聞也."(『東醫寶鑑』「內景經卷一, 保養精氣神」)
33) "延壽書曰. 人者物之靈也. 壽本四萬三千二百餘日.(卽一百二十歲. 洪範曰. 壽百二十歲)."(同上「學道無早晚」)

문이다. 그러므로 기가 쇠미하면서는 장생한다는 것은 불가능하다.

5. 결 어

이상에서 우리는 조선초기의 청한자 김시습의 『잡저』를 통해 수련도교의 구조와 생명관의 일단을 살펴 보았다. 이들을 정리하면 다음과 같다.

첫째, 생명의 본질을 기로 본다는 점이다. 기는 우주에 충만되어 있으며, 만물과 인간이 같이 나누어 가지고 있으나, 인간은 그 중에서 최령한 것으로 본다. 그를 기철학자로 보는 이유가 여기에 있겠지만, 이는 그의 성리학적 사고를 특징짓는 것이기도 하다.

둘째, 생명의 존재를 일호일흡에서 찾는다는 점이다. 호흡은 服氣를 뜻하므로 練丹延年의 도교수련 원리가 여기에서 성립한다. 연단수련을 통해 환골탈태하며 이에 의해 우주의 수명을 빼앗아 長生不死하는 것이라고 한다.

셋째, 생명은 性命을 아우른 것으로 보지만, 중심을 性, 즉 마음에 두고 있다는 점이다. 병은 마음에서 연유하며, 그것은 道를 잃음에서 온 것으로 봄으로써, 불교적인 원리와 회통시키고 있음이 확인된다.

넷째, 인간의 수명은 대체로 100년으로 보며, 자연의 섭리를 지킬 때 수를 다할 수 있다고 한다. 이 섭리에 합당하는 것이 내단수련이며 따라서 이에는 의미를 두지만, 외단은 배제하는 입장을 취한다.

이러한 청한자의 생명관은 그의 수련도교 원리가 연단일사들에게 전승되면서 널리 확산된 것으로 보인다. 그의 생명관이 유한한 삶을 자각하는 데서부터 시작되고, 그것은 결국 病·死를 전제로 한 것이라는 점에서 종교적일 수밖에 없었다. 그가 유·불·도 삼교를 넘나들었던 만큼 그의 도교관이나, 생명관에도 이들의 영향이 다대하게 나타나고 있다.

朝鮮朝 寓言小說의 反文明性*
−「의산문답」의 허구적 장치를 중심으로

윤 주 필**

<차례>

1. 들어가는 말
2. 「의산문답」의 작품 창작의 배경
3. 도입부의 우언적 장치와 토의의 전제
4. 논변부의 토의 구조와 주제
5. 맺음말

1. 들어가는 말

조선조에는 철학적 우언소설이라 부를 만한 작품이 다수 발견된다. 김시습의 「남염부주지」를 필두로 박지원의 「호질」에 이르기까지 이들은 하나의 면면한 전통을 이루었다. 본고에서 다루고자 하는 홍대용의 「의산문답」도 그 중에 소속되는 작품이라 본다.[1] 이들은 대체로 인간중심주의를 거부하면서 物과 人의 대등한 가치를 주장하고 그 협력 관계를 강조한다. 따라서 주제적으로 반문명적 성향을 띠고

---

* 이 논문은 1997년 한국학술진흥재단의 공모과제 연구비에 의하여 연구되었음.
** 단국대 국문과 교수
1) 졸고, 「도가담론의 반모방성과 우언소설의 근대의식」, 『국문학과 도교』, 한국고전문학회편, 태학사, 1998.(근간) 참조.

기존 통념을 비판하면서 근대 지향적인 가치 전환을 꾀하기도 한다.

그러나 작품마다 작가의 인식, 표현방식, 시대 상황에 기인한 세부적인 차이가 있음은 물론이다. 우언소설에 대한 포괄적인 문학사적, 사상사적 접근은 그것대로 필요한 작업이지만, 각 작품에 대한 개별 작품론도 또한 필요하다. 특히 「의산문답」의 경우에는 그 동안 내용적 접근은 일찍부터 많은 연구 결과가 축적되어 왔지만, 그것에 적용된 문학적 장치 및 구성적 의미 등에 대해서는 깊이 있는 논의가 아직도 부족하다고 판단된다.

「의산문답」은 저자의 문집인 『담헌서』에 서문을 얹었던 정인보에 의해서도 가장 중요한 작품의 하나로 취급됐다.[2] 그도 그럴 것이 이는 저자의 말년 작품이고 그의 사상이 가장 정연한 형태로 망라되어 있으며 또한 문학적으로도 의미심장한 구성을 취하고 있는 수작이기 때문이다. 정인보는 이 작품을 꽤 길게 설명하면서도 그 창작 동기를 요약적으로 지적해 내고 있다. 학술의 득실이 인간생활의 치란에 직접적으로 연결됨을 전제하고 「의산문답」은 근본과 말단, 남과 나의 분별을 바로 잡았다고 보았다.[3] 남과 내가 무엇인지도 몰라 虛와 僞를 만들어내어 진실된 마음과 정사가 없어지고 春秋意識에도 오랫동안 중독이 되어 짐짓 천문의 새 학설을 인용하고 낡은 것에 고착된 사람들로 하여금 스스로 잘못된 바를 알도록 한 다음 비로소 날카롭게 타일러 域外春秋와 같은 파격적인 이론을 수긍하게 했다는 것이다.[4] 결국 「의산문답」에서 가장 중요하게 다룬 것은 당대의 시대착

---

[2] 이러한 전통은 계속돼서 홍대용의 저작을 선집할 때면 으례 「의산문답」을 반드시 포함시켰다. 조일문 역, 『임하경륜·의산문답』, 건국대출판부, 1975 ; 천관우·유승주 역, 『담헌서』, 1978 초판에서는 「의산문답」 「임하경륜」 「건정동필담」 「항전척독」을 선역했다.
[3] 정인보, 「담헌서 서」, 『국역담헌서』, 민족문화추진회, 1967. 3~4쪽.
[4] 같은 책, 4~5쪽.

오적인 중세 문명의식 내지 소중화의식이 잘못된 本末, 彼我, 內外의 개념으로 굳어져서 허위가 실질을 구속하고 인심에 독소가 됐음을 풍자해 냈다는 데 있다는 것이다. 작품에서 말해진 새로운 지식과 주장 자체보다도 기존 통념에 맞서 그 허위성을 깨뜨리고자 한 것에 작품의 핵심이 있다고 본 점은 이후 연구에 중요한 시금석이 되리라 판단된다. 「의산문답」이 단순한 논설문이 아니라 하나의 문학작품으로 기초된 소이가 정당하게 이해되어야 하겠기 때문이다.

김태준은 「의산문답」을 본격적인 문학작품으로 해독하는 데 선편을 잡았다. 과학사가들이 관심하는 것처럼 필요한 부분만을 적당히 뽑아 그 득실을 논하는 것은 적절한 이해 방식이 되지 못한다고 전제했다. 특히 계몽시대의 '철학소설'로서 작가의 중국여행 경험과 말년의 종합적인 학문관이 반영됐다고 보았다.[5] 또 '허'와 '실'이라는 상대적 개념이 의미론적 기호인 동시에, 각각의 의미에 철저하여 상보지양하려는 변증법적 기호이기도 하다는 해석을 가했다.[6] 그는 홍대용이 지니고 있는 창조적인 계몽주의 사상가로의 면모를 비교문학적 관점으로 설명하고 또한 작가의 중국여행의 실제경험과 대비시킴으로써 작품의 이해를 넓혔다. 그러나 허자의 학문은 철저히 해체의 대상이고 실옹의 학문은 그것의 비판일 뿐으로 해석하는 것에서 어떤 상보지양의 양상이 나타나는지 설명하기 어렵다. 한편 김태준은 홍대용의 평전을 집필하면서 「의산문답」을 박지원의 「호질」과 대비하여 그 작품성을 분석하기도 했다.[7] 우선 주인공의 대결 장면을 3장으로 나누고 조선에서의 허자를 1장에, 중국에서의 허자를 2장에, 실옹과의 만남과 그 대화를 3장에 배속시켰다. 그리고 주인물의 구

---

5) 김태준, 『홍대용과 그의 시대』(일지사, 1982) ; 특히 233쪽 참조.
6) 같은 책, 204쪽.
7) 김태준, 『홍대용 평전』, 민음사, 1987. 265~277쪽 참조.

성은 꾸짖는 자와 꾸지람을 당하는 자로 이루어지는데 전자는 산 속에 살고 있는 존재이고 후자는 세속적으로 고상한 가치를 대표하는 인물이라고 했다. 이렇게 놓고 볼 때 각 장의 분량이 심한 불균형을 이루게 되며 또 꾸짖음과 당함이 대립적이기만 하다. 절대적 은자처럼 보이는 실옹과 세속적이면서도 은자의 길을 추구하는 허자의 관계가 과연 무엇인지 여전히 명쾌하게 이해되지 않는다.

조동일은 18세기 인성론의 혁신을 점검하면서 특히 「의산문답」은 「호질」과 함께 사상표출의 새로운 방법을 사용했다고 보았다.[8] 이 작품들은 기존의 단상들에서 구사했던 표현들이 뜻이 모호하고 설득력이 모자란 것을 만회하기 위해 상당한 문학적 장치를 가해 서사적 교술 내지 교술적 서사에 이르렀다고 보았다. 그런데 특히 「의산문답」에 초점을 맞추어보면, 이는 도입부에서만 서사적 수법을 사용하는 데 그친, 아주 제한된 의미의 서사적 교술이고 서사적 수법에서 보장되는 이득이 곧 끝나버리므로 본격적인 문답에서는 논의를 길게 펴야 했고 설득력을 확보하기 위해 어려움에 부딪혔다고 보았다.[9] 따라서 결국 독자는 길게 열거된 단상들을 스스로 알아서 순서를 바꾸고, 생략된 내용을 보충하고, 미비한 논증을 보태서 이해해야만 납득할 수 있게 되므로 사상 표현의 방식을 크게 쇄신한 것 같아도 이미 사용한 논법으로 되돌아갔다는 것이다. 그 한계점 위에서 박지원의 「호질」이 다시 출발했다고 보았다.[10] 그러나 「의산문답」에서 실옹이 자기 주장을 너무 많이 말하고 상대적으로 사건은 부족했다 하더라도 서사적 교술과 교술적 서사는 모두 우언소설의 이중적 속성

---

8) 조동일, 「18세기 人性論 혁신과 문학의 사명」, 「문학사와 철학사의 관련 양상』, 한샘, 1992 ; 이 논문은 『한국의 문학사와 철학사』, 지식산업사, 1996. 352쪽에 거의 그대로 재수록됐다. 이하 후자를 인용한다.
9) 같은 책, 357쪽.
10) 같은 책, 358쪽.

으로 포괄될 수 있음도 인정되어야 한다. 더구나 등장인물의 상보지 양적 관계, 패러디의 사용, 토의구조 등과 관련된 우언 장치에 대한 정밀한 분석도 아직은 부족한 상태라고 여겨진다.

박희병은 홍대용 연구에 대한 쟁점의 하나로 본 작품을 언급하면서 소설이라는 갈래의 귀속 여부를 문제삼았다. 요컨대 김태준이 주장한 哲學小說이기보다는 조동일이 주장한 敎述散文이고 그중에서도 한문학의 전통에서 잘 이해될 만한 哲理散文에 속한다고 보았다.11) 그러나 대비 자료 『莊子·秋水』편에 비하면 도입부에서 다소 우언적 요소가 발견될 뿐이고, 소강절의 「漁樵對問」에 비하면 논의의 긴장감과 개성적 인물의 전형성이 엿보이며, 국내 작품의 연원으로는 권필의 「酒肆丈人傳」 등의 전통과 연결된다고 보았다.12) 그러나 이같은 대비 작품 모두가 사실은 우언의 전통과 밀접한 관련을 맺고 있다. 일부 차용이냐 전면적 차용이냐 여부를 떠나서 우언이 사유도구로서 당대의 기본 통념과 대결하여 반가치적 주제를 구축하는 작품원리로 작용하고 있다면 교술적 우언소설로 취급하는 데 인색할 필요가 없다.

이 외에 홍대용의 사상과 관련하여 「의산문답」을 다룬 연구업적이 더 있다.13) 이들은 대개가 실옹의 발언을 액면 그대로 작가 인식의

---

11) 박희병, 「홍대용 연구의 몇 가지 쟁점에 대한 검토」, 『진단학보』 79, 진단학회, 1995. 211쪽.
12) 뿐만 아니라 註62)에서는 「의산문답」의 종결부가 우언으로서 허구적 완결성을 결여했음을 지적하기도 했다. 그러나 이미 허자와 실옹의 관계가 거의 사제지간으로 전환되어 도입부 같은 긴장된 우언 장치가 필요없다는 점도 고려될 필요가 있다. 또 註64)에서는 문답식 저술이 인류 보편의 전통을 지니고 있으며 『천주실의』도 그렇게 되어 있다고 했다. 그러나 「의산문답」이 단순한 대화 방식의 차용 이외에 어떠한 문학장치를 설정했는가를 세밀히 따져야 본 작품이 이같은 일반론적 논의의 어디쯤 해당되는지 판단할 수 있다.
13) 김혜완, 「의산문답을 통해서 본 홍대용의 신문학관」, 『수선논집』 11, 성균

도달점으로 판단하고 내용분석을 가했다. 그러나 본고에서는 「의산문답」의 문학적 장치에 초점을 맞추어 그것의 우의성을 밝히는 데 주력하고자 하므로 일단 내용분석에 관한 연구물들은 연구사 검토의 대상에서 제외한다. 본고는 어디까지나 실옹과 허자의 만남 속에서 이루어지는 토론 그 자체가 중요하다는 입장을 취한다. 예컨대 위 연구자들이 밝힌 바와 같이 '역외춘추'론이 「의산문답」의 도달점으로서 중요하다고 하더라도 그것은 작자의 定論으로 천명한 것인지 아니면 기존 통념에 충격을 주기 위한 토의 구조의 산물로서 하나의 이론을 전개시킨 것인지 우리는 심각하게 따져야 할 것이다.

2. 「의산문답」의 작품 창작의 배경

「의산문답」의 창작 연대는 정확히 알 수 없으나 대개 말년의 작품으로 간주된다. 우선 36세에 중국 여행을 다녀왔던 경험이 반영되어 있고 자기 사상을 방대하고도 요약적으로 전개시키고 있기 때문이다. 이 작품의 줄거리라고 하면 다음과 같이 요약될 것이다 : 조선의 독서인이 은거 30년에 공부를 마치고 세상에 나왔으나 조선에서도 중국에서도 知己를 만나지 못한다. 이 독서인은 자기 학문의 정도를 확인하고자 은둔의 뜻을 품고 조선과 중국의 접경 지대인 의무려산에 올라 기인을 만난다. 조선의 독서인은 그에 의해 자기 학문이 허

관대학원, 1987 ; 김인규, 「홍대용 철학사상의 근대지향성」, 『한국철학논집』 1, 한국철학사연구회, 1991 ; 류인희, 「홍대용 철학의 재인식」, 『동방학지』 44, 1984 ; 이들 논문은 『한국실학사상논문선집』 13, 불함문화사, 1994.에 갈무리되어 있다. 또 홍대용 사상의 형성 과정을 세밀하게 밝힌 논문과 서책으로는 유봉학, 「북학사상의 형성과 그 성격」, 『한국사론』 8, 서울대 국사학과, 1982 ; 『연암일파 북학사상 연구』, 일지사, 1995.등이 있다.

학이었음을 철저히 깨우치고 새로운 학문의 경지를 듣는다.

여기서 이러한 줄거리의 핵심 모티프는 중국 여행과 의무려산 등정 및 기인의 만남일 것이다. 이는 실제 작가 홍대용의 중국 여행에서 유사한 경험이 확인되어 작품 창작의 배경으로서 살펴볼 필요가 있다. 홍대용의 중국여행, 즉 燕行에 대한 기록은 별도의 작업을 통해 그 스스로 한문본인 「燕記」와 한글본인 「을병연행록」으로 남겼다. 이제 이에 대한 연구를 상세히 진행시킨 김태준의 업적을 적극적으로 이용하여 「의산문답」의 작가적 배경을 더듬어 보기로 한다.

홍대용의 연행에는 비밀스런 의도가 있었던 듯싶다. 이에 대한 상징적인 시구가 엄친의 전별시 중 일부에서 아래와 같이 발견된다.

勉爾燕薊路　너를 경계하노니 연계 길에
慇懃訪士奇　은근히 기특한 선비를 찾으라
藏名賣醬家　이름을 장 파는 집에 감추고
混迹屠狗市　자취를 개 잡는 저자거리에 흩는도다.
遺風尙慷慨　남은 풍속이 오히려 강개할 것이니
應懷被髮恥　응당 머리 모양에 부끄러움을 품었으리로다.
胡漢雖相雜　오랑캐와 한인(漢人)이 서로 섞이었으나
豈無好腸者　어찌 좋은 심장의 사람이 없으리오[14]

장이나 파는 주막, 개고기나 잡아 파는 백정으로 몸을 숨기고 사는 선비라 함은 이른바 豪傑屠販, 綠林豪客에 다름 아니다. 이민족의 통치에 묻혀 사는 몸이지만 강개한 기개가 그래서 더욱 남아 있을 터이니 기특한 선비를 찾기에는 오히려 더 좋은 조건일는지도 모른다. 홍대용은 평소 진정한 친구를 찾기 위해 접촉하지 않은 부류가

---

14) 홍대용, 『을병연행록』 권1 ; 소재영외 3인, 『주해 을병연행록』(태학사, 1997) 22쪽 : 고어 한글 표기를 문맥에 따라 한문 또는 현대어로 바꾸어 표기한다.

없다 할 정도로 절실한 마음을 지녔었다. 북경 여행도 그러한 목적에서 크게 벗어나지 않음이 항주 선비에게 준 그의 편지글에서 스스로 밝혀져 있다. 기특한 선비를 만나보기 위해 중국 여행을 결단한다는 「의산문답」의 구성이 작가의 실제경험을 반영하고 있음을 짐작할 수 있다.15)

홍대용은 중국여행을 하기 전 일생을 공부로 단련한 몸이지만 자신의 지식인 상에 대해 꽤나 심한 자의식을 느꼈던 모양이다. 그는 중국여행에 대해 무한한 기대를 하고 있었고 드디어 압록강을 건널 때는 가사 형식의 노래를 불렀다고 하는데 그 마음 자리를 다음과 같이 표현했다.

"하늘이 사람을 냄에 쓸 곳이 다 있도다.
나 같은 궁생(窮生)은 무슨 일을 이뤘던고.
등하(燈下)에 글을 읽어 장문부(長門賦)를 못 내고
말 위에 활을 익혀 오랑캐를 못 쏘도다.
　-(중략)-
간밤의 꿈을 꾸니 요야(遼野)를 날아 건너
산해관(山海關) 잠긴 문을 한 손으로 밀치도다."16)

「長門賦」는 한무제의 陳황후가 투기로 장문궁에 폐위됐을 때 사마상여에게 백근의 황금을 주고 황제의 마음을 돌이키는 賦를 짓게 했다는 그 작품을 지칭한다. 문장가의 글은 미묘해서 현실적으로도 이처럼 큰 효용 가치를 지닐 수 있다는 의미로 원용했다. 그런데 작가는 文·武 어느 쪽에서도 자기 자리를 찾지 못한 상태에서 늘 번민하다가 하늘이 부여한 자기의 '쓸 곳'을 이 중국 여행에서 찾는 것이

---

15) 김태준(1982), 189~190쪽 참조.
16) 『을병연행록』 권1, 앞의 책 36쪽.

다.17) 비록 궁핍한 서생이기는 하나 인식과 안목의 확대, 지식인의 각성과 시대적 대안 등을 모색하던 차에 넓은 세계를 밀치고 들어가 자기 정체성을 확인하기 위한 길목에서 홍대용은 느꺼워하지 않을 수 없었을 것이다.

또 홍대용은 중국에 들어서서 은근한 선비를 찾기에 매우 열심이었고 몇 가지 일화가 생겨나기도 했다. 그중 「을병연행록」, 1765년 12월 17일의 일기에는 沙河所의 식당집 주인으로 은자적 풍모를 보여준 郭生이라는 인물의 발언이 적혀 있다.

> "체면이 비록 존중하나 남의 눈을 좋게 할 따름이며, 녹봉이 비록 두려우나 허비하는 것이 적지 아니하다. 자신 위에 높은 사람이 있으니 위엄을 뵈지 못할 곳이 있고, 사람의 욕심이 한정이 없으니 재물을 가히 자랑할 수 없으리라. 게다가 임금을 두려워하고 법을 조심하니 무슨 지기(志氣)를 폄이 있겠는가?"
> "내가 길가에 점방(店房)을 펴고 장사하여 체면이 비록 낮으나 업수이 여김을 받지 않고, 녹봉이 비록 없으나 한몸의 기한(飢寒)을 면한다. 위엄이 없으나 사람의 원망이 오지 않고, 재물이 비록 작으나 이웃의 보챔을 면한다. 몸에 일이 없고 마음에 부끄럽지 아니하면, 이것이 짐짓 한가한 부귀(富貴)요 죄 없는 공명(功名)이다."18)

숨어사는 은근한 선비를 목도했으나 사행의 일정에 따르는 처지에서 깊은 이야기를 나누지 못하기는 했으나 漢人이 벼슬할 시기가 아니라고 하는 식당 주인의 생활 철학은 자못 의미심장하게 들렸을 법하다. 글 읽는 선비로서 하나의 투식화된 과거를 포기하고, 벼슬에 현달하기보다는 자기 뜻을 펴야한다는 지론으로 변용되면서 조선 선

---

17) 김태준, 앞의 책 37쪽 참조.
18) 김태준(1982), 166쪽 재인용.

비의 심금을 울리는 바가 있었으리라.

한편 홍대용은 사행에서 돌아오는 길에 의무려산을 들르게 된다. 월사 이정귀의 기록을 잡고 그곳을 찾았던 노가재 김창업의 선례도 있고 하니 그도 또한 翳山의 桃花洞을 지나치기 어려웠을 것이다. 비록 그러하나 그는 매우 위태롭기까지 한 등산길을 누구라도 만날 듯이 열심히 오른다.

"옷을 걷고 소나무 밑에 한동안 앉아 있으면서 청안사(淸安寺)를 바라보니 왼쪽 기슭에서 남으로 백여 보쯤 내려오면 갑자기 수십 길이나 되는 봉우리가 주석 지팡이를 세운 듯 솟아 있다. 관음각(觀音閣)이 그 위에 있는데 나지막한 담이 둘려 있다 짐작에 비어 있는 것 같기는 했으나 <u>혹시 색다른 중이나 숨은 선비가 살지 않나 싶어 옷을 추켜들고 힘을 내서 올라갔다.</u> 봉우리 밑에 있는 돌문까지 와서 그만 질려 버렸다. 백운관이라는 편액이 붙어 있는데 문에 들어서니 덤불이 길이 넘는다." [19]

그러나 소위 '기특한 선비'를 만났던 것은 아니다. 다만 명나라 선비 何欽이 15세기에 이곳에 숨어살았다고 했으니 마음으로 그를 우러러 상상했을 뿐이다.[20] 실제로는 그 어디에도 「의산문답」에 등장하는 실옹과 같은 존재가 있었던 것은 아니다.

3. 도입부의 우언적 장치와 토의의 전제

「의산문답」은 虛子와 實翁이라는 두 인물이 등장하여 문답을 벌인

---

19) 『국역 담헌서』 Ⅳ, 민족문화추진회, 1989 중판. 233쪽.
20) 실제 담헌은 귀국 후 엄성에게 보낸 편지에서 "巫閭에 들어가서는 賀欽의 높은 절개를 우러러보았습니다."라고 밝혔다 한다. 김태준(1982), 231쪽 참조.

다. 이들은 물론 가공적 인물이고 전체적으로는 토의 형식을 통해 작가의 인식을 드러내는 구실을 할 뿐이다. 그러나 작품의 도입부에서 주인공들은 일정한 개성을 부여받고 나름의 사건을 진행시키므로, 서사적 진행 때문에 보장되는 별도의 작품 세계를 형성한다. 그간의 연구는 이러한 성격을 인정하기는 했어도 어디까지가 도입부인지도 불분명하고 그 의미에 대해서도 필요한 부분만 발췌해서 거론하는 데 그쳤으므로 새삼스런 일거리로 떠오른다. 이 부분은 단순히 작품 머리에 얹혀서 장식적 기능을 하는 데 그치는 것이 아니라 이후 두 인물의 대화 또는 토론의 전제가 되고 그 인물의 성격이 작가의 의도를 해석하는 데 있어 관건이 되므로 소홀히 취급하는 것은 잘못이다.

우선 작품의 도입부라 하면 두 주인공이 본격적인 철학적 논변을 시작하기 전까지를 지칭한다. 앞 장에서 요약했던 작품의 줄거리를 대입해서 말하자면 허자의 등장으로부터 허자가 실옹을 만나 자기 학문의 허위성을 크게 깨우치는 부분까지이다. 따라서 줄거리의 대부분을 이 도입부가 차지하게 되고 허자가 거의 실옹의 제자로 변모되어 새로운 학문의 세계를 경청하게 되는 부분은 길게 이어져 나머지 부분을 차지한다. 그런데 문면의 양으로 따져 보면 도입부는 漢籍의 張數로 3장이 채 안되고 논변부는 19장이 넘는다.[21] 양으로만 보면 도입부의 서사적 특성은 매우 제한적이고 전체적으로는 논변으로 일관되는 서사적 교술의 갈래적 특성을 지닌다고 할 만하다.[22]

---

21) 도입부는 『湛軒書』卷4 張15b(시작)~張18a의 2행까지로 본다. 따라서 3행의 "實翁曰 然 爾儒者也 先掃灑 而後性命 幼學之序也 今吾將語爾以大道 必將先之以本源"라는 발언은 본격적인 논변의 시작이고 이른바 '大道'에 대한 이야기가 앞으로 진행될 토의의 주제인 셈이다.
22) 조동일, 앞의 책 357쪽.

그러나 논변부에 경도되지 말고 도입부를 그 자체로 이해한다고 할 때 그것은 우언으로서 매우 긴 분량에 해당되며 또한 그 자체로 혹은 논변부와의 관계에서 이중 삼중의 우의를 형성하고 있다.

본 장에서 고찰하려는 도입부의 우언 형식은 대개 10장면으로 진행되어 가는데, 이는 또 다음의 세 단락으로 대분된다. 그것은 (1) 허자의 모색과 은둔, (2) 허자와 의산 거인의 만남, (3) 허자의 깨우침과 실옹의 정체로 요약된다.

[장면 1]은 허자에 대한 서술자의 최초 호칭으로부터 시작된다. 그것은 '子虛子'이다. 이는 '子虛'라는 字에 존칭 접미사 '子'를 덧붙인 것이거나 '虛子'라는 이름 위에 존칭 접두사 '子'를 덧붙인 것일 수 있다.[23] 물론 이어지는 대화의 주인공 명칭으로 '허자'라는 이름을 일관되게 붙이므로 후자의 용법에 해당되겠지만 연상 작용까지 계산에 넣는다면 두 가지를 다 고려할 필요가 있다. 어느 쪽이든 처음부터 허자를 대단한 인물로 높이고 있는 것인데 가공적 인물의 대명사인 '子虛'와 이제부터 특정한 성격을 부여받을, '虛子'를 교묘히 겹쳐 놓은 셈이다.

이어지는 자허자에 대한 서술로 보건대 그는 과연 대단한 위인이면서도 정체가 모호한 존재이다. 은거 독서 30년에 대단한 공부를 다 했다고 야단스럽게 표현했는데, 요즘 말로 하면 우주와 사람과 현상과 종교에 관한 제 학문을 섭렵하여 '人道'와 '物理'의 심오한 근원을 통찰했다는 것이다. 그리고는 세상에 나서서 사람들을 만났지만 듣는 이는 누구라도 그를 비웃었다고 해서 예상을 뒤집었다. 그러나 이어지는 허자의 자기 변명[24]을 보게 되면 이 첫 장면은 老莊子風의

---

23) 이와 같은 호칭법은 朱子의 『중용장구』에서 발견된다. 그는 서문에서 "子思子憂道學之失其傳而作也" ; '중용'에 대한 풀이에서 "子程子曰 不偏之謂中 不易之謂庸"이라 했다.
24) 『湛軒集』 권4 장15b, "聞者莫不笑之 虛子曰 小知不可與語大 陋俗不可與語

道人 내지 隱者를 연상시킨다. 『노자』 40장에서 "下士聞道大笑之 不笑不足以爲道"라 했고 『장자·소요유』에서 "小知不及大知"라 한 대목과 상황이 부합되기 때문이다.

 [장면 2]는 허자가 燕都에 들어가 縉紳士大夫들을 찾아다니며 담론을 벌이는 내용이다. 여기에서 60일을 머물렀다고 했으니 작가의 중국여행 경험과 정확하게 일치한다. 그러나 연경에 들어가 찾아다녔다는 단순 기술일 뿐 '卒無所遇'라는 네 글자로 그 결과를 정리했다. 중국여행과 관련하여 「담헌연기」, 「을병연행록」 및 「건정동필담」, 「항전척독」 등의 방대한 저술을 남겼던 사실에 비추어 보면 엄청난 모순이자 너무도 과감한 요약이다. 여기서 해석의 돌파구로서 그 모순을 음미해 볼 필요가 있다. 허자가 작가의 분신일 가능성이 인정된다 하더라도 이는 어디까지나 허구적 존재이다. 어떠한 성격의 전형이길래 그는 이처럼 과감한 결론에 도달했는가? 그의 한탄으로 제시된 다음 구절은 그 의문에 결정적인 해답을 마련해 준다. 허자가 喟然 탄식하기를,

 "주공이 쇠했는가?" "철인이 죽었는가?" "우리 도가 글렀는가?"

라고 했다는 것이다.[25] 이는 유학의 쇠미함을 절망하는 구절로서 자연스럽게 연결되기는 하지만 실은 각 구절이 『예기』 『사기』 등의 한문고전에서 나름대로 유래된 모방적 표현이다.[26] 그중 무엇보다도

道"; 이하 작품의 원문을 인용할 때면 장수만 기재한다.
25) 장15b, "虛子喟然歎曰 周公之衰耶 哲人之萎耶 吾道之非耶"
26) ① '周公之衰耶'는 『禮記·禮運』, "孔子曰 嗚呼哀哉 我觀周道 幽厲傷之 吾舍魯何適矣 魯之郊禘非禮也 周公其衰矣"의 用事. 주나라의 문명이 사라져 가는 상황에서 마지막 기대를 걸었던 노나라마저 非禮를 일삼았기 때문에 절망스러워 한 말이다.
 ② '哲人之萎耶'는 『禮記·檀弓·上』에서 공자가 임종을 앞두고 스스로 노래

사마천이 『史記·孔子世家』에서 공자의 절망감을 사실적으로 그린 상황에다 허자를 빗대면서 정통적 학문의 담지자로 그를 전형화하고 있다는 점이 주목된다. 그러나 물론 이것이 하나의 우언으로 그려지고 있음을 상기한다면 허자는 『장자』류에서 흔히 등장하는 孔子像을 닮고 있음도 아울러 고려할 필요가 있다. 그는 기존가치의 마지막 수호자이면서도 그것의 위기를 절감하고 치유 방책을 구하기 위해 방외의 스승을 찾아 떠나는 구도자이기도 하다. 그는 짐을 꾸려 마지막 구도의 길을 떠난다. 작가 홍대용도 또한 중국 여행에서 무엇을 구하려 했고 또 돌아올 때는 어떠한 소득을 얻었던가? 조선의 유학자로서 학습의 과정은 이제 도저한 상태에 이르렀다고 할 때 그가 정작 확인하고 싶었던 것은 학문의 올바른 정향성 그것이었을 것이다. 조선뿐만 아니라 동아시아의 문명이 나아갈 길, 유학이라는 중세 사상의 활로가 어디에 있는지 그는 듣고 싶어 했을 것이다. 그러나 그것의 해답은 어디에도 없었고 다만 그러한 문제를 같이 고민할 항주의 시골선비들을 만나 국경을 초월한 희대의 교유를 정성껏 보살폈을 뿐이다. 사실은 그 해답의 일환으로 이 작품이 집필됐고 그 내용은 미완의 것이자 여전히 모색중이므로 이같이 복잡한 문학 장치를 빌렸다. 여기까지가 작품의 두 번째 장면의 의미이다.

[장면 3]은 허자가 매우 비장한 각오로 의무려산에 오르는 대목인데 다소간 상세한 묘사가 이루어진다. 그러나 핵심은 '毉巫閭'의 위

하기를 "梁木其壞乎 哲人其萎乎"라 한 것의 용사. 이 사적은 『사기·공자세가』에도 인용됐다. 이후 '哲人其萎'라는 어휘는 상가 조문의 말로 전용됐다.
③ '吾道之非耶'는 『史記·孔子世家』에 의하면 공자가 陳·蔡 사이에서 액을 당할 때 제자들과 문답하면서 "詩云 匪兕匪虎 率彼曠野 吾道非耶 吾何爲於此"라고 한탄한 것의 용사. 공자의 불안한 심정과 어려움을 매우 사실적으로 그리고 있는데 이러한 표현은 蘇軾, 「上梅直講書」에 인용 거론되기도 했다.

치이고 그곳에서 '逸士'를 찾아 나섰다는 점이다. 허자 스스로 말한 바 '夷夏之交'에 위치한 명산이다. 조선도 중화도 아닌 제3의 공간이 그곳이다.27) 거기다 '毉巫'라고 하는 어휘의 상징성은 육체적, 정신적, 사회적인 온갖 질병을 치유할 聖所의 의미를 지닌다. 중국에서 돌아와서 이제는 다른 차원의 학문을 추구하고 싶어 했을 홍대용이 모든 기존의 편견으로부터 자유로울 수 있는 상상의 공간을 설정한 곳이기도 할 것이다. 실제 홍대용은 자신의 고향에다 사설 천문대를 짓고 '籠水閣'이라 이름지었다 한다. 거기에다 혼천의 자명종 뿐만 아니라 중국 여행에서 얻어온 여러 관측기구를 안치했으며 주변에 연못을 파고 물을 끌어들여 둥근 섬으로 쌓아올렸다고 한다.28) 그 상징성은 이제 「의산문답」의 의무려산과 상통하는 바가 있다.

또한 '일사'라 함은 공자 같은 방내적 지성인이 만나게 되는 방외인을 지칭한다. 이는 작가가 중국 여행에서 늘 관심 두어 왔던 기특한 선비이자『장자』류 은자우언의 주인공이다. 이렇게 놓고 보면 그가 의무려산에 올라 遯世之志를 품고 십여리를 걸어 갔을 때 맞닥뜨린 '石門'도 예사롭지 않다.『논어·헌문』편에는 석문의 문지기[石門晨門]라는 은자가 공자를 비난하는 내용의 은자우언이 수록되어 있기 때문이다. 그러나 은자의 대명사가 될 법한 '석문'에다 '實이 사는 집'[實居之門]29)이라고 명명했다고 했으니 다시 한번 모순 상황을 암

---

27) 실제 [淸] 嚴沆은「懷季天中遼左」에서 "鴨綠流澌春水下, 醫閭積雪暮寒餘"라고 조선과의 접경지대의 풍경을 읊기도 했다.
28) 농수각은 비록 중국 여행 이전에 조성한 것이지만 귀국 후 여러 기구를 보충했으며 항주선비들에게 그것의 제작 경위나 자신의 포부를 자세히 알리고「농수각기」를 받기도 했다. 김태준(1982), 96~97쪽 ; 김혜원(1987) 205쪽 참조.
29) 물론 '실질에 거처하는 집의 문'이라 해석할 여지도 충분하다. 다만 뒤에 등장하는 실옹의 집앞에 새겨져 있다는 의미에서 '실질이 사는 문' 쪽의 번역이 적당할 듯하다.

시했다. 자허자를 무엇인가 물어야 할 결핍의 方內人으로, 실옹을 차원 높은 해결책을 제시할 方外人으로 설정한 셈이기 때문이다. 이는 은자우언의 전통적 수법을 다시 뒤집은 결과이다. 장르패러디의 反모방성, 反用事의 특성을 십분 발휘했다. 여기까지가 셋째 장면이자 도입부의 첫 단락이다.

[장면 4]는 허자와 실옹의 첫 대면이 이루어지는 대목이다. 그러나 실옹은 집 현판에서 '실옹의 집'[實翁之居]라고 소개될 뿐 서술자는 그를 당분간 '巨人'으로 명명한다. 이 부분을 우리는 예사롭게 넘겨서는 안될 성 싶다. 허자가 실옹의 집안을 들어서서 발견한 첫 모습을 서술자는 "나무둥지에 홀로 앉아 있는 형용 괴이한 거인이 있었다."고 묘사한다. '나무둥지'[橳巢]의 거인은 다름 아닌 원시시대의 인류 그것이다. 여기서 다시 『예기・예운』편의 대목을 떠올릴 필요가 있다. 「예운」편은 『예기』 중에서도 매우 老莊의 색채를 띠고 있는 것이어서 유가적 통치 방식이 생기기 이전, 인류의 원모습을 잘 그려내고 있다. 옛날 선왕들은 궁실이 없어 겨울이면 굴에서 살고 여름이면 나무둥지에서 살았으며 화식하는 법이 없어 초목의 열매와 짐승의 고기를 먹을 뿐 아니라 옷감도 없어 날개나 가죽을 입었다는 것이다.30) 그는 문명의 세례를 전혀 입지 않은 원시인이자 신화의 창세공간에 기여할 법한 거인신의 면모를 연상시킨다. 이같은 연상은 이 작품의 마지막 논변의 주제인 인간문명 비판의 대목까지 연장되는 것이어서 계속 유념할 필요가 있다.

허자는 거인을 목도하고 그의 이름이 '실옹'임을 확인하고는 다음

---

30) 『禮記・禮運』, 권오돈 역해, 『(신역) 예기』, 홍신문화사, 1982. 196쪽. "昔者先王未有宮室 冬則居營窟 夏則居橳巢 未有火化 食草木之實鳥獸之肉 飮其血茹其毛 未有麻絲 衣其羽皮"

과 같은 마음 자리로 만남을 준비한다.

> "나는 '虛'로 이름하니 천하의 '實'을 계고하려는 것이고 저는 '實'이라 이름하니 천하의 '虛'를 깨뜨리려는 것이리라. **虛虛實實**은 진실된 묘리이니 내가 장차 그의 말을 들어보리라."31)

 허와 실이 상호 대결하는 데 그치지 않고 상보적이며 궁극적으로 止揚의 가치임이 천명되고 있다.32) 여기에는 의미심장한 작가의 우의가 깃들어 있다고 생각된다. 허자는 기특한 선비를 만나고자 어느 곳이고 찾아 나선 홍대용의 분신임을 부인할 수 없다. 앞으로의 작품 전개에 따라 그는 허위의식의 전형 또는 속물적 학자로 그려지기는 해도 그 점은 흔들릴 수 없다. 역으로 마찬가지 관점이 실옹에게도 적용되어야 한다. 그는 더 차원 높은 진실을 깨우쳐 주는 존재이기는 해도 홍대용의 또 하나의 분신이다. 허자의 구도자적 면모에서 실옹의 스승상이 살아나고 실옹의 대안 제시는 허자의 모색 과정의 연장선상에 있다. 어떠한 고정된 진리나 가르침은 없고 특정한 인물을 비난하거나 존숭하려는 의도도 개입되어 있지 않다.
 여기서 '허허실실'이 본 작품의 형상 원리로 작용하고 있다는 가설을 세워볼 만하다. 원래 '허허실실'의 말뜻은 사물의 허실이 일정하게 굳어져 있는 것이 아니어서 허한 것이 혹 실하기도 하고 실한 것이 혹 허하기도 하여 사람이 예측할 수 없는 상황을 가리킨다. 아니면 한 사물 내에서도 허실이 겸비되어 실하던 것이 오히려 더욱 허할 수도 있고 허한 것이 오히려 더 실할 수도 있음을 말한다.33)

---

31) 장16a, "虛子曰 我號以虛 將以稽天下之實 彼號以實 將以破天下之虛 虛虛實實 竗道之眞 吾將聞其說"
32) 김태준(1982), 204쪽 참조.
33) 『삼국지연의』에서 조조가 용병술에 능하여 적군의 매복을 예측하리라는

작가의 입장에서 보자면 허자가 기존 학문을 탈피하여 진정한 학문에 도달하고자 애썼던 젊은 날의 상징이라면 실옹은 그 시행착오를 딛고 새 경지로 나아간 참 학자의 추상화라 할 수 있다. 허자는 실옹을 통해 자기의 목표를 확인하고 실옹은 허자를 통해 세속 학문과의 의미 있는 차별성을 획득하게 된다. 따라서 허자는 작가가 몸담고 있는 조선 사회, 더 나아가 동아시아 문명권 전체의 학문을 대표함과 동시에 작가 자신 속에 익히 물들어 있는 속물적 학문 세계를 상징하기도 할 것이다. 또 실옹은 작가가 평생을 두고 고민해 온 학문론의 도달점이자 자신이 추구하는 학문의 시금석이다.

본 작품은 전통적 글쓰기에서 보자면 '載道之文'이라 할 수 없다. 물론 頌德의 雅頌文學이 아님은 말할 나위 없다. 여기서 허자가 세상을 버리고 의무려산을 오를 때의 탄식을 더 음미해 보자. 여기에는 공자의 불우함과, 공자를 그처럼 극단적으로 그려낸 사마천의 불우함이 허자의 비장한 탄식 안에 겹쳐져 있다. 허자가 세상에 나올 때 이룩한 학문의 도달점과 포부를 함께 생각해 볼 때 이들의 극적인 음양의 대비는 사마천의 「報任少卿書」와 「太史公自序」에서 말한 '空文'(혹은 '空言') 의식을 닮아 있다. 사마천은 『사기』 300편의 저작을 통해 "天人之際를 궁구하고 古今之變을 통하며 一家之言을 이룩하려고 했다."고 했다. 그러나 이는 지자에게 말할 수 있을 지언정 속인에게는 말하기 어렵다는 단서를 붙이기도 했다. 역대의 불우한 저술가들과 같이 발분하여 '공문'을 뒷시대에 드리워 자신을 나타낸다는 목표의식을 보인 것이다.[34] 이러한 논법은 공자의 춘추 저술을

것을 제갈공명이 역이용하여 '허허실실'의 병법 원리를 근거로 연기를 피우면서 매복을 강행했다는 대목에서 유명해진 어구이다. 『成語辭海』(台南 : 三和出版社, 1988) ; 『漢語大詞典』(上海 : 漢語大詞典出版社, 1994) 참조.
34) 『文選』 권21, 「報任少卿序」, "述往事 思來者 … 舒其憤思 垂空文以自見 竊以爲不遜 … 凡三百篇 亦欲以究天人之際 通古今之變 成一家之言 … 然此

설명할 때도 마찬가지로 적용될 뿐만 아니라『사기』의 自序에서도 그대로 인용된다.35) 이는『근사록』에서 이른바『詩』『書』는 '載道之文'이고『春秋』는 '聖人之用'이라는 명제에 대해 하나의 보충설명으로 원용되기도 한다. 공자가 시비포폄이자 자기대로의 주장 관점인 '空言'을 저술하기 위해 춘추시대의 드러난 절실한 역사적 사건들을 이용했다는 설명이다.36) 홍대용은 허자와 실옹의 상보지양을 통해 당대 학문의 허실을 진단하고 자신의 우의를 붙이고자 했다고 할 때 이는 '空言' 의식에 다름 아니다. 사마천에 빗대지는 허자의 포부도, 공자의 불운함을 본 뜬 허자의 탄식도 모두 우언적 설정일 뿐이며 앞으로 전개시킬 논의와 주장을 위한 '공언'의 뼈대에 지나지 않는다.

허자와 실옹은 이제부터 본격적인 은자우언의 주인공들로 꾸며진다. 그들의 첫 대면 상황에서 그 점을 분명히 하고 있다. 세속인의 공손히 다가서는 모습, 방외인의 무관심과 오연함, 세속인의 항의, 방외인이 내뱉는 촌철살인의 반어 등은『논어』,『장자』,『열자』,『사기』등의 한문고전에 산견되는 은자우언의 투식이라고까지 말할 수 있다.37) 예컨대 "무릎으로 기어 앞으로 나아가 말을 했다"(膝行而前曰) "먼발치에서 절을 한다"(向風而拜)는 등의 표현은 특히『장자』의 영향이 짙다.38) 또 "멍하니 아무것도 보이지 않는 듯이 바라보았다"(視嗒然若無見也)는 거인의 모습은『장자·제물론』의 남곽자기가 짝을 잃

可爲智者道 難爲俗人言也"
35)『史記』(경인문화사 영인) 3297 ; 3299쪽 참조.
36)『近思錄』권3「致知」#25, "○詩書載道之文 春秋聖人之用 (補)太史公自序傳 子曰 我欲載之空言 不如見之於行事之深切著明也"
37) 졸고,「방외인문학의 전통(2) -한문고전을 통해 본 방외·방외인 우언의 연원」,『연민학지 4』(1996) 참조.
38)『장자·우언』「陽子居」대목, "脫履戶外 膝行而前曰" ;『장자·재유』, "黃帝問道廣成子 南首而臥 黃帝順下風 膝行而進 再拜稽首"

은 듯한 모습의 용사이다.39) 또 허자가 항의하기를 "군자가 사람을 대할 때 본디 이같이 거만한가"라고 한 것은 『맹자』에서 군자가 사람을 대할 때는 선을 취해 함께 행해야 한다는 언급의 反모방(패러디)이다.40) 이같은 모방적 발언을 통해 老莊 풍의 방외인과 孟子 풍의 유자가 최초의 격돌을 보인 셈이다. 여기까지가 (2)단락의 첫째 장면이며 주인공들의 첫 상면 대목이다.

[장면 5]는 거인과 허자의 名·實 논쟁이 벌어지는 대목이다. 거인은 허자의 대면 태도를 보고 '동해허자'라 규정했고 허자는 거인을 보고 '賢者'라 정의했다. 거인은 허자의 복장, 말씨를 통해 출신지역을 알아내고 그의 지나친 예절을 보고 허자임을 간파한다. 여기서 거인은 허자의 행동 양식을 "전적으로 사람을 허로 대한다"(專以虛與人)고 파악하여 허자가 패러디한 『맹자』의 구절을 다시 되받아 쳤다. 철저한 관찰을 통해 사물의 진실을 캐어내는 거인의 태도를 단적으로 보여준 셈이다. 이에 비해 허자는 "선생님을 뵙고 현자임을 알았다"고만 했다. 그래서 애초 그처럼 공손한 태도를 취했음을 변명처럼 덧붙였다. 그러나 그의 행동에 아무런 근거가 없는 것은 아니다. 작품 외적 지식을 동원하자면, 은자우언에서 방내 지식인이 방외인을 두고 '隱者也', '賢者也', '聖人也'라고 규정하는 것은 일종의 문학적 관습인 셈이다. 다만 그러한 투식이 여기 허자에게서도 무비판적으로 습용됐을 뿐이다.

[장면 6]은 앞 장면에서 촉발된 '賢者論'을 두고 거인과 허자 사이에 공방이 오고간다. 우선 거인은 자신이 누구인지 아느냐고 토론을 촉발시킨다. 으레 은자우언이라 하면 「도척우언」과 같이 위악적 존재가 등장하는 경우를 제외하고는 방외인의 우월함은 기정 사실화되지

---

39) "南郭子綦 … 嗒焉似喪其耦"
40) 『孟子·公孫丑·上』, ""取諸人以爲善 是與人爲善者也 故君子莫大乎與人爲善"

만, 여기서는 그러한 관습 자체를 문제삼아 문제가 복잡해졌다. 허자는 그 질문의 덫에 걸려든다. 현자임을 알 뿐 "선생님께서 누구인지를 어찌 알겠느냐"고 반문한다. 제2차의 질문이 가해진다. 누군지도 모르면서 내면적 가치인 '현자'임을 어찌 아느냐는 것이다. 이제 허자는 거인의 관찰 방식을 배워 거인이 현자임을 증명할 근거를 대어 반론을 시도한다. 이른바 '土木之形 笙鏞之音 遯世獨立 不迷於大麓'이 그 근거의 세목이다. 피상적으로 보면 이는 거인의 모습, 음성, 거처 상황 등을 관찰하여 얻어진 결과처럼 이해된다. 그러나 이 또한 상투적인 표현일 뿐이다. 각각 유래를 달리하는 한문고전에서 차용한 모방적 어구이다.41) 뒤 장면에서 거인이 일일이 이를 반박하는 것으로 보아 그것의 허위성을 그는 즉각 간파했지만 일단 접어두고 새로운 문제를 제기한다. 사람이 알 수 있는 것과 없는 것으로 거인은 '實'과 '賢'을 제시한다. '實·賢'의 덕목은 관찰을 통해 객관적으로 얻어지는 가치와, 관행 및 주관에 의해 굳어진 가치의 차이를 상징한다고 볼 수 있다. 그런데 엄연히 적혀 있는 '實居之門' '實翁之居'를 관찰한 결과는 도리어 모른다고 하고 개인적이거나 명목상의 판단일 수밖에 없는 가치 평가는 경솔하게 안다고 한 잘못을 허자가 범했다고 거인이 질타했다. 虛實의 관찰보다 앞서는 賢愚의 가치 평

---

41) ① '토목지형'은 흔히 죽림칠현 류의 인물들이 제 몸을 하나의 자연물과 한 가지로 여겨 아무런 치장도 하지 않음을 일컫는 말이다. 『世說新語·文學』 "名士傳曰 伶字伯倫 … 土木形骸 傲世一世"; 『世說新語·容止』 "康別傳曰 康長七尺八寸 偉容色 土木形骸 不加飾厲"
② '생용지음'은 儒家에서 고대 聖王의 덕을 기리는 음악을 가리킨다. 『書·益稷』, "笙鏞以間 鳥獸蹌蹌 簫韶九成 鳳凰來儀" "孔疏曰 笙東方樂 生也 鏞鐘也 西方樂 功也"
③ '둔세독립'은 군자가 불우한 지경에 빠질 때에도 의연히 대처하는 태도를 말한다. 『易·大過』, "象曰 澤滅木 大過 君子以 獨立不懼 遯世无悶"
④ '불미어대록'은 舜이 堯임금의 신하로서 능력을 인정받은 큰 시험을 지칭함. 『書·舜典』 "納于大麓 烈風雷雨 弗迷"

가가 거인에게는 예사로운 문제로 생각되지 않는다. 인생의 세 가지 미혹, 가족을 망치고 나라를 망치고 천하를 망치는 食色, 利權, 道術이 있다 할 때 이는 도술의 미혹에 해당된다고 보았다.

[장면 7]은 현자론의 허실을 가차없이 해부하고 그러한 근본 원인을 진단했다. 실옹임을 쉽게 확인할 수 있는 처지에서 자신의 모습과 음성과 거처 상황을 보고 칭양의 언사를 늘어놓은 것은 일종의 둘러치기여서 아첨이거나 무원칙한 찬사일 뿐이라 했다.42) 더구나 자신의 학문이 공자보다 못하다거나 자신의 거룩함이 순임금에 못하다고 장담할 수 없는데 자신에 대해 터득한 바도 없이 거기에 비의하니 아첨과 망령됨의 혹평을 내릴 수밖에 없다는 태도를 취했다. 여기서 '巨人'의 존재는 공자는 물론 요순보다도 더 태고의 神人으로 설정되어 있었음을 상기할 필요가 있다. 자기의 소견에 견인된 선입관으로 명목적인 송축을 일삼는 유자의 거동은 참으로 왜소해지지 않을 수 없다.

[장면 8]은 유자의 현자론과 도술의 혼란을 문제 삼았다. 서술자도 '거인'의 호칭을 '실옹'으로 바꾸어 부르기 시작한다. 중세적 가치질서를 담지하고 있었던 유학의 정통수호주의는 이제 본격적인 비판자를 필요로 하기 때문이다. 儒門에서 내세우는 賢人의 사업이라 함은 도술의 미혹으로 인해 온통 병든 마음에서 말미암는다고 실옹은 진단한다. 허자의 병통의 실체가 학문의 문제이자 천하의 문제로 비로소 본 모습을 드러낸다. 홍대용이 30년의 젊은 시절을 바쳐 이룩한 학문의 치명적 약점은 어디에 있었고 그 활로는 또 어디에 있는가? 당대의 역사상황으로 보자면 난립하는 사원과 산림을 자처하는 유자들이 벌이는 扶正學, 斥邪說, 救世之仁, 保身之哲에 그도 어쩔 수 없이 연루되었을 터이고 그 모습은 허자라는 가공적 인물에서 전형화

---

42) 장17a, "是爾觸物而意萌 隨境而口辨(sic 辯) 非諛則妄也"

된 셈이다. 그러나 그의 비판적 자아인 실옹은 그것들이 矜心, 勝心, 權心, 利心에서 나온 것임을 지적해 낸다. 근본 마음 자리가 잘못되었기 때문에 사업의 내용이 변질되고 진의는 없어지고 허위만 늘어간다고 보았다. 선비들은 자신을 헛된 예절로 꾸미고 남을 헛된 가치 판단으로 비의하며 결국 지식인들이 천하를 헛되게 만들고 도술을 미혹시켰다는 것이다. [장면 4]에서 여기까지가 도입부의 둘째 단락이다. 이단락에서는 유가적 가치에 의한 賢愚論은 객관적 관찰에 의한 虛實論으로 대체되어야 하고 그렇지 못할 때 학문의 타락과 천하의 혼란이 야기된다는 점을 설파했다.

[장면 9]는 허자의 자각을 나타내면서 우언장치를 마무리하는 대목이라 할 수 있다. 허자는 이 세 가지 반론을 주고받는 활발한 태도에서 변하여 동안을 두며 침묵을 지킨 후 말문을 연다. 고인이 남겨준 책의 진수를 보지 못하고 찌꺼기에 마음을 두었으며 종이 위의 투식을 외우며 세속적인 학문에 잠겨 작은 소견으로 도술인 양 여겼음을 고백하게 된다. 巨人이 되는 요체가 '實'에 있고 학문의 해독이 '虛'에서 발생한다는 점을 깨달은 것이다. 그러자 이제는 大道의 요체를 질문하기에 이른다. 거인은 이제 원시적 신인의 모습에 머무르는 것이 아니라 중세적 사상의 위기를 극복할 근원적인 개념을 제시할 시대의 스승으로 부각됐다 할 수 있다.

[장면 10]은 기존의 학문과 새로운 학문을 교차시키면서 도입부를 마감하고 논변부로 넘어가는 매개 구실을 한다. 실옹은 허자의 고백을 듣고는 허자를 한참 들여다 본 후 이제까지와는 다르게 상대방을 존중하는 태도로 허자가 익혀왔던 학문의 영역을 묻는다. 그래서 말한 허자의 학문이라는 것은 실옹이 인정했다시피 유자의 학문으로서 강령이 구비된 것이었다. 그 자체로 아무런 부족이 없으며 누구에게 묻는 일을 일삼을 필요가 없는 경지였다. 실옹은 오히려 자기를 궁

지에 몰아넣고 겨루고 시험하기 위함이냐고 힐난한다. 그러나 이 학문의 경지란 다름 아닌 작가 홍대용이 젊은 날 자신이 목표로 했던 다양한 학문의 세계에 다름이 아니다. 특히 주변 학문으로 언급된 '藝術, 星曆, 兵器, 邊豆, 數律'은 그의 거문고 솜씨, 천문학에 대한 관심 등에 의해 설명될 수 있는 부분이기도 하다. 그러나 작가는 더 넓은 세계에서 자기 학문을 질정 받고 확신을 얻을 때까지는 학자로서의 자기 정체성을 확보했다고 할 수 없다. 그것이 '大道'를 듣기 원하는 허자의 모습이다. 작가는 중국여행을 전후해서 자기 학문을 반성하며 '우물 속의 개구리 하늘 보듯' '여름 벌레가 얼음을 이야기하듯' '妄尊 膚識'했음이 새삼 가슴을 저며왔던 듯하다.

그러나 이는 비단 지난날에 대한 반성에 그칠 뿐만 아니라 새로운 경지로 나아가기 위한 출발이 된다. 이제까지의 학문 전체가 부정되는 것이 아니라 학문의 방향, 지식과 지식을 연결하는 새로운 매개 논리 등이 심각하게 모색되어야 할 것이다. 우언 장치로서는 도입부의 기능을 마치면서 새 학문의 내용에 대한 장황한 변론에 접어들게 된다. 이제부터 복잡한 우의의 설정은 자제하면서 작가 인식의 도달점을 논변식 대화로 보여준다. 허자는 기존 통념을 대변하는 문항을 만들고 실옹은 상식을 깨뜨리며 새로운 인식의 세계를 보여주는 답항을 마련해 나간다.

4. 논변부의 토의 구조와 주제

본 장에서는 「의산문답」에서 본격적인 학술 토론이 전개되는 논변부의 토의 구조를 살피되 그 내용에 대한 고찰은 할애하기로 한다. 다만 전체적인 토의 구조 상 연속적으로 제기되는 주제를 단락별로 정리하고 그것들의 의미가 도입부의 우언장치와 어떻게 연결되는지에 대해서는 적극적으로 검토한다.

논변부는 독법에 따라서 상이한 분류가 가능할 만큼 많은 주제가 다루어져 있고 또 중간 중간에 허자와 실옹의 토의 과정이 묘사되어 있어 논변을 자연스럽게 유도하고자 했다.[43] 우선 논변부는 학문의 기초이자 본원이라 할 수 있는 학문론에 대해 토의하고 있다. 이 부분이 [주제 1]이 됨은 이론의 여지가 없다.

[주제 1]은 실옹의 느긋한 희롱으로부터 시작한다. 허자가 기본적으로 '儒者'임을 들어 농담조로 '先掃灑 後性命'을 들먹이며 어린 학동(幼學) 취급을 한다. 이는 『小學』에서 강조하는 바 '灑掃應對'로부터 '窮理盡性'으로 나아간다는 원리를 모방한 표현이다.[44] 실옹은 사람과 다른 생명체가 기본적으로 동등하다는 점을 깨닫고 '大道의 本源'이 있다고 믿는다. 그러한 생각을 나타내는 명제는 "自天而視之 人與物均也"이다. 실옹의 생각은 앞으로 전개될 긴 논변에서 이 점이 분명하게 정립되어야만 효과적인 토의가 전개될 수 있다고 판단한 셈이다. 그러나 이는 흔히 人物性同論과 일치시켜 이해해서는 곤란하다. 세 종류의 생명체로 제시된 금수, 초목, 사람이 능력의 차이가 있음은 인정되지만 오히려 그 능력의 불균형 때문에 상대에게 해를 주기도 득을 주기도 하므로 서로 어울려 삶의 성쇠를 함께 한다는 것이다. 따라서 귀천의 등급은 없다고 보았다. 능력의 차이가 곧 중

---

43) 김혜완(1987)은 전체를 朱子學, 人物之性, 天地之情, 人物之本·古今之變, 華夷之分의 주제로 나누었다. 이중 '주자학'은 도입부(서론부)에 해당되니 논변부는 크게 4부분으로 나눈 셈이다. 반면 '천지지정'은 그 방대한 내용 때문에 모두 9개의 소항목으로 세분했다. 박희병(1995)은 논변부를 '(1)人物心性論(人物均)→(2)天文·地理論→(3)人物之本·古今之變·華夷之分論'의 세 부분으로 구분지었다.
44) 『小學』 권6 #8, "明道先生敎人"條 참조.

요도나 존엄성의 균일함을 해칠 수 없다고 판단했다. 이러한 생각을 나타내는 명제가 "三生之類 坱軋泯棼 互相衰旺"(세 생명체들은 들쭉날쭉 왁자지껄 번성해 가며 서로간에 흥하게도 하고 쇠하게도 한다)이다.

한편 인간 문명이 자연에 뿌리를 두고 있음도 망각해서는 안됨을 일깨운다. 『禮記』 혹은 『關尹子』 등의 논리를 빌려 와 "聖人之澤民御世 未嘗不資法於物", "聖人師萬物" 등의 명제를 제출해 낸다. 인간에게 복속되지 않는 四靈이[45] 성인을 위해 나타나 각종 동물들이 순치되고, 또 인간들은 문명에 필요한 여러 모델을 그들로부터 배우게 된다는 것이다.[46] 실옹이 허자에게 요구한 것은 인간중심의 시점을 버리고 절대 객관의 동일 시점에 서라는 것이다.[47] 도입부에서 이미 우언적으로 주장됐던 바 선입관에 의한 가치판단을 중지하고 관찰에 의한 실학의 자세가 새로운 학문의 출발점으로서 필요하다는 요청이다. 여기에서 실옹은 허자에게 인간의 심리적 본능인 矜心을 질타한다.

"大道에 해로운 것으로는 긍심보다 더한 것이 없다. 사람이 사람을

---

45) 기린, 봉황, 거북, 룡을 지칭한다. 이들은 평소에 인간의 눈에 띠지 않는 영물들이지만 성인의 치세에는 나타난다고 한다. 이렇게 치세에 나타나는 현상을 특별히 '來儀'라 표현한다.
46) 『禮記·禮運』, 경문사, 1981 영인, 283~284쪽, "聖人作則 必以天地爲本 以陰陽爲端 以四時爲柄 以日星爲紀 月以爲量 鬼神以爲徒 … 四靈以爲畜 … 龍以爲畜 故魚鮪不淰 鳳以爲畜 故鳥不獝 麟以爲畜 故獸不狘 龜以爲畜 故人情不失"; 『漢語大詞典 6』 577쪽, "『關尹子·三極』"聖人師蜂立君臣 師蜘蛛立綱罟 師拱鼠制禮 師戰蟻置兵"
47) 小川晴久, 「지전(동)설에서 우주무한론으로 -김석문과 홍대용의 세계」, 『동방학지』 21, 1979. 78쪽 참조. 오가와 교수는 이러한 명제를 두고 홍대용이 코페르니쿠스적 전환에 버금가는 '탈중심화', '동일성의 시점'을 주장한 것으로 설명했다.

귀하게 여기고 대상을 천하게 여기는 것이 긍심의 근본이다."48)

'긍심'이란 다시 말하면 자기 본위의 시점을 의미하고 도입부에서 우언화한 바 정통주의 학문관과 밀접하게 관련된다. 비단 人物性同異 논쟁이 문제되는 것이 아니라 어느 한 관점에서 다른 관점을 타자화하고 소외시키는 태도 자체가 학문의 최대 적이라는 생각이 들어 있다.

그러나 물론「의산문답」어디에도 당대 유학의 난맥상을 실감나게 비판하고 있지는 않다. 또 虛子라고 해서 그러한 대상으로서 허구화된 인물도 아니다. 다만 당대 학계에서 유학이 여러 방향을 모색하고 있을 때 그들 학문 분파에 대한 공정한 태도가 무엇보다 요청됐을 것이다. 그러한 요구를 하는 실옹의 모습은 다음과 같은 지은이의 실상과 겹쳐진다. 이는 홍대용이 중국 여행을 할 때 抗州 선비인 陸飛와 나눈 대화의 일부를 기록한 것이다.

  내 가로되,
  " … 상산(象山)이 짐짓 주자(朱子)와 다른 곳이 있으면 후학(後學)의 공론에 어찌 기롱함이 없으리요. 다만 후세 학자들이 이름은 주자를 존숭하나 전혀 글읽기를 일삼아 구구히 문의(文意)를 숭상하고 몸을 돌아보아 마음을 다스리고 행실을 힘쓸 줄을 생각지 아니하니, 도리어 상산의 학문에 미치지 못할지라. 이것이 가장 두려우니라."
  육생(陸生)이 가로되,
  "나는 학문에서 얻은 것이 없으나 후세 학자들이 각각 문호(文戶)49)를 나누어 분분한 의론이 전혀 혈기로 말미암고, 왕양명(王陽明)을 의논할진대 높은 소견과 큰 공업이 심상한 사람이 아니어늘,

---

48) 장18b, "夫大道之害 莫甚於矜心 人之所以貴人而賤物 矜心之本也"
49) 문호(文戶) : 주해서에서는 文豪로 비정했으나 바로 잡는다.

반드시 과하게 기롱하여 불도(佛徒)에 돌아보내니 어찌 편벽치 아니리오. 형의 의논을 들음에 공평한 마음을 그윽히 탄복하노라."50)

학문에 있어 실질은 돌아보지 않고 자기를 지나치게 내세우는 태도가 가장 문제라고 생각하는 인식이 잘 드러나 있다. 그것은 '궁심'의 다름 아니다. '공평한 마음'을 지닐 때만 주자학이니 양명학이니 휩쓸리지 않고 자기 주견을 지닐 수 있는 것이리라. 그런데 그러한 학문적 태도가 이국 친구에 의해 다름 아닌 홍대용의 면모로부터 찾아지고 있는 것이다. 조선의 학문 풍토에 욱여 싸임을 당하고 있는 허자가 그 껍질을 깨기 위해 찾아 마지않았던 진정한 '도술'의 소유자는 어디 다른 곳에 있는 것이 아니라 각성된 학자들의 마음 속에 있음을 이 자료는 확인해 준다. 조선이라고 해서 없는 것도 아니고 중국이라고 해서 있는 것도 아니다. 오직 홍대용과 육비와 같은 만남, 서로의 학문적 태도가 옳았음을 확인시켜 주는 '乾淨衕의 會友'가 '의무려산'과 같은 제3의 聖所로서 자리잡을 수 있다.

그는 왕양명을 "실지로 얻은 공효"가 있는 학자로 보았고 그렇기 때문에 양명 이후로 주자학을 한다고 하면서 양명의 적수가 될 만한 사람이 없다고 평가했다.51) 문제는 학문과 현실의 만남에 대한 주체적 체득 여부에 있지 무슨 무슨 '學'이라 붙이는 문패와 명목상의 평가에 있지 않음을 지적했다. 홍대용은 누구를 옹호한다거나 배척한다는 차원이 아니라 자기 학문을 고민하는 자리에서 점차 양명학의 긍정적 측면을 만나게 되었다고 할 수 있다. 斯文도 異端도 아닌 학문적 大同論으로 정통의 독선을 경계하면서 각 시대의 이단을 긍정적으로 포용하고자 한 비판 정신에 도달했음을 그에게서 발견하게

---

50) 『을병연행록』 권8, 앞의 책 666쪽.
51) 김태준, 앞의 책 78~79쪽 참조.

된다.52) 일찍이 젊은 시절에 '方外散人'을 자처했었던 그 저층의 의식이 개성적 존재들의 역동성을 그 자체로 인정하려는 인문주의 정신으로 발전한 것이다.

[주제 2]는 매우 방대하게 전개되지만 그럴 만한 경위를 지니고 있다. 실옹으로부터 '대도의 본원'에 대해 들은 허자가 화들짝 크게 깨우치고 절하며 나아가 '인물의 삶'(人物有生之本)에 대해 가르침을 청하는데, 실옹은 그 문제를 회피한다. 인물의 삶이란 천지에 근본하는 것이므로 '천지의 실상'(天地之情)을 먼저 말하겠다는 것이다. 인물의 삶이라 함은 인간학으로써, 천지의 실상이라 함은 천문 지리학을 망라하는 물리학으로써 설명되어진다 할 때 실옹은 굳이 허자의 물음을 칭찬하면서도 그것을 유보하고 우선적으로 후자에 대해 말문을 열었다.

여기에는 그럴 만한 계산이 작용해 있다고 보여진다. 인간에 대한 학문, 즉 인문학은 가치의 학문이다. 도입부 또는 [주제 1]에서 전제한 바와 같이 가치 평가를 액면 그대로 유보한다면 인문학은 성립할 수 없다. 그러나 공평한 마음 없는 평가는 학문을 오히려 부패하게 만든다. 여기서 실옹은 하나의 매개항을 마련했다고 보여지는데 천지의 실상이라고 하는 물리의 세계가 그것이다. 이 대목에서 다루어지는 토의 내용은 매우 광범위하다. 땅의 球形說, 地球의 自轉과 引力說, 지구의 非中心說, 銀河(宇宙)無限說, 지구의 氣候說, 日界·地界·天界說 등이 새롭게 이야기되고 또 한편으로는 중국중심의 지리설, 지구중심설, 선인지술, 점성술, 성수분야설, 음양오행설, 장례풍수설 등이 부정된다. 천문 지리에 관계된 사항임에도 불구하고 그동안 인문학의 영역에서 중세문명권의 중심주의로 설명되어 왔던 물리의 세계가 이제 해체된 것이다. 이같은 상황은 실옹이 토의 과정에서 학

---

52) 같은 책, 83·86쪽 참조.

문의 태도가 어떠해야 하는가를 허자에 대해 질책하는 내용에서도 흥미롭게 표현된다. 몇 가지 사례를 아래에 발췌해 본다.

  ① 무릇 하늘은 둥글고 땅은 모났다는 것은 혹 그 덕을 상징하는 것이다. 네가 고인들이 기록하고 전하는 말을 믿기보다는 눈 앞에 나타나 질정할 수 있는 실경을 따르는 것이 낫지 않겠는가?53)
  ② 실옹은 볼멘 목소리로 말했다 : "군자는 도를 논하다가 이치가 달리면 굴복하고 소인은 도를 논하다가 이치가 달리면 말을 돌린다. … 지금 너는 옛 소식에 매이고 이기려는 마음에 매달려 입에서 나오는 대로 남의 말을 막으니 대도를 듣겠다고 구하는 것과 어긋나지 않느냐?"54)
  ③ 실옹이 말했다 : "옛 소식에 매인 자와는 도를 말할 수 없고 이기려는 마음에 매달리는 자와는 논쟁을 할 수 없다. 네가 지금 대도를 들으려 한다면 네 옛 지식을 씻어버리고 네 이기려는 마음을 없애버려서 네 마음을 비우고 네 입을 진실되게 만들어라. 그렇다면 내가 어찌 숨기는 게 있겠는가?"55)

우리는 거의 고인이 전해주는 기록과 말을 통해 지식을 습득한다. 그러나 그것을 깊이 자신과 결부시키지 않고 현실에 맞추어 따져보는 작업을 게을리 한다면 그는 한갓 '옛 소식'에 불과하다. 그런데도 사람은 자기중심에 묶여 있기 때문에 의견을 교환할 때면 으레 '이기려는 마음'을 지니게 되고 '옛 소식'에 매달린다. 도입부에서 실옹이 설파한 바 '이단사설의 배척'이라는 것도 대개는 이러한 인간의

---

53) 장19b, "夫天圓而地方者 或言其德也 且爾與其信古人傳記之言 豈若從現前目訂之實境也"
54) 장20a, "實翁厲聲曰 君子論道 理屈則服 小人論道 辭屈則遁 … 今爾膠於舊聞 狃於勝心 率口而禦人 求以聞道 不亦左乎"
55) 장20a, "實翁曰 膠舊聞者 不可與語道 狃勝心者 不可與爭口 爾欲聞道 濯爾舊聞 袪爾勝心 虛爾中 慤爾口 我其有隱乎哉"

지식 메카니즘에서 비롯되기 일쑤이다. 누구라도 자신이 지니고 있는 지식에 근거하여 남을 대하고 사물을 판단하는 것이지만 부단히 '실'을 추구하려는 마음을 놓아버린다면 학문의 진의를 얻기는 어렵다.

[주제 3]은 매우 엉뚱하게 형성된다. 천지지정을 방대한 규모로 설파해 나가고 있는 가운데 하나의 흥미로운 삽화가 끼어 있는데 여기서 특이한 주제를 다루고 있기 때문이다. 그것은 다름 아닌 '仙人之說'에 대한 허자와 실옹의 논변이다. 허자는 空界에 수많은 銀河界가 존재하고 그 안에 하나의 점과 같은 日界, 地界 月界가 있어 여러 종류의 생명체가 있다는 말을 듣고는 느닷없는 소원을 피력한다. 요컨대 神力에 의지해서 하늘에 올라 이제까지 거론했던 衆界의 모태가 되는 太虛, 즉 대우주에서 노닐고 싶다는 것이다. 이에 대해 실옹은 너그럽게 웃으면서 이치를 설명한다. 신선술을 인정할 수도 있고 실제 그것을 실현한 사람도 있지만 이 우주의 광활함에 비하면 미미한 존재에 불과하다는 것이다. 또 설사 신선이 되어 하늘에 올랐다고 하더라도 세속의 마음으로 보자면 그들에게는 아무런 즐거움이 있을 수 없다는 점을 지적했다. 이같은 토의를 마무리 지으면서 두 주인공은 해학적인 합의에 도달한다.

> "… 그 발원의 근원을 따져보면 실로 이롭자는 마음에서 말미암은 것인데 마침내 아무런 이익도 없다. 교묘하지만 실은 준열한 것이고 똑똑하지만 실은 어리석은 것이다. 네가 도를 배우려 하면서 이러한 소원을 두니 잘못이 아니냐?" 허자가 퍼뜩 깨우치고는 씩하니 웃으며 말했다 : "소자가 잘못했습니다."[56]

---

56) 장25b, "原其發願 實由利心 而卒無其利 巧而實拙 點而實愚 爾欲學道 而乃有是願 不亦惧乎 虛子霍然而悟 犁然而笑曰 小子過矣"

그렇다고 한다면 이후 전개되는 점성술, 성수분야설 등은 모두 이 '이롭자고 하는 마음' 利心으로 설명이 가능하다. 따라서 실옹의 처지에서는 전적으로 부정되어야 마땅할 듯하다. 엄격한 객관적 세계의 천문 지리에 입각한 常度之數, 인간이 거대한 자연 앞에서 나약한 존재로 변고로 당했을 때의 대처 방안을 위한 處變人事 사이에 깊은 괴리가 존재한다고 할 때 학문은 어떠한 방안을 마련할 것인가? 사실 이 문제는 그리 간단하지는 않다. 단순히 물리학의 영역도, 인문학의 영역도 아닌 종교학의 영역이기 때문이다. 실옹은 그에 대한 대답을 매우 유연하게 전개시키고자 노력한다. 그는 집단적 심리의 실재성을 인정한다든가 문화적 전통의 가치를 부정하지는 않는다. 예컨대 입이 쇠를 녹일 수 없고 훼방이 뼈를 부술 수 없지만 '衆口鑠金', '積毁消骨'의 명제는 성립된다고 했다. 사람의 마음이 모이면 하늘의 이치도 이길 수 있다는 명제, '人衆而勝天'을 근거로 내세웠다.57) 또 벼락의 神에도 情이 있다고 했다. 그의 好生嫉惡하는 靈覺이 人心과 같다고 했다.58) 또 풍수지리의 기술은 허망한 것이지만 믿음이 오래되고 여러 마음이 靈을 합하면 무에서 유를 창출하여 하늘의 이치가 따르기도 한다고 했다.59) 실옹은 예외적 물리 현상을 그것대로 인정하고 비과학적인 인문적, 문화적 전통을 껴안고자 했다고 할 수 있다. 그러나 물론 山訟의 치열함 같은 사회적 비리를 보건대 이는 불도나 선도보다 훨씬 심한 거국적 폐단을 자아내고 있음에 주목하고 있다.

[주제 4]는 이제까지 유보해 왔던 인문학적 사고에 대해 논변하는 가운데 형성된다. 그것은 땅위에서의 사람, 사람의 집단인 인간, 인간

---

57) 장26a 본문 참조.
58) 장28b 본문 참조.
59) 장33b 본문 참조.

이 만들어 낸 문명 등에 관한 토의이다. 실옹의 논의는 지구를 虛界의 活物로 정의하는 데서부터 시작된다. 땅은 살아 있는 여러 지체를 거느리고 있는 하나의 거대한 생명체라는 개념이다. 애초 초목의 지위는 땅의 모발이며 사람과 짐승은 땅의 이·벼룩에 지나지 않는 것이다. 그것들은 氣化로 생겨났고, 원기가 보존되어 있는 太和 시대의 산물이다. 그러나 지기가 쇠하자 形化의 생식법이 생겨나 땅의 부수적 존재들이 번창하고 만물은 제 몸을 사유화했고 사람은 다툼을 시작했다고 보았다. 역사의 시작은 이처럼 타락으로부터 비롯되었다고 본 것이다. 그 폐해가 극심해지자 대안으로 聖人之治가 생겨났다. 그로부터 상황에 맞게끔 풍속을 진정시키는 일은 聖人의 權能이며 制治의 技術이 되었다. 그러나 성인의 권능도 임시 방편이어서 인간의 情根과 利源을 막을 수 없었다. 그리고 집단 이기주의의 시대가 도래했다. 권력과 권한을 움직이는 마음이 성인의 시대보다도 더욱 私心化된 셈이다.

그러나 이는 어찌 보면 지구 생명체라고 하는 거대한 미분화의 단일 세계로부터 각 개체가 자기의 이익을 사유화하는 분화의 세계로 이동한 역사이기도 하다. 실옹의 입장에서는 당대의 역사적 시점에 청나라의 중원 통일이라는 역사적 사건이 놓여 있다. 상고시대 성인의 왕통을 이어 받은 천자의 덕은 떨쳐지지 않고 오랑캐의 국운은 날로 커가는 사태가 벌어진 것이다. 이는 과연 타락의 역사인가? 이를 두고 실옹은 '人事之感召 天時之必然'이라 진단했다. "사람들이 벌인 사건으로부터 감응하여 묻어 나온 일이요, 역사적 흐름의 필연적 현상이다."라는 정도의 의미로 해석된다고 할 때 이는 거대한 지구 역사의 방향에 맞추어진 또 하나의 분화로서 이해될 일이다. 이것은 인정되지 않을 수 없는 현상이자 하나의 실체라는 의미가 강하다. 이로부터 실옹은 획기적인 세계관을 피력한다. 모두가 군왕이고 모두가 나라이며 모두가 풍속이라는 것이다. 도입부에서 제시됐던 '自天視之 人物均'의 명제는 이제 인문학의 영역에서도 그대로 적용된다. 절대 객관의 동일시점에서 內外의 구분은 없고 華夷는 하나이다. 물론 모든 나라 모든 민족이 모든 점에서 같다는 것은 아니다. 능력의 차이, 크기의 차이, 세력의 차이가 존재한다고 하더라도 그들은 균일한 자기 정체성을 지녀야 한다는 것일 뿐이다. 청나라가 오랑캐이면 조선은 물론 오랑캐이고, 조선이 소중화이면 청나라는 중화의 나머지라고 여기는 것이 당연하다. 그러나 실옹은 여기서 그치지 않았다. 오랑캐는 오랑캐대로 자기를 존중하여 중화를 밖으로 보고 오랑캐를 안으로 여기는 域外春秋를 쓸 수 있다고 했다. 이는 중화의 문화를 팽창시켜 나가는 '用夏變夷'의 관점과는 정반대의 관점인 것이다.[60]

홍대용을 일러 흔히 조선조의 드문 과학자라고 일컫지만, 실상은 새로운 과학지식을 자신의 인문학적 지식에 접합시켜 새로운 세계관을 구축하고자 했던 과학사상가의 면모가 더 농후하다.[61] 그는 기존 통념에 대해 회의하면서 새로운 과학적 지식을 통해 광범위한 대안을 스스로 마련했다. 홍대용은 평소 친구가 적었던 인물이었다고 한다. 그런데 중국 여행에서 평생 친구를 만나고 이들과 주고받은 필담과 편지들은 「회우록」으로 이름 붙여지고 조선의 지식인 사회에서 꽤나 명물로 읽혀졌다. 중국 친구들의 처지는 항주에서 수 천리길을 와 청나라 과거를 대비했던 시골선비들이었다. 홍대용은 연경에서 첫 달은 천주당을 방문하면서 과학문명에 대해 열심이었고 다음 한

---

60) 유봉학(1982), 236~237쪽에서 홍대용은 조선=夷의 주체를 긍정하면서 동시에 淸=夷의 주체도 긍정했다고 했다. 이는 그의 선배인 성대중이 淸을 中華之遺로 본 것에 비해 기존 화이론의 굴레를 더 멀리 벗어나면서 연암·박제가의 논리에 연결된다고 보았다.
61) 김혜원(1987) 205쪽 참조.

달은 이들과 만나 이민족 통치하에서의 선비상을 토론한 것이다. 굳이 청의 수도에 거주하는 대가 학자들을 찾으려 노력하기보다는 공고한 처지를 받아들이면서도 진실된 덕성을 간직하고 있는 그들에게서 참다운 친구의 모습을 발견했다.

여기서 그럴 수 있었던 이유의 일단을 가정해 보자. 그는 한 나라 안의 서울과 지방, 지배민족과 피지배민족의 관계 속에서 중국과 주변문화의 해묵은 대립인자를 발견하고 어떤 유대감을 느꼈을 것이다. 연행 사신의 인편이 아니고는 지리적으로 통할 수도 없는 그들이 문명권이라고 하는 중세적 소속감에서가 아니라 인간 보편의 진실감에서 더 진지하게 만나게 됐을 것이다. 말하자면 소외 속에서 오히려 학자의 자기 정체성과 사물의 실질을 추구하고자 했던 사람들이 서로를 알아보고 확인하는 개성의 만남이었다.

허가 실이고 실이 오히려 허라는 '허허실실'의 묘리는 친구를 사귀는 데도 적용되고 문명의 허실을 이해하는 데도 적용될 수 있다. 이를 더 확대하여 중국 중심의 화이관은 이제 실질과 허구의 관점에서 새롭게 이해될 수도 있다. 이민족이 중국의 새로운 지배자로 등장하여 백년간이나 나라와 백성을 태평 성세로 이끌었다고 한다면 천하는 그의 천하이고 그들은 문명권의 중심이 된다고 보아도 좋다. 마찬가지 논리로 주변문화부에 속하는 조선은 실질의 힘을 믿고 자기 개성과 실력을 구해야 마땅하다. 더 나아가 중원을 천하의 중심에 놓았던 춘추의식은 이제 누구라도 세계의 중심이 될 수 있다는 보편적인 춘추론의 모델로 역수용될 수 있다. 당대 조선사회 지식인의 뇌리를 누르고 있었던 소중화의식은 망한 명나라를 존숭하는 허위의식을 대변하는 것이 아니라 누구에게나 필요한 자기 정체성을 찾기 위한 새로운 개념으로 변용될 가능성도 있다. 관념이 과학으로 바뀌고 허구가 진실로 대체될 수 있다면 새로운 세계관의 마련과 조선사회의 개혁이 동시에 이루어지는 것이다. 문제는 그러한 것을 총체적으로 제어하는 學問觀의 전면적 반성이 가능한가에 달려있는데 홍대용의 고민은 그를 위해「의산문답」을 집필했다.

5. 맺음말

이제까지의 논의를 정리하면서「의산문답」의 반문명적 성향과 대안의 의미를 점검하기로 하자.

「毉山問答」은 도입부와 논변부로 나뉜다. 도입부에는 고도의 寓言 장치가 설정되어 있고 논변부는 토의 구조를 위주로 하되 우언적 표현은 지속적으로 유지되고 있다. 따라서 본 작품은 분량적으로 논설적 경향이 매우 강하지만 寓言小說로 읽을 때 작가의 의도를 심층적으로 이해할 수 있다.

도입부의 우언장치는 작가의 분신인 허자와 실옹을 대비시키면서 젊은 날의 학문적 성과와 그 한계를 寓言化하고 있다. 그를 통해 선입관에 의한 가치평가 대신 관찰에 의한 실학을 추구해야 진정한 학문의 첫출발이 이루어진다는 의미를 도출했다. 문학적 장치로서는 한문고전에서 유래된 은자우언의 갈래를 反모방의 수법으로 패로디하고 표현에 있어서도 이중 삼중의 用事 수법을 구사했다.

논변부는 토의 구조를 통해 크게 네 가지 주제를 구현해 내고 있다. (1) 학문의 근본은 절대 객관의 동일 시점에서 대상을 바라보아야 한다. 이는 자기 본위의 마음인 矜心의 타파로부터 이루어져야 한다. (2) 인문적 가치판단은 물리적 세계에 대한 과학적 지식을 매개로 하여 객관성을 획득해야 한다. 이때 기존 지식에 매달리거나 이기고자 하는 마음인 勝心은 학문의 장애가 된다. (3) 각종 신비로운 색채의 학문은 대개 사사롭게 이익을 추구하는 마음인 利心의 산물이며 대도의 입장에서 보면 이들의 추구는 이롭고자 한 의도에도 불구하고 오히려 아무런 이익도 되지 못한다. 그러나 집단 무의식, 백성의 염원, 풍속의 전통, 靈的 존재 및 현상 등은 제한적으로 인정된다. (4) 인간의 역사는 미분화된 공동 생명체로서의 지구가 개별 생명체에 의해 분화되고 사유화 과정을 겪으면서 타락되어 갔다. 그러나 성인의 정치, 집단 이기주의 정치, 중화중심주의, 개별 민족주의 등의 과정을 거치면서 대안과 타락을 반복했다. 그러면서 權心의 변화와 權力의 이동이 생겨났다. 지구 공동생명체가 유지되는 太和의 세계에선 권심이란 존재하지 않았으나 그 이후 세계에서는 그것의 사유화 내지 집중화가 문명의 타락을 가져왔다.

이상의 주제는 결국 홍대용 당대의 통념적인 문명의식에 반대하면서 새로운 동양적 근대의식의 싹을 보여주는 것이라 판단된다. 이러한 근대적 가치지향은 아직 모색 단계라고 하지만 서구에서 발생한 근대 개념에 비해 몇 가지 장점을 지닌다. 첫째 물리학과 인간학의 결별을 통해 터득한 과학정신을 기초로 한 서구 근대 개념과는 다르게 그 두 학문의 조화로운 관계를 유지하고자 했다. 둘째, 인간적 욕망 충족을 극대화시켜 줄 것이라 믿은 산업의 물질 생산성을 기초로 한 근대 개념과는 다르게 인간은 지구에 깃들은 만물과 공생해야 하는 존재로 규정했다. 셋째, 주관적 상대주의에 기초한 배타적 민족주의가 제국주의로 변질됐던 근대 개념과는 다르게 민족주의 보편성, 개체적 자유의 평등성을 주장했다.

이상의 논의는 「의산문답」이라는 단일한 작품의 형식성에 초점을 맞추어 전개한 편협한 작품론이다. 따라서 작가 홍대용의 전반적인 사상과의 관련성, 그와 기맥을 같이 하는 실학자 작품계보에서의 위치, 논변부의 내용에 대한 정밀한 음미 등이 계속되는 과제로 남는다.

莊子의 自然·人間의 관계*

柳 聖 泰**

<차례>

1. 序論
2. 自然의 理解
   1) 自然의 意味
   2) 自然의 本質
3. 自然과 人間의 相關
   1) 天人合一의 思想
   2) 人間의 意味
   3) 自然과 人間의 相關的 측면
4. 自然保護의 觀點
   1) 東洋思想의 自然征服 不可論性
   2) 莊子의 自然保護 當爲性
   3) 莊子의 自然保護 方法
5. 結論

1. 序論

과학문명이 급속히 발달됨에 따라 환경문제가 세계의 이슈로 등장하고 있는 지금, 지구상에 나타나 있는 고통스런 문제점 중의 하나로는 자연환경의 公害이다. 지구의 온난화 현상에 따른 地表의 변화, 생태계의 파괴에 따른 동·식물의 생명 유지의 어려움, 자연훼손에 의한 인간들의 생존 위협 등이 그것이다. 이러한 자연훼손 문제들은 우리가 살아가는 곳곳에서 발견되고 있는 실정이다.

이처럼 산업사회의 도래로 인한 오늘의 상황은 자연물에의 호기심

---

* 이 논문은 1997년도 원광대학교 교비지원에 의해서 연구됨.
** 원광대 원불교학과 부교수.

과 신비성마저 사라져 가고 있다. 기계를 이용한 인조물이 다량으로 생산되면서 천연의 자연물이 경시되는 의식의 변화가 야기되었다.[1] 이에 自然에의 경외심을 가지고 自然으로 회귀하라는 요청이 쇄도할 시기가 도래하고 있다. 莊子와 루소가 '자연으로 돌아가라'고 외칠 법 하다.

自然의 소중성을 인지하기 위한 고래 聖哲들의 외침이 동양의 自然敬畏 사상을 심화시켜 왔다. 곧 중국철학 중에서도 自然에 대한 사랑의 극치를 보인 자는 다름아닌 莊子로서 오늘날 그의 사상에 매력을 갖는 이유가 여기에 있다. 자연을 사랑하고 그 자연에 도취되며 자연을 아끼는 학파는 중국의 道家 특히 老·莊을 으뜸으로 볼 수 있으며, 그중 莊子의 경우는 자연을 최대로 찬미한 철학가라고 할 수 있다.

따라서 본 연구는 생명의 寶庫요 삶의 터전인 自然이 더 이상 황폐화의 상태를 벗어나야 하며, 이에 東洋의 자연관을 이해함으로써 인간은 우주 自然에의 自我 몰입적 사색과 더불어 自然 同和의 정신을 고양하고자 하는 것이 본 연구의 목적이다. 그리고 본 연구의 범주 및 방법은 『莊子』를 중심으로 한 그의 자연관에 국한됨을 밝히며, 이의 자연관 심화 차원에서 老子의 사상을 뒷바침으로 하였음을 밝힌다.

---

[1] 윤사순, 「現代 産業社會의 倫理問題」, 『汎韓哲學』 제13輯, 汎韓哲學會, 1996, p.8.

2. 自然의 理解

1) 自然의 意味

自然의 語義는 한문으로 보면 '스스로(自) 그렇다(然)'의 뜻에서 출발한다. 조셉 니담도 '만물은 본래 자연적으로 그렇게 된다'는 『회남자』의 말을 인용하여 自然을 음미하고 있다. '스스로 그렇다'는 의미를 근간으로 한 '自然'의 개념이 가져다주는 본질은 무엇인가?

첫째, 동양 고래로 自然이란 개념은 物我一體의 유기체적 관계를 지녀왔다. 自然, 즉 '스스로 그렇다'는 物我一體의 자연관[2]이란 인간과 자연이 하나의 생명체로서 상생적 관계를 지닌다는 의미의 다른 표현이다. 기계처럼 개개물물 떨어진 존재가 아니며, 우주 속의 同氣的 관련성을 지닌 자연의 개념이 동양적 정서를 대변해 왔던 것이다.

둘째, 자연이란 自生自化로써 자발적·자기발생적인 성격을 지닌 존재이다. 조셉니담도 『淮南子』의 말을 인용하여 '만물은 본래 자연적으로 그렇게 된다'고 한 바가 있다.[3] 무엇에 의해 조종당하는 타율성이 여기에서는 배제된다. 스스로 生을 이어가고 변화를 해가는, 그러면서도 생명을 주관하는 자연인 것이다.

셋째, 萬有 총섭자로서의 自然이다. 동양인들은 '自然'이 마치 인간을 지배하는 神처럼 여기지며 하나의 총섭자로 파악된다. 특히 莊子의 天, 즉 自然은 우주계를 지배하는 총섭자로서 自然 전체를 말한다.[4] 그러한 연유로 인해 자연히 사람들은 자연을 무시할 수 없음은

---

[2] 가와이 하야오 著, 김동원 譯, 『宗敎와 科學의 接點』, 솔밭, 1988, p.116.
[3] 조셉 니담 著, 李錫浩 外 2人 譯, 『中國의 科學과 文明』 2, 乙酉文化社, 1986. pp.72-73.

물론 힘을 갖춘 존재로 생각하여 이를 경외의 대상으로 여기게 되었다.

이는 동양 고대의 사람들이 자연을 日月星辰, 風雨霜雪, 山川草木 등 자연물의 위력에 경외감과 공포심을 가졌다는 의미를 내포하고 있다. 중국 고대사람들은 자연물이나 자연현상의 배후에 자연물과 자연현상을 변화시키고, 더 나아가 인간의 운명까지를 주관하는 靈力을 가진 어떤 존재, 즉 영혼이 숨어 있다5)고 생각했던 것이다.

그렇다면 自然이란 용어가 유래하게 된 배경은 무엇인가? 그것은 중국에서 유래되었으며, 老·莊사상에서 '있는 그대로의 상태'를 축으로 하고 있다. 이들은 춘추전국시대의 天道의 관점에서 '天道自然'에 입각한 自然天을 탄생시키고 있다.6) 이제 自然이 우리 인간계의 時空으로 구성되어 있는 생명체임을 직시할 필요가 있다. 時空으로 구성된 自然을 우리는 '宇宙', '天地'라 한다. 옛부터 오늘에 이르는 것을 '宙'라 하고, 四方과 上下를 '宇'(『淮南子』, "往古今來謂之宙, 四方上下謂之宇")라 한다.

곧 自然이란 개념은 宇宙의 時空 개념이 포함되는 '天地 萬物'과 같으며, 이에 담기어 있는 의미는 정태적인 것보다는 동태적인 변화에 그 초점이 있다. 이를테면 인간 환경으로서의 自然을 동태적 地水火風으로 파악한 고대의 자연관7)이 이의 근간이 된다. 아무튼 自然이란 개념 이해에서 우리가 주의할 사항으로 자연이 인간 인식의

---

4) 김충열,『김충열교수의 老莊哲學 강의』, 예문서원, 1995, p.284 參照.
5) 김영기,「老子의 天人觀 硏究」, 범한철학회 1997년도 봄철 학술발표회『바람직한 인간상의 모색』, 범한철학회, 1997년 6월 13일 조선대학교, p.55.
6) 李申,『中國古代科學與 自然科學』, pp.88-94. 조경현,「莊子의 宇宙 개념과 그 철학적 의미」, 金忠烈先生 華甲記念『自然과 人間, 그리고 社會』, 螢雪出版社, 1992, p.29 再引用.
7) 와쓰지 데쓰로우(和辻哲郎) 著, 박건주 譯,『風土와 人間』장승, 1993, p.13.

한계 내의 것만이 아니라는 사실이다.

　궁극적으로 老子는『道德經』25장에서 '人法地→地法天→天法道→道法自然'을 말하여 自然이란 개념을 최상의 개념으로 두고 있으며, 언급된 바대로 道가 결국은 自然을 본받는다고 하였다. 그러므로 자연이란 우주에 전개되어 있는 천지만물·산하대지·풍우상설 등의 생명성 자체임과 동시에 형이상학적 道의 세계에서 조망하는 궁극의 단계가 自然이기도 하는 이중적 의미를 지니고 있다.

2) 自然의 本質

① 宇宙構成의 全般

　莊子의 自然 개념에서 유추해 낼 수 있는 것은 自然이 우주 구성의 전반이 되고 있다는 사실이다. 중국 諸子의 책에서 宇宙라는 용어가『老子』,『論語』,『孟子』등에서는 사용되지 않다가『莊子』에 3회,『荀子』에 1회,『呂氏春秋』에 3회,『淮南子』에 12회 출현하며, 宇宙와 유사한 개념인 周合이『管子』에 3회 나오고,『墨子』에는 宇久가 1회 나온다.8) 宇宙는『莊子』「列禦寇」편에서 무하유지향과도 같은 天地의 뜻으로 사용되고 있으며9),「齊物論」과「讓王」편에서는 일월성신 춘하추동 등을 함유한 宇宙 自然의 변화적 의미로 사용되고 있다.

　이에 폭넓은 우주적 개념을 지닌 自然은 중국에서 우주 전반을 구성하는 완전무결한 것이다. 이러한 논조에 따라 자연과 인간이 분리

---

8) 조경현,「莊子의 宇宙 개념과 그 철학적 의미」, 金忠烈先生 華甲記念『自然과 人間, 그리고 社會』, 螢雪出版社, 1992, p.29.
9)『莊子』「列禦寇」, "迷惑於宇宙, 形累不知太初, 彼至人者, 歸精神乎无始而甘瞑乎无何有之鄉, 水流乎无形,發泄乎太清."

되었다는 사고는 무리이며, 莊子에 있어 나의 삶은 宇宙 전체의 自然과 떨어질 수 없는 것으로 이해된다. 곧 우리는 自然에 내재된, 그러면서도 초월된 존재임을 인지하는 것이 필요하다. 인간은 자연의 일부인 동시에 자연 밖에 있고, 자연에 비해 내재적인 동시에 초월적이라[10]는 주장이 이것이다.

따라서 자연의 구성에 있어 우주는 대우주이며 인간은 소우주로서, 대우주를 소우주의 입장에서 종교적 思索의 장으로 활용하는 인간의 지혜가 필요하다. 한대 董仲舒의 체계에 따르면 우주는 인간의 큰 몸이요, 인간은 우주의 작은 몸이라고 주장한 것과 같다.[11] 이에 내재적이면서도 초월적 자연임과 동시에 소우주·대우주가 함께 존재하는 자연 전체의 존재성을 우리는 인지하는 일이 필요하다.

그런데 莊子가 관심갖는 것은 宇宙 전반을 구성하고 있는 自然이다. 儒家의 도덕적 형이상학의 성향을 띤 우주관과 달리 道家의 우주관은 곧 바로 있는 그대로 생명현상의 현실적 自然으로 연결되기 때문이다. 즉, 道家의 우주관은 자연관을 중심으로 한다면, 유가의 우주관은 도덕관을 축으로 하여 이뤄진다.[12] 다만 자연의 생명성은 도가는 물론 유교에서도 善한 것으로 간주된다.

② 生命活動의 舞臺

삶의 절실한 터전은 중국인들에게 경외적 대상인 自然이었을 것이다. 중국 先民의 지속적 自然 찬미는 자연이 인간의 삶에 절실했기 때문이다. 莊子도 말하기를 천지에는 머물 곳이 있고, 陰陽에는 깃들

---

10) 박이문, 「사회발전과 철학의 과제」, 제6회 한국철학자 연합대회, 1993.10, 以文出版社, p.144.
11) 곽신환, 「儒學의 有機體 宇宙論」, '93 추계국제학술대회 『기술·정보화 시대의 인간문제』, 한국동양철학회, 1993.10, p.別紙 5.
12) 金忠烈, 『中國哲學散稿』II, 온누리, 1990, p.237.

곳이 있다(在宥篇 : 天地有官, 陰陽有藏)고 하여 天地 陰陽 조화의 自然을 절실한 삶의 터전으로 보고 있다. 이처럼 자연은 삶의 寶庫이자 생명의 살아있는 모습이다. 릴케에 있어서 '자연'은 삶이라고 번역되는13) 이유가 그것이다. 그리고 莊子에 있어서 천지는 모든 생명의 원천이요, 모든 생명이 활동하는 무대이다.

그리하여 莊子는 自然이 선사한 생명, 그 생명 활동의 무대를 좁은 공간이나 우물 안에서 맴도는 것을 부정하고 광활한 우주 대자연의 무대에서 모색하고 있다. 물고기는 좁은 샘이 아닌 광활한 자연, 즉, 江湖에서 놀아야 한다는 그의 견해가 이것이다. 이에 그는 말하기를 '샘물이 말라 물고기가 메마른 땅 위에 모여 서로 물기를 끼얹고, 서로 물거품으로 적셔 줌은 드넓은 강이나 호수에서 서로를 잊고 있는 것만 못하다'14)고 하였다. 원래 삶의 터전인 대자유의 자연에의 향수를 그는 그리고 있다.

이처럼 자연에의 향수를 그려 본다면 莊子에 있어 생명형성이 어떻게 생겼는지도 자연스럽게 이해가 된다. 그의 주장에 의하면 생명의 始發이 '無→一→德→命→形→性'이라는 단계적 구조를 띠고 있음을 알 수가 있다. "天地의 太初에는 無가 있었다. 존재하는 것이란 아무 것도 없고 이름도 없었다. 여기에 一이 생겨났는데, 一은 있어도 아직 형체는 형체가 없었다. 만물은 이 一을 얻어서 생겨나는데 그것을 德이라 한다. 아직 형체는 없지만 구분이 생겨 차례로 만물에 깃들면서 조금도 틈이 없다. 이를 운명(命)이라 한다. 一은 유동하여 사물을 낳는데 사물이 이루어져 사리가 생긴다. 이를 형체라 한다. 형체는 정신을 지키고 각기 儀則이 있다. 이를 性이라 한다."15)

---

13) 하이데거 著, 黃文秀 譯, 『무엇을 위한 詩人인가』-世界思想全集 6집-, 三省出版社, 1983, p.199.
14) 『莊子』「大宗師」, "泉涸, 魚相與處於陸, 相구以濕, 相濡以沫, 不如相忘於江湖."

이러한 세계를 그는 '玄德'이라 하며, 위대한 천지자연의 순응(大順)과 하나되었다고 한다.

어쨋든 생명활동의 광활한 무대는 인간 뿐 아니라 금수초목도 뛰어 노니는 곳이며, 이와 더불어 사는 세상은 의식주의 풍요는 물론 萬有의 자유로움이 보장되는 至德의 세상이다. 이러한 自然의 넓은 至德의 무대에 대해 莊子는 말한다. "사람들의 거동이 유유자적하며, 눈매가 밝고 환하다. 당시 山에는 길이 없고 못에는 배나 다리가 없으며, 萬物이 무리져 생겨나, 가는 곳의 경계를 두지 않았다. 禽獸는 떼지어 살고 草木은 마음껏 자랐다. 그래서 禽獸는 끈에 매여 노닐 수가 있었고, 까치 둥지에도 올라가 볼 수 있었다."16) 그것들의 생명 활동의 무대가 무엇인지를 분명히 전해주고 있는 莊子이다.

③ 變化世界의 秩序

동양·서양에서의 自然은 다양한 변화 속에서도 秩序와 調和를 유지하는 총체적 대상이다. 일언컨대 自然의 功能은 질서이자 조화인 것이다. 데카르트도 자연은 神이 피조물들 안에 세운 '질서'17)라 하고 있다. 이러한 자연의 질서에 의해 우주 대자연의 변화 작용은 부단히 지속된다. 곧 自然의 변화 모습은 莊子에 있어 動·靜의 모습으로 비추어진다. 動과 靜이라는 것은 중국의 전형적 사유로써 이러한 動·靜의 작용으로 볼 때 우주의 靜은 不變을 나타낸다면, 動은 변화

---

15) 『莊子』「天地」, "泰初有无无有无名, 一之所起, 有一而未形, 物得以生, 謂之德, 未形者有分, 且然无間, 謂之命, 留動而生物, 物成生理, 謂之形, 形體保神, 各有儀則, 謂之性"
16) 『莊子』「馬蹄」, "故至德之世, 其行塡塡, 其視顚顚, 當是時也, 山无蹊隧, 澤无舟梁, 萬物群生, 連屬其鄕, 禽獸成群, 草木遂長, 是故禽獸可係羈而遊, 鳥鵲之巢可攀援而闚."
17) 데카르트 著, 金炯孝 譯, 『省察』-世界思想全集 11집-, 三省出版社, 1983, p.187.

세계를 나타낸다. 莊子는 말하기를, 道와 하나되어 不變함은 靜의 지극함이고, 動하면 변화의 自然行을 한다(刻意篇)고 하였다.

그처럼 우주 대자연의 動·靜 작용에 따른 自然의 조화적 변화는 우주 만유의 성주괴공이나 사시순환, 생로병사 등으로 이어진다. 『易』「文言傳」에서 묘사하고 있는 바 "與天地合其德, 與日月合其明, 與四時合其序"라고 하는 것이 곧 우주의 변화에 따른 自然의 질서를 나타내주고 있다. 莊子에 있어 "日月은 빛나고 四時는 운행되며, 晝夜는 규칙이 있고 구름이 흘러 비가 온다"[18]는 말이 自然의 조화적 질서에 따른 변화를 잘 언급해주고 있는 내용이다.

위의 언급처럼 陰陽의 조화에 의한 四時의 순환이 이루어지며, 그로 인하여 만물이 生成 변화의 道를 얻는다. 그에 의하면 우주 대자연의 "四季가 차례로 바뀌고 萬物이 따라 생겨나듯이 혹은 높아지고 혹은 가라앉아 부드러운 소리와 딱딱한 소리가 잘 조절되어서 혹은 맑게 혹은 흐리게 陰과 陽이 조화되며 그 소리는 차츰 널리 흘러 퍼진다네. 冬眠하는 동물이 움직이기 시작하면 나는 그것을 천둥같이 요란한 소리로 놀라게 하지"[19]라고 하여, 그의 자연관을 萬有 생성의 질서있는 변화의 축으로 삼았다.

이에 그는 말하기를 "봄과 여름이 먼저 오고 가을과 겨울이 뒤에 오는 것은 四季의 순서이며, 萬物이 생겨나고 죽을 때 초목의 싹에도 갖가지 모습이 있고 번성하거나 시드는 단계가 있는 것은 자연스런 변화의 흐름이다"[20]고 하였다. 춘하추동의 변화도 자연의 조화인 것이며, 생로병사의 전개도 자연의 투명한 변화 그대로의 모습이다.

---

18) 『莊子』「天道」, "日月照而四時行, 若晝夜之有經, 雲行而雨施矣."
19) 『莊子』「天運」, "四時迭起, 萬物循生, 一盛一衰, 文武倫經, 一淸一濁, 陰陽調和, 流光其聲, 蟄蟲始作, 吾驚之以雷霆."
20) 『莊子』「天道」, "春夏先秋冬後, 四時之序也, 萬物化作, 萌區有狀, 盛衰之殺, 變化之流也."

도가에서 말하는 自然의 조화를 어기고 이에 거역하려 하는 것이 莊子에게는 오히려 傷害 행위로써 이상하게 보여질 것임에 틀림이 없다.

3. 自然과 人間의 相關性

1) 天人合一의 思想

동양적 일원론의 대두가 다름아닌 天人合一의 사상이다. 즉, 동양적 일원론은 현상과 실체의 二分을 근본적으로 허용하지 않는 全元的인 일원론이며, 天人無間으로 표현되는 일원론이다.21) 天과 인간이 서로 분리되어 각기 다르게 전개된다고 하기 보다는 상호 연결된 생명성의 호혜적 관계로 양자의 관계가 성립된다. 이러한 사유가 동양적 특유의 일원론적 사고를 형성하게 된 배경이다.

이에 孔·孟의 정신 역시 天人合一의 사상에 그 기반을 두고 있다. 孔·孟의 전통정신은 '사람'과 自然 萬物이 화합하여 격리되지 않는, 즉 '天人合一'을 전제로 하고 있다.22) 그처럼 이상적인 인격은 『易』「文言傳」에서 묘사하고 있는 바, "大人者, 與天地合其德, 與日月合其明, 與四時合其序, 與鬼神合其吉凶"과 같이 인간이 天과 그 德을 합하는 장본인으로 자리한 것이다. 천지, 일월, 사시, 만물과 함께하는 질서적 조화 속에서 인간은 자연스럽게 천인합일의 정신을 내면에 간직해 왔다고 볼 수 있다.

다만 이러한 사유구조는 荀子에 와서 '天人分離'의 사상으로 전개되며, 보다 합리적 사상으로의 발전에 따른 主宰天이나 人格天에서

---

21) 金容沃, 『東洋學 어떻게 할 것인가』, 民音社, 1985, p.178.
22) 金忠烈, 『中國哲學散稿』Ⅰ, 온누리, 1990, p.97.

현실적 自然天으로 변화되기에 이른다. 荀子는 「天論」편에서 "天行有常, 不爲堯存, 不爲桀亡"이라 하여 天行에 일대 개혁을 가져왔고, '天人合一'의 사상은 '天人分二'의 사상으로 완전히 바뀌어 버렸다.[23] 오늘날 우리가 상정한 天·人 관계와 같은 성향을 荀子가 이미 자연과학적 사고로써 분석적으로 전개한 것이나 다름없다.

아무튼 天人合一의 사유를 볼 때 같은 중국 고대의 철학이라 할지라도 유가는 人間을 강조한다면, 도가는 天을 강조하는 것으로 그 분기점이 형성되었다는 점이다. 천인합일에 있어 유가는 인간을 더 강조하여 天을 인간에로 내재화시킴으로써 인간 중심적인 사상을 펴는 반면, 도가에서는 天을 강조하여 인간을 天에로 귀속시킴으로써 절대적이고 보편적인 自然의 道에로의 회복을 주장하는 자연중심적인 사상을 표방한다.[24] 따라서 孔·孟의 천인합일의 사상과 상이하게 莊子의 천인합일의 정신은 다름아닌 天, 즉 自然을 중심으로 한 인간의 관점으로 이어진다.

2) 人間의 의미

인간이란 무엇인가? 이러한 궁극적인 질문은 우리가 합리적 理性을 가지고 있다는 의미이기도 하며, 철학적 사유를 하고 있다는 증거이기도 하다. 동서 고래로 이러한 의문들은 끊임없이 제기되어 왔으며, 특히 철학자는 물론 사상가, 예술가들은 이 문제에 대해 깊은 관심을 표명해 왔다. 그것은 사유하는 당사자들이 인간에 대한 정확한 이해를 하지 못한 반증이기도 하며, 나아가 보다 심도있게 인간

---

23) 金忠烈, 『中國哲學散稿』I, 온누리, 1990, p.99.
24) 김영기, 「老子의 天人觀 硏究」, 범한철학회 1997년도 봄철 학술발표회 『바람직한 인간상의 모색』, 범한철학회, 1997년 6월 13일 조선대학교, p.55.

을 이해하고자 하는 의지가 곁들여진 탓이다.

이를 좁혀 중국 고대의 老·莊 철학에 근거지운다면 우선 노자는 인간을 柔弱한 존재로 보았다. 그가 『道德經』 76장에 언급한 "人之生也柔弱, 其死也堅强"이라는 말은 인간이 태어나면 柔弱한 존재가 되고, 죽으면 딱딱하게 굳는다고 한 주장이 이것이다. 즉, 老子는 신체적인 측면에서 인간을 柔弱한 본연성을 갖는 존재로 보았는데, 이는 生의 본래 모습이 柔弱이기 때문이다.25) 인간은 점점 나이가 들어가면서 몸은 굳어가고 결국 딱딱한 주검을 맞이하게 된다는 말이다.

주검 이전의 生에 있어 莊子의 경우 인간은 자기 의지에 의해 태어나는 것이 아니라 조물자가 만들어내는 것이라 한 주장이 새롭다. 그에 의하면 "지금 훌륭한 대장장이가 쇠붙이를 녹여 주물을 만들려는데, 쇠붙이가 뛰어 오르며, '나는 꼭 鏌鎁가 되겠다'고 한다면 대장장이는 반드시 불길한 쇠붙이라 생각할 것이다. 지금 사람의 형태로 태어났는데 '사람으로, 사람으로만 있겠다'고 한다면, 저 조화자는 반드시 불길한 인간이라 생각할 것이다. 지금 天地를 커다란 화로로 여기고, 造化를 훌륭한 대장장이로 생각한다면 무엇이 되건 좋지 않는가? 죽으면 편히 잠들고 살면 퍼득 깨어나는 것이다."26) 그는 自然의 창조적 조물자의 의지에 의해 탄생하는 인간의 생명현상을 그처럼 우언적으로 언급한다.

이렇게 하여 태어난 인간이란 莊子의 경우에 있어 그저 나약한 존재로 투영해 보았다. 즉, 말의 몸 위에 있는 한 오라기의 털에 불과한 것이 다름아닌 인간이란 의미이다. 이에 그는 말한다. "사람은 조

---

25) 上揭書, p.61.
26) 『莊子』「大宗師」, "今之大冶鑄金, 金踊躍曰 我且必爲鏌鎁, 大冶必以爲不祥之金, 今一犯人之形, 而曰 人耳人耳, 夫造化者必以爲不祥之人, 今一以天地爲大鑪, 以造化爲大冶, 惡乎往而不可哉, 成然寐, 蘧然覺."

그만 한 모서리를 차지한 것에 지나지 않으니 만물과 비교하면 마치 馬의 몸 위에 있는 한 오라기의 털과 같지 않을까?"27) 인간이란 대단한 존재로서 우뚝 서있다고 생각하기 보다는 말의 수많은 터럭 가운데 하나에 불과하다는 그의 지적은 인간의 왜소함에 대해 매우 풍자적 표현으로 대변하고 있는 셈이다.

그러나 인간은 왜소한 존재임에도 불구하고 자연의 섭리에 순응하고 이에 조화를 이루어 간다면 자연과 더불어 逍遙하는 해탈인이자 자유인으로 될 수 있다고 莊子는 자신있게 말한다. 그는 善卷의 말을 인용하며 언급하기를 "해가 뜨면 일하고 해가 지면 쉬면서 천지 사이에 유유히 逍遙하면서 마음으로 한가히 自得하고 싶다"28)고 하였다. 우주 대자연에서 아무런 걸림이 없이 자유스럽게 자연과 더불어 한가로이 사는 인간의 모습을 그는 그려내고 있다. 그가 말한대로 해와 달빛과 나란히 빛나며 천지와 더불어 영원할 것(在宥篇)이라는 소요적 인간의 모습은 道家 특유의 自然과 더불은 인간의 모습이기 때문에 상정이 가능하다.

3) 自然과 人間의 相關的 측면

① 宇宙大氣와 相生處

우주에 충만된 相生之氣에 의해 諸 생명체가 존속하는데, 이러한 生氣와 관련한 自然 大氣의 모습을 老子는 '甘露'(道德經 32), '飄風…驟雨'(道德經 23), '沖氣'(道德經 42)라 하고 있으며, 莊子는 '野馬', '風露', '雲氣'(逍遙遊)라는 용어들로써 묘사하고 있다. 이러한 것들은 모두가 自然의 잠재적 功能으로서 우주에 생명력을 불어넣는 相生의

---

27) 『莊子』「秋水篇」, "人處一焉, 此其比萬物也, 不似豪末之在於馬體乎?"
28) 『莊子』, 「讓王篇」, "日出而作, 日入而息, 逍遙於天地之間而心意自得."

大氣 요소들이다.

그런데 중국철학에서는 宇宙의 포괄적 개념을 自然이라 하는데, 自然은 충만된 氣로 말한다면 天地의 '一氣'이며 莊子는 이를 自然에 계합한 인간 수양의 한 방법으로 노정시키고 있다. 그가 "이제부터 조물자와 벗이 되어 天地의 근원인 一氣에서 노닐려 한다"29)고 하는 것이 이를 뜻한다. 그리하여 우주에 충만된 天地의 一氣는 '天德土寧'(天道篇)과도 같이 相生의 씨앗을 싹틔워 주는 生命의 妙應이라는 에너지가 되고 있다. 그가 이어서 언급한 '雲行而雨施'라는 말은 곧 自然이 가져다주는 相生 大氣의 일례이다.

大氣로서 宇宙의 生氣를 머금으며 逍遙하는 인물을 莊子는 神人으로 묘사하고 있다. 그에 의하면 邈姑射 산에 사는 神人은 바람과 이슬을 마시며 구름을 타고 龍을 몰아 천지 밖에서 노니는30) 존재라고 직시하였다. 따라서 神人 및 인간이 노니는 自然이란 바로 우주에 생명력을 불어넣는 상생처임에 틀림이 없다.

그처럼 인간은 自然을 떠나서 살아갈 수가 없다. 생명의 기본적 요인이 자연에서 제공되기 때문이다. 인간과 자연의 관계는 인간과 사회의 관계 못지 않게 긴밀하다. 원천적으로 인간이 자연과 갖는 관계가 사회와의 관계보다 더 긴밀한 것으로 인간 자체가 自然의 질료로 이루어지기 때문이다.31) 우주 大氣의 천지일월과 더불어 살아가고, 생명현상의 동식물과 더불어 살아가는 존재가 인간인 것이다.

② 天地萬物과 依支處

---

29) 『莊子』「大宗師」, "彼方且與造物者爲人, 而遊乎天地之一氣."
30) 『莊子』「逍遙遊」, "邈姑射之山, 有神人居焉, 肌膚若氷雪, 綽約若處子, 不食五穀, 吸風飮露, 乘雲氣, 御飛龍."
31) 尹絲淳, 上揭書, p.12.

宇宙는 天地 개념보다 폭넓은 개념인 바, 宇宙의 보다 구체적 개념으로 다가오는 말은 天地라는 용어이다. 법가의 효시인 管子에 따르면 우주(宙合)는 그 범주가 천지보다 넓고 광대하여 천지가 우주 안에 있음을 암시하고 있다. 이러한 구체적 삶의 현장인 천지에 의지하며 생명체는 그 생명성을 유지하며 살아간다. 천지 만물의 의지처를 강조하듯 莊子도 이에 말하기를 "천지를 뜻대로 하고 만물을 내것 삼는다"(德充符 : 官天地, 府萬物)고 하였다.

老子는 사람이야 말로 땅을 본받고 의지하며, 땅은 하늘에 의지하고 하늘은 道와 自然에 의지하며 살아간다고 하였다. 그가 말한 '法'의 개념은 의지한다는 의미로도 이해할 수가 있다. 그는 '人法地'를 말하고 '地法天'을 말하여 결국 '道法自然'의 경지까지로 언급하고 있는데, 여기에서 그가 사용한 '본받는다'의 法 용어는 동사적 표현으로 '의지한다'는 의미로도 확대 해석할 수가 있다.

금수는 물론 인간이라는 생명체가 天地에 의지한다 함은 달리 말해서 天覆 地載하는 역할이 있기 때문이다. 莊子가 말한 "대저 하늘은 모든 것을 덮어주지 않음이 없고, 땅은 모든 것을 실어주지 않음이 없다"[32]는 말이 이것이다. 다시 말하면 그와 같은 천지 속에서 인간은 물론 동·식물이 이에 의지하면서 살아간다는 의미의 다른 표현이다. 이불이 없다면, 더욱 잠잘 방이 없다면 어떻게 숙면을 하면서 밤·낮을 견뎌내며 살 수 있을 것인가?

따라서 莊子는 대자연의 天地 萬物에 대하여 인간이 사랑하는 것으로써 天地와 一體가 되도록 하고 있으며, 그러한 세상은 인간·금수 초목과 만물이 하나로 된다고 보았다. 이러한 의미로써 莊子는 寓言的으로 惠子의 말을 「天下篇」에서 인용하여 말하기를 "氾愛萬物, 天地一體也"라고 하여 널리 만물을 사랑하도록 하였다. 곧 天人一體의

---

32) 『莊子』 "德充符, 夫天無不覆, 地無不載."

가능성 여부는 '汎愛萬物'이라는 단서가 따른다. 천지 대자연에 펼쳐져 있는 대상을 향해 '汎愛萬物'일 경우 금수와 더불어 살아가며 만물과 더불어 존재한다(馬蹄篇 : 同與禽獸居, 族與萬物竝). 이러한 세상은 逍遙의 낙원인 것으로, 이는 自然이 뭇 生命群의 의지처가 되고 있음을 확인해 준다.

③ 日月星辰과 光明處

自然의 또 다른 우주적 光明의 개념에는 천체의 日月·星辰·陰陽·晝夜라는 개념이 포함된다. 이에 明暗을 나타내는 日月, 陰陽, 晝夜의 交代에 따라 자연은 광명을 얻고 생명체는 이에 發芽가 된다. 莊子는 "日月은 본래부터 밝음이 있고 星辰은 본래부터 배열되어 있다"[33]고 하여 日月星辰이 우주에 광명의 빛으로 具有되어 있음을 밝히고 있다. 여기에서 日月의 광명은 한시적으로 비추는 것이 아니라 생명체가 安住할 수 있도록 무한히 빛을 발한다. "日月…終古不息"(大宗師)이라는 말이 이것이다. 이에 老子도 "밝은 빛으로 광명에 복귀한다"(『道德經』 52장 : 用其光, 復歸其明)라 하고 있다.

이처럼 光明의 주체인 日月은 自然의 광명을 저절로 밝히는 功能이 있다. 그러한 日月之光은 自然에 충만되어 있는 自性의 발현에 영향을 주므로 莊子는 인위적 수양 같은 것을 필요로 하지 않는다고 했다. 이러한 표현을 天地 日月의 도타운 빛과 밝음의 경지라 하여, 그는 '天之自高', '地之自厚', '日月之自明'[34]라는 표현으로 人爲가 아닌 원래 간직된 自然의 빛을 발하게 됨을 밝히고 있다.

따라서 인위적 행위를 하면 日月의 빛이 사라지고 모든 것은 본성을 잃는다는 해석이 가능하다. 이에 人爲의 폐단에 대해 莊子는 말

---

33) 『莊子』「天道」, 日月固有明矣, 星辰固有列矣.
34) 『莊子』「田子方」 參照.

하기를 "위로는 日月의 光明이 가리워지고 아래로 山川의 정기를 소멸시키며, 꿈틀거리는 벌레와 가지를 위로 뻗치는 나무에 이르기까지 모두 본성을 잃고 만다"35)고 지적하였다. 오늘날 自然 파괴가 무엇인지를 그는 일찍 감지하고 있는 셈이다.

자연파괴를 극복해야 하는 필연성을 더욱 언급한 그는, 光名의 自然과 더불은 삶으로 이어진다면 日月之光에 의지하여 생명을 이어가는 自然의 온갖 생명체들이 그 장수를 누리게 된다고 하였다. 이러한 장본인을 그는 至人이라 말하여 이 至人이야말로 마음껏 그 威光을 향유하게 된다고 보았다. 곧 莊子가 언급한 至人은 日月의 광명에 함께 하고 있으며, 이러한 세계가 다음에 묘사되고 있다. 「至人은 구름을 타고 日月에 올라앉아 이 세상 밖에 나가 노니는 것이다.」36) 이처럼 그의 언급 속에는 광명의 自然 세계에 逍遙하는 모습이 잘 나타나 있다.

④ 山河大地와 樂園處

도가에서의 自然之道는 만물을 이루어 놓고 혜택을 베풀며, 無爲로 天地 萬物을 조각해 낸다. 이것이 自然이 산하대지의 낙원처임을 알게 해주는 것이다. 莊子에 의하면 自然의 道는 天地를 싣고 감싸서 갖가지 모양을 조각해 내는데(大宗師篇), 여기에서 逍遙하고 있는 모습이 묘사되고 있다. 이러한 山河大地의 형상이 "无人之野"(山木篇), "無何有之鄕…壙垠之野"(應帝王篇)라는 공간 개념으로 언급되며, 그러한 自然의 樂園에서 노닐기 위해서는 "洒心·去欲"37)해야 함을 그는 말한다.

---

35) 『莊子』「胠篋」, "上悖日月之明, 不爍山川之精, 中墮四時之施, 惴耎之蟲, 肖翹之物, 莫不失其性."
36) 『莊子』「齊物論」, "乘雲氣, 騎日月, 而遊乎四海之內."
37) 『莊子』「山木」, "洒心去欲, 而遊於无人之野."

나아가 莊子는 폭좁은 江河가 大海에 비길 수 없음을 말하여 自然의 도도한 흐름인 大海 長江의 세계에 인간의 마음을 逍遙하라고 주문한다. 그는 "천하의 강물은 바다보다 큰 것이 없다. 수많은 강물이 이곳으로 흘러들어 언제 그칠지 모르는데, 넘치는 일이 없다"38)고 하였다. 곧 無爲自然의 道로써 천지 산하대지의 온갖 생명체를 조각해 내고, 이를 만끽하는 경지를 莊子는 자연의 즐거움 즉 天樂이라 언명하게 된다. 天樂으로써의 모든 자연현상을 조각해 내되 인위로 하지 안는 세계를 그는 "刻雕衆形而不爲巧"(天道篇)라는 말로 대신하고 있다.

이처럼 산하대지의 自然에서 마음껏 즐기며 그 道를 터득한 경지로써 莊子는 崑崙山, 黃河, 泰山(大宗師)이라는 소재를 동원하여 언급하고 있는 것이다. 여기에 등장한 自然의 여러 소재가 다름아닌 山河大地 전반을 포함하고 있다. 이에 등장한 개념은 도가적 신선들이 나와 노닐만한 곳으로 물좋고 산좋은 전경, 즉 山水 좋은 경지를 표출하는 것으로 연결된다. 그의 언급처럼 堪杯는 道를 터득하여 崑崙山에 들어가고, 馮夷는 道를 터득하여 黃河에 노닐며, 肩吾는 道를 터득하여 泰山에 나기 때문이다.

결국 莊子는 그러한 공간적 세계에서 속세의 번뇌를 잊고 그야말로 아름다운 산하대지의 無窮한 경지에서 위대한 자연계와 합일되어 그만의 도방하적 자유를 만끽하고 있다. 왜냐하면 莊子는 속세의 시비언쟁을 초탈하고 위대한 산하대지의 自然界와 합일39)하려는 의지를 간직하고 있기 때문이다. 이처럼 그가 표출하는 자연동화적 언급은 오늘날 山水를 즐기며 자연의 大氣를 간직하는 모습과 너무도 같

---

38) 『莊子』「秋水」, "天下之水, 莫大於海, 萬川歸之, 不知何時止而不盈."
39) 조셉 니담 著, 李錫浩 外 2人 譯, 『中國의 科學과 文明』 2, 乙酉文化社, 1986. p.94.

다고 볼 수가 있다.

4. 自然保護의 觀點

1) 東洋思想의 自然征服 不可論

　자연보호의 측면에서 볼 때 東·西 자연관의 차이를 파악하는 것도 필요한 일이라 본다. 동서양의 문화가 다르고, 자연에 대한 이해가 동서 종교적 관점의 차이에 따라 다르게 나타나는 현상을 무시할 수 없기 때문이다. 서구 기독교의 자연 이해나 동양 종교의 자연파악이 다른 점은 얼마든지 발견된다. 그리하여 그 차이는 상호 자연보호의 측면에서 他山之石이 될 수도 있다. 이에 東·西 자연관의 개략적 차이점을 살펴 보고자 한다.
　첫째, 관점이 자연 중심이냐 인간 중심이냐의 차이에서 동서 자연관의 언급에 대한 실마리가 풀린다. 동양의 자연관은 자연 중심의 주체적 자연관이라면 서양의 자연관은 인간 중심의 객관적 자연관이다.[40] 자연동화의 입장에서 종교적 경외심까지 보인 동양의 자연관 이해는 그 관점이 자연 중심으로 하여 이루어진 것이라면, 서양의 경우는 자연 정복의 입장에서 이해되어온 성향을 무시할 수가 없다. 인간의 입장으로 하여 '땅끝까지 정복하라'는 논조를 서구 종교에서 찾아내는 일은 그리 어렵지 않기 때문이다. 이러한 맥락에서 '정복'이라는 말 대신 '관리'라는 환경친화적 용어가 등장하는 것도 자연스

---

[40] 金永斗,「圓佛敎 自然觀 硏究」,『圓佛敎思想』 3輯, 圓佛敎思想硏究院, 1979, p.136, p.140.

런 일이다.

둘째, 自然이 과학의 실험 대상이냐 아니면 종교의 崇敬 대상이냐의 관점 역시 동서 자연관의 이해에 도움을 준다. 즉, 자연은 서양에서 과학의 대상으로 보고, 동양에서 종교의 대상으로 보기 때문이다.[41] 과학의 관점에서 조망된 자연의 인식은 기계론적 사유를 극복하기가 힘든 것은 당연한 일이다. 과학의 분석론에 따른 자연은 어디서나 기술 발달을 위한 실험의 대상으로서 나타나는 경우가 허다하다.

셋째, 自然을 未分의 실체로 보느냐 已分的 부속의 대상으로 보느냐의 관점을 보자. 하이데거에 의하면 서양에서 인간은 세계를 자신에 관계되도록 놓고, 자연을 자신의 주변에 놓는다[42]고 하였다. 그것은 자연을 부속의 대상으로 볼 수도 있다는 의미의 다른 표현이다. 그러나 동양적 思潮의 관점은 자연과 인간의 조화에 따른 未分的 합일(天人合一)의 측면이 고래로 강조되어 왔다.

이처럼 동서 자연관의 차이에서 본다면 서양의 자연 정복의 미화는 자연 착취로 나갈 우려가 있다면, 동양의 自然 회귀는 自然 동화의 측면을 살려낼 수 있다. 그러나 오늘날 동서 모두가 自然 파괴를 가져온 점은 과학의 발달에 따른 인류 위주의 편의주의에 기인된다고 본다. 서양을 흉내 내다가 자연으로 돌아가지 못한다는 지적이나, 자연을 따르지 않고 자연을 지배 못한다[43]는 말에 귀를 기울여

---

41) 가와이 하야오 著, 김동원 譯, 『宗敎와 科學의 接點』, 솔밭, 1988, p.117.
"우리(서양인)은 자연에 대한 가장 엄격한 관찰과 탐구를 신뢰한다"고 융은 말한다(카알 구스타브 융 著, 金聖觀 驛, 『융心理學과 東洋宗敎』, 1995, p.18).
42) 하이데거 著, 黃文秀 譯, 『무엇을 위한 詩人인가』-世界思想全集 6卷-, 三省出版社, 1983, p.207.
43) 가와이 하야오 著, 김동원 譯, 『宗敎와 科學의 接點』, 솔밭, 1988, p.117.
조셉 니담 著, 李錫浩 外 2人 譯, 『中國의 科學과 文明』 2, 乙酉文化社,

야 할 때이다.

2) 莊子의 自然保護 當爲性

道家는 유가와 달리 道와 관련지운 自然에 대해 관심이 깊었으며, 자연을 자연 자체로 보고자 하는 사유를 지니고 있다.44) 그들의 이상적 세계관 역시 자연과 관련되어 있는 것은 당연한 일이다. 그들은 자연의 道와 더불어 삶을 共存해 온 것이다. 이에 自然의 보호는 그들에게 필수적인 일로써 자연의 寶庫인 천지 만물의 生을 존속하는 것을 당위적 목표로 하고 있다.

이에 자연보호 대상은 특정한 것에만 해당되는 것이 아닌 貴賤에 관계없이 달관된 自然의 道를 통해 투영되고 있다. 그는 만물에는 귀함이나 천함이 없다(天道篇)고 하여 어떠한 만물이든 貴賤을 가리지 말고 自然 그대로 보호해야 함을 역설하고 있다. 이에 皇帝가 추구하고자 하는 治國과 養民의 방법은 自然이 아닌 인위적 수단을 따르므로 자연 파괴의 결과만 가져온다고 莊子는 생각하였다. 그는 皇帝를 비판하며 말하길 "당신이 天下를 다스리게 되고 부터는 구름이 채 다 모이기도 전에 비가 내리고, 草木은 잎이 누렇게 되기도 전에 말라 떨어지며, 해와 달의 빛도 차츰 어두워졌다"45)고 하여 고통스럽게 보았다.

이처럼 自然의 道를 거역할 때 「衆妙之門」(道德經 1)을 훼손하여 自然의 오묘한 조화는 깨지고 만다. 莊子는 自然의 조화가 깨지는

1986. pp.87-88.
44) 곽신환, 「儒學의 유기체 우주론」, '93 한국 동양철학회 추계국제학술회의, 『기술·정보화 시대의 인간문제』, 한국 동양철학회, 1993.10, p.別紙 1.
45) 『莊子』「在宥」, "自而治天下, 雲氣不待族而雨, 草木不待黃而落, 日月之光益以荒矣."

상태에 대해 "짐승의 무리는 흩어지고 새는 모두 밤에 울며 재앙이 草木에 미치고 禍가 벌레까지 미친다"46)고 하였다. 이야말로 衆妙之門에서 쏟아져 나오는 自然物의 길을 거역한 결과이다. 이처럼 그는 자연보호의 당위성을 생명과 결부지워 자연스럽게 언급하고 있는 셈이다.

그리하여 自然의 파괴는 결국 금수초목도 그 氣를 파악하여 이를 회피한다고 한다. 그에 의하면 聖人의 인위적 다스림으로 새는 높이 날아 화살의 위험을 피하고, 새앙쥐는 神壇 밑 깊숙히 굴을 파고서, 연기에 그을리거나 파헤쳐지는 禍를 피한다47)고 하였다. 이와 더불어 「人間世」편에서도 그는 말하기를, 짐승은 도살될 때 울음소리를 가리지 않고 숨소리는 거칠어지는데 여기에서 사나운 마음이 생기는 것(人間世篇 : 竝生心厲)이라고 하였다. 자연 파괴의 고통스런 모습들이 그의 눈에 투영되고 있다.

3) 莊子의 自然保護 方法

① 順物自然

'順物自然'(應帝王篇)이라는 莊子의 말에 의하면, "마음을 담담한 경지에 노닐게 하고, 氣를 막막한 세계에 맞추어, 모든 일을 自然에 따르게 하고 사심을 개입시키지 않는다면 천하는 잘 다스려질 것이다」48)고 한다. 그러한 '順物自然'이 되는 것을 莊子는 다른 표현으로써 '常因自然'(德充符篇)이라 하고 있다. 그는 '常因自然'이 될 때 인

---

46) 『莊子』「在宥」, "解獸之群, 而鳥皆夜鳴, 災及草木, 禍及止蟲."
47) 『莊子』「應帝王」, "夫聖人之治也,……且鳥高飛以避矰弋之害, 鼫鼠深穴乎神丘之下, 以避熏鑿之患."
48) 『莊子』「應帝王」, "汝遊心於淡, 合氣於漠,順物自然而無容私焉, 而天下治矣."

간 好惡의 감정이 개입되지 않는다고 한다. 만물의 자연을 따르는 '順物自然'에 그리고 항시 자연에 말미암는다는 '常因自然'에 自然의 본래 상태를 유지하고자 하는 그의 의지가 담지되어 있다.

또한 順物自然은 구체적으로 順性·順命하는 모습이다. 自然之命에 조화하는 모습을 莊子는 '調之以自然之命'(天運)이라는 말로써 드러내고 있다. 王弼은 老子 사상을 언급하면서 "대저 눈 귀 입 마음은 모두 그 性을 따른다. 만일 性命을 따르지 않으면 오히려 自然을 상하게 한다"[49]고 하여 자연의 性命을 따르지 않을 때 결국 '傷自然'한다고 하였다. 자연의 모습을 그대로 따르는 것은 다름아닌 順性·順命으로 이에 맞게 처사하는 인간의 지혜가 요청된다.

그에 의하면 "참된 본성(眞)이란 하늘에서 받은 것이고 自然 그대로이므로 바꿀 수가 없소. 때문에 聖人은 하늘을 따르고 참된 본성을 귀히 여기며 세속 따위에 구애되지 않는거요. 그러나 어리석은 자들은 이와 반대여서 하늘에 따를 수가 없고 사람의 일에만 걱정하며, 참된 본성을 귀히 여길 줄 모르고 평범하게 속세 속에서 감화되므로 만족할 줄 모르오"[50]라고 한다. 자연의 모습을 벗어나려는 몸부림은 한갓 속세의 헛된 행위임을 위의 주장에서 엿볼 수가 있다.

따라서 順物自然이란 '自然不可易'(漁父)과 같은 일임을 인지하고 수용해야 한다. 莊子는 이에 다음과 같이 '自然不可易'이라 표현하였다. 그것은 각 생명체가 자연(天)으로부터 모든 것을 물려받았기 때문이다. 오리와 학의 다리는 짧으면 짧은 대로 길면 긴 대로 그대로 두어야 한다[51]는 것이 이의 맥락이다. 이처럼 自然의 命을 인간이 인위적으로 상정한 가치대로 바꾸는 일은 여기에서 삼가야 할 대상

---

49) 王弼 注, 『道德經』 12章, "夫耳目心, 皆順其性也, 不以順性命, 反以傷自然."
50) 『莊子』 「漁父」 "眞者, 所以受於天也, 自然不可易也, 故聖人法天貴眞, 不拘於俗, 愚者反此, 不能法天而恤於人, 不知貴眞, 祿祿而受變於俗, 故不足."
51) 『莊子』 「騈拇」, "鳧脛雖短, 續之則憂, 鶴脛雖長, 斷之則悲."

이 되고 있다. 莊子의 이러한 주장에서 順物自然의 핵심적 내용이 나타나고 있다.

② 無用之用

오늘날 환경보호가 잘 된다면 산에는 나무가 우거지고 들에는 푸르런 녹색 벌판이 전개될 것임에 틀림이 없다. 요즈음 산에 나무가 쌓여도 가져가는 농부가 없는 오늘의 현실은 농촌 거개가 가스보일러 혹은 기름보일러로 식사를 만들고 방의 온도를 조정하기 때문이다. 즉, 그들에게는 이제 산과 들의 푸르런 초목이 필요가 없어져 無用之物이 되었기 때문이다.

물론 오늘의 이러한 상황과는 다르지만 莊子 당시에도 이처럼 無用之物이 되는 것을 다음에서 시사하고 있다. 즉, 무성한 거목이 된 것은 不材之木, 즉 無用之用이므로 다른 사람들에 의해 훼손당할 염려가 없다는 상징적이고 우언적인 언급이 莊子에게서 전개된다. "莊子가 산속을 가다가 잎과 가지가 무성한 거목을 보았다. 그런데 나무꾼이 그 곁에 머문 채 나무를 베려 하지 않으므로 그 까닭을 물었더니 '쓸모가 없습니다'고 대답하였다. 莊子가 이에 말했다. '이 나무는 제목감이 안되므로 (쓸모 없으니) 그 천수를 다할 수 있었던 거다.'"52) 이러한 대화는 自然의 아름다운 모습을 간직하는 비결과도 같은 느낌을 가져다 준다.

오늘날의 자연훼손이란 莊子의 입장에서 보았을 때 인간이 상정한 자연물의 有用 가치 때문이 아닌가 본다. 그는 말하기를 "대체로 아가위·배·귤·유자 등의 열매 종류는 열매가 익으면 잡아 뜯기고 뜯기면 부러진다. 큰 가지는 꺾이고 작은 가지는 잡아 당겨진

---

52) 『莊子』「山木」, "莊子行於山中, 見大木, 枝葉盛茂, 伐木者止其旁而不取也, 問其故, 曰, 无所可用, 莊子曰, 此木以不材得終其天年夫."

다. 이는 그 능력 때문에 삶이 괴롭혀지는 것이다"53)고 하였다. 나아가 계수나무는 계피를 먹을 수 있어 베어지고, 옻나무는 쓸모있어 쪼개진다고 하였다. 그리하여 그는 「人間世」편에서 사람들은 모두 有用之用은 알아도 無用之用은 모른다고 비판하였다.

또한 치질걸린 돼지의 長壽나 상수리나무의 巨木은 無用한 이유로 인한 것이라고 그는 말한다. 이러한 無用之用을 아는 사람은 이상향과도 같은 無何有之鄕에서 逍遙하는 여유로운 모습을 보인다. 이러한 경지에 대해 莊子는 寓言으로 惠子에게 다음과 같이 말한다. "지금 선생에겐 큰 나무가 있는데 쓸모없어 걱정인 것 같소만, 어째서 아무것도 없는 드넓은 들판(無何有之鄕)에 심고 그 곁에서 마음 내키는대로 한가이 쉬며, 그 그늘에 유유히 누워 자 보지는 못하오. 도끼에 찍히는 일도 없고 누가 해를 끼치는 일도 없을 거요. 그런데 쓸모없다고 어째서 괴로워 한단 말이오?"54) 매우 낙천적 사고의 모습이 이에 잘 나타난다.

이러한 無用之用을 기본적 입장으로 설정한 후에 그는 궁극적으로 無用과 有用의 中間, 나아가 어느 입장에도 머물지 않은 초탈의 '乘道德'의 경지에 이르도록 한다. 「山木」편의 오리 관련 언급이 그것이며, 여기에서 그는 "材與不材之間, 似之而非也… 乘道德而浮遊"("유용한 제목과 쓸모없는 것 사이에는 같으면서도 다르다…도덕위에 올라 여유로이 노닌다.")라 하고 있다. 莊子가 말하는 用은 역시 인간의 가치 중심으로 판단한 有用과 無用인 까닭에 인간의 횡포가 되므로 이것마저 달관하려는 그의 입장이다.55) 자연물을 인간의 가치 관

---

53) 『莊子』「人間世」, "夫柤梨橘柚果蓏之屬, 實熟則剝, 剝則辱, 大枝折, 小枝泄, 此以其能苦其生者也."
54) 『莊子』「逍遙遊」, "今子有大樹, 患其无用, 何不樹之於无何有之鄕, 廣莫之野, 彷徨乎无爲其側, 逍遙乎寢臥其下, 不夭斤斧, 物无害者, 无所可用, 安所困苦哉."

넘으로 즉입시켜 착취하려는 인간의 본능을 그는 원천적으로 봉쇄하고 있다.

③ 素樸·無欲

莊子에 있어 순박함을 잃게 하는 요인들로는 人爲의 政治術, 離道德, 화려한 文章, 博學, 從心(繕性) 등이 거론된다. 그는 堯·舜이 천하를 다스리면서 그와 같은 人爲行으로 천하 백성은 혼란에 빠졌으며 自然은 '復其初'를 할 수가 없다고 하였다. 나아가 그는 無知, 無欲, 素樸을 잃으면 自然은 훼손된다고 보았다. 즉, 聖人이 나타나게 되자 仁義禮智로 천하를 다스리니 五色, 五聲, 六律이 요란해진다. 결국 그는 "통나무를 해쳐서 그릇을 만드는 것은 목수의 죄이지만, 참된 도덕을 망가치며 仁義를 만든 것은 聖人의 잘못이다"56)고 하여 역설적 어법을 구사하였다.

그리하여 천하의 자연스러움이란 無知, 無欲, 素樸의 모습을 되찾아야 한다고 그는 주장한다. 그러할 경우 '禽獸居, 萬物竝'(금수초목의 生長)이 가능해지며 소박함이 가능해진다(素樸而民性得矣 : 馬蹄篇)는 것이다. 老子도 이에 소박함에 복귀하라는 의미에서 '復歸於樸'(道德經 28)이라 하여 莊子의 素樸이라는 自然 사상과 같은 입장에 있다. 곧 老子는 말하기를 "성인은 욕심내지 않는 것을 욕심내고, 얻기 어려운 재물을 귀하게 여기지 않고, 배우지 않음을 배움으로 삼고, 여러 사람들이 지나치는 바를 되돌림으로써, 萬物의 自然 그대로를 도와서 감히 인위적으로 하지 않는다"57)고 하였다.

이에 老子는 소박한 농민적 혹은 市井人的인 德의 마을을 이룰 수

---

55) 김충열,『김충열교수의 老莊哲學 강의』, 예문서원, 1995, p.293.
56)『莊子』「馬蹄」, "夫殘樸以爲器, 工匠之罪也., 毁道德以爲仁義, 聖人之過也."
57)『道德經』64章, "聖人欲不欲, 不貴難得之貨, 學不學, 復衆人之所過, 以輔萬物之自然, 而不敢爲."

있는 작은 공동체 생활들이 국가 각각의 부분들이 되고자 한다.58) 그것은 小國寡民의 소박한 이상향을 지향하고 있다는 의미이다. 다시 말하면 노자의 이상세계는 소박 무욕한 마을, 순박 무지한 사람들을 추구하고 있음에 틀림이 없다.

아무튼 莊子의 素樸, 無知, 無欲은 천지일월·금수초목과 인간의 모습이 둘 아님을 추구하는 면에서 나타나고 있다. 즉, 그가 「天道」편에서 말하는 天地日月의 항상됨과 밝음, 禽獸草木의 생명질서(天地有常, 日月有明, 禽獸有群, 植木有立)란 결과는 다름아닌 인간이 천하의 순박함을 간직하는 것(天下无失其牧)을 함께하는 일에서 비롯된다. 이러한 순박의 세계에서는 人性이 상하지 않을 것이며, 나아가 自然之性도 상하지 않을 것임에 틀림이 없다.

④ 萬物齊同

萬物齊同은 '成見'(達生)에 사로잡힌 인간이 是非와 彼此를 극복하는 한 이념이다. 是非와 彼此의 구분이 있으면 自然을 차별상으로 보게 된다. 곧 차별상을 떠난 '是亦彼也, 彼亦是也'(是非가 하나이다)라는 말이나, 聖人은 是非에 조화하니 결국 '休乎天鈞, 是之謂兩行'(天鈞에 쉬는데, 이를 兩行라 한다: 「齊物論」이라는 말 등은 萬物齊同의 모습이다. 또한 萬物齊同은 好惡, 貴賤, 喜怒 등도 극복하는 것이다. 이를 극복하지 못하는 행위도 自然의 동질성을 무시하는 일이다. 好惡로써 '傷其身'함이 없다(「德充符」)라는 말이나, '物无貴賤'(「秋水」)이라는 말이 이것이다.

나아가 萬物齊同은 死生이 同狀임을 알게 된다. 死生이 同狀임을 알면 생명연장이나 생명체를 유지하려고 자연물을 훼손하지는 않을 것이다. 그는 이에 말하는 바, "삶을 초월(默殺)하는 자는 죽음은 없

---

58) 막스 베버 著, 이상률 譯, 『儒教와 道教』, 文藝出版社, 1993, p.264.

고, 삶을 살려고 애쓰는 자는 삶이 없소"59)라고 하였다. 궁극적으로 生과 死가 하나임을 아는 至高의 生死 一如의 세계관이 이에 나타난다. 이러한 一如의 관점은 다름아닌 莊子가 말하는 齊同의 다른 모습이다.

곧 萬物齊同의 본질은 天地 萬物이 一體라는 말에서 발견된다. 만물제동의 입장에서 본다면 "天地는 하나의 손가락이고 만물은 한 마리의 말이다"60)는 것이다. 그처럼 인간이 천지와 만물에 하나되어 일체되기를 그는 강구하고 있다. 그러므로 莊子는 "遊乎天地之一氣"(大宗師篇)라 하여 일체된 마음으로 천지의 一氣에 합류하기를 바라고 있다. 그리하여 결국 六氣의 변화에 순응하여 天地一氣 속에서 노니는 것을 그는 추구한다. "六氣之辯, 以遊无窮者"(「逍遙遊」)라는 말은, 그가 자연의 변화인 六氣 속에서 無窮의 심경으로 노니는 것을 지향하는 뜻인 바, 天地와 하나된 一氣를 추구하고 있는 내용이다.

따라서 萬物齊同의 입장에 서게 되면 '天鈞', '兩行'이 되어 자연히 인간은 자연을 共存의 生氣로 인지하면서 함부로 이를 훼손하거나 이용하려 들지 않을 것이다. 주지하듯이 자연은 사람을 편애하여 차별상을 나타내는 것이 아니며,61) 인간이 오히려 이에 차별상을 나타낸다. 이것이 도가에서 말하는 자연보호의 핵심이며, 그러한 자연의 大道를 향하여 차별을 떠나 齊一이 되면 천지만물과 내가 同體되기에 충분하다.

---

59) 『莊子』「大宗師」, "殺生者不死, 生生者不生."
60) 『莊子』「齊物論」, "天地一指也, 萬物一馬也."
61) 조셉 니담 著, 李錫浩 外 2人 譯, 『中國의 科學과 文明』 2, 乙酉文化社, 1986. p.189.

5. 結 論

고대 중국철학에 있어 道家나 儒家 모두가 天人合一의 정신을 지향하는데, 이는 자연과 인간의 共生·共存 정신을 의미한다. 孔·孟도 天人合一을 주장하고 있고, 莊子 역시 「山木篇」에서 「人與天一也」라고 하였다. 천지 만물과 내가 하나되는 동화적 의미에서 '天地與我竝生, 而萬物與我爲一'(「齊物論」)이라는 말도 이의 맥락이다. 이는 동양의 평화주의적 관점이 중국 고대의 자연관과 떠날 수 없음을 언급해 주는 사유의 골격이다.

그러나 이와 달리 유가 중에서도 荀子에 와서 天人分離의 사고를 지녀왔음은 주지의 사실이다. 『周易』에도 나타나는 바, 荀子가 말하는 '開物成務'는 天人이 二分한 후 인간 본위에 집중된 가치 개념의 등장을 말하고 있다. 이에 유가의 인본주의는 자연주의와 대립된다는 비판의 사고가 나올 법도 하다. 그렇지만 유가는 自然을 중시하지 않는 것이 아니라 인본주의로써 인간 평등을 강조하려는 점에 그 초점이 맞추어져 있다. 유학 본래의 자연관은 인간이 상응하여 조화해야 할 자연임은 주지의 사실이다.

그러나 현대사회의 자연관 變移는 우리를 심각하게 한다. 현대 산업사회에서 문제시 해야 할 것은 기계·공업의 발달에 수반된 물체관 내지 자연관의 변이이다.[62] '문명이다, 개발이다' 하며 자연을 정복하는 듯한 현재의 물질 풍요는 언젠가 그로 인하여 물질 고갈의 시대가 올 것이며, 이는 곧 자연파괴의 큰 재앙으로 다가올지도 모른다. 고래로 선조들이 자연과 더불어 살아온 점을 상기하여 그들에게서

---

62) 윤사순, 「現代 産業社會의 倫理問題」, 『汎韓哲學』 제13輯, 汎韓哲學會, 1996. 6, pp.7-8.

자연과의 조화법을 배워야 한다.

따라서 동양 儒·佛·道 3교의 자연관 집합으로서 유기체적 자연관을 확립하는 일이 이 시대를 살아가는, 동양 철학을 전공하는 지성인의 사명이다. 본 연구는 오늘날 自然이 무참히 파괴되고, 다시 자연보호라는 것이 전 인류의 슬로건으로 등장한 시점에 즈음하여 인간은 자연과의 동질성을 갖고 自然에의 경외감을 갖도록 하는데 一助가 되었으면 한다.

다만 莊子의 자연관은 문명의 개벽과 과학의 발전에 대해 어떻게 갈등없이 적극적으로 역할을 해야 하고, 적용되어야 하는가 하는 점이 본 연구의 한계이자 과제라고 본다. 오늘의 가치 기준에 의하면 莊子의 자연보호라는 말은 터무니없는 주장으로 보여질지 모르며, 현실감각과 전혀 맞지 않을 수도 있다. 그러나 자연에의 경외, 자연과의 조화를 이루어 살아가라고 외치는 道家 철인들의 목소리는 시간이 흘러갈수록 우리의 귓전에 다가올 것으로 보인다.

裵頠의 『崇有論』에 對한 考察
— 王弼의 有無觀과 比較를 中心으로 —

金 學 睦*

<차례>

1. 들어가는 말
2. 『貴無論』에 대한 비판
   1) '마음(心)'으로서의 無
   2) '허공(虛無)'으로서의 無
3. 知欲의 역할
   1) 聖人이 政事를 행하는 연유
   2) 분별심이 지나칠 때의 폐단
4. 끝맺는 말

1. 들어가는 말

裵頠(267-300)는 『崇有論』과 『貴無論』이라는 두 편의 논문을 남겼는데 『귀무론』은 소실되고 없다. 『全晉文』의 注에 따르면 '배위가 숭유와 귀무의 두 논문을 저술해서 허망한 것에 대한 폐단을 교정했는데, 글의 논리가 정교하고 충실해서 세상에서 유명한 논문이 되었다.'[1]고 한다. 『晉書』에서는 '시대의 풍속이 방탕하고 유가의 도를 높이지 않자 사람들이 예법을 존중하지 않았다. 이 때문에 배위는

---

* 건국대 철학과 박사
1) 『全晉文(卷三十三)』, 「貴無論」, "魏志裵潛傳, 注頠著崇有貴無二論, 以矯虛誕之弊, 文辭精富, 爲世名論. 文今佚."

세상에서 덕행으로써 사람을 가르치고 인도하는 일이 점점 쇠퇴하는 것을 염려해서『숭유론』을 지었다.'2)고 한다.『晉書』에 따르면『숭유론』의 저술 동기를 何晏과 阮籍 그리고 王衍의 행적과 관련해서 거론하고 있지만,3) 필자는 왕필의『노자주』에 한정해서『숭유론』을 비판해 보겠다.

『숭유론』이라는 명칭에서 나타나듯이 이 명칭은 無를 本으로 보고 有를 末로 보는 왕필(226-249)의 입장4)을 근본적으로 부정하고 있는 것으로 보인다. 그는『도덕경』의 無를 虛無·無·虛·至無로 표현하고 있는데,5) 이것들은 크게 '마음(心)'을 의미하는 無6)와 '有가 사라진 허공'을 의미하는 虛無7)로 나누어 볼 수 있다. 배위의 이런 입장은 無에 대한 해석부터 귀무론자들과 다른 것이다. 배위의 이런 관점은 유학자의 학문관에서 나온 것이다.

> "다행히 어떤 객이 지나가면서 그것을 함께 보고 글을 지어서 虛無가 부당하다는 근거를 들춰내라고 했다. 만약 매사를 풀이하여 바르게 하지 않는다면 '귀무를 주장하는 학자들의 논의(無家之義)'를

---

2) 『晉書』, "頠深患時俗放蕩, 不尊儒術, 何晏阮籍素有高名於世, 口談浮虛, 不遵禮法, 尸祿耽寵, 仕不事事; 至王衍之徒, 聲譽太盛, 位高勢重, 不以物務自嬰, 遂相放效, 風教陵遲, 乃著崇有之論以釋其蔽曰:"
3) 『晉書』, "頠深患時俗放蕩, …, 何晏阮籍素有高名於世, 至王衍之徒, 聲譽太盛, 位高勢重, …, 乃著崇有之論以釋其蔽曰:"
4) 『道德經』, 40章 王弼注, "有之所始, 以無爲本, 將欲全有, 必反於無也."
5) 『崇有論』, "於是文者衍其辭, 訥者讚其旨, 染其衆也. 是以立言藉於虛無, 謂之玄妙.", "觀老子之書雖博有所經, 而云「有生於無」, 以虛爲主, 偏立一家之辭, 豈有以而然哉.", "宜其以無爲辭, 而旨在全有, 故其辭曰「以爲文不足」. 若斯, 則是所寄之道, 一方之言也. 若謂至理信以無爲宗, 則偏而害當矣.", "夫至無者無以能生, 故始生者自生也. 自生而必體有, 則有遺而生虧矣. 生以有爲己分, 則虛無是有之所謂遺者也.".
6) 『崇有論』, "心非事也, 而制事必由於心, 然不可以制事以非事, 謂心爲無也."
7) 『崇有論』, "夫至無者無以能生, 故始生者自生也. 自生而必體有, 則有遺而生虧矣. 生以有爲己分, 則虛無是有之所謂遺者也.".

꺾을 수 없었기 때문이다."8)

위의 인용문으로 볼 때, 배위는 虛無에 대한 견해를 貴無를 주장하는 학자들과 달리함으로써 자신의 견해를 피력하고 있음을 알 수 있다. 배위의 이런 입장은 『숭유론』의 핵심이 되는 것으로 전반적으로 그의 사상과 긴밀한 관계가 있다. 그러면 그가 어떤 관점에서 귀무파의 학자들과 달리 無에 대해서 '마음(心)'과 '허공(虛無)'으로 파악하고 있는지 살펴보자.

2. 『貴無論』에 대한 비판

1) '마음(心)'으로서의 無

배위에게 '虛無・無・虛・至無'는 『도덕경』의 無인데, 『도덕경』에서 '無'자가 부정사로 사용된 것을 제외하면, 허공을 의미하는 무9)와 萬有의 근본을 의미하는 무10)로 나누어 볼 수 있다. 그런데 배위는 "지극한 무란 생장・변화할 방법이 없다."11)라고 함으로써 『도덕경』 40장에서 "有生於無"의 無를 부정하고 있는 듯하다. 그러나 배위는 자신의 이런 입장이 『도덕경』의 취지에 어긋나지 않는다고 한다.

---

8) 『崇有論』, "有客幸過咸見, 命著文摛列虛無不允之徵. 若未能每事釋正, 則無家之義弗可奪也."
9) 『道德經』, 2章, "天下皆知美之爲美, 斯惡已, 皆知善之爲善, 斯不善已. 故有無相生, 難易相成, ….", 11章, "三十輻, 共一轂, 當其無, 有車之用, 埏埴以爲器, 當其無, 有器之用, 鑿戶牖以爲室, 當其無, 有室之用, 故有之以爲利, 無之以爲用."
10) 『道德經』, 40章, "反者, 道之動, 弱者, 道之用, 天下萬物生於有, 有生於無."
11) 『崇有論』, "夫至無者無以能生, 故始生者自生也."

"마땅히 『도덕경』은 '無'로 '이론의 근거(辭)'를 삼았지만 취지는 有를 온전히 함에 있다. 그러므로 『도덕경』에서 '以爲文不足'이라고 했다. '有生於無'를 곧이곧대로 따른다면 이것은 의탁하는 바의 길이 일방적인 말이다. 만약 '지극한 이치(至理)'가 진실로 無를 근본(宗)으로 삼는다고 말한다면 편협하고 해가 됨은 당연하다."12)

배위에게 『도덕경』의 無는 노자가 그 이상의 의미를 전달하기 위하여 언급한 것으로 해석된다. 곧 배위의 입장에서 노자가 有를 온전하게 하기 위하여 無를 언급했던 것은 말로 표현할 수 없는 '지극한 이치(至理)'를 사람들에게 알린 것이다. 배위는 이런 논리를 사용함으로써 한편으로 귀무를 주장하는 도가의 이론이 잘못되었음을 지적하면서, 다른 한편으로는 유가의 한 사람으로서 유가와 도가를 회통하는 『崇有論』의 발판을 구축했다.

『숭유론』 첫 구절 "총체적으로 뒤섞여 있는 모든 바탕이 종극의 도이다"13)라는 말은 배위가 『도덕경』 25장의 "뒤섞여 이루어진 무엇인가가 천지가 나온 것보다 먼저 있었다. …. 나는 그것의 이름을 알지 못하여 그것에 도(道)라는 별명(字)을 붙였다."14)라는 구절을 염두에 두고 한 것임이 분명하다. 배위는 이렇게 궁극의 도에 대해서는 『도덕경』과 일치된 견해를 보이면서도 『도덕경』의 無를 궁극의 도로 여기지는 않는다. 이미 살펴보았듯이 그는 '無를 방편으로써 有를 온전하게 하고 지극한 이치를 설명하기 위해서' 라고 그 이유를 설명하고 있지만, 이런 설명만 가지고는 『도덕경』에서 "無에서 有가 나왔다."는 말을 합리화시킬 수는 없다. 그는 이것에 대해 다음과 같이 설명한다.

---

12) 『崇有論』, "宜其以無爲辭, 而旨在全有, 故其辭曰「以爲文不足」. 若斯, 則是所寄之道, 一方之言也. 若謂至理信以無爲宗, 則偏而害當矣."
13) 『崇有論』, "夫總混羣本, 宗極之道也."
14) 『道德經』, 25章, "有物混成, 先天地生. …. 吾不知其名, 字之曰道."

"마음은 일이 아니지만 일을 하는 데는 반드시 마음을 경유한다. 그렇지만 일이 아닌 것으로 일을 할 수는 없으니, 마음이 무(無)가 된다고 한다. 장인(匠)은 물건(器)이 아니지만 물건을 만드는 데는 반드시 장인이 있어야 한다. 그렇지만 물건이 아닌 것으로 물건을 만들 수 없으니, 장인은 非有라고 한다."[15]

인용문의 의미는 마음이 일을 주관해서 일을 만들지만 일은 일에서 만들어진다는 것이다. 곧 無에서 有가 나올 수는 없고 有에서 有가 나온다는 것이다. 곧 목수와 가구를 예로 하면, 목수가 열심히 일함으로써 가구를 완성했을 때, 가구는 목재에 목수의 노력이 합해져서 만들어진 것이다. 그러나 가구는 결국 목재가 변형된 것에 지나지 않기 때문에 목수의 노력을 非有로 본다는 것이다. 동일하게 마음이 일을 주관해서 일을 완성하지만 완성된 일은 이전의 일이 변형된 것에 지나지 않기 때문에 '마음(心)'을 '無'로 본다는 것이다.

배위의 이런 논리로『도덕경』40장을 설명할 수 있다. "천하 만물은 有에서 나오고 有는 無에서 나왔다."는 것은 '총체적으로 뒤섞여 있는 종극의 도'가 無인 마음을 경유하여 천하 만물이 되었다는 것이다. '지극한 무(至無)'에 대한 그의 견해를 보면 이것을 알 수 있다.

"지극한 무란 생장·변화할 방법이 없다. 그러므로 처음의 생장·변화는 저절로 생장·변화한 것이다. 저절로 생장·변화하지만 반드시 有에 의지해서 드러나니(體), 有가 사라지면 생장·변화도 사라진다. 생장·변화는 有로써 자신의 몫을 삼으니 虛無는 有가 사라진 것이다. 그러므로 이미 변화된 有를 기르는 것은 '무의 작용(無用)'이 온전하게 할 수 있는 것이 아니다. 이미 있는 뭇 사물을 다스리

---

15) 『崇有論』, "心非事也, 而制事必由於心, 然不可以制事以非事, 謂心爲無也. 匠非器也, 而制器必須於匠, 然不可以制器以非器, 謂匠非有也."

는 것은 무위가 어떻게 할 수 있는 것이 아니다. 마음은 일이 아니지만 일을 하는 데는 반드시 마음을 경유한다. 그렇지만 일이 아닌 것으로 일을 할 수는 없으니, 마음이 무가 된다고 한다."16)

인용문의 '지극한 무(至無)'는 배위가 『도덕경』 '有生於無'의 無를 지적해서 한 말이지만, 사실 속셈은 귀무파 곧 왕필의 無를 비판하기 위한 것이다. 왕필에게 無는 한편으로는 '마음 비움'이고, 다른 한편으로는 마음 비움을 통해 자연과 일체가 된 '물아일체의 상태'이다.17) 배위에게 지극한 무는 바로 왕필에게서 물아일체의 상태이다. 왕필에게 물아일체의 상태는 모든 분별심이 제거됨으로써 바로 자연과 일체가 된 상태이다. 사물은 물아일체의 상태가 분별심에 의해 하나하나 대상화된 것이다. 배위는 무에서 유가 나올 수 없고 유에서만 유가 나온다는 논리를 가지고 왕필의 무 곧 물아일체의 상태를 반박한 것이다.

배위에게 세상의 만물은 '總混羣本'의 변화에 지나지 않기 때문에 그 변화에 참여할 수 있는 마음을 無라고 하는 것이다. 그런데 여기서 유의해야 할 것은 그가 無의 의미를 '마음(心)'으로 전환시킴으로써 마음의 기능인 분별심을 적극적으로 인정하는 점이다. 이런 점은 왕필의 사상과 근본적으로 다르다. 귀무파의 학자들이 배위의 무(虛無)에 대해서 부당하다고 지적했음을 이미 서문에서 언급했다. 『도덕경』 42장 왕필주를 보면 무에 대한 왕필의 견해가 잘 나타난다.

---

16) 『崇有論』, "夫至無者無以能生, 故始生者自生也. 自生而必體有, 則有遺而生虧矣. 生以有爲己分, 則虛無是有之所謂遺者也. 故養旣化之有, 非無用之所能全也 ; 理旣有之衆, 非無爲之所能循也. 心非事也, 而制事必由於心, 然不可以制事以非事, 謂心爲無也."

17) 졸고, 「王弼注를 통해 본 『道德經』의 이해」, 『도교문화연구』 제 11집. 이하 왕필에 관한 언급은 이것을 참고하기 바람.

"만물은 가지각색으로 드러나지만 그 귀착점은 '하나(一)'이다. 무엇을 말미암아 하나에 이르게 되는가? '무(無)'를 말미암아서이다. 무를 말미암아야 하나로 되니, 하나를 무(無)라고 할 수 있다."[18]

왕필은 『장자』「제물론」 "천지는 나와 함께 나왔고 만물은 나와 하나(一)이다. …."[19]라는 구절의 논리를 통하여 『도덕경』을 전반적으로 주석하고 있다. 왕필주의 '하나(一)'는 「제물론」의 "萬物與我爲一"의 '하나(一)'로 '물아일체의 상태'이다. 물아일체의 상태에 도달하기 위해서는 분별심을 모두 비워야 하는데 그것이 바로 '마음 비움(無)'이다. 마음 비움은 물아일체의 상태에 도달하는 수단이지만 물아일체의 상태에 도달하는 순간, 마음 비움은 그 자체로 물아일체의 상태가 된다. 물아일체의 상태는 『도덕경』 25장의 "뒤섞여 이루어진 무엇인가가 천지가 나온 것보다 먼저 있었다."에서 '有物混成'과 같은 상태로서 自然 그 자체와 합일된 상태이고 道와 합일된 상태이다. 이런 점에서 왕필에게 無는 '마음 비움'과 '물아일체의 상태'라는 두 가지 의미를 갖는다.

배위에게 無는 만사를 제재하는 마음이지만, 왕필에게 그것은 한편으로 마음 곧 분별심을 비우는 것이고 다른 한편으로는 마음 비움을 통하여 자연과 일체가 된 물아일체의 상태이다. 왕필에게 물아일체의 상태는 주객이 분리되지 않은 상태로서 천하만물의 시원 곧 "有物混成, 先天地生"이다. 배위는 왕필에게서 이런 의미의 無를 마음으로 격하시킴으로써 왕필의 이론을 근본적으로 부정했다. 도가의 학자들은 바로 이런 차이점 때문에 虛無에 대한 배위의 견해를 비판

---

18) 『道德經』, 42章 王弼注, "萬物萬形, 其歸一也. 何由致一. 由於無也. 由無乃一, 一可謂無."
19) 『莊子』, 「齊物論」, "天地與我幷生, 而萬物與我爲一. 旣已爲一矣, 且得有言乎. 旣已謂之一矣, 且得無言乎. 一與言爲二, 二與一爲三. 自此以往, 巧歷不能得, 而況其凡乎." 『諸子集成』 三권 참고.

하지 않을 수 없었을 것이다.

2) '허공(虛無)'으로서의 無

배위에게 無는 한편으로는 '마음'이고 다른 한편으로는 '허공'이다. 그에게 '허공'으로서의 '無'는 일견으로는 『도덕경』 2장과 11장에서 '허공'으로서의 '無'를 의미하는 것 같지만 전혀 그렇지 않다. 결론적으로 말해서 그에게 2장과 11장의 無도 '마음(心)'이다. 『도덕경』 2장의 "有無相生"은 有와 無가 서로서로 의지해서 존재한다는 의미이고, 11장의 "三十輻共一轂, 當其無, 有車之用, … 故有之以爲利, 無之以爲用."는 有의 효용이 無에 있다는 의미이다. 그런데 문맥상으로 볼 때, 여기에서 의 無는 모두 허공을 의미하는 것으로 봐야 한다. 그럼 다음의 인용문을 보면서 배위에게 『도덕경』 2장과 11장의 無가 무엇을 의미하는지 검토해 보자.

> "지극한 무란 생장·변화할 방법이 없다. 그러므로 처음의 생장·변화는 저절로 생장·변화한 것이다. 저절로 생장·변화하지만 반드시 有에 의지해서 드러나니(體), 有가 사라지면 생장·변화도 사라진다. 생장·변화는 有로써 자신의 몫을 삼으니 虛無는 有가 사라진 것이다. 그러므로 이미 변화된 有를 기르는 것은 '무의 작용(無用)'이 온전하게 할 수 있는 것이 아니다. 이미 있는 뭇 사물을 다스리는 것은 무위가 어떻게 할 수 있는 것이 아니다."[20]

위의 인용문에서 '지극한 무(至無)'를 『도덕경』의 '有生於無'의 無

---

20) 『崇有論』, "夫至無者無以能生, 故始生者自生也. 自生而必體有, 則有遺而生虧矣. 生以有爲己分, 則虛無是有之所謂遺者也. 故養旣化之有, 非無用之所能全也;理旣有之衆, 非無爲之所能循也"

에 적용하면, 마음은 有를 직접 만들어 내는 것이 아니라 有를 제재하는 것에 지나지 않는다는 의미이다. 그런데 문제는 '虛無'를 단지 '有가 사라진 허공'으로 보는 배위의 견해에 있다. 인용문에서 "이미 변화된 有를 기르는 것은 '무의 작용(無用)'이 온전하게 할 수 있는 것이 아니다."라고 하기 때문에, 배위에게 『도덕경』 2장과 11장의 '無'가 '허공(虛無)'이 될 수는 없다. 인용문에서 '무의 작용(無用)'은 왕필을 비판한 것으로 봐야 한다.21) 왕필에게 '허공(無)'은 有의 효용이 되는 것이다. 배위의 입장을 분명하게 이해하려면 먼저 왕필의 '허공(無)'에 대한 입장을 살펴봐야 한다.

왕필에게 '허공(無)'은 그릇 같은 有가 그것의 효용을 발휘하게 되는 것이지만, 이것은 궁극적으로 사람들에게 自然을 알리는 방편이다. 그에 의하면 사람들은 분별심 때문에 자연 그대로의 사물을 보지 못하고, 분별심에 의해 대상화된 사물만이 전부라고 생각한다. 곧 그릇의 귀함은 그릇이 아닌 그릇의 '허공(無)'에 그 효용이 있는데, 사람들은 그 효용이 그릇 그 자체에 있다고 생각한다. 이런 점은 가치의 세계에서도 동일하게 적용된다. 선은 악 때문에 아름다움은 추함 때문에 높여지는데, 사람들은 이것을 모르고 선과 아름다움이 전부인 줄 알고 그것만을 최고로 여긴다. 왕필은 사람들이 有의 효용이 無에 있다는 점을 제대로 파악할 때 道에 따라서 '진정한 삶(自然)'을 영위할 수 있다고 본다.

"높은 것은 낮은 것을 기반으로 삼고, 귀한 것은 천한 것을 근본으로 삼고, 有는 無를 효용으로 삼으니, 이것이 되돌아가는 것이다. 움직임에 그것이 모두 無로 된 것임을 안다면 사물들이 제대로 될

---

21) 『道德經』, 11章 王弼注, "木埴壁所以成三者, 而皆以無爲用也. 言無者有之所以爲利, 皆賴無以爲用也.", 40章 王弼注, "高以下爲基, 貴以賤爲本, 有以無爲用, 此其反也."

것이다. 그러므로 되돌아가는 것이 도의 움직임이라고 했다."22)

　　왕필은 사물이 有와 無로 이루어져 있음을 『도덕경』 2장23)과 11장24)의 주석을 통하여 알리는데, 그 목적은 사람들이 마음을 비움으로써 자연으로 되돌아가야 함을 깨닫도록 하기 위해서이다. 곧 사물의 효용이 자신을 비운 '허공(無)'에 있듯이 사람들의 진정한 삶도 '마음을 비우는 데(無)' 있다는 것이다. 따라서 사람들은 당연히 마음을 비움으로써 자연으로 되돌아가야 한다. 다시 말해 분별심을 모두 제거함으로써 마음이 완전히 비워졌을 때 인위적으로 하는 행위가 사라지니, 왕필에게 이것이 無爲이고 道와 自然에 합일하는 것이다. 사물을 왜곡시키는 분별심을 비우지 못할 때 사람들은 항상 마음에 대상화된 有가 전부인 줄 알고 그것을 절대화시킴으로써 행위의 지침으로 삼으니, 왕필에게 이것이 有爲이다.

　　그런데 배위가 "이미 有로 변화된 것을 기르는 것은 '무의 작용(無用)'이 온전하게 할 수 있는 것이 아니다."라고 한 것은 왕필의 입장과 상반된다. 배위에게 '有로 변화된 것을 기르는 것'은, 곧 '有의 효용'은 '無의 작용(無用)'에서 나오는 것이 아니라 '마음(無)'에서 나온다. 왕필은 그릇과 같은 유의 효용이 '허공(無)'에 있다25)고 함으로써 『도덕경』 11장의 경문을 무리없이 충실히 따르고 있다. 그러나 배위는 『도덕경』 2장과 11장의 無를 마음으로 해석함으로써 왕필의 이론

---

22) 『道德經』, 40章 王弼注, "高以下爲基, 貴以賤爲本, 有以無爲用, 此其反也. 動皆知其所無, 則物通矣. 故曰反者道之動也."
23) 『道德經』, 2章, 王弼注, "喜怒同根, 是非同門, 故不可得而偏擧也. 此六者, 陳自然, 不可偏擧之明數也"
24) 『道德經』, 11章, "言無者有之所以爲利, 皆賴無以爲用也."
25) 『道德經』, 11章 王弼注, "轂所以能統三十輻者, 無也. 以其無能受物之故, 故能以實統衆也. 木埴壁所以成三者, 而皆以無爲用也. 言無者有之所以爲利, 皆賴無以爲用也."

을 부정했다. 곧 그는 허공에서 有의 효용이 나오는 것이 아니라 '마음(無)'에서 나온다고 함으로써, 『도덕경』의 無를 모두 '마음'으로 파악하고 있는 것이다.

배위에게 虛無는 단지 有가 사라진 허공으로서 사물에 어떤 영향도 미치지 못한다. 배위의 견해를 따르면, 서른 개의 바큇살이나 진흙 등은 '마음(無)'에 의해서 유용한 바퀴나 그릇으로 만들어진다는 것이다. 배위의 이런 논리는 왕필의 '마음 비움(無)'을 완전히 부정하는 것이다. 배위는 이런 방법으로 계속 왕필의 無爲마저도 부정한다. 왕필에게 물아일체의 상태에서 하는 행위는 인위적인 모든 것이 제거됨으로써 자연을 따르는 것이기 때문에 無爲이다. 그러나 배위에게 쓸모 없는 진흙이 유용한 그릇이 되기 위해서는 반드시 '마음(心)'이 필요하기 때문에 마음을 비워두고 하는 행위인 無爲는 절대로 용납될 수 없다.

배위에게 '허공(虛無)'은 왕필과 같이 有를 유용하게 하는 것이 아니라 단지 有가 사라진 것에 지나지 않는다. 곧 有는 마음에 의해서 有 자체로 허공을 활용할 수 있도록 제작된 것이기 때문에 허공은 이미 有에 대해서 별 의미를 갖지 못한다. 따라서 귀무론자들의 주장처럼 有의 효용은 '허공(無)'에 있는 것이 아니라, 有가 활용될 수 있도록 만든 '마음(心: 無)'에 있다. 배위는 『도덕경』의 無를 모두 '마음(無)'으로 파악함으로써 자신의 견해를 일관되게 전개하면서 귀무론자들의 無에 대해 반박했다. 이것은 "총체적으로 뒤섞여 있는 모든 바탕이 종극의 도이다."[26]라는 그의 학문관에서 나온 것이다. 그는 유학자로서 귀무론자들의 無에 대한 견해를 부정하면서 유가의 가치관이 『도덕경』의 無까지 포섭할 수 있음을 논증한 것이다.

왕필에게 『도덕경』의 '無'는 한편으로는 '마음 비움'이면서 '허공'

---

26) 『崇有論』, "夫總混羣本, 宗極之道也."

이고, 다른 한편으로는 분별심이 전혀 개입되지 않은 '물아일체의 상태'이다. 그러나 배위에게 『도덕경』의 '無'는 한결같이 '마음(心)'이다. 배위는 마음을 적극적으로 인정하기 때문에 마음이 개입되지 않은 無爲를 부정하고 있다. 그는 '무(無)'를 '마음(心)'으로 해석함으로써 『도덕경』을 일관된 토대로 설명한다. "'知欲'은 끊어서는 안된다."27)는 그의 입장도 이런 관점에서 당연한 것인데, 다음 장에서 살펴보자.

3. 知欲의 역할

배위가 宗極의 道를 總混羣本으로 본 것은 자신의 견해가『도덕경』의 "有物混成"에 기반을 두고 있음을 분명히 한 것이다. 궁극의 도에 대한 배위의 시각은 물아일체의 상태를 궁극의 도로 보는 왕필과 비슷하다. 그러나 그가 왕필의 無爲를 부정한 것은 마음의 작용인 분별심을 긍정함으로써 드러나는 필연적인 결과이다. 왕필의 입장에서 無爲는 분별심을 완전하게 비움으로써 물아일체의 상태에서 하는 자연스러운 행위이다. 그러나 배위는 유의 효용이 마음에 있다고 보기 때문에 물아일체의 상태에서 나오는 無爲를 부정할 수밖에 없다.

배위에게 세상만사는 總混羣本의 끊임없는 변화이다. 세상의 사물은 總混羣本이 나누어져서 드러난 것이기 때문에 無에서 有가 나온 것이 아니라 有에서 有가 나온 것이다. 이런 입장이 바로『숭유론』을 주장하는 근본적인 이유이다. 물론 왕필에게 물아일체의 상태도 이

---

27)『崇有論』, "是以賢人君子, 知欲不可絶."

런 의미를 가질 수 있다. 그러나 왕필에게 물아일체의 상태는 '마음 비움'을 수단으로써 분별심을 배제한 자연과의 일체를 목표로 하는 것이고, 배위에게 總混羣本은 마음에 의해 인간의 생활에 유용하게 적용되는 바탕이기 때문에 근본적으로 두 사람은 양립할 수 없다. 그러면 배위에게 總混羣本이 사물로 드러나거나 사물이 사물로 변화하는 데 있어서 마음이 어떻게 개입하는지 살펴보자.

1) 성인이 정사를 행하는 연유

배위에게 만유는 총체적으로 뒤섞여 있는 종극의 도가 제각기 군집으로 하나 하나 나누어져서 모습을 갖춘 것이다. 따라서 '형상으로 드러난 사물의 모습(有)'은 종극의 도가 뒤섞이는 변화 그 자체이고, '종극의 도가 뒤섞이는 변화와 감응(理)'은 뭇 사물들이 남긴 흔적이다.

> "총체적으로 뒤섞이면서 있는 모든 바탕이 종극의 도이다. 틀 지워져서(方) 군집으로 나누어진 것이 모든 종류의 사물이다. 그러니 형상이 제각기 드러나는 것은 '有라는 것의 생장·변화 그 자체(有生之體)'이고, 변화와 감응이 뒤섞이는 것은 '理라는 것의 자취 그 자체(理迹之原)'이다."[28]

위의 인용문은 『숭유론』의 첫 구절로서 배위가 종극의 도와 사물이 맺고 있는 관계, 곧 전체와 개체간의 관계를 설명한 것이다. 배위가 귀무론자들의 논리를 반박하기 위하여 『숭유론』을 저술한 것을 염두에 둘 때, 여기에서 '有'의 의미에 유의해야 한다. 왕필에게 '有'

---

28) 『崇有論』, "夫總混羣本, 宗極之道也. 方以族異, 庶類之品也. 形象著分, 有生之體也. 化感錯綜, 理迹之原也."

는 자연 또는 도가 분별심에 의해 한쪽으로 왜곡되어 대상화된 것이다. 그러나 배위에게 '有'는 인간의 분별심과 관계없이 도가 부분적으로 모습을 나타낸 것이다. 곧 배위는『숭유론』의 첫 구절부터 귀무론자들의 논리를 반박할 근거로 有가 도의 일부분임을 언급한 것이다.

배위에게 도는 항상 뒤섞이면서 변화하는 모든 바탕이고, 개개의 사물은 모든 바탕이 뒤섞이면서 부분적으로 자신의 모습을 드러낸 것이다. 이 때문에 사물은 도의 부분으로서 항상 그 나머지와 서로 관계를 주고 받으면서 변화하고 있다. 배위는 사물들의 이런 의존관계를 '理'라고 한다.

> "여러 사물로 나누어지고 군집으로 되면 '總混羣本에서 갈라져서 나온 바탕(所稟者)'이 치우치게 된다. 치우치면 자족함이 없다. 그러므로 '외부의 바탕(外資)'에 의지한다. 이것은 '생장·변화하는 것(生)'을 가지고 찾아볼 수 있으니 그것이 이른바 理이다."29)

배위에게 이런 의존관계로서의 理는 구체적인 사물이 생장하고 변화하는 것을 통해서 알 수 있는 것이다. 이때 理는 '總混羣本'의 부분으로서의 각 사물들이 서로 의존관계에 있음을 지적한 것이다. 이것은 개체 곧 사물을 기준으로 道와 理를 연결시켜서 동일한 차원으로 보는 것이다.

사실 배위는『숭유론』첫 구절 "夫總混羣本, 宗極之道也. 方以族異, 庶類之品也. 形象著分, 有生之體也. 化感錯綜, 理迹之原也."에서부터 이런 관점을 드러내고 있다. 앞의 두 구절, 곧 "夫總混羣本, 宗極之道也. 方以族異, 庶類之品也."는 배위의 사상이 전개되는 대전제이다.

---

29)『崇有論』, "夫品而爲族, 則所稟者偏, 偏無自足, 故憑乎外資. 是以生而可尋, 所謂理也."

그는 대전제를 먼저 언급하고 이것을 다시 부연·설명하면서 理를 언급하고 있다. 곧 그는 "方以族異, 庶類之品"에 대해서 먼저 "形象著分, 有生之體."라고 하면서, "總混羣本, 宗極之道"에 대해서 "化感錯綜, 理迹之原."이라고 한 것이다. 이것은 전체를 기준으로 道와 理를 동일한 차원으로 보는 것이다.

그런데 道와 동일한 차원의 理는 有를 통해서 구체적으로 드러난다. 그러나 有는 道라는 바탕이 각각의 개체로 나누어진 것에 지나지 않는다. 곧 有는 道의 일부분이 구체적으로 모습을 갖춘 것이다. 그런데 有가 구체적으로 모습을 드러내는 데는 일정한 조건이 있다. 그 조건이 바로 '理에 합당함(宜)'이다. 곧 사물들은 '합당한 조건(宜)'에 따라서 구체적으로 드러나는 것이지 아무렇게나 드러나는 것이 아니다. 그것이 바로 생성·변화하는 사물의 '실정(情)'이다.

> "그런데 理가 '의지해서 드러나는 것(體)'이 이른바 有이고, 유가 '의지하는 것(須)'이 이른바 '바탕(資)'이다. 그런데 바탕은 합하는 바가 있으니 이른바 '理에 합당함(宜)'이다. 그 합당함을 택하는 것이 이른바 실정(情)이다."[30]

배위는 有와 理를 연결 지음으로써 자신의 관점이 정당함을 다시 언급한 것이다. 곧 그에게 비록 有는 道의 부분일지라도 道가 理에 합당하게 자신을 구체적으로 드러낸 것이다. 전체적인 관점에서 보면 總混羣本인 宗極之道가 化感錯綜하는 것이 '理라는 것의 자취 그 자체(理迹之原)'이기 때문에 理는 그 자체로 드러나지는 못하고 항상 有에 의지해서 드러나는데, 有는 바로 總混羣本이라는 '바탕(資)'의 일부가 결합해서 구체화된 것이다. 그런데 바탕이 결합해서 하나의

---

30) 『崇有論』, "理之所體, 所謂有也. 有之所須, 所謂資也. 資有攸合, 所謂宜也. 擇乎厥宜, 所謂情也."

구체적인 개체가 될 때는 '전체적인 도의 흐름(化感錯綜)'인 理에 따라서 그것에 합당하도록 하니 이것이 宜다. 道의 부분인 사람에게도 이런 점은 동일하다. 사람이 비록 분별심을 가지고 다양한 방식으로 살아갈지라도 道의 변화 곧 理에 따라서 자신을 보존하려고 하기 때문이다.

> "분별심이 쌓인 다음에, 비록 벼슬을 하거나 또는 하지 않음으로써 하는 일을 달리하고, 말을 하거나 또는 하지 않음으로써 가는 길을 달리할지라도 '삶(生)'을 귀하게 여기고 '理에 합당함(宜)'을 보존하기 위함이니 그 실정(情)은 동일하다."31)

왕필에게 분별심은 道나 自然에 벗어나게 되는 시발점이다. 그러나 배위에게 인간의 '분별심(識智)'은 삶을 귀하게 여기고 理에 합당함을 보존하기 위한 것으로서 도나 자연의 실정(情)일 뿐이다. 배위에게 만물을 제재하는 마음의 작용인 분별심은 宜를 보존하기 위한 수단이기 때문에 분별심을 자연의 실정으로 인정할 수밖에 없다.

배위에게 분별심이 없는 사물은 理에 따라 합당하게 살아가게 되어 있으니 그것이 자연의 실정이다. 그런데 사람은 분별심을 가지고 취사선택을 하면서 다양하게 살아가지만, 전체적인 관점에서 보면 배위에게 그것도 자연이 변화하는 실정에 지나지 않는다. 사람이 분별심을 가지고 삶을 귀하게 여기고 '理에 합당함(宜)'을 보존하는 면에 있어서는 자연의 실정을 어기는 것이 아니다. 그러나 사물과 달리 사람이 분별심을 가지고 취사선택하는 것은 경우에 따라 도리에 벗어날 수도 있다. 따라서 사람은 분별심을 항상 도리에 맞게 사용해야 한다. 도리에 맞게 사용했을 때는 자연의 변화와 함께 하니 得

---

31) 『崇有論』, "識智旣受, 雖出處異業, 默語殊塗, 所以寶生存宜, 其情一也."

이 되고, 그렇지 못할 때는 자연의 변화에서 벗어나게 되니 失이 된다. 이것이 바로 길흉이다.

> "衆理는 병존해도 방해됨이 없다. 그러므로 여기에서 귀천이 드러난다. '잘되고 못됨(得失)'은 접하는 것에서 말미암는다. 그러므로 여기에서 길흉이 징조를 보인다."[32]

배위에게 득실과 길흉은 바로 분별심을 어떻게 사용하느냐에 그 관건이 있다. 따라서 현인과 군자는 '지(知)'와 '무엇인가 하고자 하는 마음(欲)'을 끊어서는 안되고,[33] 사물을 대할 때는 마음을 가지고 '마땅함(中)'을 헤아려야 백성들을 제대로 보살필 수 있다. 그러나 이 모든 것은 천지의 법칙에 따라서 이익을 나누면서 지나치게 하지 않는 데 있다. 바로 여기에 성인이 정사를 행하는 연유가 있다.[34]

2) 분별심이 지나칠 때의 폐단

만약 분별심을 제대로 사용하지 못해서 욕망을 지나치게 하고 법도에 따르지 않으면 세상이 혼란스러워져서 위태롭게 된다. 이것은 사람들이 분별심을 제대로 활용하지 못함으로써 생긴 폐단이다. 배위는 이런 폐단 때문에 無를 귀하게 여기고 有를 천하게 보는 의론이 나타나게 되었다고 본다.

---

32) 『崇有論』, "衆理並而無害, 故貴賤形焉. 失得由乎所接, 故吉凶兆焉."
33) 여기서 사용된 '知欲'은 『道德經』의 王弼注를 염두에 두고 한 것이다.
  1章, 王弼注, "萬物始於微而後成, 始於無而後生. 故常無欲空虛, 可以觀其始物之妙. ···. 凡有之爲利, 必以無爲用, 欲之所本, 適道而後濟. 故···.",
  3章, 王弼注, "虛其心, ···. 虛有智而實無知也. ···. 無知無欲者, 守其眞也."
34) 『崇有論』, "是以賢人君子, 知欲不可絶. 而交物有會, 觀乎往復, 稽中定務. 惟夫用天之道, 分地之利, 躬其力任, 勞而後饗. 居以仁順, 守以恭儉, ···. 斯則聖人爲政之由也."

"만약 이에 (분별심을) 절제하지 못하고 제멋대로 사용하게 되면 서서히 위태롭고 해롭게 된다. 그러므로 무엇인가 하고자 하는 마음이 한도를 벗어나면 빠르게 다가오는 것이 환난이고 情이 방일해지면 원망 받을 일이 많아지며, …. 한가로운 무리들은 이와 같은 '폐단(弊)'에 경악을 금하지 못하고 艱爭이 연유하는 원인을 탐색했다. (분별심이) '형질을 한쪽으로만 추구하게 하는 데(偏質)'에 폐단이 있음을 살피고 '분별심을 간략하게 하고 줄이는 것에 대한 좋은 점(簡損之善)'을 보고, 마침내 '무를 귀하게 여기는 의론(貴無之議)'을 드러내고 '유를 천하게 보는 의론(賤有之論)'을 내세웠다."35)

귀무론의 등장 원인에 대한 배위의 비판을 통해서 볼 때, 배위는 왕필의 '無(마음 비움)'를 정확히 파악하고 염두에 두고 있는 것으로 보인다. 왕필이 분별심을 부정하는 것은 그것이 道에서 벗어나 有爲로 들어가는 시발점이기 때문이다.36) 배위에게 분별심은 근본적으로 理를 탐구하는 기능으로써 긍정된다. 배위에게 분별심에 의한 폐단은 분별심이 부정될 만큼 중요한 것으로 아니라 말단의 하찮은 것에 지나지 않는다. 그런데 귀무론자들은 단지 말엽적인 폐단만 보고 근본적인 장점까지 부정하면서 귀무론을 주장한다.

"그러나 유를 천하게 보면 반드시 '드러내는 것(形)'을 도외시하고, 드러내는 것을 도외시하면 반드시 제도(制)를 버리고, 제도를 버리면 반드시 '윤리규범(防)'을 소홀히 하고, 윤리규범을 소홀히 하면 반드시 예를 망각한다. 예제(禮制)가 보존되지 않으면 정사를 행할 방법이 없다."37)

---

35) 『崇有論』, "若乃淫抗陵肆, 則危害萌矣. 故欲衍則速患, 情佚則怨博, …, …. 悠悠之徒, 駭乎若茲之弊, 而尋艱爭所緣. 察夫偏質有弊, 而親簡損之善, 遂闡貴無之議, 而建賤有之論."
36) 『道德經』 18章, 王弼注, "大道廢有仁義, …. 故智慧出, 則大僞生也."
37) 『崇有論』, "賤有則必外形, 外形則必遺制, 遺制則必忽防, 忽防則必忘禮. 禮制

배위에게 귀무론은 단지 분별심의 말엽적인 폐단에 대한 반성에서 시작된 것에 지나지 않는다. 그러나 왕필은 사람들이 자연에서 벗어나게 되는 근본적인 원인을 분별심으로 본다. 물론 배위의 비판처럼 지나친 분별심에 대한 폐단 때문에 귀무론이 나왔음은 틀림없다. 그러나 왕필의 사상은 분별심 자체에 대하여 날카롭게 한계를 긋는 통찰력이다. 분별심은 자연의 일부분인 '대상화된 것(有)' 그 이상을 볼 수 없다. 그런 한계를 벗어나기 위하여 왕필은 사람들이 대상화된 것을 제거함으로써 자연과 일체가 되어야 한다고 주장했던 것이다.

그러나 배위에게 왕필의 이런 입장은 근본적으로 불가능하다고 본다. 배위에게 욕망은 완전히 끊을 수 없으며, 정도에 지나치게 하는 것은 절제 이외에 어떻게 할 수 있는 것이 아니기 때문이다. 그러면서 배위는 귀무론에 대하여 교묘하게 설명하는 사람들 때문에 허황된 것이 세상에 널리 퍼져서 어지럽게 되었다고 한다.

> "지나치게 무엇인가 하고자 하는 마음은 줄일 수는 있지만 있는 것을 완전히 끊을 수는 없다. 지나치게 사용하는 것은 절제할 수 있지만 귀한 것을 없애라고 말할 수는 없다. 그런데 일반적으로 조리있게 설명하는 자(講言之具者)는 '유형에 대한 연유(有形之故)'를 심각하게 나열하고 '공무의 장점(空無之美)'을 성대하게 칭한다. ……, 마침내 세상을 총괄하는 일을 경시하고 공열의 효용을 낮게 여기며, '내용이 없는 것(浮游)'을 높이고 '실제적인 일을 경영하는 데 탁월한 사람을(經實之賢)'을 일으키지 않았다.
>
> 인정이 따르는 바는 명리(名利)에 두텁다. 이에 글재주가 있는 자는 貴無에 대한 이론을 부연하고 말재주가 없는 자는 귀무에 대한 논지에 찬동해서 대중을 현혹한다. ……. 그러므로 '열심히 노력하는 풍속(砥礪之風)'이 점점 더 쇠미하게 되었다. 방탕한 자는 이것으로 인하여 혹 길흉의 예를 어그러뜨리며 행동거지의 표현을 소홀히

不存, 則無以爲政矣."

하며 장유의 질서를 더럽히고 버리며, 그리고 귀천의 등급을 어지럽혔다. 심한 자는 심지어 옷을 제대로 입지 않고 벌거벗고 다닐 정도이고 말하거나 웃을 때 마땅함을 버리고 그리고 '꺼리지 않는 것(不惜)'을 '세속에 구애를 받지 않는 대범함(弘)'으로 여기니 '사들의 언행(士行)'이 또 어그러졌다."38)

귀무론자들의 허황된 주장 때문에 풍속이 방탕하게 되어서 사람들이 옷을 제대로 입고 다니지 않을 정도로 되었고 士들의 언행마저도 예의를 벗어나게 되었는데, 이것은 아주 잘못된 것이다. 士들은 백성들의 본보기이니, 분별심으로써 좋은 제도를 마련하고 확립하여 백성들이 편히 살 수 있도록 해야 한다.

"중민(衆)이 윗 사람을 따르는 것은 물(水)이 그릇에 담겨있는 것과 같다. 그러므로 뭇 백성들의 정(情)은 익숙한 정교를 믿는다. 익숙한 것은 마음으로 복종하면서 행하고, 마음으로 복종하면서 행하는 것은 이치상 그렇게 되어 있는 것이다. 이 때문에 인군은 반드시 (백관과 인민에 대하여) 교화하는 바를 조심스럽게 행하는 데 그 형정(政刑)과 일체의 일을 반포(班)하고, 백성들을 나누어서 처리하는 데 제각기 '士・農・工・商의 직분(四職)'을 주지만, 명령을 받은 자가 그것을 매섭게 여기지 않고 편안하게 여기도록 하며 홀연히 (귀천의) 차이(異)를 잊고 누구도 직분을 바꾸려는 생각을 하지 못하도록 한다. 하물며 삼공(三公: 司馬, 司徒, 司空)이라는 존귀한 위치에 거하면서 백성들의 존경을 받으며 돈독하게 훈계하고 면려하는 자임에랴! 이것이 바로 밝게 되고 어둡게 되는 통로이니, 살피지 않아

---

38) 『崇有論』, "夫盈欲可損而未可絶有也, 過用可節而未可謂無貴也. 蓋有講言之具者, 深列有形之故, 盛稱空無之美. …… ……, 遂薄綜世之務, 賤功烈之用, 高浮游之業, 埤經實之賢. 人情所殉, 篤夫名利. 於是文者衍其辭, 訥者讚其旨, 染其衆也. …… ……. 故砥礪之風, 彌以陵遲. 放者因斯, 或悖吉凶之禮, 而忽容止之表, 瀆棄長幼之序, 混漫貴賤之級. 其甚者至於裸裎, 言笑忘宜, 以不惜爲弘, 士行又虧矣."

서는 안된다."39)

백성들의 실정은 익숙한 정교를 믿는데, 이것은 이치상 그렇게 되어 있는 것이다. 그러므로 지식인이나 위정자들의 책임은 막중하다. 위정자나 지식인들이 분별심을 절제하면서 잘 사용할 때 세상은 밝게 되고, 그렇지 못할 때 세상은 어둡게 되기 때문이니, 분별심이 사람이 살아가는 데 무엇보다 중요하다.

4. 끝맺는 말

배위는 『도덕경』의 無를 일관되게 마음(心)으로 보면서 知欲을 긍정하고 있다. 이는 왕필이 분별심을 도나 자연에서 벗어나게 되는 시발점으로 본 것과는 완전히 상반된다. 곧 왕필에게 『도덕경』의 無는 知欲을 없애는 '마음 비움'이지만, 배위에게 그것은 知欲을 포함하고 있는 '마음(心)'이다. 배위가 왕필과 달리 知欲을 긍정하는 것은 유학자인 그로서 당연한 것으로 보인다. 원시유가 곧 맹자나 순자의 이론에서 사려작용은 부정되어서는 안되는 중요한 것이기 때문이다.40) 배위가 성인의 뜻을 계승하고 선대 경전의 뜻을 높이는 것이 자신의 사명이라고 하는 것41)으로 봐서, 知欲을 긍정하는 것은 당연

---

39) 『崇有論』, "衆之從上, 猶水之居器也. 故兆庶之情, 信於所習 ; 習則心服其業, 業服則謂之理然. 是以君人必愼所教, 班其政刑一切之務, 分宅百姓, 各授四職, 能令稟命之者不肅而安, 忽然忘異, 莫有遷志. 況於據在三之尊, 懷所隆之情, 敦以爲訓者哉! 斯乃昏明所階, 不可不審."
40) 『孟子』, 「告子章句上」, "心之官則思, 思則得之, 不思則不得也."
『荀子』, 「正名」, "性之好・惡・喜・怒・哀・樂謂之情. 情然而心爲之擇謂之慮. 心慮而能爲之動謂之僞. 慮積焉能習焉而後成謂之僞."
41) 『崇有論』, "頠用慨然, 申其所懷, 而攻者盈集, 或以爲一時口言. 有客幸過咸見,

히 같은 유가로서의 맹자나 순자의 연장선에 있는 것으로 봐야 할 것이다.

왕필의 無에 대한 배위의 비판은 有에 있어서도 분별지와 연관되어 동일하게 나타난다. 왕필에게 有는 道나 自然이 분별지에 의해 한쪽으로 왜곡되어 대상화된 것이기 때문에 도나 자연을 벗어난 것이다. 그러나 배위에게 有는 道가 부분적으로 자신을 드러낸 것이기 때문에 분별지로 이것을 파악함으로써 道를 따를 수 있는 것이다. 왕필에게 분별지는 도를 체득하는 데 장애가 되는 것이지만, 배위에게는 도를 체득하는 데 불가결한 요소이다.

왕필이 『도덕경』의 '마음 비움(無)'을 근거로 自然에 귀의할 것을 주장한 것은 맹자나 순자의 사상에서 사려작용42)의 산물인 仁義와 禮를 도가의 입장에서 부정한 것이다.43) 배위는 『도덕경』의 무를 마음으로 해석하고 또한 마음의 작용인 분별심을 적극적으로 긍정함으로써 왕필의 무 곧 마음 비움을 부정했다. 이것은 왕필에게 절대적인 무를 마음으로 격하시키면서 유가에서 도덕을 정초시키는 사려작용을 다시 인정한 것이다.

이상의 논의를 통하여 왕필과 배위는 도를 파악하는 수단으로써 분별지를 긍정할 것인지 부정할 것인지 서로 첨예하게 대립한 것을 알 수 있다. 곧 왕필의 『노자주』에서 知欲을 없애는 '마음 비움(無)'

命著文摛列虛無不允之徵. 若未能每事釋正, 則無家之義弗可奪也. 顧退而思之, 雖君子宅情, 無求於顯, 及其立言, 在乎達旨而已. 然去聖久遠, 異同紛糾, 苟少有仿佛, 可以崇濟先典, 扶明大業, 有益於時, 則惟患言之不能, 焉得靜默. 及未舉一隅, 略示所存而已哉!"

42) 『孟子』, 「告子章句上」, "心之官則思, 思則得之, 不思則不得也."
『荀子』, 「正名」, "性之好·惡·喜·怒·哀·樂謂之情. 情然而心爲之擇謂之慮. 心慮而能爲之動謂之僞. 慮積焉能習焉而後成謂之僞."
43) 『道德經』, 王弼注, 38章, "夫禮也所始, 首禦忠信不篤, …. 夫仁義發於內. 爲之猶僞. 況務外飾而可久乎. 故禮者忠信之薄, 而亂之首也."

이나, 배위의 『숭유론』에서 知欲을 포함한 마음(心：無)은 모두 분별지를 긍정할 것인가 부정할 것인가에 대한 논의이다. 왕필이나 배위는 이 문제를 가지고 제각기 도가 또는 유가의 입장에서 사상사의 한 부분을 장식한 것이다.

참고 문헌

I. 原典

『老子翼』, 富山房, 明治四十三年, 漢文大系.
『荀子』, 富山房, 明治四十三年, 漢文大系.
『莊子翼』, 富山房, 明治四十三年, 漢文大系.
『諸子集成』 三, 中華書局出版.
『晉書』, 景仁文化社.

II. 硏究書

復旦大學出版社, 『中國歷代思想家傳記彙詮』, 1988.
北京大學哲學系中國哲學史敎硏室, 『中國哲學史敎學資料選輯』, 中華書局出版, 1981.

III. 硏究論文

金學睦, 「王弼注를 통해 본 『道德經』의 이해」, 『도교문화연구』 제11집.

『黃庭內景經』의 修鍊法 ; 存思
― 엘리아데의 종교관에 근거하여

金 羲 政*

<차례>

1. 서론
2. 엘리아데의 종교관
3. 엘리아데의 도교관
4. 『黃庭內景經』이전의 存思
5. 『黃庭內景經』의 存思

가. 存思가 차지하는 위치
나. 存思의 대상
다. 存思의 방법
라. 存思와 守一
마. 存思와 誦經
6. 存思의 종교사적 의미와 현대적 의의

1. 서론

현대에서 명상은 무엇을 의미하는가? 명상은 단지 흔히 생각하듯이 일종의 마음을 안정시키는 정신적인 수행방법에 불과할까? 우리는 정신과 육체의 분리를 너무도 당연하게 여겨왔다. 이러한 그릇된 신념을 불식시키고 우리의 몸 혹은 육체의 의미를 새롭게 인식하게 하는 전형적인 종교 전통이 道敎다. 도교에서는 정신과 육체를 하나로 보고 이런 통일체로서 몸을 구원하려 했다. 엘리아데의 표현을

---

* 서강대 종교학과 강사

빌자면 이는 도교가 몸의 우주적 갱신(Cosmic Renewal)을 통해 始原인 道로 돌아가려는 종교이기 때문이다. 그렇다면 도교는 어떠한 방법으로 인간의 몸을 구원하려 했을까? 이것은 도교의 대표적 경전인『黃庭內景經』[1]이 잘 보여준다. 이 경전은 '存思'(visualisation)라는 독특한 수련법을 통해 몸을 구원하여 영원으로 회귀하려는 上淸派 도교인의 염원을 잘 드러내었다. 이 글의 목적은 이『黃庭內景經』에 나타난 存思의 의미를 살펴보는 것이다.

그런데 이『黃庭內景經』의 핵심인 存思를 이해하는 데에는 이중의 어려움이 있다. 첫째,『黃庭內景經』은 상청파 도교의 의례와 수행 방법을 집약시킨 경전이기에, 여기서 당연하게 여겨지는 여러 수행의 과정이나 '무엇을 存思하라'는 명령적이고 계도적인 언설만이 열거될 뿐, 구체적으로 존사 자체에 대한 설명은 거의 나타나지 않는다. 둘째, 언어와 믿음, 세계관이 다른 그들의 언어를, 그것도 몸으로 체현해야 하는 수행의 언어를 지금 우리의 언어 내에서 다룬다는 것은 깊은 심연을 건너는 것 이상으로 어렵다. 본 논문에서는 이러한 어려움을 조금이나마 극복하기 위해 엘리아데의 종교관의 입장에서『황정내경경』의 '存思'를 해석해 보려고 한다. 그래서 먼저 엘리아데의 종교관과 도교관을 개략적으로 파악해 보겠다. 그 다음 存思의 도교사적 위치를 알아본 후, 구체적으로 존사에 관련한 여러 가지 대상이나 방법 및 존사와 守一, 誦經의 관계를 통해 존사의 의미를 포괄적으로 알아보겠다.[2] 나아가 이에 근거하여 존사의 세계종교사

---

[1]『黃庭經』에는『黃庭外景經』과『黃庭內經景』이 있다.『황정외경경』은 東晉時代 갈홍의『포박자』「내편」에서 처음 나타나는데, 魏晉 년간에 완성한 책으로 본다.『황정내경경』은 대략 唐 후기에 완성된 것으로『황정외경경』에서 나온 것으로 본다. 그러나『황정외경경』이『황정내경경』을 바탕으로 만들어졌다는 설도 있어, 아직 이 두 경전의 순서에 관한 분명한 정설이 없다. (김승동 편저,『도교사상사전』부산대학교출판부, 1996, 1222쪽)

적 의미를 살피고 현대를 사는 우리에게 존사가 어떤 의의가 있는지 밝혀 보겠다.

2. 엘리아데의 종교관

엘리아데는 그의 책 『종교 사상의 역사(A History of Religious Ideas)』의 서두에서 인간의 실존적 상황과 종교현상의 관계를 다음과 같이 통찰력있는 언어로 말한다.

"직립자세가 이미 영장류의 전형적인 상태를 넘어서는 것임을 상기하는 것으로 충분하다. 직립은 깨어있는 상태에서만 유지될 수 있다. 하나의 구조 안에서 공간이 구성되는 것은 인간의 직립자세에 기인하는데 이는 原人(혹은 先行人類 ; prehominians)과는 거리가 먼 현상이다. 왜냐하면 四方은 위와 아래를 잇는 중심축으로부터 뻗어 나온 것이다. 달리 말하면, 공간은 인간의 몸을 중심으로 해서 전·후·좌·우·위·아래의 연장으로 구성될 수 있다. 그래서 무한하고 알지 못하며 위협적으로 확장된 공간 한 가운데 '던져졌다'는 원초적인 체험으로 인해 여러 정향(orientatio)의 방법들이 발전되었다. 왜냐하면 이러한 인간은 무정향이 야기하는 현기증 안에서는 한 순간도 살아갈 수 없기 때문이다. '중심(center)'을 둘러싸고 정향된 이러한 공간의 체험은 전형이 되는 분할과 지역·집단·주거의 구분 그리고 이것들이 지닌 우주적 상징의 중요성을 설명해준다."[3]

---

2) 여기서 엘리아데의 관점에서 도교의 수련법인 存思를 이해한다는 것은 바로 그의 관점이 해석학에서 말하는 지평과 선이해의 역할을 한다. 어떤 방식으로든 존사의 의미를 밝히려면 존사를 현대의 언어 안으로 끌어드리는 작업이 필요하다. 그래서 본 논문에서는 엘리아데의 작업을 발판으로 삼아 논의를 진행하고자 한다.
3) M. Eliade, A History of Religious Ideas. Vol I, University of Chicago Press,

위와 같이 엘리아데는 종교가 인간의 생물학적인 조건에 기반하고 있다고 설명한다. 인간의 직립(Homo Erectus)이 인간 자신을 무한히 확장된 공간으로 내몰았고 인간은 '던져졌다'는 자신의 실존적 불안을 해소하려는 시도로 여러 정향의 방법을 발전시키게 되었다는 것이다. 현대 실존주의 철학에서 중요한 '불안'이나 '被投性'이란 개념이 엘리아데에게서는 시대를 초월하여 인간 존재 자체에 근거한 개념으로 등장한다. 인간은 이러한 불안을 해소하기 위해 자신의 특성인 직립성을 토대로 '중심'을 구성하고 공간을 定位한다. 이러한 행위는 모두 상징으로 이루어진다. 상징은 실존적 불안을 해소하기 위해 인간이 발견한 정향 수단이다. 인간은 이 상징을 통해 聖顯(Hierophany)을 체험한다. 그리고 상징은 聖顯을 확장시켜서 인간이 사는 세계를 聖化한다. 인간은 자신이 처한 세계 전체를 질서화 하고 성화시킨 상징 안에서 불안을 물리친다. 이런 의미에서 엘리아데가 말하는 종교적 인간(homo Religiosus)은 곧 상징을 만드는 인간(Homo Symbolicus)이다.4)

그런데, 엘리아데는 프로이드처럼 聖(The Sacred)이 인간 심리의 소산물이거나, 뒤르껭처럼 사회가 聖을 만들어낸다는 환원주의적 주장을 하진 않는다. 그는 聖의 현현 자체를 현상학적으로 이해하고 해석해야 한다고 말한다. 이는 聖이 인위적으로 만들어진 것이 아니고, 어떤 형태로든 인간에게 공통적으로 주어진 것임을 암암리에 전제한다. 그의 책명 『종교 사상의 역사(A History of Religious Ideas)』가 단수로서의 종교사를 치칭하고 있음이 이를 증명한다. 단수로서의 종교사는 하나인 궁극적 실재를 전제하지 않고는 나올 수 없는

1982, 3쪽
4) D. Cave, <u>Mircea Eliade's Vision for a New Humanism</u> Oxford University Press, 1993, 34쪽

개념이다. 그렇지만 엘리아데는 그 하나인 실재 곧 聖이 무엇이라고 정의하지 않았다.5) 단지 그는 간접적으로 聖의 존재를 진술했을 뿐이다. 이러한 엘리아데의 태도는 그가 聖顯(Hierophany)을 현상학적으로 해석하는 입장을 취한데 그 원인이 있다. 그는 聖의 본질을 밝히려는 본질주의자(essentialist)가 아니라 성현을 보여주는 현상학자이기 때문이다. 물론 그가 말한 聖과 俗의 이원적 구도가 플라톤의 존재론을 그 바탕에 깔고 있다는 것은 잘 알려진 사실이다. 그렇지만 그의 사상에 플라톤적인 요소만 있는 것은 아니다. 聖이 俗된 시간과 공간 안에서 현현한다는 것은 성이 속과는 독립적으로 존재하는 것이 아니라 俗 안에서만 현현될 수 있음을 의미하는데, 이런 면은 아리스토텔레스의 내재적 철학에 더 가깝다. 聖은 俗안에 있다가 이 聖을 볼 수 있는 사람에게 드러난다는 점에서 내재적인 것이다. 그럼에도 플라톤이나 아리스토텔레스와는 달리 엘리아데의 존재론은 존재 자체를 '규범적으로(normatively) 밝히는 형이상학'이라기보다는 존재가 드러나는 현상을 '기술하는 현상학'으로 이해해야 할 것이다. 성속의 변증법과 성현도 바로 이러한 맥락에서 의미가 있다.

한편, 앞서 언급한 상징 중 가장 포괄적이고 총체적인 것이 우주(Cosmos)이다. 우주는 혼돈이 아니고 질서다. 무정향이 아니고 정향이다. 엘리아데는 그의 책 『우주와 역사(Cosmos and History)』에서 이를 설명한다. 여기서 그는 인간은 역사가 아니라 우주를 지향해야 한다고 말한다. 그는 인생에 아무런 의미를 주지 못하는 차가운 사건과 사실로서의 역사를 비판한다. 그러면서 그는 고대인의 세계관을 통해 성스런 우주에 눈을 돌리라고 한다. 이 책의 프랑스어판 제목 『영원회귀의 신화』와 부제 '원형과 반복'은 우주에 관련한 그의 생각을 잘 보여준다. 우주는 역사가 아니라 신화에 의해 알려지고

---

5) B. S. Rennie, <u>Reconstructing Eliade</u>, University of New York, 1996, 204쪽

신화는 영원에로 끊임없이 회귀하려는 고대인의 세계관을 보여준다. 신화야말로 성스러운 역사이고 실재이며 의미를 지녔다.6) 이 신화가 보여주는 영원 혹은 원형에로의 회귀는 주기적인 반복을 통해 성취된다. 그리고 다양한 반복적인 종교 행위는 '우주적 갱신'(Cosmic Renewal)을 가능하게 한다. 이렇게 주기적으로 갱신되는 우주 안에서 인간은 아노미에 빠지지 않고 정향을 찾는다. 이점에서 종교는 '인간을 우주에 정초시키는 기술'(Cosmic Situated Art)이라고 할 수 있다. 이러한 엘리아데의 종교관을 전제로 그의 도교관을 개괄해 보겠다.

3. 엘리아데의 도교관

엘리아데는 중국의 도교도 고대세계 종교의 보편적 특징인 우주적인 면을 공유한다고 말한다. 그래서 엘리아데는 도교를 말하기 전에 중국의 우주발생신화를 먼저 언급한다. 그런데 엘리아데는 엄밀한 의미에서 중국에는 에누마엘리쉬나 길가메쉬 서사시와 같은 우주발생신화가 없다고 본다. 이러한 견해를 가진 것은 그가 중국인의 자연주의적 성향에 좀더 무게를 두었기 때문이다. 그렇지만 엘리아데는 중국에도 우주발생신화에 준하는 것이 있음을 인정한다. 반고나 황제신화 같은 것이 그 예이다. 이러한 신화 안에서 엘리아데는 '낙원에 대한 향수나, 원형 혹은 시원에로 회귀'와 같이 그가 즐겨 쓰는 용어를 통해 중국인의 종교적 삶을 읽어낸다. 그는 이들 신화에서 보이는 혼돈이라는 원초성과 여기로 돌아가려는 접신술 등에서 도교

---

6) J. A. Saliba, 'Homo Religiosus' in Mircea Eliade, Leiden, E. J. Brill, 1976, 58쪽

에서 말하는 도의 시원성과 혼돈성 그리고 도교적 접신술과의 유사점을 밝힌다.7)

그는 중국종교에 공통적으로 내재하는 우주적 상징인 陰陽이 노자의 사상에도 역시 중요하다고 말한다. 이 음양은 노자가 말하는 道의 외적인 측면이고 道의 내적이고 본체론적인 면은 不可言的인 無인데, 이는 이전부터 내려오는 혼돈이라는 낙원의 상태를 형이상학적으로 설명한 것이라고 해석한다. 그리고 이 無로의 회귀가 노자사상의 근간을 형성한다고 말한다. 이 점에서 엘리아데는 철학적 도가와 종교적 도교를 근본적으로 같은 선상에서 이해한다. 비록 노자가 후에 일어난 도교의 핵심인 長生不死를 추구하지 않았으나, 道 혹은 無라는 원초성에로 회귀하려는 것은 양자가 모두 공유하기 때문이다. 이는 앙리 마스뻬로, 칼텐마르크, 쉬뻬르로 이어지는 프랑스 도교학자의 공통된 견해를 수용한 것이다.8)

한편, 엘리아데는 도교의 접신술이 기원과 구조에서 고대 샤마니즘의 영향을 받았다고 보았다. 샤마니즘의 접신술의 특징인 주술적 비상, 승천, 신비 여행 등이 후대의 도교로 갈수록 더욱 강하게 나온다.9) 특히 내적인 신비 여행은 초기 도교 경전인 『태평경』의 守一法 등에서 도교적인 장생술로 발전한다.10) 이밖에 도교적 연금술인 외단과 호흡법을 중심으로 하는 내단 수련 등도 지속적으로 발전했다. 이러한 기술은 모두 우주와 인간의 상응(homology)을 전제로 해서 우주적 힘을 인간의 몸안에서 재생함으로써 장생불사하고 시원의 세계

---

7) M. Eliade, A History of Religious Ideas. Vol Ⅱ, University of Chicago Press, 1982, 13-22쪽 참조
8) 같은 책, 25-33쪽 참조
9) 같은 책, 32쪽
10) 내적 통찰에 의해 신체 내부의 신을 보아 육체를 장생하게 할 수 있는 기술은 본 논문에서 구체적으로 살펴볼 존사법과 밀접한 관련이 있다.

인 道에 돌아가려는 노력이었다.

　이렇게 볼 때 엘리아데의 도교 해석은 그의 종교관을 그대로 적용한 것이었고, 이것은 그리 어긋나지는 않았다.『노자』가 반고나 황제 신화 등 중국의 신화보다 문헌적으로 이르기에 이들 신화의 영향을 받지 않았다고 비판할 수도 있지만, 이전에 있는 원초성에로의 회귀라는 관념을 노자가 철학적으로 밝힌 것이라는 엘리아데의 해석을 완전히 반박할 만한 근거도 없다.11) 사실 문헌적인 근거보다는 고고학적인 증거만으로도 이러한 엘리아데의 해석을 뒷받침할 수 있을 것이다. 무엇보다도 엘리아데의 해석을 도교에 적용하는데 적합한 이유는 우주적 갱신이라는 그의 핵심사상 때문이다. 도교는 철저히 인간과 우주의 상동관계를 기반으로 인간을 소우주화하려는 의도를 초지일관 견지하기에, 여기서 나오는 모든 종교적 행위를 우주적 갱신이라는 개념으로 포괄해 설명할 수 있다. 이제 이러한 엘리아데의 종교관과 도교관을 기반으로 도교 상청파의 수련법인『황정내경경』의 '存思'를 살펴보자.

4.『黃庭內景經』이전의 存思

　중국에서는 일찍부터 명상을 통해 일어나는 빛과 시각적 이미지를 수련법으로 사용했다. 老子는 종종 내부의 빛(葆光)을 언급했다.『淮南子』에서는『莊子』의 말을 인용하면서 성인의 심장 또는 마음을 '속이 텅 빈 방'에 비유하는데, 바로 이 방에서 道의 상징이라고 할 수 있는 빛이 생긴다고 했다.12) 이러한 빛과 시각적 이미지를 사용

---

11) 이러한 엘리아데의 해석을 뒷받침할 수 있는 연구가 일본은 물론이거니와 최근 중국에서 많이 나왔다.

한 수련법은 『태평경』에 최초로 나타나는 守一法과 유사하다.13)

『황정내경경』의 존사와 유사한 수련법이 언제 시작하였는가는 정확하지 않다. 그런데, 『漢書』「郊祀志下」에 실려 있는 谷永의 上書가 들고 있는 몇가지 도술 가운데 '化色五倉之術(색을 변화시키는 오창의 도술)'이라는 말이 있다. 이에 대한 顏師古注에 인용된 李奇의 說인 '思身中有五色, 腹中有五倉神, 五色存則不死.(몸안에 있는 오색을 존사하면, 배 안에는 오창신이 있게 된다. 오색이 존사되면 죽지 않는다.)'라는 문구로 보아, 前漢末에는 이러한 존사의 도술이 존재했을 것이다. 좀더 확실하게는 後漢 荀悅의 『申鑒』에 '歷藏內視(장기를 관찰하고 안으로 본다)'라는 道術이 거론되었다. 여기서 말하는 '歷藏內視術'은 『주역참동계』 卷上의 '是非歷藏法, 內視有所思(이는 장기를 관찰하는 법이 아니다. 안으로 보는 법에는 존사가 있다.)' 및 『황정외경경』의 '歷觀五藏視節度(오장을 관찰해서 節度를 본다.)'와 유사한 것으로서, 元氣가 五藏을 순환하는 상태나 혹은 오장 그 자체를 순차적으로 존사하는 도술을 가리킨다. 이러한 內視, 內觀, 存思의 術은 중요한 도술로 발전하여 『태평경』 丁部一의 '瞑目內視, 與神通靈(눈을 감고 안으로 보아서 신과 더불어 靈을 통한다.)', 『노자상이주』의 '指五藏以名一神(오장을 가리켜서 한 神의 이름을 부른다.)', 갈현의 『道德經序』의 '內觀形影 則神炁長存.(몸의 영상을 안으로 보면 신기가 오래 있게 된다.)', 그리고 『노자하상공주』의 52장 注인 '內視存神, 不爲漏失(안으로 보아 신을 존사하면 흘려 잃어버리지 않는다.)' 등처럼 초기 도교 문헌에 많이 나타난다.14) 한편 『포박자』에는 '此事出仙經中, 見老君則年命延年.(이 일은 『仙經』 중에서 나왔다. 노군을 보

---

12) 막스 칼텐마르크, 장원철 옮김, 『노자와 도교』, 까치사, 1993, 254쪽
13) 이는 본 논문의 存思와 守一을 설명하는 부분에서 자세히 다루었다.
14) 麥谷邦夫, "黃庭內景試論" 『東方文化』 62호, 1982, 49쪽

면 수명이 연장된다.)'라는 말이 있다. 여기서 『仙經』은 老君(노자)을 숭배해서 신격화하고, 노군을 존사하는 법을 說한 도교 一派의 경전이다. 이런 이유에서 『포박자』가 씌여진 시대에 이미 존사법이 있었음은 틀림없다.15) 이렇게 오장신을 시작으로 體內神의 존사가 중시되면서 神들의 名字, 服色, 形長 등의 구체적인 이미지가 존사에 사용되었다. 『태평경』은 왜 神에게도 姓字가 필요한가에 대해 설명했고, 또 『상이주』에서도 당시의 다른 교파가 말하는 신의 服色, 名字, 處所長短의 설을 비판한데서 존사에 구체적인 신의 이미지가 사용된 예를 찾을 수 있다.16)

이렇게 볼 때, 빛과 시각적 이미지를 사용하는 명상법은 노자 이래 추상적이고 단순한 형태에서 출발하여 고도의 기술을 통해 몸안의 신들과 장기들을 명상하는, 『황정내경경』의 구체적이고 복합적인 存思라는 수련법으로 발전되었다. 이 빛은 인체 내부에서 발하는 우주의 빛으로 어떤 우주적 힘을 지녔기에 도교인은 이 힘을 이용해 몸을 갱신해서 원초적인 道에 돌아가려고 했다.

5. 黃庭內景經의 存思

가. 存思가 차지하는 위치

존사는 『황정내경경』에서 가장 핵심적인 위치를 차지한다. 『황정내경경』에서 도교의 구원관인 不老長生을 할 수 있는 결정적 수행방법은 바로 존사로 집약된다. 앙리 마스뻬로가 지적한 것처럼 도교가

---

15) 山田利明, "洞房神存思考"『東方宗敎』74호, 1989, 28쪽
16) 麥谷邦夫, "黃庭內景試論"『東方文化』62호, 1982, 50쪽

집단적인 의례 중심적 종교에 반대하는 개인적인 (수양중심적) 종교 (personal religion)를 창조하려는 중국인들의 시도라면 그리고 영원한 삶을 추구하는 구원 종교(salvation religion)라면17), 『황정내경경』은 이러한 특징을 잘 보여주는 핵심적인 경전이다.

『황정내경경』에서 존사가 차지하는 위치를 멀리서 찾을 필요는 없다. 『황정내경경』18)이라는 이름 자체가 의미하는 것이 바로 이 경전이 무엇을 말하려는지 드러내고 있다.

"이 經은 虛와 無를 중심으로 한다. 따라서 黃庭을 사용해서 그것 (虛와 無)을 목표로할 뿐이다. 그 景이라는 것은 神이다."19)

"黃은 중앙의 색이다. 庭은 사방의 가운데이다. 밖으로 사물을 가리켜 보이면 곧 天中, 人中, 地中이다. 안으로 사물을 가리켜 보이면 곧 腦中, 心中, 脾中이다. 그러므로 黃庭이라고 한다. 內란 마음이다. 景은 象(모습)이다. 밖으로 상을 견주어 나타내면 곧 해, 달, 별, 구름, 안개의 상이다. 안으로 상을 견주어 나타내면 곧 혈육, 근골, 장부의 상이다. 마음이 몸 안에 있어 온 몸의 상과 색을 存思해서 볼 수 있기 때문에 內景이라고 한다."20)

---

17) Henri Maspero, Translated by F. A. Kierman, Jr. Taoism and Chinese Religion, Uni of Massachusetts Press 1981, 255-266쪽
18) 로비네는 內景經과 外景經의 內를 esoteric, 外를 exoteric으로 해석해서 傳授의 秘傳性과 公開性이라는 차이로 구분하기도 했다. (Isabelle Robinet, Taoist Meditation, State Uni of New York Press 1993, 56쪽)
19) 『黃庭內景經』「黃庭內景經敍」 "此經以虛無爲主, 故用黃庭標之耳. 其景者, 神也."
20) 『黃庭內景經』「釋題」 "黃者, 中央之色也. 庭者 四方之中也. 外指事, 卽天中人中地中. 內指事, 卽腦中心中脾中. 故曰黃庭. 內者, 心也. 景者, 象也. 外象諭, 卽日月星辰雲霞之象. 內象諭, 卽血肉筋骨臟府之象也. 心居身內, 存觀一體之象色, 故曰內景也."

위와 같은 務成子의 주석처럼 『황정내경경』이란 이름은 다른 도교의 경전들과 마찬가지로 궁극적 실재인 虛 또는 無와 하나가 되려는 의도를 나타낸다. 그것은 바로 黃庭을 사용해서 달성된다. 황정은 밖의 우주적 실재로서는 天, 地, 人을 의미하고 인간의 몸 안으로는 뇌, 심장, 비장을 가리킨다. 이렇게 대우주와 소우주 모두를 의미하는 황정을 인체 내에서 명상을 통해 구체적인 시각적 이미지로 형상화해서 보면, 몸이 변화해서 궁극적 실재에 이를 수 있다는 것이다. 그 이미지 즉, 景은 넓은 의미에서 氣, 臟器, 神, 우주의 별 등의 형상을 말하기도 하고 좁게는 여러 형상들에 내재하는 神을 지칭하기도 한다. 이러한 형상들, 구체적으로는 황정에 있는 神을 존사하는 내적이고 정신적인 수련을 통해 도교의 이상인 長生不死를 실현한다. 이 점에서 도교학자 로비네가 『黃庭內景經』의 핵심을 '內藏에 거주하는 神에 대한 存思'와 '氣와 精의 循環'에 있다고 본 것은 정확한 견해이다.21) 그렇지만 황정경의 주된 내용이 존사의 대상과 방법에 관한 것이고, 氣와 精의 순환은 존사를 통해 이루어지는 과정이기 때문에, 넓은 의미에서 氣와 精의 순환은 존사의 과정에 포괄된다.

따라서 존사는 『황정내경경』이 표방하는 이상과 그 실현 방도를 결정적으로 집약하는 핵심이라고 할 수 있다.

나. 存思의 대상

존사의 대상은 밖으로는 하늘의 해, 달, 별 등의 대우주(Macro-Cosmos)이고 안으로는 신체에 있는 臟器와 氣 및 神 등의 소우주(Micro-Cosmos)이다. 특히 신체 안에서 가장 중요한 것은 神에

---

21) Isabelle Robinet, Taoist Meditation, State Uni of New York Press 1993, 60쪽

대한 존사이다. 이 神은 氣가 영묘하게 응축된 형태이기도 하며, 그러한 형태가 신령처럼 어떤 인격성을 지니기도 한다. 왜냐하면 이 신들은 모두 각기의 모습과 특성에 따라 사람처럼 고유한 이름과 복색과 지위를 지니기 때문이다. 이 신들은 몸 전체에 있다.

"氣를 모아 神을 이룬다."22)

"神이란 만물을 오묘하게 말한 것이고, 象(모습)에 근거해서 이름을 세웠다."23)

"尼丸과 백마디(온 몸)에 모두 神이 있다."24)

도교 문헌 가운데 이러한 身體神을 체계화하여 말하는 대표적인 사상은 三部八景二十四眞神 思想이다. 이는 신체를 上, 中, 下 셋으로 나눈 다음, 이 세 부위에 그것을 지켜주는 八景神이 있기에 모두 二十四眞神이 있다는 주장이다. 상부의 팔경신은 신체의 上元宮에, 중부 팔경신은 中元宮에, 하부 팔경신은 下元宮에 거처한다고 한다. 사람이 만약 삼부팔경이십사진신을 존사할 수 있으면, 신체의 삼단전과 오장의 氣가 조화하고 유연해지며 병이 없어져서 마침내 神仙이 될 수 있다고 한다. 도교 문헌 가운데서 삼부팔경신의 이름, 복색, 형상 등은 각기 異說이 많고25), 『황정내경경』에서는 얼굴의 七神과 五臟六腑의 神을 주로 얘기하고 있으므로 이들을 중심으로 존사의 대상을 살펴보겠다. 우선 『황정내경경』의 제7장 至道章에 나타난 얼굴

---

22) 『黃庭內景經』「推誦黃庭內景經法」"結氣成神."
23) 『黃庭內景經』「至道章」"神者, 妙萬物而爲言. 因象立名."
24) 『黃庭內景經』「至道章」"泥丸百節皆有神"
25) 卿希泰 主編, 『中國道敎史 (第一卷)』, 四川人民出版社, 1988, 358쪽

부위의 일곱 신들의 이름과 字를 간단히 요약하면 다음과 같다.

髮神 --- 蒼華 --- 字太元
腦神 --- 精根 --- 字泥丸
眼神 --- 明上 --- 字英玄
鼻神 --- 玉壟 --- 字靈堅
耳神 --- 空閑 --- 字幽明
舌神 --- 通明 --- 字正倫
齒神 --- 咢鋒 --- 字羅千

이렇게 얼굴의 각 부위는 그 형상이나 기능적 특색에 맞게 이름과 字가 있다. 예를 들어 腦神은 진흙 덩어리처럼 생겼기에 字를 泥丸이라 하고, 또한 이것은 단전의 宮이고 황정의 집으로서 百神의 주재자이기 때문에 이름이 精根이다. 이러한 방법으로 각 부위의 신들은 사람처럼 이름과 字가 있고 나아가 고유의 복색을 갖는다.

얼굴의 신보다 더 중요한 신이 오장육부의 神이다. 오장육부는 고대 중국 의학에서 신체의 가장 핵심이 되는 기관들이다. 그 영향을 받아『황정내경경』도 身體神들 중에서 이 오장육부의 神을 가장 중시한다. 오장신과 육부의 膽神도 얼굴과 마찬가지로 각각의 이름과 字가 있는데 이에 대해서는 제8장 心神章에 개괄적으로 나와 있다. 이를 간단히 살펴보면 다음과 같다.

心神 --- 丹元 --- 字守靈
肺神 --- 皓華 --- 字虛成
肝神 --- 龍煙 --- 字含明
腎神 --- 玄冥 --- 字育嬰
脾神 --- 尙在 --- 字魂停
膽神 --- 龍曜 --- 字威明

이러한 몸에 대한 도교인들의 생각을 쉬뻬르는 '몸은 한나라의 이미지'라고 설명한다. 그에 따르면 도교인들은 몸 안에 산, 강, 연못, 숲, 길, 집 등과 이를 지배하는 군주와 관료조직이 있다고 한다. 그는 의학 경전인 『황제내경소문』의 '심장은 군주처럼 기능하고 神을 통해 다스린다. 폐는 규율과 법칙을 공포하는 연락장교이고, 간은 전략을 짜는 장군이다.'를 인용하면서, 이러한 몸의 기관에 대한 말은 단순한 은유를 넘어 조화의 체계를 설명하려는 것이라 했다.[26] 그렇지만 쉬뻬르의 '한 나라의 이미지'라는 해석은 일면 모자란 듯이 보인다. 왜냐하면 몸의 '우주론적인 측면'을 간과하고서는 존사의 대상인 몸과 그것에 있는 神의 의미를 제대로 이해할 수 없기 때문이다. 다음과 같은 황정내경경의 말은 왜 반드시 몸을 우주적인 측면에서 이해해야 하는가를 잘 드러내 준다.

"몸 안의 해, 달, 별을 存思한다."[27]

"오장 육부는 각기 맡은 바가 있다. 다 象을 본뜨니 天地와 같은 것이 있다. 陰陽에 따르고, 스스로 그러하게 감응하고 지키는 道이기에 하늘의 한결같은 법칙을 안으로 운영한다고 한다."[28]

존사의 대상은 해, 달, 별 등 몸안의 우주적인 이미지를 가진 기관들이다. 이런 우주적 이미지는 오장육부에 집약되어 드러난다. 구체적으로 오장육부는 우주의 운행 법칙인 陰陽五行을 따라 움직인다.

---

26) K. M. Schipper, Translated by Norman Girardot, The Taoist Body, Uni of California Press 1993, 100쪽
27) 『黃庭內景經』「若得章 注」 "存念身中日月星辰."
28) 『黃庭內景經』「心神章 注」 "五藏六府, 各有所司. 皆有法象同天地, 順陰陽, 自然感攝之道, 故內運天經也."

오장육부는 몸 밖에 있는 우주와 感應하기 때문이다. 그래서 우주적인 법칙을 감응을 통해서 몸 안으로 운영한다. 감응을 통한 운영은 저절로 이루어지지 않고 특정한 수련법을 사용해야만 가능한데, 그 대표적 수련법이 존사이다.

이러한 황정내경경의 五藏觀은 『太平經』과 의학 경전인 『黃帝內經素問』의 五行과 天人感應 思想의 영향을 크게 받았기에29), 이러한 사상과 身體神 사상을 결합해 오장신을 핵심으로 하는 독특한 종교적 인체관을 형성할 수 있었다. 특히, 오장육부 가운데 황정경에서 중요하게 보는 장기는 脾臟, 腎臟, 心臟 등 세가지인데, 비장은 기관의 중심이고, 신장은 생명의 원천이며, 심장은 몸의 군주로서 중시한다. 이 가운데에서도 도교에서 일반적으로 가장 중시하는 기관은 심장이다. 몸을 지배하는 군주의 이미지를 갖은 심장이 다른 단전의 중심인 腦에 대응하는 부위라는 점을 고려해 본다면, 도교의 다른 문헌처럼 황정경에서도 몸의 가장 중요한 장기는 심장이라 할 수 있다.30)

그런데 황정경에는 五臟, 五臟의 神, 五臟의 氣가 모두 존사의 대상으로 나타난다. 그것은 이들이 모두 어떤 형태로든 근원적인 一氣의 변양태라는 점에서 존사의 대상이기 때문이다. 존사의 대상은 신체신을 중심으로 하지만 그 밖의 다른 여러 양태가 될 수 있다. 그래서 다음과 같이 氣 자체를 존사해서 오장육부를 빛나게 한다는 말이 가능해진다.

"살아있는 氣(生氣)를 存思해서 오장육부를 두루 비추어, 마치 해,

---

29) 丁胎庄,「存思法 源流考」卿希泰 主編,『宗敎學 硏究』 1988, 1기, 四川大學 出版社, 24쪽
30) Isabelle Robinet, Taoist Meditation, State Uni of New York Press 1993, 75쪽

달, 별처럼 광채가 밝게 빛난다."31)

이러한 존사를 통해 氣는 원활하게 循環32)해야 한다. 끊임없이 생동하는 기를 대상으로 존사하는 것이 신을 모시는 길이고, 우주적 힘을 안으로 끌어들여 오장을 살리는 길이기며, 결국 몸을 우주적으로 갱신해 長生하는 길이다.

그러므로, 『황정내경경』에서 존사의 대상은 우주적 의미를 갖는 몸과 그 안의 神과 氣이다. 이는 『황정내경경』이 제한된 인간의 몸을 무한한 우주적 실재와 神이 顯現(theophany)하는 장소로 만들기 위해 추구했던 실질적인 구원의 대상이다.

다. 存思의 방법

명상 혹은 고도의 사고나 통찰은 대체로 시각적인 함의를 갖는 언어로 이루어진 것이 많다. 이는 동서양 모두 예외가 없다. 영어의 'insight'는 '시각(sight)'을 근본적으로 내포한다. 또한 'introspection'도 '안으로 본다'는 시각적 언어를 바탕으로 하는 개념이다. 이 단어들에 대한 번역어인 '洞察(insight)'도 漢字的 의미는 '밝혀 본다'는 빛과 시각적 함의를 그대로 담고 있으며, '內省(introspection)'도 '안으로 살

---

31) 『黃庭內景經』「肝氣章」 "存想生氣, 徧照五藏六府, 如日月星辰, 光曜明朗也."
32) 『黃庭內景經』에서 氣의 순환은 매우 중시한다. 氣가 막히면 사람은 곧 병이 나고 결국 죽는다. 이 때문에 氣를 어떻게 고르게 잘 순환하는냐가 長生의 관건이 된다. 氣는 좁은 의미에서 몸의 기체적인 성질을 띤 陽의 원리이다. 이 氣의 대표적인 것이 공기다. 사람은 공기를 마셔야만 살기에 기의 순환은 呼吸과 직결한다.(Isabelle Robinet, Taoist Meditation, State Uni of New York Press 1993, 83-86쪽) 그래서 기의 순환은 존사 뿐아니라 호흡법에 의해서도 이루어진다. 이렇게 볼 때 존사와 호흡법은 기의 순환을 위한 상호보완적인 수련법이다.

피는 것'으로서 내부를 향한 시각적 의미를 내포한다. 이 밖에 우리 말에도 맛'보다' 무엇을 해'보다' 등은 다 시각적 이미지를 전제로 하고 있으며, 중국어의 見(보다)자도 위와 같은 우리말의 '보다'처럼 부조용언으로 자주 쓰인다. 이러한 시각적 언어들이 다양하고 광범위하게 사용되는 것은 무슨 의미일까? 그것은 인간의 지각 가운데 외부로부터 얻는 정보의 90% 이상이 시각을 통한 것이라는 사실에 있지 않을까? 이 때문에 대부분의 추상적 사고나 명상 행위도 이러한 시지각을 변화시켜 사용하는 것이 가장 쉬웠을 것이다. 상청파 도교인들은 이러한 인간의 생물학적 특성을 고려해 강력한 시각의 힘에 근거한 존사라는 그 나름의 수련법을 발전시켜 나갔다고 할 수 있다. 이러한 점을 염두에 둔다면 존사의 방법을 더 잘 이해할 수 있다.

존사는 신체의 내부를 신들의 장소로 이미지 지운다. 그래서 존사는 그 신들이 사는 몸의 내부를 향해 정신을 집중한다.

"안으로 보아 은밀히 살피면, 진인을 다 본다. 진인은 내 몸에 있으니 이웃(내 몸 밖의 다른 사물)에 묻지 말라."[33]

"언제나 이 도를 존사하면, 몸의 氣가 왕성해진다. 정성을 지극히 하고 神을 감응해서 이르는 바이다."[34]

이러한 존사를 하면 몸의 기가 왕성하게 움직이고 신과 감응한다. 그리고 다시 이 신을 존사하면, 신을 움직여 기를 조절할 수도 있다. 이렇게 존사에 의한 氣의 순환과 神의 움직임은 일방적이 아닌 쌍방

---

33) 『黃庭內景經』「治生章」 "內視密盼盡覩眞. 眞人在己莫問鄰."
34) 『黃庭內景經』「肺部章」 "常存此道, 形氣華榮. 至誠感神之所致也."

적이고 역동적으로 순환하며 작용한다.

"신을 조절해서 기를 다스린다... 存思하면 곧 신이 작용한다."35)

이 점에서 存思는 지적, 도덕적 성찰이라기보다는 구체적인 정신적 수련 방법으로 이해해야 한다. 신체의 내부를 본다는 것은 활력 있고 건강한 장기를 갖는 것을 의미하는데 이는 '유사한 것들끼리 서로 반응한다(感應)'는 원리에 근거한다. 이러한 방법을 통해 神을 빛나게 할 수 있다.36) 이를 구체적으로 살펴보면 다음과 같다.

"단전의 가운데에서 神氣가 변화하고, 마음을 따라 감응하니 형상(象)이 될 수 없는 것이 아니다. 거칠은 데서부터 오묘한 곳으로 들어가니 반드시 그것에 계열이 있다. 그래서 氣로써 그것을 말한다. 氣는 마음을 주인으로 삼는다. 주인으로 말미암아 형상을 세운다. 지극히 정밀하고 지극히 미세해서 찾고 구할 수 없기 때문이다."37)

존사가 정신적 훈련이라 해도 그것이 무엇을 대상으로 한다면 반드시 시각적 이미지를 통해야만 한다. 神氣는 너무 미세해서 지각하기 어렵기에 마음은 임의로 각각의 神氣에 걸맞는 이미지를 체계적으로 형상화 한다. 그래서 마음의 눈으로 차례로 명상한다. 이러한 존사를 막스 칼텐마르크는 '빛의 이미지'와 새로운 의미를 지닌 '陽氣'를 연결해서 설명했다.

---

35) 『黃庭內景經』「口爲章」 "調神理氣... 存思乃是神用."
36) Isabelle Robinet, Taoist Meditation, State Uni of New York Press 1993, 60쪽
37) 『黃庭內景經』「黃庭章 注」"丹田之中, 神氣變化, 感應從心, 非有無不可爲象也. 從麤入妙, 必其有係, 故以氣言之. 氣以心爲主, 因主立象, 至精至微, 不可數求也."

"정신을 집중시키는 특이한 기법을 통해 자신의 내부를 들여다 보는 內觀도 가능하게 되었다. 기의 순환이 몸 전체에 걸쳐서 이루어지는 동안 내부로 향한 시선은 순환하는 기를 응시하면서 그 뒤를 추적한다. 인간의 눈동자는 본래 순수 陽氣의 결정체로서 그 자체로 밝게 빛을 내는 힘을 지니고 있으므로 어둠을 쫓아버리는 동시에 빛과 생명의 정기인 陽氣의 승리를 뒷받침해준다. 그리고 이것은 또한 陰과 陽의 역할에 대한 전혀 새로운 인식을 보여준다. 고대의 전통적인 관점에서는 음과 양은 서로 협력해가면서 자연의 질서에 순응하는 것으로 여겨져왔다. 그러나 이러한 협력의 이면에는 삶과 죽음의 교체(순환)가 전제되어 있었다. 따라서 영원한 삶에 대한 욕구가 점차 陽氣가 陰氣를 압도해야 한다는 바람으로 이어지는 것은 당연한 논리적 귀결이라고 하겠다."38)

그런데 모든 수련법이 그렇듯이 존사법도 인위적인 노력이다. 그래서 존사 또한 학습이요 수련이다.

"공을 쌓고 수련을 성취하는 것은 저절로 그렇게 되는 것이 아니다. 이는 정성에 말미암음이요 또한 오로지 함에 말미암는다. 注--배움으로써 그 도에 이른다."39)

그럼에도 불구하고 일견 모순인 것 같지만 이러한 양생법은 無爲적으로 스스로 그러하게 움직이는 생명의 우주를 따르려는 인위적인 노력이다.

"생명을 다스리는 도는 분명하여 번잡하지 않다. 注-- 無爲하며 맑고 단순하다."40)

---

38) 막스 칼텐마르크, 장원철 옮김, 『노자와 도교』 까치사, 1993, 251-252쪽
39) 『黃庭內景經』「紫淸章」 "積功成鍊非自然. 是由精誠亦由專. 注--學以致其道也."

따라서 존사는 無爲와 有爲의 결합일 수밖에 없다. 모든 수련법은 의도적인 노력인 한 有爲일 뿐이다. 그러나 그 인간의 有爲는 우주의 無爲를 따라야 한다는게 존사라는 수련법이 지향하는 근거이다. 결국 有爲는 無爲的 有爲이어야 한다. 존사가 드러내는 실천적인 방법은 모두 이 대전제를 이해할 때만이 분명히 드러날 수 있다. 나아가 이러한 행위는 無爲라는 우주적 질서에 순응하고 이 질서를 운영해 인간 자신을 갱신하려는 종교적 실천을 의미한다.

라. 存思와 守一

황정경에는 존사와 더불어 守一에 대한 언급이 자주 나온다. 그 예를 하나 들자면 다음과 같다.

"神을 存思하고 守一하면, 횡사하거나 일찍 죽지 않는다."[41]

守一은 황정경의 중심인 존사에 보조적인 것으로서 호흡이나 송경 등 여러 가지 수련법들 중의 하나이다. 그런데 이 수일이 그 역사적인 발생과 전개 과정 및 수련 방법에서 존사에 영향을 주거나 혹은 존사와 유사한 성격을 띠고 있다는 점이 중요하다. 이런 점에서 먼저 守一의 고전적 형태를 알아보는 것은 존사를 이해하는데 도움을 줄 것이다.

守一에 대한 최초의 문헌 기록은 『太平經』의 「守一明法」에 있다.

"一者의 밝음을 유지하는 방법은 불로장생을 위한 근본이다. (이

---

40) 『黃庭內景經』「治生章」 "治生之道了不煩. 注-- 無爲淸簡."
41) 『黃庭內景經』「上覩章」 "存神守一, 無橫夭也."

러한 방법을 통해 인간은) 모든 신령들을 맞이할 수 있게 되고, 그
들 신령이 광명의 문으로부터 빠져나오도록 하는 것이다. 一者의 순
수한 밝음을 유지하는 순간은 마치 불길이 이제 막 솟아오르는 것
같아서 그 상태를 계속 유지하면서 잠시라도 잃어버려서는 안되는
것이다... 온통 밝은 빛이 아득히 먼 곳까지 퍼져나가지만, (그 밝은
빛은 이윽고 제자리로) 되돌려져서 한가지로 통일되어져야만 한다.
(그 순간) 내부는 환하게 빛나게 된다. (이렇게 되면) 온갖 질병은
제거된다. 이러한 내부의 밝음(守一)을 확실히 유지해 나간다면 억만
년을 살 수 있게 될 것이다."42)

이러한 守一은 내부의 빛을 만물의 근원과 인간 자신에게 비춤으
로써 장생불사하려는 수양법이다. 여기에서 一은 무극의 도이면서
인간 안의 神이기도 하며, 이마, 눈, 배꼽 등 신체 각부분을 의미하기
도 한다. 그래서 이 『태평경』의 수일은 우주의 궁극적 실재에로 돌아
가려는 형이상학적이고 실천수양적인 면을 모두 갖는다. 또한 인간
내면의 수양이라는 면에서 볼 때는 인간에 내재하는 神을 지키는 행
위(守神)이거나 몸의 일정 부위를 온전히 지키는 양생법이다.43)

후대에 이르면 守一의 기법은 단지 빛을 동반한 內觀을 뜻할 뿐만
아니라, 수행자의 신체 속에 변형된 형태로 존재한다고 믿어진 三一
과 같은 신령들이 나타나게끔 하는 작용까지도 의미한다.44) 이러한
수일의 시각적인 성격은 『황정내경경』에서 존사의 시각적 이미지와

---

42) 『太平經合校』「守一明法」 "守一明法, 長壽之根, 萬神可御, 光出明之門. 守一
精明之時, 若火始生時, 謹守勿失... 洞明絶遠, 還以理一. 內無不明, 百疾除.
守之不懈, 度世超騰矣."
43) 윤찬원, 『태평경에 나타난 도교사상 연구』, 서울대 철학과 대학원 박사논
문, 1992, 188-190쪽. 여기에서 신은 후대에 나타나는 신령의 의미는 적고,
인간의 의식과 정신적인 측면을 강하게 의미한다. 그렇지만 이 또한 氣의
한 변양태라는 점에서 후대의 神과 유사하다.
44) 막스 칼텐마르크, 장원철 옮김, 『노자와 도교』 까치사, 1993, 254쪽

매우 유사하다. 어쩌면 존사는 수일의 시각적 이미지를 통한 방법을 더욱 구체화 하기 위해, 수일이 아닌 존사로 따로 지칭함으로써, 그것이 실질적으로 담고 있는 내용을 명료화하고 더욱 그러한 방향으로 기술을 강화해 나간 것이라고 추측할 수 있다. 하나를 지킨다는 守一이란 글자 자체에서 정신적 시각적 이미지를 통한 훈련이라는 내용을 곧바로 알아보기 어렵기 때문이다.

『황정내경경』도 위와 같은 수일의 영향을 강하게 받았다. 우선 수일의 一은 다른 도교 경전에서와 마찬가지로 궁극적 실재인 無라고 한다. 이 無를 지키는 것이 수일의 핵심이다.

"一이란 無를 일컫는 것이다."[45]

나아가 황정경에서는 이 만물의 근원인 無를 기반으로 해서 神을 단련한다고 분명히 말한다. 그리고 다시 이 神을 단련함으로써 一로 돌아갈 수 있다고 한다.

"一을 바탕으로 神을 단련한다. 신을 단련함으로써 一에 합한다."[46]

이 신을 단련하는 수양법은 守一이기도 하지만 앞서 말한 존사이기도 하다. 또한 이 둘은 활동의 양태에 따라서 적절하게 구분되고 보완되는 수양법이기도 하다. 즉, 수일은 無 또는 一者의 근원적인 고요함에 상응하는 방법이기에 사람이 고요한데 처하면 수일을 행하는 것이고, 존사는 氣와 神의 역동적인 움직임을 따르기에 사람이

---

45) 『黃庭內景經』「玄元章」 "一者, 無之稱也."
46) 『黃庭內景經』「玄元章」 "資一以鍊神. 神鍊以合一."

움직일 때 사용하는 수련법이라고 兩者를 구분할 수도 있다.

"고요하면 수일하고, 움직이면 신을 존사한다."47)

또한 이렇게 상호 보완적 관계로 이해함으로써 우리는 의미를 뚜렷이 드러내지 못한 존사라는 수련법의 포괄적 의미가 수일에 의해 보완되고 확장됨을 볼 수 있다. 즉, 一者를 지킨다는 본래적 의미를 가진 守一은, 一者인 無에로 돌아가려는 존사의 기반과 목표를 분명히 해주고 또 실천적으로 도와주는 수양법이기 때문이다.

그러므로 一인 眞 또는 玄眞을 지키거나(守一) 存思하면, 一者와 하나가 되어 모든 수련의 과정이 끝나 몸을 구원할 수 있다.

"眞을 지켜 뜻이 차면, 一은 스스로 돌아올 뿐이다."48)

"玄眞을 存思할 수 있으면 만사를 마친 것이다. 注-- 장자는 '一에 통달하면 만사를 마친 것이다'고 했다."49)

마. 存思와 誦經

많은 종교 전통에서 그렇듯이 『황정내경경』에서도 언어의 주술적 힘을 구원의 수단으로 삼았다. 이렇게 언어의 주술적 힘을 강조한 예를 멀리서 찾을 필요는 없다. 서양에서는 말, 즉 로고스에 문명의 총체적 상징을 부여했다. 예를 들면, 영어의 'spell'이 철자와 주문 및 마력이라는 의미를 모두 갖는다. 그들은 말 자체에 내재한 주술적

---

47) 『黃庭內景經』「黃庭章」"靜則守一, 動則存神."
48) 『黃庭內景經』「玄元章」"守眞志滿, 一自歸已."
49) 『黃庭內景經』「五行章」"能存玄眞萬事畢. --莊子曰, 通於一, 萬事畢也."

힘을 무의식적으로든 혹은 의식적으로든 인정하고 있음을 쉽게 알 수 있다. 『황정내경경』에서 이러한 말의 힘을 나타내는 예가 경전을 암송한다는 '誦經'50)이다. 그렇다면 황정경에서 송경은 무엇을 의미하고 또 존사와 어떤 관계가 있을까?

"그것(黃庭內景經)을 만번 읽으면 저절로 오장과 장, 위를 보게 되고 또 세상의 귀신을 보아 자기에게 있도록 부린다."51)

위의 설명에 따르면, 『황정내경경』을 읽는 것만으로도 존사의 수행에서와 같이 장기의 갱신이 가능하고 세상의 귀신도 제어할 수 있는 능력을 갖는다. 이는 『황정내경경』의 전수 과정에서 나타나는 경전의 비의적 성격과 관계가 있다. 경전을 물려받는 것만으로도 불노장생이라는 구원의 문턱에 한 걸음 다가섰다고 할만큼 경전 자체가 신비한 힘을 가진다고 한다. 또한 이런 경전을 단순히 가진 것만으로는 충분하지 않고, 경전을 읊조리면서 발생하는 '소리' 속에 경전의 숨은 힘이 실려 나온다고 한다. 그래서 읽고 읊조리고 외우는 말의 횟수가 더해지면서 경전의 내용이 본래 지향하는 無와의 합일에로 나아갈 수 있다. 이렇게 볼 때, 誦經은 경전에 있는 聖스러움을 간접적으로 드러내는 聖顯(hierophany)의 과정이며, 또한 성현을 연장하기 위한 언어적이며 음성적인 상징 행위이다.

그런데 황정경에 따르면, 이 誦經의 결과가 곧바로 장생불사라기보다는 이 송경의 신비스런 힘을 통해 존사의 단계가 저절로 이루어져 長生不死가 가능해진다. 송경하면 저절로 장기를 보게된다(존사)

---

50) 혹은 경을 읽는다는 讀經도 나온다. 이는 모두 말을 중시하므로 같은 맥락의 개념들이다.
51) 『黃庭內景經』「上淸黃庭內景經敍」"能讀之萬過, 自見五藏腸胃, 又見天下鬼神, 役使在己."

함은 송경의 힘이 존사를 쉽게 이루어지게 하는 것으로써 송경이 존사를 돕는 한 방법임을 나타낸다. 이러한 존사와 송경의 관계는 다음과 같은 문장에서 더 분명히 드러난다.

"몸안의 신을 또한 아침부터 저녁까지 항상 생각해서 잊지 않는다면 黃庭內景經을 암송하는 것을 기다릴 필요가 없다."52)

항상 존사하면 誦經할 필요가 없다는 말은, 불노장생을 위한 수련에서 존사는 필요충분조건인데 비해서 송경은 필요조건은 되어도 충분조건은 될 수 없음을 의미한다. 따라서 誦經은 不死의 추구에 결정적 양생법인 존사를 돕는 역할을 한다.

6. 存思의 종교사적 의미와 현대적 의의

存思는 몸에 내재하는 우주적인 神이나 氣를 마음 가운데서 이미지를 통해 생각하고 상징화해서 여기에 정신을 집중하는 도교의 수련법이다. 이는 빛의 조명과 시각적 이미지를 통해 우주적 힘을 활성화해, 그것으로 몸을 갱신해서 장생하는 것이다.

역사적인 영향관계의 측면에서 본다면, 『황정내경경』의 존사는 그 이전에 있던 『태평경』의 五臟神 思想과 守一法 그리고 『황제내경』의 天人感應과 陰陽五行思想을 근간으로 한 오장육부적 인체관 등의 영향을 광범위하게 받았다. 보다 직접적으로는 후한시대의 『申鑒』과 그 후의 『주역참동계』에 나오는 '歷藏內視術'을 흡수해 발전했다. 따라

---

52) 『黃庭內景經』「推誦黃庭內景經法」 "形中之神, 亦可從朝至暮恒念勿忘. 不必待誦黃庭內景經矣."

서 『황정내경경』의 존사는 당시까지 전수된 인체에 대한 사상과 의학, 수양법, 종교적 관념들을 흡수해서 하나로 결합시킨 종합적인 양생법이다. 또한 존사는 약물이나 금을 복용하는 外丹的 방법 보다는 몸의 내적 수련을 중시한다는 점에서 후에 나타나는 內丹的 특징을 많이 갖고 있다. 이런 면에서 존사는 도교의 가장 중요한 양생법인 內丹에 영향을 주고 그것에로 가는 전단계로 평가할 수 있다.

이러한 존사는 『황정내경경』이라는 경전의 字義 해석에 나타난 바처럼, 이 경전의 가장 핵심이다. 존사의 대상은 얼굴의 七神과 오장육부의 신 등을 중심으로 한 인체의 모든 신이고, 그것에 상응하는 부위와 臟器 그리고 氣다. 이들 대부분은 각각 이름과 字 및 복색 등 고유한 특색을 지닌 존재로 형상화 했다. 이렇게 존사의 대상은 시각적으로 형상화 했다. 존사하는 방법은 마음의 시각적인 비춤과 봄을 통해 인체 내부를 지향하고, 각 부위의 계열에 맞는 이미지들을 순차적으로 비추어 들어가는 것이다. 이로 인해 氣와 神들은 원할하게 순환하고 빛난다. 또한 존사는 우주의 무위적 법칙을 따르려는 인위적인 노력이었기에 無爲的 有爲라는 성격을 강하게 지닌다. 이러한 과정을 통해 궁극적 실재인 一者 곧 無로 돌아갈 수 있다. 또한, 존사는 전통적으로 내려오는 守一과 상호 보완적 관계를 유지한다. 존사는 수일에서 추상적으로 설명된 빛의 이미지를 보다 구체화했다. 그리고 존사의 궁극적 지향점인 一者에로의 과정은 바로 그 一者를 지키는 수일에 의해 좀더 분명히 강화되었다. 존사와 誦經의 관계에서도 송경은 존사를 보다 활성화 하는 보완적인 방법으로 제시되었다. 송경은 본래 秘義的 경전인 『황정내경경』의 힘을 주술적인 힘을 지닌 '말'로써 더욱 확장시키는 방법이다. 엘리아데의 관점에서 보면 이것은 聖顯을 확장시키고 간접적인 히에로파니의 성격을 띠는 음성적 상징이다. 이 상징효과로 인해 존사가 수월해지고 氣가 잘 순환해 장생한다.

그러므로 이러한『황정내경경』의 존사는 몸의 내부를 비추는 명상을 통하여 氣를 잘 순환하게 하여 제한된 인간의 몸을 무한한 우주적 존재와 神이 顯現하는 장소로 만들어 長生不死하려는 도교의 수련법이다. 이는 몸 자체를 우주적이고 신적인 존재로 만들어 인간을 구원하려는 도교적 이상을 그대로 보여준다. 이런 면에서 세계종교사 안에서『황정내경경』의 존사는 엘리아데가 말한 우주적 갱신을 통해 '원초' 혹은 '원형'에로 회귀하려는 우주적 종교(Cosmic Religion)의 보편적 특징을 그대로 갖고 있다. 나아가 이러한『황정내경경』에 보이는 도교의 성격은 정기적으로 이루어지는 집단적인 의례중심적 종교의 성격을 띠기보다는 주로 秘傳이고 개인적으로 우주적 갱신을 하는 점에서 샤마니즘과 같은 종교에 좀더 가깝다고 볼 수 있다.

그렇다면, 빛과 시각적 이미지를 통해 氣와 身體神을 비추어서 不死를 추구하는 존사법의 현대적 의의는 무엇일까? 그것은 먼저 안으로 본다는 명상에서의 행위가 곧 몸의 변화, 즉 구체적인 존재 자체의 변화를 일으킬 수 있다는 것을 가르쳐준다. 이는 정신적 행위와 육체적 변화를 동일선상에서 바라보고 일치시킨다. 정신과 육체의 일치를 통해 존재론적 이원론을 극복한 것이다. 또한 존사는 주체와 객체라는 인식론적 범주에서의 이원론을 극복한다. 존사에서 神과 나 사이의 관계가 그 예이다. 존사 과정에서 자신을 여러 신들이 사는 장소로 이미지 지움에 따라 주체가 無化한다. 나라고 생각하고 있었던 것이 실은 여러 神들이 사는 장소이기 때문이다. 그리고 자신의 신체 자체인 신들을 본다고 하는 행위에 대해 생각해 볼 때, 여기서 보고 있는 것은 누구인가, 보여지는 것은 누구인가라고 묻는다면, 어느 쪽이든 自身이며 他者라고 대답할 수 있다. 이렇게 존사의 주체와 대상은 순환적 관계가 있기 때문에 主와 客, 自와 他라는

인식론적인 二元的 관계는 無化하고 만다. 존사의 수행은 이와같은 二元的인 관계를 無化하려는 시도이다.53)

그래서 존사는 인간과 신, 인간과 자연, 인간과 인간, 정신과 육체의 二元的인 대립 관계를 사라지게 하고, 一元的인 화해의 세계를 실현하려는 도교의 특수한 수련법이다. 존사는 모든 것이 二元的으로 갈라진 현대인에게 화해와 일치의 방법을 가르쳐 줄 수 있다. 나아가 존사는 탈성화되버린 인간과 자연세계가 聖이 현현하는 의미의 세계와 일치할 수 있는 구체적인 수련법을 제시해 준다. 그렇지만 『황정내경경』이 제시한 존사는 비의적 성격을 띠기에 이를 아는 사람에게만 적용되는 제한적인 구원방법이다. 모든 인류에게 열려져 있는 메시지는 아닌 것이다. 이러한 한계는 오늘날 우리사회에 광범위하게 유행하는 도교적 수련의 제한성을 말해준다. 이런 면에서 『황정내경경』의 존사를 통해 보는 도교의 현대적 의의는 秘義的 수련에서 찾기는 어렵다. 그 보다는 엘리아데가 종교를 마치 인간의 생물학적인 특성과 관련하여 설명했듯이, 인간이 보편적으로 공유하는 몸, 즉 육체성에 대한 새로운 자각에서 인간의 구원이 모색될 수 있을 것이라는 전망을 해본다. 이를 염두에 두고 보편적 구원의 길을 열기 위한 새로운 모색을 할 때, 도교도 인종과 민족을 넘어서 인류에게 진정한 구원종교로 등장할 수 있다.

---

53) 유아사 야스오 편, 손병규 역 『氣와 인간과학』 여강출판사, 1992, 75쪽

참고 문헌

* 일차 문헌

『黃庭內景經』, 自由出版社 印行, 1985
王明 編,『太平經合校』中華書局, 1987

* 이차 문헌

막스 칼텐마르크, 장원철 옮김,『노자와 도교』까치사, 1993
유아사 야스오 편, 손병규 역『氣와 인간과학』여강출판사, 1992
윤찬원,「태평경에 나타난 도교사상 연구」, 서울대 철학과 대학원
　　　　박사논문, 1992
김승동 편저,『도교사상사전』부산대학교출판부, 1996
麥谷邦夫,「黃庭內景試論」,『東方文化』62호, 1982
山田利明,「洞房神存思考」,『東方宗敎』74호, 1989
神塚淑子,「方諸青童君をめくって」,『東方宗敎』76호, 1990
丁胎庄,「存思法 源流考」卿希泰 主編,『宗敎學 硏究』1988, 1기, 四
　　　　川大學出版社
金正耀,『道敎與科學』, 中國社會科學出版社, 1990
王 明,『道敎和道敎思想硏究』, 中國社會科學出版社, 1984
卿希泰 主編,『中國道敎史 (第一卷)』, 四川人民出版社, 1988
M. Eliade, A History of Religious Ideas. Vol I, II, University of
　　　　Chicago Press, 1982
＿＿＿＿, The Quest, University of Chicago Press, 1982
＿＿＿＿, 'Cultural Fashions and the History of Religions', J. M

Kitakawa ed, The History of Religions, University of Chicago Press, 1967

_____, 정진홍 옮김,『우주와 역사』, 현대사상사, 1975

J. A. Saliba, 'Homo Religiosus' in Mircea Eliade, Leiden, E. J. Brill, 1976

B. S. Rennie, Reconstructing Eliade, University of New York, 1996

D. Cave, Mircea Eliade's Vision for a New Humanism Oxford University Press, 1993

K. M. Schipper, Concordance du Houang-T'ing King, Ecole Francaise D'extreme-Orient 1975

M. Schipper, Translated by Norman Girardot, The Taoist Body, Uni of California Press 1993

Isabelle Robinet, Taoist Meditation, State Uni of New York Press 1993

Henri Maspero, Translated by F. A. Kierman, Jr. Taoism and Chinese Religion, Uni of Massachusetts Press 1981

Livia Kohn, Early Chinese Mysticism, Prinston Uni Press 1992

『善書』의 生命倫理

崔 惠 英*

<차례>

1. 머리말
2. 『善書』와 三敎思想
3. 三敎와 有機體的 世界觀
4. 『善書』에 나타난 생명존중사상
 1) 『道藏本功過格』
2) 『太上感應篇』
3) 『陰騭文』
4) 『太微仙君純陽呂祖師功過格』
5. 『善書』의 환경윤리
6. 맺는 말

1. 머리말

生命은 자연적으로 비롯하는 것이고, 그 생명탄생의 자연성은 세계 생명질서의 고유한 형식에 의한 것이다. 어떤 종교의 관점에서는 생명질서의 고유한 형식을 신이 규정한 것으로 보고, 그러한 질서의 인위적 파괴를 반종교적, 반윤리적인 행위로 간주하기도 한다. 그런데 언제부터인가 이러한 생명질서의 고유한 형식이 조금씩 무너지기 시작하였고, 이성을 앞세운 서구의 근대과학문명은 그러한 형식의 파괴를 가속화했다. 생명은 더 이상 자연적으로 비롯하는 것이 아니라 인간의 이해관계에 따라 얼마든지 창조하고 파괴할 수 있으며,

---

* 삼척산업대학교 강사

급기야 인간의 생명도 인간이 좌우할 수 있는 상황까지 이르렀다.

지금까지도 일부문화권을 제외한 대부분의 문화권에서는 인간외 다른 생명체들의 생명이 인간에 의해 좌우되는 것이 도덕적으로 허용되어왔다. 그런데 다른 생명체들을 포함한 자연을 소유나 개발의 대상으로 간주한 결과인 환경오염과 생태계의 파괴가 오히려 인간의 생존마저 위협하고 있다. 이러한 현실은 우리에게 지금까지의 인간과 자연을 보는 방식을 바꾸어야 함을 말해준다. 즉, 인간과 자연을 대립적인 관점이 아닌 화해와 조화의 관점으로 바라볼 것을 제안하고 있다.

自然은 우리 삶의 터전으로서 인간과 함께 숨쉬고 살아가는 유기적인 연대관계를 갖고 있다. 자연은 단순히 우리 주변에 보이는 하늘, 땅, 나무 등의 존재를 말하는 것이 아니다. 이것은 자연의 한 부분에 불과하다. 유기적인 자연은 인간의 감각이나 사유에 의해 드러나지 않는 全一者로 일체를 포함하며 우주를 움직이는 일체의 힘을 가리킨다. 그것은 물질적, 정신적인 힘을 포함한 유기적 전체를 의미한다.[1] 그러므로 자연 속의 모든 존재들(생명체나 우주의 각 부분)은 일정한 목적 아래 통일, 조직되어 그 각 부분과 전체가 필연적 관계를 맺고 있다.[2] 그리고 이러한 유기체의 구성 부분의 협력은 강제한 것이 아니라 완전히 자발적이며 자연스러운 것이다.

우리 문화권에서는 일찍이 자연과 인간을 상호분리할 수 없는 유기적인 관계로 인식해 왔다. 인간과 자연을 조화의 관계로 바라볼 뿐 결코 대립적 관점으로 보지 않는다. 본고에서는 이러한 관점에

---

1) 이강수,「노장철학의 자연관」,『동양사상과 환경문제』(한국불교환경교육원 엮음), 모색, 1996, p.84.
2) 인간 有機體의 경우를 예로 들어 본다면 손과 발, 五臟은 저마다 각각 다른 의무와 기능을 갖고 있으며 이들은 신체의 다른 부분과 결부하여 하나의 통일을 이루고 있다.

기반을 둔 '생명(life)'의 가치가 삼교가 통합된 통속적 윤리규범서인
『善書』3) 속에 어떻게 구체화해 있는가를 살펴 보고자 한다. 삼교는
전통사상의 근간을 이루고 있으므로 삼교합일의 사상 경향 속에서
성립한 『선서』가 제시하고 있는 생명존중의 윤리는 생명에 대한 전
통적인 가치관을 잘 반영하고 있다. 결국 과거에 대한 탐구는 미래
를 지향한 현재의 관심에서 출발하는 것이므로, 본고는 『선서』속의
전통적인 가치관이 현대의 생태 위기를 극복하는 가치관 정립에 기
여할 수 있는 점은 무엇인가에 대한 탐색이다.

2. 『善書』와 三敎思想

『善書』는 유교, 불교, 도교 및 민간신앙의 가치체계가 통합해 있는
통속적인 교화서이다. 삼교는 각각 독자적인 사상의 전개와 함께 상
호교섭의 관계를 맺어 왔는데 그 과정 속에서 조화를 지향한 삼교합
일사상이 형성하여 왔다. 이러한 삼교합일의 경향은 당송 이후의 사
상적 흐름의 한 갈래였다. 경쟁과 화해의 관계 속에서 유불도 삼교
가 합일 내지 병존할 수 있었던 것은 엄밀하게 자신을 유교, 불교,
도교로 구분하지 않은 민중들의 종교적 태도와 관련이 있다.

당송 이후 삼교합일의 사상적 흐름 속에서 유불도는 각각 새로운
운동을 전개한다. 불교에서는 禪學의 새로운 운동이, 유교에서는 성
리학을 중심으로 한 新儒學이 일어났고, 도교에서는 新道敎운동을

---

3) 『善書』라는 명칭은 南宋 이후 일반적으로 사용했고, 선을 권하는 취지를 가
진 책이라는 의미에서 '勸善書'라고도 불리운다. 1164년 南宋의 李昌齡이 가
장 대표적인 『善書』인 『太上感應篇』에 주를 달고 세상에 알린 이래 많은 종
류의 『善書』가 간행되고 유포되었다.

전개한다. 이것은 모두 삼교의 상호역동적인 관계 속에서 얻어진 결실이라고 할 수 있다. 그 중에서도 삼교사상의 조화를 가장 적극적으로 추진한 것이 全眞敎, 眞大道敎, 太一敎 등의 신도교였다. 이들은 모두 삼교사상의 조화를 바탕으로 시대에 맞는 일상윤리를 제시하며 내적수련을 구하고 있다. 특히 전진교는 유교의 『孝經』, 도가의 『道德經』, 불교의 『般若心經』과 『淸淨經』의 독송을 권하고 있으며 수행방법도 坐禪을 받아들였다.

이러한 삼교합일의 사상적 경향 속에서 1164년 李昌齡에 의해 전해진 『太上感應篇』은 각종 공과격과 함께 민간에서 가장 많이 유행한 『선서』로서 당시의 사회도덕과 삼교사상의 관계를 잘 반영하고 있다. 『태상감응편』은 『道藏』「太淸部」에 수록되어 있는데 이후 많은 『선서』들의 모범이 되었음은 물론 종합적 『선서』속에 거의 수록될만큼 널리 유행하였다. 1171년 간행된 최초의 공과격으로 『道藏』「洞眞部」에 수록되어 있는 『太微仙君功過格』(일명 『道藏本功過格』)도 구체적인 功格과 過律을 제시하여 매일 행위의 공과에 따른 점수를 매기도록 하는 선악점검의 형식을 지니고 있다. 그속에 제시된 규범의 내용 역시 삼교사상이 통합하여 있다.

太上老君[4]이라는 신이 설하는 형식으로 만들어진 『태상감응편』은 크게 열가지 부분으로 나눌 수 있다. 첫 번째는 善惡報應의 이치를 설명하고 있다. 두 번째는 인간의 선행과 악행을 감시하고 상벌을 내리는 司命神에 대한 설명이다. 인간의 죄과에 따라 사명신들이 사람의 수명을 관장한다고 하는 紀算與奪사상은 이미 『抱朴子』에도 있다. 여기서 언급하는 사명신인 三台와 北斗神君, 三尸神, 竈神은 모두

---

4) 太上은 太上老君을 약칭한 말이다. 이는 老子의 화신으로 노자가 신격화된 말이기도 하다. 일설에는 태상을 노자의 스승이라고 보기도 한다.

도교와 민간신앙에서 받드는 신이다.

세 번째는 일상에서 선행의 구체적인 사례를 제시한 부분으로 유교와 불교의 요소를 많이 포함하고 있다. 네 번째는 선행에 따른 보답(善報)에 대한 부분으로 현세적인 복록을 누림은 물론 신선이 되는 것(成仙)까지도 가능하다고 설명하고 있다. 특히 天仙이 되려면 1,300가지 善을, 地仙이 되려면 300가지 善을 행해야 한다고 말하고 있는데, 이는 仙이 되려면 윤리적인 수련이 중요함을 강조한 것이다. 다섯 번째와 여섯 번째는 악행의 구체적인 사례를 설명한 것으로 일상생활에서 경계해야 할 점을 제시하고 있다. 일곱 번째는 악행에 대한 대가를 설명한 부분이다. 사명신이 그 악행의 경중에 따라 수명(紀와 算)을 줄이는 것은 물론, 각종 재앙을 내리며 그 남은 죄가 자손에까지 미친다고 경고하고 있다.

여덟 번째는 구체적인 행동 뿐만 아니라 마음의 선, 악까지도 신들에 의해 감찰되고 있음을 설명하고 있으며, 아홉 번째는 지금까지의 악행들도 회개하고 반성하면 된다고 하는 개과천선의 원리에 대해 설명하고 있다. 마지막 열 번째는 선악보응의 이치를 바탕으로 선행의 당위성과 실천을 강조하고 있다.

『태상감응편』을 통해서 알 수 있듯이 『선서』는 선행과 악행의 구체적인 유형을 제시함으로써 도덕적 실천을 권하고 있다. 선행에는 長壽, 富貴, 官職, 得男, 治病 등의 결과(福)가 따르고, 악행에는 刑罰, 疾病, 夭折, 無子, 落科 그리고 온갖 자연재해와 같은 결과(禍)가 따른다고 하는 윤리적 인과론은 『선서』의 가장 기본적인 신념체계이다. 이러한 윤리적 인과론은 선악보응의 이치로 설명하는데 이것은 불교의 인과응보와 유사하면서도 차이가 있다. 예를 들어, 불교에서 개인의 업보는 철저히 그 개인의 차원에서 논의하고 있지만 『선서』는 그 개인은 물론 그의 자손들까지 포함해 논의한다. 자신의 선행과 악행의 결과가 자손들에까지 영향을 미친다고 하는 承負관념은 『太平經』
과 『抱朴子』에도 나타난다. 승부관념과 불교의 인과응보사상의 교섭
관계를 확인하기는 어려우나 『선서』에는 그 두가지가 갈등없이 병존
하고 있다.

 이러한 『선서』류는 이후에도 꾸준히 간행되었고 특히 명, 청시대
에 활발하게 유행하였다. 『선서』의 사회교화적인 효능을 인정하여 지
식인은 물론 왕실에서도 관심을 가졌으며 明代 雲棲禪師 袾宏과 같
은 불교의 인사도 『自知錄』이라는 공과격을 간행하기도 하였다. 뿐만
아니라 『선서』은 조선에 전해져 조선후기까지도 『태상감응편』을 비
롯하여 도교와 민간신앙에 기반을 둔 각종 『선서』들이 간행되고 보
급되었다. 본 논문에서 참고로 한 『선서』 중 『覺世新編』과 『功過新
格』은 『선서』의 한국적 전개라는 점에서 의의가 있다.

3. 三敎와 有機體的 世界觀

 삼교의 조화와 종교윤리의 세속화 과정 속에 유행한 『선서』이 제
시하는 생명에 대한 가치관은 삼교의 세계관을 반영하고 있다. 세계
를 유기적인 통일체로 보는 관점은 오래전부터 도교의 전통 속에 존
재했던 것이며 이러한 도교적인 관점을 수용한 신유가도 만물일체관
에 입각하여 인간과 우주적 합일의 문제를 논하고 있다.

 특히 신선사상과 함께 도교성립의 기반인 도가에서는 우주를 수많
은 사건과 사물들의 헤아릴 수 없이 많은 표현들로 이루어진 역동적
유기체로 인식한다.[5] 이러한 도가는 인간과 자연의 조화 및 합일을

---

5) 이강수, 「노장철학의 자연관」, 『동양사상과 환경문제』(한국불교환경

추구한다. "사람은 땅을 본받고 땅은 하늘을 본받고 하늘은 도를 본받고 도는 자연을 본받는다."6)라고 하는 『老子』의 사상도 궁극적으로 우주적 생명의 연대감을 전제로 인간과 자연의 통일에 관심을 두고 있다. 또한 "천지는 나와 함께 살고 만물은 나와 더불어 하나"7)라고 하는 『莊子』의 구절은 바로 그러한 유기체적 세계관에 입각한 인간과 자연과의 관계를 잘 표현하고 있다.

도교의 호흡법이나 導引術도 몸과 마음을 유연하게 하고 氣의 원활한 순환을 위한 것으로 자연과의 합일을 도모하는데 그 취지를 두고 있다. 모든 존재는 유기적인 연대관계를 맺고 있으므로 인간과 자연의 합일이란 바로 그러한 연대관계가 단절되지 않음을 의미한다. 도교는 무엇보다도 이러한 연대관계에 기초를 둔 "생명"을 중요하게 본다. 長生과 仙을 추구하고자 부단히 노력했던 이유도 생명을 최고의 가치로 여겼기 때문이었고, 장생과 신선을 구하는 방법 역시 그러한 자연과의 연대관계를 중시했던 것이다. 그리고 그러한 관계의 중요성을 인정한 도교는 인간의 생명 뿐만 아니라 우주내 존재하는 모든 생명체는 물론 무생물까지도 동등하다고 하는 다원주의적인 관점을 지닌다.

"생명(life)"의 가치는 도교 뿐만 아니라 불교에서도 중요하게 다루어지고 있다. 불교에서 모든 존재는 인연에 의해 생기하는 것일 뿐이며, 그러한 生에 의해서 老死가 있으며 근심, 슬픔, 고통, 번뇌가 생기는 것으로 보았다. 일체의 고락은 외적인 인연의 결과이다. 즉 존재하는 모든 것은 업보의 상호작용에 의하여 나타날 뿐 영속적인 실체를 갖지 아니하며 나 또한 '자아'라고 하는 실체가 없다. 그러므

연구원 편), 1996, p.93.
6) "人法地 地法天 天法道 道法自然" (『老子』 25章).
7) "天地與我竝生 而萬物與我爲一" (『莊子』 「內篇」 齊物論 14章)

로 고통은 '어떠한 것(예를 들면 사랑하는 사람이나 아끼는 물건)에 대한 집착'이나 '나와 대상을 갈라보는 분별'에서 비롯하는 것임을 확연히 깨닫고 그러한 집착과 분별의 無明상태에서 벗어나야 한다. 그렇지 못하면 영원히 生死의 輪廻과정 속에서 고통받을 수밖에 없다. 이러한 緣起사상에 입각하여 불교는 인도의 윤회사상을 발전시켰는데 윤회사상은 業사상을 기반으로 하고 있다. 인간의 행위에는 몸으로 짓는 업(身業), 입으로 짓는 업(口業), 마음으로 짓는 업(意業)이 있으며, 이러한 현세의 업이라는 원인이 내세의 과보를 결정한다.

불교에서 제시한 "살생을 금함(戒殺)"은 바로 惡業을 짓지 않도록 경계하기 위한 것이다. 불교에서는 본래 선·악의 대립을 초월하는 선악의 무실체성을 이야기한다. 그러나 현실적으로 악을 극복하고 선을 실천해야 할 필요를 인정하는데, 궁극적으로는 열반으로 가기 위해서이다. 그러므로 三寶를 받드는 평신도들은 戒를 받들고 지켜야 하는데 五戒가 기본이며 특별한 경우에는 八戒 혹은 十戒로 넓혀지기도 한다. 그런데 그 어떤 계율에서도 "살생하지 말라"는 계율이 강조되고 있다.

"아난다, 이 세상 중생들이 산목숨을 죽이지 않으면 생사에서 해탈할 수 있을 것이다. 너희가 수행하려는 것은 번뇌를 없애려는 것인데, 죽일 마음을 끊지 않는다면 번뇌에서 어떻게 벗어날 수 있겠느냐...청정한 비구나 보살은 걸어다닐 때 산 풀도 밟지 않으려고 조심하는데 하물며 손으로 뽑겠는가. 대자대비를 행한다면서 어떻게 중생의 피와 살을 먹을 것인가. 만약 비구가 명주실이나 풀솜, 비단 옷, 가죽신, 가죽옷이나 털붙이를 입지 않고, 짐승의 젖이나 그 젖으로 만든 음식까지도 먹지 않으면, 그는 참으로 세상에서 벗어나 묵은 빚을 갚고 다시는 삼계에 나지 않을 것이다. 그들의 몸붙이를 입거나 먹으면 다 그들과 인연이 되기 때문이다."[8]

다시 말해 "살생하지 말라"를 비롯한 불교의 계율은 결국 윤회의 고통과 번뇌로부터 벗어나기 위한 방편이다. 또한 불교에서 내세우고 있는 慈悲의 대원칙은 一切의 존재를 차별없이 대하고 있다는 점에서 모든 존재는 동등한 지위를 차지하고 있다.

불교는 중국에 전래된 이후 중국이라는 토양위에서 꽃을 피우는데 노장사상의 영향 아래 가장 중국적인 불교로 자리매김한 것이 禪佛敎였다. 독자적인 禪宗이 일어나기 전에도 이미 불교와 노장사상과의 결합을 찾아볼 수 있다. 「涅槃無名論」에서 僧肇(374-414)는 "궁극적인 진리란 오묘한 깨달음속에 있으며, 오묘한 깨달음은 진리와 하나가 되는 것이다. 진리와 하나가 된다고 하는 것은 有와 無를 평등하게 보는 것(즉 있음과 없음의 대립이 해소되는 것)이며 유와 무를 평등하게 본다고 하는 것은 상대와 내가 둘이 아니게 되는 것(즉 나와 다른 사람과의 차별이 없어져 버리는 것)이다. 왜냐하면 천지는 나와 근원을 같이 하며 만물은 나와 일체이기 때문이다."[9]라고 말하고 있다. 萬物一體, 物我同根의 사상은 멀리『莊子』의「齊物論」에서 비롯되는데 승조는 이것을 불교 명상의 근거로 삼는다.[10] 또한 만물이 理法의 구현이고 그것은 一理로 귀결한다는 '一卽多, 多卽一'의 화엄사상은 장자의 만물일체관과 쉽게 결합할 수 있는 여지가 있었다.[11] 그리하여 慧命(531-568) 같은 이는 모든 존재에 부처의 광명이

---

8) 『首楞嚴經』六(불교성전편찬회 편, 『불교성전』, 동국역경원, 1987. pp.554-555).
9) 『肇論』「涅槃無名論」"然則玄道在於妙悟 妙悟在於卽眞 卽眞卽有無齊觀 齊觀卽彼己莫二. 所以天地與我同根 萬物與我一體."(시마다 겐지 저, 김석근, 이근우 역, 『주자학과 양명학』, 까치, p.58에서 재인용·)
10) 柳田聖山 著, 안영길, 추만호 역, 『禪의 思想과 歷史』, 民族社, 1989, p.81.
11) 신유가 伊川이 설명하는 '理一分殊'란 모든 개개의 사물이 각각 개별의 理를 구비하고 있는 동시에 그 개별적 리는 보편의 하나(一)로 귀결된다는 의미로, 이 역시 華嚴의 사유패턴과 유사하다.

관철하고 있다고 보았다. 즉, 만물일체에서 부처의 광명과 '一卽多'를 보았다.12)

이와 같은 형이상학적 전통 위에 성립된 선종 속에는 노장사상의 영향이 도처에서 발견되고 있는데 그 중에서도 유기체적 세계관과 관련하여 法眼宗(禪宗 五家中의 하나)은 '천지는 나와 같은 근원에서 생기고 만물은 나와 하나가 된다(天地與我並生 萬物與我爲一)'고 하는 기본적 시각에 근거를 두고 있다.13)

도가의 유기체적 세계관을 수용한 신유가의 사상 속에서도 우주만물의 생명의 연대관계를 중요시하고 있다. "혼연하게 만물과 한 몸이 되는 것"으로서 仁을 설명한 程明道는 인간과 자연의 생명의 연대관계를 매우 중요시 하고 있다.

> "의학책에서 손과 발이 마비된 증상을 不仁이라고 부르는데, '불인'이라고 하는 말은 그러한 증상을 가장 잘 표현한 것이라 할 수 있다. 仁이라는 것은 천지만물을 자신과 한 몸으로 삼는 것이니 만물이 모두 자기가 아닌 것이 없다.... 마치 손발이 불인하면 氣가 이미 관통되지 않아 四體가 모두 자기에게 속하여 있지 않은 것과 같다."14)

仁이란 천지생성의 덕 그 자체이며 천지의 생명의지가 자기와 만물을 관통하고 있는 것, 즉 만물일체를 말한다. 不仁이란 기가 관통하지 않는 것, 즉 생명의 연대가 단절하였으며 이러한 사태에 대해 느낄 수도 없다는 것을 의미한다.

---

12) 카마타 시게오 저, 한형조 역, 『화엄의 사상』, 고려원, 1990, pp.81-82.
13) 吳經熊 著, 曹永祿, 鄭仁在 譯, 『禪의 饗宴』(上), 東國大學校 佛典刊行委員會, 1980, p.26 참고.
14) "醫書言手足痿痺不仁. 此言最善名狀. 仁者以天地萬物爲一體. 莫非己也....如手足不仁. 氣已不貫. 皆不屬己."(『二程遺書』第二 上)

이처럼 도가의 유기체적 세계관을 수용한 신유가는 인간 최고의 윤리적 제가치를 자연전체의 테두리 속에 위치를 정해 보고자 하였다. 그리하여 신유가는 도덕은 본래 자연에 뿌리를 내리고 있으며, 더우기 도덕이 현현 가능한 상황이 되면, 창발적 진화에 의해서 자연으로부터 생겨 나온다는 것을 인식했다.15)

이상에서 보듯이 불교에서는 인과의 고리를 끊기 위해 살생을 지양했지만 거기에 내재한 생명존중의 정신과 만물평등관이 도교의 유기체적 세계관과 만날 수 있었고, 신유가는 이러한 도교의 관점을 수용하여 인간의 윤리적 인식과 실천의 근거를 자연이라는 거대한 배경 속에서 구하는 새로운 사상적 체계를 형성했다. 비록 삼교는 서로 다른 사상적 배경과 전통을 가지고 있음에도 불구하고 나와 세계, 인간과 자연은 본질적으로 구별되지 않는 한 몸이라는 인식에 이의없이 합의했던 것으로 보인다.

4. 『善書』에 나타난 생명존중사상

1) 『道藏本功過格』

최초의 공과격이며 일명 『太微仙君功過格』이라고도 불리우는 『道藏本功過格』16)에는 생명존중의 규범들이 상당수 제시되어 있다.

---

15) J. Needham, *Science and Civilization in China vol. 2*, Cambridge Univ. Press, 1977, p.454.
16) 『道藏』「洞眞部」戒律類에 수록되어 있으며, 「救濟門」 12조, 「敎典門」 7조, 「梵修門」 5조, 「用事門」 12조, 「不仁門」 15조, 「不善門」 82조, 「不義門」 10조, 「不軌門」 6조로 이루어져 있다.

「救濟門」

① "다른 사람에게 性命을 보전하고 유익한 符法藥術을 전하면 한 가지 일에 5공, 만약 사례를 받고 전하면 1공"(3).[17]

② "刑으로 죽을 사람의 목숨을 구하면 100공, 그 형을 면하게 하면 한 사람에 100공, 그 형을 감하게 하면 한 사람에 50공"(4).[18]

③ "노새, 말, 소 등의 사람에게 갚음이 있는 가축을 구하면 한 마리에 10공, 산야의 들짐승과 날짐승을 구하면 한 마리에 8공, 벌레, 개미, 날아 다니는 나방, 그리고 습지에서 자라는 생물들을 구하면 그 목숨 하나에 1공"(5).[19]

「不仁門」

① "중병이 든 자가 있어 치료를 청하나 치료를 하지 않아 구하지 않으면 한 사람에 2과, 작은 병일 경우 한 사람에 1과, 법대로 치료하지 않으면 1과, 낫지 않았는데 사례를 받으면 100전당 1과, 관전에 10과"(1).[20]

② "독약으로 다른 사람을 해치고자 하면 10과, 다른 사람의 성명을 해치면 100과, 다른 사람을 해쳤지만 죽지 않고 병들면 50과, 일체의 중생과 짐승을 해치면 10과, 짐승을 해쳐도 죽지 않으면 5과, 해치고자 마음 먹으면 1과"(2).[21]

③ "邪法을 배워 싫어하는 사람을 저주하여 해치고자 하면 10과, 다른 사람의 성명을 해치면 100과, 다른 사람을 해쳤는데 죽지 않거나 병이 들면 50과, 사람과 짐승 한 마리를 해치면 10과, 병들게 하

---

17) "傳人保益性命符法藥術等 每一事爲五功 如受賄而傳爲一功."(『正統道藏』卷 5, 臺灣, 藝文印書館, p.3584. * 이하의 책명은 D.Z. vol. 5라 함)

18) "救一人刑死性命爲百功 免死刑性命一人爲百功 減死刑性命一人爲五十功."(D.Z., vol. 5, p.3584)

19) "救有力報人之畜一命爲十功 救無力報人之畜一命爲八功 蟲蟻飛蛾濕生之類一命爲一功"(D.Z., vol. 5, p.3584)

20) "凡有重疾告治不爲拯救者一人爲二過 小疾一人爲一過 治不如法爲一過 不愈而受賂百錢爲一過 貫錢爲十過"(D.Z., vol. 5, p.3586)

21) "修合毒藥欲害於人爲十過 害人性命爲百過 害人不死而病爲五十過 害人一切衆生禽畜性命爲十過 害而不死爲五過 擧意慾害爲一過"(D.Z., vol. 5, p.3586).

면 5과, 해치고자 하는 의도를 가지면 1과, 다른 사람의 집을 싫어하여 괴이함을 보이고 재물을 취하고자 하면 10과, 그 재물 100전당 1과, 관전에 10과"(3).22)

④ "다른 사람의 사형을 도모하면 100과, 성공하지 못하면 50과, 일을 도모하였으나 실행하지 않으면 10과"(4).23)

⑤ "고의로 다른 사람의 성명을 상하게 하거나 죽이면 100과, 잘못으로 성명을 해치면 80과"(7).24)

⑥ "고의로 사람의 가축 한 마리를 죽이면 10과, 실수로 죽이면 5과, 고의로 가축과 날짐승과 네발 달린 짐승을 죽이면 8과, 잘못하여 죽이면 4과, 고의로 곤충, 개미, 나방, 습지에 사는 생물들을 죽이면 2과, 잘못하여 죽이면 1과"(8).25)

⑦ "사람을 상하게 하고 사물을 해치는 나쁜 짐승(호랑이, 이리, 뱀)과 독충을 일부로 죽이면 1과, 사람을 시켜 죽어도 이와 같이 논한다"(9).26)

⑧ "살생을 보고도 구하지 않으면 본인이 한 경우의 반을 감하고, 분야를 막론하고 구할 수 있으나 자비로운 마음을 내지 않으면 2과, 살생을 찬성하고 도와주면 5과"(10).27)

⑨ "만일 구해줄 수 있는 것을 보고도 구하지 않으면 10과, 종류를 불문하고 구할 수 있으나 자비로운 마음을 내지 않으면 1과"(11).28)

---

22) "學厭禱呪咀邪法 欲害於人爲十過 害人性命爲百過 害人不死而病爲五十過 害人六畜一命爲十過 令病爲五過 擧意欲害爲一過 厭禳人家令見怪異欲取財賄爲十過 得財百錢爲一過 貫錢爲十過"(D.Z., vol. 5, p.3586).
23) "謀人死刑成者爲百過 不成爲五十過 擧意不作爲十過."(D.Z., vol. 5, p.3586)
24) "故傷殺人性命爲百過 誤傷殺性命爲八十過 以言遽殺者同使人殺者爲六十過"(D.Z., vol. 5, p.3586).
25) "故殺有力報人之畜一命爲十過 誤殺爲五過 故殺無力報人之畜飛禽走獸之類一命爲八過 誤殺爲四過 故殺蟲蟻非蛾濕生之屬一命爲二過 誤殺爲一過"(D.Z., vol. 5, pp.3586-3587).
26) "故殺傷人害物者惡獸毒蟲爲一過 使人殺者同上論"(D.Z., vol. 5, p.3587).
27) "見殺不救 隨本人之過減半 無門可救不生慈念爲二過 助讚殺生爲五過"(D.Z., vol. 5, p.3587).

⑩ "사람과 가축이 죽는 것을 보고도 자비로운 마음을 내지 않으면 1과"(13).29)

「不軌門」
① "고기를 먹으려고 일부러 생명을 죽이면 6과, 고기를 사서 먹으면 3과, 육식을 금하는 것을 어겨 일부러 먹으면 6과, 실수로 먹으면 3과, 齋日에 고기를 먹으면 10과, 제단에 올린 후에 먹으면 10과"(3).30)

『도장본공과격』은 본래 淨明道 교단에서 만들어진 것이므로 다른 『선서』들에 비해 종교적인 색채가 강하다. 생명존중과 관련된 규범도 종교적인 차원에서 주로 논의되었다고 볼 수 있는데 외형적으로는 불교의 계율을 많이 수용하고 있다.

불교에서는 살생, 살생의 원인이 되는 행위, 또는 생명체의 살생을 인정하거나 방관하는 행위를 금하며 직접적 행위가 아니라 살생을 하고자 마음먹어도 악업을 쌓는다고 본다. 제 삼자의 명령으로 혹은 다른 사람을 시켜 살생하는 경우도 있는데 이러한 업은 말을 통해서 일어난다. 그래서 마음으로(意業), 말로(口業), 행동으로(身業) 살생을 금하여야 한다. 살생을 금하는 것에서 나아가 모든 생명체에게 자비로운 마음을 가져야 하고 자비를 베풀어야 한다.「불인문」③, ⑦, ⑧, ⑨, ⑩은 意業, 口業과 관련된 항목이다.

살생의 방법도 여러 가지가 있는데 비술이나 주문을 통해 남을 해치고자 하는 경우는「구제문」①,「불인문」③에 잘 나타나 있다. 불교에서는 제물로서 동물을 죽이는 행위를 금하여 소를 도살하거나

---

28) "見若救得而不救者爲十過 無門可救不生慈念者爲一過"(D.Z., vol. 5, p.3587).
29) "見人畜死不起慈念者爲一過"(D.Z., vol. 5, p.3587).
30) "食肉故殺性命食之爲六過 買肉食之爲三過 違禁肉故食爲六過 誤食爲三過 遇齋日食之爲十過 食後入壇念善爲十過"(D.Z., vol. 5, p.3588).

피문은 제물을 바치는 것을 금하였다. 「불궤문」 ①은 그러한 내용과 관련이 있다. 또한 「구제문」 ③에서 언급한 동물, 곤충, 습생 등은 중생이 태어나고 생겨나는 방식에 따라 약란생, 약태생, 약습생, 약화생으로 나누는 불교의 관점을 반영하고 있음을 알 수 있다.[31] 불교에서는 인간의 생명과 다른 생명체를 동등하게 여기도록 가르치고 있지만 살생행위에서 죄의 크기는 살해된 피해자의 육체적, 정신적 발전 상태와 그 범죄 행위가 저질러진 환경에 따라 달라진다. 예를 들면 어른과 어린아이를 살인하는 행위의 업보는 살해된 두 사람의 육체적, 정신적 발전 상태에 비례하여 서로 다르다.[32] 『공과격』에서 생물의 종류에 따라 그 죄가 달라짐을 이러한 맥락에서 이해할 수 있다.

『태미선군공과격』은 형식적인 규율에서는 불교와 유교의 요소를 많이 포함하고 있으나 공과에 따른 점수의 책정방식과 선악감찰의 사과신앙을 이용하고 있다는 점에서 도교를 바탕으로 성립했다고 할 수 있다. 생명존중의 내용을 중심으로 보자면, 불교의 계율을 적극적으로 수용하고 있다.

2) 『太上感應篇』

사람들에게 널리 읽혀진 『태상감응편』에도 살생을 경계하는 내용이 다양하게 수록되어 있다. 『도장본공과격』과 비교해 보면 일상생활과 밀접한, 보다 통속적인 규범들이라고 할 수 있다.

---

31) 법륜, 「불교사상에서의 생명문제와 세계관」, 『동양사상과 환경문제』(한국불교환경교육원 편), 모색, 1996, p.129.
32) 사다티사 저, 曹勇吉 編譯, 『根本佛教倫理』, 불광출판부, 1995, p.115.

「積善第三」
① "만물을 사랑하고"(4).33)
② "소소한 벌레(곤충)와 무지한 초목이라도 상하게 하지 말며"(9).34)

「諸惡上第五」
① "사람을 죽여 재물을 빼앗고"(20).35)
② "나는 새를 쏘고, 달리는 짐승을 쫓으며, 굴에 있는 짐승을 내쫓고, 깃 들인 새를 놀라게 하고, 굴을 막고 길을 뒤엎으며, 胎를 상하게 하고, 알을 깨뜨리며"(33).36)
③ "포학하게 살상하며"(56).37)
④ "무고히 나무순을 자르고"(57).38)
⑤ "무단히 중생을 괴롭히고"(59).39)

「諸惡下第六」
① "약을 써서 나무를 죽이며"(73).40)
② "갓난아이를 해치고 뱃 속의 아이를 떨어뜨리려 하고"(125).41)
③ "봄에 사냥하며"(136).42)
④ "이유 없이 거북을 죽이고 뱀을 때려 잡으면"(138).43)

---

33) "慈心於物"(D.Z., vol. 45, p.36219).
34) "昆蟲草木猶不可傷"(D.Z., vol. 45, p.36227).
35) "殺人取財"(D.Z., vol. 45, p.36270).
36) "射飛 逐走 發蟄 驚棲 塡穴 覆巢 傷胎 破卵"(D.Z., vol. 45, pp.36286-36292).
37) "縱暴殺傷"(D.Z., vol. 45, p.36317).
38) "無故剪裁"(D.Z., vol. 45, p.36318).
39) "勞擾衆生"(D.Z., vol. 45, p.36321).
40) "用藥殺樹"(D.Z., vol. 45, p.36334).
41) "損子墮胎"(D.Z., vol. 45, p.36386).
42) "春月燎獵"(D.Z., vol. 45, p.36398).
43) "無故殺龜打蛇"(D.Z., vol. 45, p.36399).

『도장본공과격』에서 볼 수 없었던 전혀 새로운 항목 중 하나는 「제악하제육」② (125)의 낙태와 관련한 것이다. 낙태금지는 살생을 금하는 내용에 포함되지만 독립적인 항목으로 설정하여 보다 강조하고 있다. 이 낙태금지 조항은 『태미선군순양여조사공과격』 「인류격」에도 나와 있다. "낙태를 구하면 20공, 다른 사람이 낙태하는데 이르도록 하면 50과"[44]가 바로 그것이다. 『태미선군순양여조사공과격』뿐만 아니라 『敬信錄諺釋』 「文昌帝君求刦寶章」에는 영아살해를 금지하는 조항도 있어 주목을 끄는데 이는 『태평경』의 여아살해금지 항목을 연상시킨다.[45]

『覺世新編八鑑常目』 권10 「恩及鑑 第七」에도 이러한 생명존중사상이 집약되어 있다.[46] 그 중에 수록된 「蓮池大師戒殺文」[47]은 편자, 연

---

44) "救一墮胎二十功. 致人墮一胎五十過."(『覺世新編』『太微仙君純陽呂祖師功過格』「人類格」).

45) "溺殺一嬰百過. 贊助人溺一嬰五十過"(『覺世新編』『太微仙君純陽呂祖師功過格』「人類格」). 『太平經』에 고유한 도덕상의 규제중 '여자아이를 경시하고 살해하는 것의 금지' 조항이 있다. 그 결과는 음기가 줄어 천지의 규범이 어그러지는데 이른다는 것이다. 이러한 행위는 사회전체가 시원적인 母를 경멸하게 되고 지상의 氣가 일소하는 결과를 낳게 된다. 여자아이를 살해하는 일은 천하의 가정에서 빈번하게 일어났고, 낙태한 경우는 빼고서도 한 집안에서 열 명 이상의 여자 아이가 살해된 경우도 적지 않았다고 본문에 기술되어 있다. (막스칼텐마크, 장원철 역, 『노자와 도교』, 까치, 1993, pp.304-305.)

46) 「恩及鑑第七」은 「陶石簣先生慈生論」, 「黃魯直戒殺箴」, 「呂祖延生育子歌」, 「呂祖戒食牛歌」, 「北斗神君戒食犬文」, 「東坡學士飲食說」, 「蓮池大師戒殺文」, 「蓮池大師放生文」, 「優曇祖師戒殺文」, 「佛印禪師戒殺箴」, 「眞歇禪師戒殺文」, 「普庵祖師戒殺文」, 「一元禪師戒殺辯」, 「海剛峰先生戒殺辯」, 「屠緯眞先生戒殺文」, 「好生善報」, 「殺生惡報」로 구성되어 있다.

47) 편자, 연기미상인 필사언해본 『공과격』의 설명에 의하면 蓮池大師는 『自知錄』을 쓴 雲棲袾宏을 가리킨다. 모두 일곱가지로 살생을 경계하고 있는데, "첫째 생일날 살생하지 말라, 둘째 자식 낳고 살생하지 말라, 셋째 조상의 제삿날에 살생하지 말라, 넷째 혼인날에 살생하지 말라, 다섯째 손님 초대하여 잔치할 때 살생하지 말라, 여섯째 기도할 때 살생하지 말라, 일

기미상의 필사언해본 『공과격』에 부록되어 있기도 하다.

「제악하제육」 ④에서 언급되는 거북이나 뱀은 도교나 민간신앙에서 신성시 하는 동물로서 살생하지 말 것을 경계하고 있다. 도교에서 玄武는 뱀과 결합된 형태로서 북방의 호위신을 가리킨다. 예로부터 거북은 장생을 상징하는 한편 길흉화복을 점치는 예언적 영험력까지 가진 것으로 여겼다. 그리고 뱀은 허물을 벗는 것과 관련하여 재생, 불사, 영생의 이미지를 지니며 다산을 상징하기도 한다. 민간에서 집안살림이 그 덕이나 복으로 늘어가는 것으로 믿고 소중히 여기는 동물이나 사람을 의미하는 '업'이라는 말이 있는데, 뱀은 두꺼비나 족제비와 더불어 업동물의 하나로 여겨졌다. 그러므로 '뱀이나 거북을 이유없이 죽이지 말라'고 하는 항목은 이 업동물을 소홀히 하거나 죽이면 가산을 탕진하거나 병에 걸리는 등의 화를 입는다고 하는 속신을 반영한 것이다.

3) 『陰騭文』

『음즐문』에도 『태상감응편』과 마찬가지로 일상생활속에서의 살생을 금하고 생명을 존중할 것을 권하고 있다. 특히 ④, ⑤, ⑥은 생업과 관련된 항목이다. 다음의 내용은 청대 간행된 『陰騭文圖說』의 경문을 참고한 것이다.

① "개미를 구하니 과거에 장원급제하고"(Ⅱ-3. "救蟻中壯元之選").
② "뱀암을 묻어주니 재상의 영화를 누리고"(Ⅱ-4. "埋蛇享宰相之榮").
③ "살아있는 생물은 사서 놓아주며, 재계하고 살생을 경계하며, 걸을 때마다 항상 벌레를 밟지 않도록 살피며, 불을 놓아 산림을 태우지

곱째 살생하는 생업을 하지 말라."이다.

말며"(Ⅱ-28. "或買物而放生 或持齊而戒殺 擧步常看蟲蟻 禁火莫燒山林").
④ "산에 올라 그물을 쳐 새를 잡지 말며"(Ⅱ-31. "勿登山而網禽鳥").
⑤ "물에 임하여 고기를 해치지 말며"(Ⅱ-32. "勿臨水而毒魚鰕").
⑥ "밭갈던 소를 잡지 말며"(Ⅱ-33. "勿宰耕牛").

위 『음즐문』도 『도장본공과격』, 『태상감응편』과 함께 당시 생활 속에서 생명존중과 관련된 윤리의식을 잘 나타내고 있다. 『음즐문』은 생명을 구하는 음덕의 결과로 부귀공명을 얻게 되므로 살생을 금할 것을 권하는 것이 골자로 되어 있다. 특히 개미와 뱀을 구해주는 음덕의 결과로 장원급제한다는 내용은 『음즐문』의 내용에만 있으며 계살보다 적극적인 의미인 방생도 권장하고 있다. 또한 『태상감응편』과 『음즐문』은 『도장본공과격』과 비교해 보았을 때 보다 적극적으로 초목도 함부로 죽이지 말 것을 경계하고 있다. 즉 윤리적 고려의 대상이 인간을 넘어서 동물, 식물로까지 확대되었음을 알 수 있다.

4) 『太微仙君純陽呂祖師功過格』

『각세신편팔감상목』에 수록해 있으면서 단행본으로도 널리 유행했었던 『태미선군순양여조사공과격』의 「物類格」에 생명존중의 내용들이 잘 나타나 있다. 「물류격」은 모두 21항목으로 이루어져 있는데 내용은 다음과 같다.

① "능히 사람에게 은혜를 갚지 못할 짐승의 목숨 하나를 구하면 1공"("救一無力報人畜命一功").
② "미물이지만 일백의 목숨을 구하면 1공"("救微細百命一功").
③ "날짐승과 들짐승에게 먹을 것을 주면 하루에 1공"("施禽畜食一日

一功").
④ "저절로 죽은 짐승을 묻어주면 1공"("埋一自死禽獸一功").
⑤ "말과 소가 기진하여 피곤해 하는 것을 구하여 주면 한 번에 1공"("救接畜力疲乏一時一功").
⑥ "짐승을 사서 놓아주면 백전에 1공"("買放生命百錢一功").
⑦ "자기를 위하여 죽인 것을 먹지 않으면 2공"("爲己殺不食二功").
⑧ "소와 개를 일년을 먹지 않으면 5공"("戒食牛犬一年五功").
⑨ "능히 사람의 은혜를 갚을 만한 짐승의 목숨 하나를 구하면 10공"("救一有力報人畜命十功").
⑩ "일년을 살생하지 아니하면 20공"("戒殺生一年二十功").
⑪ "살생을 금하고 방생을 창시하면 100공"("倡戒殺放生百功").
⑫ "다른 사람이 방생하는 것을 막고 살생을 창시하면 100과"("倡殺阻人放生百過").
⑬ "사사로이 소와 개를 죽이면 100과"("私烹牛犬百過").
⑭ "능히 사람에게 은혜 갚을 만한 짐승을 죽이면 20과"("殺一有力報人畜二十過").
⑮ "법도에 어긋나게 짐승을 죽이고 삶아 죽을 때에 극도로 괴롭게 하면 20과"("非法烹宰使物受極苦二十過").
⑯ "새가 깃든 곳과 벌레구멍을 막고 허물어 버리면 20과"("塡覆一巢穴 二十過").
⑰ "능히 사람에게 은혜갚지 못할 짐승 하나를 죽이면 3과"("殺一無力報人畜三過").
⑱ "벌레가 사는 곳을 비집고 깃든 새를 놀라게 하면 3과"("發蟄驚棲三過").
⑲ "미물의 목숨 열 개를 죽이면 1과"("殺細微十命一過").
⑳ "말과 소가 피곤한 것을 보고도 구하지 않으면 1과"("不憐畜力疲頓一過").
㉑ "새짐승을 가두어 기르면 1과"("籠繫禽鳥一過").

「물류격」 외 「인류격」에도 낙태금지조항과 영아살해를 경계하는 항목이 있다는 것은 앞에서도 설명했다. 그리고 개나 소와 같이 사람에게 직접적인 도움을 주는 동물의 살생은 그렇지 못한 생물을 죽이는 것보다 훨씬 과가 크다는 것도 강조하고 있다. 『도장본공과격』과 마찬가지로 식물을 죽이거나 상하게 하는 것을 금하는 구체적인 항목은 없지만 아주 작은 생명체라도 죽이지 말고 구할 것을 권하고 있다.

후에 『태미선군순양여조사공과격』을 모범으로 조선에서 만들어진 『功過新格』(1905년 간행)의 생명존중의 윤리는 「推恩章」에 집약되어 있는데 공격 37개, 과격 28개가 제시되어 있다. 대부분은 앞에서 제시한 내용과 유사하지만 훨씬 다양한 내용으로 구성되어 있다.[48]

5. 『善書』의 환경윤리

『선서』에 나타난 생명존중의 윤리는 일반민중 속에 광범위하게 퍼진 내용들로 일상생활 속에서 실천해야 할 구체적 행동방식으로서 제시되고 있다. "생명을 아끼는" 사고방식과 생활방식은 일찍이 인간과 자연의 유기적 연대를 중시하는 우리 문화권의 세계관에 토대를 둔 것이다. 우주 안의 모든 존재는 존귀하다고 보았던 까닭에 인간의 생명을 포함하여 동물이나 식물의 생명까지도 소중한 것이다. 뿐

---

[48] 두꺼비, 뱀 등 업동물을 죽이지 않는 것, 물고기를 비롯한 수중생물(거북, 자라, 인어 등)을 죽이지 않는 것, 빈대와 벼룩을 포함한 일체의 곤충(거미, 지네, 개미 등)을 죽이지 않는 것, 방생하는 것, 생물들을 놀라게 하지 않는 것, 수렵이나 채집행위를 하지 않거나 하더라도 과도하게 하지 않는 것, 식물들을 죽이지 않는 것, 기르던 화초를 얼게하거나 물을 주지 않아 죽게 하지 않는 것, 특히 새끼밴 동물들을 죽이지 않는 것, 죽은 짐승들을 잘 묻어주는 것, 백정의 직업을 가진 자를 권하여 다른 직업을 갖도록 하는 것 등의 내용이 제시되어 있다.

만 아니라 땅에 함부로 침을 뱉는 것도 부도덕한 것으로 간주되었다. 『선서』에는 다음과 같은 내용이 제시되어 있다.

"북편쪽 하늘을 향하여 소리지르고 춤뱉고 오줌누면 3과(對北惡罵唾溺三過)"

(『太微仙君純陽呂祖師功過格』「事神格」中)

"코와 침과 대소변을 반드시 일월성신을 피하면 1차에 1공"

(『功過新格』下,「事神章」中)

이것은 외형적으로 북쪽이라든가 일월성신 등에 대한 민간의 종교적 관념을 기반으로 한 내용이다.[49] 이러한 종교적 관념들은 조선후기 성립된 동학과 같은 신종교 속에서 보다 한차원 높게 수렴되고 있음을 알 수 있다.

"천지는 곧 부모요, 부모는 곧 천지이니 천지부모 일체이고, 천지는 만물의 부모니라. 천지가 부모인 이치를 '알지 못한 것이 오만 년이 지나도록 오래되었고, 그것을 알지 못하면 억조창생이 누가 능히 부모에게 효도하고 봉양하는 도리로써 공경스럽게 천지를 받들 것인가? 땅 아끼기를 어머니 살같이 하라. 침을 멀리 뱉고, 코를 멀리 풀고, 물을 멀리 뿌리는 것은 곧 천지부모님 얼굴에 침을 뱉는 것이니 각별히 조심하옵소서."

해월 최시형의 천지무모 일체설도 우주만물을 하나의 생명체로 간

---

[49] 민간에서는 귀신이 드나드는 귀문이 북방에 있다고 하여 북쪽을 꺼린다. 유교의 상례나 장례에서도 죽음을 확인하면 그 시신의 머리를 북쪽으로 향하게 한다. 이처럼 북쪽은 北邙山川이라고 일컫는 죽은 이의 세계를 의미한다. 또한 북쪽은 陰氣와 죽음을 상징하며 색깔은 검은색에 해당된다. 도교에서는 북극성을 중심으로 한 북두칠성을 숭배하는데 이는 인간의 생사와 빈부를 관장하는 존재로 여겨졌기 때문이다.

주한 세계관을 바탕으로 하고 있다. 이러한 세계관을 바탕으로 동학은 '侍天主', '事人如天', '人乃天' 등의 사상을 체계화 했던 것이다. 동학이 유불도와 기타 민간신앙적인 사상적 제요소를 수용하고 있음을 감안할 때, 민간에서 유행된 『선서』의 덕목과 그 덕목이 반영하는 도덕적 관념들이 직접, 간접으로 동학사상 속에서 발견되고 있음은 놀랄만한 일은 아니다. 이러한 동학의 범천론적 세계관은 생태론적 세계관과 일맥상통하는 부분이 있다. 우리가 생태론적인 세계관을 지닌다는 것은 곧 우주와 내가 하나로 되는 그런 직관에 관통됨을 의미한다. 즉 내가 더 이상 개별적으로 존재하는 것이 아닌 우주와 내가 완전히 하나로 합치하는 그러한 강렬한 체험은 생태론적일 뿐 아니라 종교적인 체험이기도 하다.50)

앞장에서 언급한 내용 외에 『선서』에는 공공의 생활환경을 깨끗이 해야 할 것을 강조하는 내용도 있다. 1905년 간행된 **權重顯**의 『**功過新格**』에는 '우물을 헐거나 더럽히지 말 것', '우물을 가로 건너지 말 것', '오물을 우물에 던지지 말 것', '길을 막거나 다리를 끊지 말 것', '거름이나 쓰레기를 길 위에 버리지 말 것', '부엌을 침과 콧물로 더럽히지 말 것' 등이 제시되어 있다. 특히 부엌을 깨끗이 하는 것은 위생을 강조한 측면도 있지만 도교와 민간에서의 조왕신 신앙을 반영한 것이기도 하다. 생명과 생명부양계인 자연을 아끼고 존중하는 내용이 생태환경과 관련된 것이라면 이것은 인간의 생활환경과 관계된 것이다.

현대물리학의 이론은 흙, 물, 공기와 같은 것도 내부를 들여다 보면 분자, 원자, 전자사이의 끊임없는 운동과 상호관련된 힘이 서로를 지배하고 보완하며 진동하는 유기적인 연대관계를 맺고 있으며, 이러한 물리적 화학적 상호운동은 무생물체사이에서 뿐만 아니라 생명

---

50) 김재희 엮음, 『신과학 산책』, 김영사, p.38.

체와 무생물체사이에서도 이루어짐을 설명하고 있다. 이처럼 모든 생명체와 그 생명체가 살아가는 환경은 유기적인 연대관계를 맺고 있으므로 생명부양계인 자연을 오염시키거나 파괴하는 것은 자연의 법칙에 거스를 뿐만 아니라 비윤리적인 것으로 받아들여져야 한다. 현대 환경윤리는 바로 이러한 방향으로 정립되어가고 있다고 볼 수 있다.

6. 맺는말

『선서』를 통해서 드러난 생명윤리는 앞에서도 언급했듯이 일상생활 속에서 지켜야 할 구체적 실천덕목으로서 강조되고 있다. 일반민중들에게는 형이상학적인 어려운 내용을 설명하는 것보다 훨씬 현실적인 설득력을 갖기 때문이다. 그런데 실천은 앎이 전제되거나 최소한 병행되어야 하므로, 단지 어떤 실천덕목을 인지하는 것만이 아니라 그러한 실천덕목이 담지하고 있는 보다 근본적인 배경에 대한 이해가 요구된다. 그러나 『선서』는 그러한 형이상학적 배경까지 설명하고 있지는 못하고 있고, 단순히 행위의 준칙을 나열한 규범서의 성격을 지니고 있다. 『선서』의 실천은 선행을 통해 현실적인 복을 추구하는 현세구복적인 동기에 의한 경우가 대부분이다. 이 역시 『선서』의 민중적인 성격을 잘 나타내 주는 부분이다.

『선서』 속에 제시된 규범들의 사상적 배경은 유불도 삼교와 민간신앙을 근간으로 하고 있다. 『선서』속에서 발견되는 생명존중과 관련한 항목들 역시 마찬가지이다. 최초의 공과격인 『태미선군공과격』은 외형적으로는 "戒殺"과 관련된 불교의 요소를 많이 수용하고 있다.

그런데 그 중「不仁門」이라고 하는 편명은 유기체적 세계관에 근거한 仁의 해석을 바탕으로 한 것으로 불교와 도교의 사상을 흡수한 신유가의 관점을 반영하고 있다. 그리고『태상감응편』과『음즐문』속에 나타난 생명윤리와 환경윤리에는 불교 뿐만 아니라 도교와 민간신앙의 요소가 포함되어 있다.

『선서』에 제시된 생명존중의 규범들 중에는 현대인들에게 더이상 설득력을 갖지 못하는 부분들도 있다. 그러나 우리가 필요로 하는 것은 공간과 시간을 초월하여 사람들에게 보편적으로 수용되는 도덕적 원칙이다. 그것이 현재와 미래, 우리 인류를 포함한 지구상에 존재하는 모든 것의 생존과 관련된 부분에서는 더욱 절실하다. 그런데 『선서』에 제시된 구체적인 생명존중사상 속에는 오늘날에도 여전히 설득력을 갖는 도덕적 원칙들을 끌어낼 수 있는 부분들이 있다. 바로 모든 존재들의 공생과 조화를 지향한 생명존중의 원칙이라고 할 수 있다.

많은 사람들은 현대사회가 직면한 생태계 파괴의 근원이 인간중심적인 가치관으로부터 비롯되어 왔다는 점에 동의한다. 그레고리 베이츤은 과학기술의 발달, 공해의 증가 그리고 인간의 본성과 인간과 자연과의 관계에 대한 전통적(잘못된) 생각이 혼합된 요소에 오늘날 환경문제에 대한 근본적인 원인이 있다고 지적하고 있다.[51] 여기에서 말하는 전통적 생각이란 과거 서구의 과학문명의 기반이 되었던 기계론적인 세계관과 인간중심적인 가치관을 의미한다.

일찍이 죠셉 니담(Joseph Needham)도 도가의 생태주의적 지혜에 주목하였고, 현대물리학자 카프라(F. Capra)도 현대문명의 위기를 극복할 수 있는 지혜를 동양사상에서 찾고 있다. 이러한 일련의 연구와 작업들은 현대과학문명의 인식의 몇몇 기반들을 새롭게 수정하고

---

51) 그레고리 베이츤, 서석봉 역,『마음의 생태학』, 민음사, 1990, p.500.

전환하는데 주도적인 역할을 하고 있다. 이러한 인식의 전환이란 비단 과학분야에만 국한된 것이 아닌 정치, 경제, 윤리 등 인간의 문명 전반에 걸친 대전환을 의미한다. 오늘날 환경문제가 인간에서 비롯되었다면 적어도 그 문제를 극복하기 위한 책임의 주체도 인간이 되어야 한다. 그리고 그러한 문제의 해결에 있어서는 무엇보다도 인간과 세계에 대한 인식의 전환이 전제되어야 한다.

윤리적인 측면에서 앞으로 우리가 새롭게 정립시켜나가야 할 도덕적인 원칙도 인간 뿐만 아니라 동물, 식물을 포함한 모든 환경이 고려의 대상이 되어야 한다.[52] 생명부양환경을 포괄하는 윤리학의 연장이 인간의 생존을 위해 필요하다는 제안에 대한 현대 많은 저서들은 강력한 과학적, 기술적 이유들을 제시하고 있다. 그러므로 이 시점에서 그러한 인식의 기반이 이미 우리의 전통문화 속에 마련되어 있음을 주목하고 이에 대한 반성적이고 새로운 가치통합을 지향한 재조명이 이루어져야 한다. 왜냐하면 우리의 전통적 가치관이 인간과 자연의 유기적인 연대관계를 무시하지 않았음에도 불구하고 서구의 다른 나라들처럼 환경오염과 생태파괴의 위기에 놓이게 된 것은 서구의 과학적 문명을 무비판적으로 수용한 대가이기 때문이다.

결론적으로『선서』의 생명윤리는 생명과 환경에 대한 우리의 전통적인 가치관을 잘 표현하고 있을 뿐만 아니라, 현재와 미래에 인간과 자연에 대한 인식과 윤리적 실천방향에 도움을 줄 수 있다는 점에서 그 가치가 새롭게 평가될 수 있다.

---

52) '토지윤리'라는 개념을 제시한 레오폴드(Aldo Leopold)는 윤리의 확대가 시대 변천에 따라 인간 대 인간의 윤리, 인간 대 사회의 윤리로 발달했는데 마지막으로 발전해야 할 윤리적 관계가 인간과 환경사이에 있다고 주장하고 있다.(유진 오덤 저, 이도원外 역,『생태학』, 민음사, p.368.)

參考文獻

『太微仙君功過格』(『道藏』 vol. 5), 臺灣 藝文印書館, 1977.
『太上感應篇』(『道藏』 vol. 45), 臺灣 藝文印書館, 1977.
權重顯 編, 『功過新格』, 1905, 東國大學校 所藏本.
崔瑆煥 編, 『太上感應篇圖說諺解』, 1880(『韓國語學資料叢書』, 第三輯, 太學社影印, 1986)
----------, 『覺世新編八鑑常目』, 國立中央圖書館 所藏本 1856.
黃泰一, 『陰騭文圖說』, 國立中央圖書館所藏本 1867.
『老子道德經』, 南晩星 역, 을유문화사, 1983.
『莊子』, 金學主 역, 을유문화사, 1988.
『抱朴子』, 臺北 中華書局, 1977.
『論語集註』, 金赫濟 校閱, 明文堂, 1988.
葛榮晋 主編, 하영삼外 역, 『도가문화와 현대문명』, 법인문화사, 1996.
그레고리 베이츤 저, 서석봉 역, 『마음의 생태학』, 민음사, 1990.
김재희 엮음, 『신과학 산책』, 김영사, 1997.
데이비드 페퍼 저, 이명우外 역, 『현대환경론』, 한길사, 1997.
마이클 J. 카두토 저, 남상준 역, 『초·중등학교에서 환경가치교육』, 배영사, 1993.
道端良秀 著, 『佛敎と儒敎倫理』, 平樂寺書店, 1974.
박이문, 『자비의 윤리학』, 철학과현실사, 1990.
사다티사 저, 조용길 편역, 『근본불교윤리』, 불광출판부, 1995.
酒井忠夫, 『中國善書の硏究』, 國書刊行會, 1972.
시마다 겐지 저, 김석근外 역, 『주자학과 양명학』, 까치, 1989.
柳田聖山 저, 안영길外 역, 『禪의 사상과 역사』, 민족사, 1989.
유진 오덤 저, 이도원外 역, 『생태학』-환경의 위기와 우리의 미래-, 민음사, 1995.

이강수,『도가사상의 연구』, 고려대학교 민족문화연구소, 1989.
이능화 집술, 이종은 역주,『조선도교사』, 보성문화사, 1989.
J. Needham, *Science and Civilization in China vol. 2*, Cambridge Univ. Press, 1977.
차주환,『한국의 도교사상』, 동화출판공사, 1986.
T. 샤논 외 저, 황경식外 역,『生医 윤리학이란?』, 서광사, 1989.
피터싱어 저, 황경식외 역,『실천윤리학』, 철학과현실사, 1995.
한국불교환경교육원 엮음,『동양사상과 환경문제』, 모색, 1996.

『穆天子傳』의 神話·宗教的 의미

송 정 화*

―――――――――― <차례> ――――――――――
1. 緒 論   4. 『穆天子傳』의 神話·宗教的 意味
2. 『穆天子傳』, 歷史와 虛構의 넘나듦   1) 祭儀的 特徵
3. 『穆天子傳』, 이데올로기의 正當化   2) 不死 觀念
                                5. 結 論

1. 緒 論

　『穆天子傳』이『山海經』과 함께 중국의 대표적인 신화서로서 나란히 거론되고 있는 것은 그다지 새로운 사실이 아니다. 그러나『목천자전』에 늘 따라다니는 '고대의 중요한 신화서'라는 비중있는 표현에 비해 일반적인 인식은 '서왕모가 출현하는 신화서' 정도에 불과하다.『목천자전』에 대한 본격적인 접근이 이렇게 부진한 이유는 어디에 있는 것일까? 우리는 먼저『목천자전』의 서술체재에서 그 원인을 찾아볼 수 있다. 누구나 보면 쉽게 알 수 있듯이『목천자전』은 編年體의 역사 서술방식을 따르고 있기 때문에 종래 '역사기록'으로 단순하게 인식되어 왔으며 과거 대부분의 서적에서 史類로 분류되었

---
* 高麗大學校 中語中文學科 博士過程

다. 이로 인해『목천자전』에 내재한 神話・宗敎的인 성격은 크게 주목받지 못했을 뿐 아니라 周穆王의 實史를 허구화했다는 이유 때문에 僞書로 낙인 찍혀 비정통으로 내몰리는 신세가 되었다. 둘째, 지난날 중국 신화 연구의 부진이 그것이다. 현재는 이른바 '신화열'이라 할만큼 신화 연구의 분위기가 고조되어 있으나 과거의 연구상황은 신화에 대한 인식부재라 하여도 과언이 아니었다. 중국문학 속에 뿌리깊이 박혀있는 유교의 功用主義的 관점에서 신화를 하나의 '허황된 원시인들의 이야기'로만 취급해 버림으로써, 신화는 오랜 시간 제자리를 잃고 표류해 왔던 것이 사실이다. 그러므로『목천자전』은 목록상 史類에서 小說家類로 제 자리를 찾은 후에도 여전히 역사기록의 한 귀퉁이에 방치되었다. 일찍이 프랑스의 신화학자인 Rémi Mathieu는 이 책이 역사자료일 뿐 아니라 사회학, 神話學, 그리고 文化的인 모든 측면에서 해석이 가능한 연구 가치가 높은 작품이라고 평한 바 있다.[1]『목천자전』의 가치는 역사형식으로 기록되었으나 그 안의 내용은 신화적인 것으로, 고대의 정치, 사회, 종교 전반에 걸친 다양한 해석을 가능케 한다는데 있다. 하나의 문학작품은 다양한 각도에서 다르게 읽혀질 수 있으며 이것은 고대의 신화서에서는 더욱 그러하다. 다만 한 권의 역사기록으로만 파악하고 만다면『목천자전』의 진정한 가치를 간과하는 결과가 될 것이다. 본고에서는 우선『목천자전』이 史傳體이면서 동시에 신화적인 허구성을 가진 中層의 의미에서 읽혀질 수 있음에 문제의식을 가지고, 어떠한 요인에서 이같은 독특함이 만들어질 수 있는지를 분석한 뒤, 나아가『목천자전』의 저작의도에 대해서도 생각해 보고자 한다. 또한 역사서라는 틀에 구속되어 크게 주목받지 못하였던 신화・종교적인 성분들을 살펴볼 것이다. 여기에서의 작업은 초보적인 것이지만『목천자전』을 하나의 신

---

1) Rémi Mathieu, "Le Mu tianzi Zhuan", Paris : College De France, 1978, p.2.

화와 종교의 상징체계로서 분석해 본다는 점에서 의의를 찾을 수 있을 것이다.

2. 『穆天子傳』, 역사와 허구의 넘나듦

『목천자전』에서 매우 흥미로운 것은 이 책이 역사서인 동시에 그 내용은 신화적인 성격을 띤 허구라는 점이다. 『史記』, 『竹書紀年』등 중국 고대의 역사서를 살펴보면 實史와 신화적인 허구가 混在하여 그 구분이 매우 어려운 것이 사실이다. 역사와 허구는 實과 虛라는 점에서 분명 정반대의 개념으로 보이는데, 양자가 교묘하게 섞여 있어 둘 중 하나를 솎아낼 수 없는 것을 왜일까? 이것은 우선 當時의 역사서술을 전담하였던 史의 성격에 대한 고찰로부터 시작되어야 할 것이다. 『목천자전』에 대한 기존의 연구를 살펴보면 작자문제에 대해서 분명하게 기록하고 있지 않으나 대부분 史官일 것으로 추측하고 있다.[2] 그리고 『목천자전』의 작자가 史라는 사실은 원전에 보다 충실함으로써 어렵지 않게 도출될 수 있다. 우선 『목천자전』의 문체를 보면, 간결하고 우아한 고문투의 문체로 쓰여져 있다. 『목천자전』의 간결하고 우아한 고문투의 문체에 대해서는 이미 이전부터 많은 사람들에 의해 언급되었다. 明代 胡應麟은 "『목천자전』 여섯 권은 그

---

2) 史官으로 보는 견해는 시대에 따라 크게 두갈래로 나뉜다. 먼저 周代 사관의 기록일 것이라는 견해로, 『隋書』「經籍志」, 明代의 胡應麟이 여기에 들어간다. 시기를 더 후대로 잡고 魏代 사관의 기록으로 보는 관점이 있다. 繆文遠, 趙明은 『목천자전』이 위대 사관의 기록일 것이라 하였다. 이밖에도 日本의 小川琢治는 그것이 주대 사관의 기록이기는 하지만 위대 사관의 정리가 더해진 것이라 하였고, 姚際恒은 『목천자전』이 漢 이후의 사람이 지은 것이라고 가정하였다.

문장이 법도에 맞고 순박하고 예스러워 마치 三代의 전형인 것 같다.(穆天子傳六卷, 其文典則淳古, 宛然三代范型)"고 하였고3), 元代 王漸은 "사실을 이야기하는 데 있어 비록 법도에 맞지는 않지만 그 문장이 매우 오래 되었으며 상당히 볼 만하다.(言其事雖不典, 其文甚古, 頗可觀覽)"고 했으며4), 清代 洪頤煊은 "비록 손상되고 조각난 문서이나 그 문자가 고아하니 진실로 주·진 이후의 사람들이 지을 수 있는 바가 아니다.(雖殘偏斷筒, 其文字高雅, 信非周秦以下人所能作)"라 하였다.5) 그리고『목천자전』은 문장의 처음이 대부분 甲子로 시작되어 天子의 행적이 기록되는 "甲子, 天子……"의 일정한 형식을 갖추고 있어서 일종의 리듬감이 느껴진다.6) 이것은『목천자전』이 起居註7)의 역사형식을 갖추고 있는 사실에서 말미암은 것일 뿐 아니라, 문장 기술에 일정한 방식을 부여하려는 작가의 의도에서부터 나온 것이다. 그러므로『목천자전』의 작자는 일정한 역사서술 방식에 능할 뿐 아니라 고아한 문체를 구사할 줄 아는 높은 문장력을 가진 사람이라는 것을 알 수 있다.

　『목천자전』에는 周穆王의 서방여행을 중심으로 여러 변방의 나라들과 山川草木에 대한 描述이 계속된다. 그것의 眞僞 여부를 가려내기는 매우 어렵지만, 변방 諸國의 지리와 風物 그리고 생활에 대하

---

3) 胡應麟,『少室山房筆叢·穆天子傳』,『四部正僞』
4) 王漸,「穆天子傳舊序」
5) 洪頤煊,「校正穆天子傳序」
6) "戊寅일에 天子는 북쪽으로 가서 장수를 건넜다(戊寅, 天子北征, 乃絶 漳水)", "乙酉일에 天子는 북쪽으로 □에 올랐고 天子는 북으로 犬戎으로 갔다(乙酉, 天子北升于□, 天子北征于犬戎)" 등의 서술형식이 되풀이되고 있음을 볼 수 있다.
7) 起居註는 본래 관직명으로 皇帝의 起居를 옆에서 모시며 그 언행을 기록하는 사람을 말한다. 周代의 左史·右史, 漢代의 궁중의 女士가 그 직무를 맡았으며 이들이 기록한 글을 또한 起居註라고 하였다.

여 자세하게 논한 것으로 보아『목천자전』의 작자는 분명 단순한 이야기꾼이 아닌 博學多識한 사람이라는 것을 알 수 있다. 구체적인 예로「권 2」에서는 천자가 水라는 곳에서 낚시를 하는데, 이 곳에 자생한 익모초(䧳), 골풀(葦), 부들(莞), 띠(蒲), 쥐참외(茅莔), 물억새(蘼), 요(蘻)와 같은 온갖 식물명들과 붉은 표범(赤豹), 흰 호랑이(白虎), 곰(熊), 큰 곰(羆), 승냥이(豺), 이리(狼), 야생말(野馬), 들소(野牛), 산양(山羊), 야생돼지(野豕), 백조(白鶬), 푸른 새(靑雕), 가축용 개(執犬), 양(羊), 식용돼지(食豕), 사슴(鹿) 등의 동물명을 나열해 놓고 있다.

그리고『목천자전』의 작자는 이러한 지리·박물지적인 지식 뿐 아니라 고대의 예법, 즉 祭祀 儀禮와 喪葬禮까지도 통달한 당시 지식인이었다는 것을 글의 내용으로부터 짐작할 수 있다. 祭祀 儀禮에 대해서는『목천자전』글 전반에 걸쳐 나타나고 있으며, 喪葬禮에 대해서도「권 6」성희의 죽음 이후에 집중적으로 드러나 있다.[8] 天子를 중심으로 행해지고 있는 이러한 禮儀의 법도에 대한 자세한 記述은 작자가 일반인이 아닌 지식인 부류에 속했던 사람이었다는 것을 확신케 한다. 당시 이러한 기능을 가지고 역할을 수행했던 계급은 史였다. 이들은 역사를 기록하는 역할 뿐 아니라 天文·曆法·占卜·解夢의 기능까지 巫와 공유하고 있었으며,[9] 宋代의 洪邁는 일찍이 周의 史官은 日官과 동일한 직책이라고 주장한 바 있다.[10] 고대 사회에서는 巫와 史를 따로 부르지 않고 巫史라 통칭하였고 巫와 史는 원래 하나의 역할이었다가 후에 분화했다. 인류 문명 초기에 神權과

---

8) 拙譯,『穆天子傳·神異經』「권 6」을 참고.
9) 역사학자인 李宗侗은 최초의 史官의 직무가 曆象, 日月, 陰陽, 度數를 총괄하는 것이었으므로 祝과 함께 하늘과 인간에 관련된 일을 관장하였다고 했다. (李宗侗, 朴濟漢 譯,「中國古代의 史官制度」,『中國의 歷史認識』(上), 創作과 批評社, 1985), p.140)
10) 洪邁,「太史日官」,『容齋讀筆』권 13.

政權이 하나로 통합되어 있다가 정권이 신권으로부터 분리되어 각각 독립된 역할로 자리잡아갔던 것을 생각해보면, 史 역시 巫로부터 나왔다는 것은 무리한 가정이 아닐 것이다.11) 그러므로『목천자전』에는 祭祀에 대한 언급이 많이 나오고, 占卜과 解夢에 대한 내용도 긍정적인 방향으로 서술되어 있다.12) 漢代 以後로 가면서 이 두 계급이 공유하던 역할들이 점차로 분리되어, 역사서술은 史官이 담당하고 주술적인 기능은 方士가 담당하게 된다. 그러나 이러한 역할 분담이 이루어지기 전 戰國時代의 작품이라고 추정되는『목천자전』은 원래의 巫적인 기능을 保有한 史官에 의해서 쓰여졌다고 생각된다. 따라서 신의 의지에 따라 점을 치고 역사기록을 하던 巫의 성격을 공유했던『목천자전』當時의 史의 正體 고려할 때, 우리는『목천자전』이 역사서적 형식과 성격을 갖추고 있으면서 동시에 신화적인 성격을 가질 수 있었다는 사실에 자연스럽게 수긍이 갈 것이다.

그리고『목천자전』의 성립시기인 戰國時代의 역사편찬이 가진 특

---

11) 勞幹은 史자의 中자는 구멍을 뚫는 弓鑽을 표시하는 것이며 竹簡이 아니라고 하였다. 그리고 史官은 본래 占卜을 관장하는 사람이었고 卜筮가 史官의 중요한 직무였다고 하였다.(勞幹, 「史字構造及史官的原始職務」『大陸雜誌』, 제 14권 3기)

12) "먼 지방의 □가 점을 잘 쳐서 많은 사람들이 그를 따르자 선발하였다. 수레에 탄 神人인 □는 점을 잘 쳐서 주위 사람들이 그를 우러러 보았고, 天子는 기뻐하였다(遠方□之數而衆從之, 是以選扐. 乃載之神人□之能數也, 乃左右望之. 天子樂之)"
"천자는 平澤에서 사냥하는 것을 점쳤다. 그 괘가 訟卦가 나왔다. 逢公이 그것을 점치고 말하길, '송의 점괘는 초목이 무성한 것입니다. □ 정공을 바로 잡아야만 합니다. 병사들은 따르게 되고, 제사하면 성대하게 되고, 사냥하면 수확하게 됩니다.'고 하였다. □은 봉공에게 술을 마시도록 하고 그에게 훌륭한 말 16마리, 칡베와 모시 30상자를 내렸다. 봉공은 두번 절하고 머리를 조아렸다. 점치는 관리에게는 여우를 하사했다(天子筮獵平澤, 其卦遇訟　逢公占之, 曰, 訟之繇, 藪澤蒼蒼其中, □宜其正公, 戎事則從, 祭祀則憙, 畋獵則獲, □飮逢公酒, 賜之駿馬十六, 絺紵三十篋, 逢公再拜稽首, 賜筮史狐)"

유의 면모를 살펴보는 것이 『목천자전』이 가진 역사와 허구의 重意를 이해하는 데에 도움이 될 것이다. 그 당시 歷史라는 장르는 우세한 장르였고 그에 대응되는 허구적인 小說은 雜談, 閑談, 부차적인 일, 비정통의 일, 비공식적인 역사, 불충분한 역사, 역사의 보충 정도로 간주되었다. 그리고 역사편찬이란 자연스럽게 형성될 수 있는 담론이 아니었고 오히려 이데올로기, 즉 주어진 사회 안에서 역사적 존재와 역할이 부여된(그 나름의 논리와 엄밀함을 가진 심상, 신화, 이상, 또는 개념의)재현 체재라 할 수 있다. 이러한 재현 과정에서 필연적으로 역사와 소설은 동일선상에서 만나게 되며, 그 교차점이 공식 역사편찬에서 최초로 확립된 문학적 형태인 중국의 傳이다.[13] 이러한 傳은 역사체의 문학적인 패러디로, 『목천자전』이후 漢代 소설로 가면서 더욱 중요한 문학 장르가 된다. 『목천자전』 역시 이러한 맥락에서 파악할 수 있다. 왜냐하면 이 책이 傳의 형태를 갖추었으며, 역사서적 성격과 신화·소설적인 성격을 공유하고 있기 때문이다.[14] 『목천자전』에 오면 역사는 더 이상 實錄이나 信史로서의 기능만으로 한정되지 않으며 사실같이 잘 짜여진 허구와의 접맥을 통해 새로운 문학 갈래로 나아간 것이다.

그렇다면 이제 『목천자전』이 역사서와 허구적인 소설이라는 중층의 의미로 해석된다는 문제에 대해 의문이 해결되면서, 다음으로 이 책을 '傳'이라는 형식 즉, 일종의 역사의 패러디 형식으로 써냈던 작

---

13) Sheldon Hsiao-peng Lu, "From Historicity to Fictionality", Stanford University Press. Stanford, California, 1984, p.7.
14) 『목천자전』은 編年體의 역사서술 방식을 따랐고, 이야기 전반에 걸쳐 尙古的인 先王思想에 바탕을 두고 천자의 德과 天命思想을 강조하는 중국의 전통적인 역사관이 나타나 있다는 면에서 역사서적 성격을 띤다고 말할 수 있다. 또한 周穆王이라는 주인공이 설정되어 있고, 여행의 기록이라는 줄거리가 있으며, 變形故事와 諸神의 형상 등 神話·宗敎的인 성분이 충만하다는 면에서는 小說·神話書的 성격을 지닌다고 말할 수 있다.

자의 의도에 대한 궁금증이 제기될 것이다.

3.『穆天子傳』, 이데올로기의 正當化

年代記와 傳記의 교묘한 짜임은 작자의 의도에 따라 이동하는 변화의 각도에서 역사 사건들과 인물들에 대해 다양한 시각을 제공할 수 있으며, 온갖 종류 – 황실의 勅令, 사망 기사, 공식적인 문서, 견적서–의 자료들을 조합함으로써, 사실적으로 믿을 만한 분위기를 조성한다. 그래서 독자는 방대한 역사적 통계와 과거의 사건들 및 인물들에 대한 믿을 수 없을 만큼 공명정대하고 全知的인 서술에 의해 압도되어, 그 안에 치밀하게 숨겨진 이데올로기와 사회질서를 정당한 것으로 자연스럽게 받아들인다.15)『목천자전』에도 이와 같이 역사를 이데올로기 실현의 소구로 보는 관점을 적용할 수 있다.『목천자전』은 周代 當時의 저술이 아니지만 주대의 서술인양 되어 있는데16) 周穆王이 영웅으로 묘사되어 있고 당시 실제 정치판도와는 달리 異民族을 지배하는 中原의 모습이 마치 사실처럼 형상화해 있다. 이것은 주목왕이 주변민족을 통치하는 가상의 역사를 꾸며, 戰國時代의 군사적으로 계속되는 異族의 위협과 정치적으로는 宗法制度의 몰락이라는 상황 하에서 中原에 正體性과 힘을 부여하려한 조작된 작업이다. 그들은 조작된 가상의 역사를 만들어 주왕조의 위엄과 紀

---

15) 앞의 책, p.80.
16)「권 1」에 "穆"이라는 周穆王의 諡號가 나오는데 시호는 왕의 死後에 붙여진다. 또한『목천자전』에는 宗法制度가 변방의 국가들에까지 확고하게 실시되고 있는 것을 볼 수 있는데, 이는 당시 실제 정치 상황과는 어긋난다. 이같은 사항들을 고려했을 때,『목천자전』이 周穆王 당시의 저작이 아님을 알 수 있다.

綱을 세우고 이민족에 대항할 원동력을 얻었던 것이다.17) 그리고 이러한 가상의 역사를 만들어서 주목왕을 영웅화하는 심리의 밑바탕에는 스스로를 영웅 및 신화와 동일시함으로써 생겨나는 대리(무의식적) 만족이 깔려 있다.18) 리쾨르가 "플롯을 세우는 것은 총체적으로 파악하는 행위이며 구성적인 배열의 행위라 했듯이"19)『목천자전』은 역사적인 플롯 안에 주변의 이민족을 정벌했던 주목왕을 영웅으로 세운 가상의 역사를 만들어 냄으로써 중원 민족 전체가 거기에 스스로를 동일시 하도록 집단 최면제 역할을 한 셈이다.

4.『穆天子傳』의 神話・宗敎的 意味

『목천자전』은 그 책이 가진 다양한 성격으로 인하여 일찍부터 다수의 관심을 끌어 왔다. 우선 서술 체제 면에서『목천자전』은 기거주의 형식을 따르고 있다. 즉, 史官이 기록한 역사서술 체제를 갖추고

---

17) Hok-lam chan은 역사의 정당화 과정안에 5가지 층위가 있다고 가정한다. 그는 그 중 어의적이고 제도・교육적인 층위가 중국에서는 가장 두드러진 정당화의 양태들이었으며 역사기록들 속에 풍부하게 실증되어 있다고 주장한다. 그에 따르면『목천자전』은 "종교적, 지적, 정치적 전통들에서 비롯된 개념들을 가진 지배자 혹은 신하들이 그의 통치권을 확고히 하기 위한 명료화와 조작을 포함한다"고한 제도・교육적인 정당화에 속할 것이다.("From Historicity to Fictionality" p.82에서 재인용)

18) "각 사회는 자기 역사와 영웅들을 필요에 맞추어 해석하고 재해석한다. 이 기술이 그토록 효과가 있는 까닭은 어린 시절의 직관적인 소원이 갖는 강력하고 동기적인 힘 때문인데 이 힘은 스스로를 영웅 및 신화와 동일시함으로써 생겨나는 대리적(무의식적) 만족을 매개로 하여 생겨난다"(Jacob Arlow, "Ego Psychology and Study of Mythology",『종교에서의 상징과 신화』p.167에서 재인용)

19) Paul Ricoeur, "Time and Narrative", Trans. by Kathleen Mclaughlim and David Pellauer, Chicago : University of Chicago Press, 1984-8, p.3.

있다. 그래서 明代의 胡應麟은『목천자전』의 내용을 正史의 기록으로 보았으며, 다수의 類書에서도『목천자전』을 역사류로 구분해 넣고 있다.『隋書』「經籍志」,『舊唐書』「經籍志」,『新唐書』「藝文志」에서는 起居註類로『宋史』「藝文志」에서는 別史類로 분류한 것이 그것이다. 『목천자전』은 이처럼 史類로 분류됨으로써 원형이 비교적 잘 보존되어 왔으나 晁公武의『郡齋讀書志』에서 傳奇類로,『欽定四庫全書簡明目錄』과,『欽定四庫全書總錄』에서 小說家類로 분류되기 전까지는 문학작품으로서 큰 주목을 받지 못하였다. 그러나 상기한 바와 같이 근래에 와서는『목천자전』을 신화서로서 보고 연구하는 사람이 많아 졌으며 실제로 주목왕의 환상적인 이야기는 서방의 犬戎의 정벌이라는 實史를 신화·종교적인 틀안에서 각색한 것으로, 傳記體 史書에 대한 패러디라고 할 수 있다.[20] 따라서 역사서로서의 틀을 갖춘 하나의 문학작품으로 파악하고, 그 안의 신화·종교적인 성분을 탐색해 보는 것이『목천자전』에 대한 가장 정확한 讀法이 될 것이다.

1) 祭儀的 特徵

고대 사회는 王權과 神權이 결합된 샤머니즘적 사고의 세계로 천자는 정치권력의 우두머리이자 제사장으로서의 역할을 수행하였다.[21] 이 때 祭祀란 크게 두 가지 의미를 갖는다. 즉, 王權 顯示라는 정치

---

20)『목천자전』보다는 후대에 속하지만『神異經』,『拾遺記』,『洞冥記』,『十洲記』,『搜神記』,『漢武內傳』,『列仙傳』,『神仙傳』,『博物志』등 方士 혹은 방사 경향의 문인들에 의해 지어진 초기 志怪 소설들은 명목과 체재에 있어서 모두가 엄숙한 經典 및 紀傳體 史書에 대한 parody 형태를 취하고 있다.(정재서,『불사의 신화와 사상』, p.249)
21) "천자는 천지에 제사를 지내고, 제후는 사직에 제사를 지내며, 대부는 오사에 제사를 지낸다(天子祭天地, 諸侯祭社稷, 大夫祭五祀)",『禮記』「王制」

적인 의미와 天地合一을 통한 태초의 우주를 재창조하고 그 성스러
운 시간으로 돌아가고자 하는 신화 재현의 의미이다. 이들은 의미상
서로 통하는데 당시는 하늘로부터 신령한 힘을 부여받은 자만이 왕
이 되어 천하를 통치할 수 있다는 天命思想이 지배적인 神政一致의
사회였기 때문이다. 물론 왕만이 유일한 巫의 기능을 가졌던 것은
아니었으며 본문에서도 볼 수 있듯이 祝·史 등도 그 역할을 공유하
였다.22) 축이나 사는 고대에 하늘과 교통할 수 있는 수단을 장악했
던 특권계층이었고 왕은 이들을 통괄하는 제사장이었다. 「권 1」의 河
伯에게 제사지내는 부분에서 천자는 降神을 비는 천지간의 靈媒 역
할을 하고 있음을 볼 수 있다.

"天子가 河宗의 璧을 주자 하종의 柏夭가 벽을 받아서 서쪽을 향
해 황하에 빠뜨리고 두번 절하며 머리를 조아렸다. 祝은 소와 말,
돼지, 양을 물에 빠뜨렸다……河伯이 목왕을 부르자, 천자는 '穆滿이
오'라 대답하였다."
("天子授河宗璧, 河宗柏夭受璧, 西向沈璧于河, 再拜稽首, 祝沈牛馬
豕羊……河伯號之, 帝曰穆滿")23)

주목왕이 西王母가 산다는 舂山으로 떠나기에 앞서 河伯인 無夷가
다스리는 河宗氏에 도착하여 水神인 河伯에게 제사를 올리고 있다.
본고에는 생략된 인용문을 앞뒤를 살펴보면, 천자는 외관을 성대하
게 갖추어 입고 매우 엄숙한 태도로 의식을 진행하며, 중축과 관료,
백요가 그를 보좌한다. 제사의식이 끝나자 하백은 목왕에게 용산의

---

22) 「권 1」에서 주목왕이 하백에게 제사지내는 부분을 보면 祝이 제사장인 왕
    을 보좌하고 있고, 「권 4」에서는 史가 왕의 사냥에 대해 시초점을 치는 것
    이 나온다.
23) 「권 1」

보석을 보여주고 昆侖과 대평원의 연못 70개를 말해줄 것을 약속하며 영원한 복을 내려준다. 하백과 목왕의 만남이 문학적으로 표현되어 있으나, 이것은 엄숙한 제의이며 무당의 招魂이나 降神과도 같은 것이다. 목왕이 하백에게 제사를 지내는 것은 자신이 제사장으로서 유일하게 신과의 접촉을 가능케 한다는 왕권 顯示의 의미가 있으며 앞으로의 旅程에서 자신을 보호해줄 수신 하백과의 接神을 통한 천지합일의 신화재현의 의미가 있다. 고대인들은 천상과 지상의 통로가 단절되기 이전의 신화세계를 염원하며 제사를 통하여 천상과의 단절을 극복하려고 부단히 노력해왔다. 또한 『목천자전』에는 목왕이 일정한 장소에서 제사를 행하는 부분이 계속해서 보여진다. 시간에는 성스러운 시간과 속된 시간이 있으며 인간은 제의의 반복을 통해서 성스러운 시간을 현재화시키고 태초의 그 때로 돌아가게 된다.[24]

『목천자전』의 대부분의 제사는 예로부터 신과의 교통이 보다 용이하다고 믿어졌던 山嶽에서 행하여졌다. 고대인들은 山嶽이 세계의 중심이라고 여겼고[25] 여기에서 제사를 지냄으로서 天界와의 접촉을 꾀했으며 그것의 높은 봉우리에서 천상과 지상이 만나 재결합된다는 태초의 혼돈의 우주 신화를 재현해냈다. 『목천자전』에 등장하는 다수의 산 가운데 특히 주목할 만한 것은 昆侖山이다. 예로부터 곤륜은 중국인들에게 숭배되어져 온 신령스러운 산인데, 곤륜은 黃河의 근원으로, 모든 하수의 원천이라고 여겨졌기 때문이다. 고대인들에게 하수란 식수원으로써 무엇보다도 중요한 의미를 가지는 것이었으므로 그 근원인 곤륜은 자연히 靈山이 될 수밖에 없었다. 「권 2」에서는 천자가 곤륜에서 제사를 지낸 뒤 곤륜의 북쪽 봉우리인 舂山에 올라 사방을 둘러보는 장면이 나온다. 곤륜은 그 크기가 상당히 컸으며

---

24) M. 엘리아데, 이은봉 역, 『宗敎形態論』, 한길사, 1996, p.498.
25) M. 엘리아데, 박규태 역, 『象徵·神聖·藝術』, 서광사, 1991.

그 북쪽 봉우리는 용산이라 불렸다.26)

  "계해일에 천자는 깨끗하게 다듬어 놓은 희생물들을 갖추고 곤륜
구에서 제사를 지냈다……늦여름 정묘일에 천자는 북쪽으로 용산
위에 올라 사방의 들판을 둘러보면서 "용산은 유일한 천하의 높은
산이다. 이곳의 자목화는 눈을 두려워하지 않는다"고 하였다. 천자
는 이에 자목화의 열매를 가지고 돌아와서 심었다. 용산의 연못에서
맑은 물이 샘솟고 온화하고 바람도 불지 않으며 나는 새들과 온갖
짐승들이 먹고 마시는 곳으로 선왕의 소위 현포라 말해진다. 천자는
여기서 옥의 정수와 옥가루를 얻었다. 용산은 온갖 짐승들이 모여
사는 곳이며 나는 새들이 깃들이는 곳이다."
  ("癸亥, 天子具蠲齊牲全以蠲□昆侖之丘……季夏丁卯, 天子北升于舂
山之上, 以望四野, 曰舂山是唯天下之高山也. 葵木華不畏雪. 天子於是
取葵木華之實持歸種之, 曰舂山之澤, 清水出泉, 溫和無風, 飛鳥百獸之
所飲食, 先王所謂縣圃. 天子於是得玉榮枝斯之英. 曰舂山百獸之所聚也,
飛鳥之所棲也.")27)

  예로부터 昆侖은 그 높이가 엄청나기 때문에 인간의 힘으로는 도
저히 도달할 수 없는 神의 境地로 여겨졌다. 그래서 『목천자전』에서
는 "용산은 유일한 천하의 높은 산이다(舂山是唯天下之高山也)"라 하
였고, 비슷한 시대에 쓰여진 신화서 『산해경』에서도 "(東夷의) 예 같

---

26) 「권 2」를 보면 천자는 昆侖의 언덕에 오른 뒤 잠시 후 북쪽으로 舂山에
  오르고 있다. 즉 용산과 곤륜산은 매우 가까운 거리에 있음을 알 수 있다.
  또한 주에서 곽박은 용산이 鍾山을 가리키는 것이라 하였는데, 이것은 『山
  海經』「海內西經」을 참조하면 쉽게 납득이 간다. 『산해경』에서는 "유사가
  종산에서 서쪽으로 가다가 다시 남쪽으로 곤륜허로 가서 서남쪽으로 바다
  에 흘러든다(流沙出鍾山, 西行又南行崑崙之虛, 西南入海黑水之山)"고 하였
  다. 즉 鍾山이 바로 용산을 가리키는 것이며 용산은 곤륜의 한 봉우리라고
  할 수 있다.
27) 「권 2」

은 사람이 아니면 아무도 이 구릉의 바위에 오를 수 없다(非仁羿能上岡之巖)"고 서술하여, 곤륜이 일개 凡人의 힘으로는 미칠 수 없는 높고 신성한 산임을 나타내었다. 또한 곤륜은 지상의 낙원으로 묘사되어 있다. 『목천자전』의 "선왕의 소위 현포(先王所謂縣圃)"는 옛 임금의 정원으로 이 안에는 당연히 없는 것이 없다. 바로 『산해경』의 "천제의 하계의 도읍(帝之下都)"인 것이다. 이곳은 온갖 새들과 짐승들이 먹고 마시는 낙원이며 맑은 물이 샘솟고 不死의 나무가 자란다.28) 『목천자전』의 蔡木華는 "눈을 두려워하지 않는(不畏雪)" 나무로 불사의 상징이며, 곤륜산과 불사의 상관관계는 여기에서도 그 흔적을 찾아볼 수 있는 것이다. 자목화는 『산해경』의 木華로 이것은 우주로 통하는 신령한 世界樹이며 신화 속 곤륜에 있다는 若木을 의미한다. 이처럼 고대인들의 신화체계 안에서 산악은 불사의 세계수가 자라고 범인은 근접할 수 없는 세계의 중심이었으며, 그들은 지상에서 천상으로 올라가는 통로인 산 위에서 제사를 올림으로써 천상과 지상이 만나 재결합한다는 우주창조의 신화를 재현해냈고, 성스러운 시간을 반복함으로써 영원 속에서 살고자 하는 희망을 추구하였다.

　제의의 연속으로 이야기가 전개되고 있다고 할만큼 제의는 『목천자전』의 이야기 전개에 있어서 중요한 요소이다. 제의에서 필요 불가결한 것은 천지를 연결해주는 매개인 희생제물이며, 『목천자전』에는 제사에 쓰일 이러한 희생제물을 준비하게 위한 사냥과 낚시가 자주 등장한다. 『목천자전』에 등장하는 다양한 희생제물은 대부분 흰 여우·검은 오소리·흰 사슴 등과 같은 동물로, 몸에 상처가 없이 온전하고 깨끗하게 희생되어 신께 바쳐져야 했다.29) 제사에 바쳐진

---

28) 小川環樹, 『中國小說史の硏究』, 東京 : 岩波書店, 1983, p.116.
29) "계해일에 천자는 깨끗하고 온전한 희생물들을 가지고 곤륜구에서 제사를 지냈다(癸亥, 天子具蠲齋牲全以□崑崙之丘)"(「권 1」)　제사에서의 犧牲은

희생제물을 인간과 신은 공동으로 享有하며 여기에서 신과 인간의 신화적 합일이 이루어지게 된다. 실제로『목천자전』에는 신과의 합일, 즉 천지간의 조화를 위하여 제사를 지낸 뒤에 희생물을 먹기 위하여 준비하는 장면이 나온다.

> "한겨울 정유일에 천자가 짐승을 쏘아 잡고 심추에서 머물렀는데 고라니, 큰 사슴, 돼지, 사슴 420마리를 잡고, 호랑이 2마리, 이리 9마리를 잡았다. 선왕께 제사지내고 요리사에게 그것을 삶도록 하였다."
> ("仲冬丁酉, 天子射獸, 休于深雀, 得糜麎豕鹿四百有二十, 得二虎九狼, 乃祭于先生, 命庖人熟之.")30)

제의는 산 자와 죽은 자, 신과 인간이 만나는 성스럽고 특별한 의식이고, 신께 바치고 난 성스러운 희생제물을 먹는 것은 인간도 신과 같이 성스럽고 초월적인 존재가 되고자 하는 원초적 욕망을 표현하는 것이다. 인간은 이러한 제의를 통하여 신과의 합일을 도모함으로써 신과의 괴리감을 극복하고 평화를 얻을 수 있었다.

2) 不死 觀念

일찍이 東晋의 陶淵明은 그의「讀山海經」詩에서 "『목천자전』을 두루 보고 산해도를 훑어보네. 잠깐 사이에 우주를 돌아보게 되니, 진정 즐거운 일이 아니고 또 무엇이겠는가(泛覽周王傳, 流觀山海圖. 俯

크게 太牢와 小牢로 나뉜다. 태뢰는 소·양·돼지를, 소뢰는 양과 돼지를 말한다. 이들을 바칠 때에서는 반드시 몸에 상처가 없이 온전한 상태(牲全)이어야 한다.
30)「권 5」

仰終宇宙, 不樂復何如)"라 하였는데, 이는『목천자전』의 진면목을 간파해낸 것이다.『목천자전』은 책 전반에 걸쳐 '長壽에의 追求'라는 道敎的인 분위기가 충만되어 있으며 이는 수십 차례에 걸쳐 등장하는 玉과 黃金에 대한 기록과,『산해경』이후 도교계 소설에서도 보여지는 신화적인 동·식물, 지명들과 어우러져 더욱 환상적인 빛을 발하고 있다. 그러나『목천자전』에 도교의 기원적 성격을 지닌 책으로서 인식되기 시작한 것은 한참 뒤인 明代『正統道藏·洞眞部記傳類·海』안에 분류되기 시작하면서 부터인데[31], 이러한 현상은『목천자전』이 編年體의 역사서술 방식을 따르고 있고 주목왕이라는 실제 인물의 實史를 다루고 있기 때문에 빚어진 편면적 인식의 소산인 듯하다. 그러나 이 책이 道藏에 분류된 뒤에도 도교적인 각도에서의 분석은 시도된 바가 없었던 것은 실로 기이한 일이 아닐 수 없다. 이제야말로 內實을 얻기 위한 엄숙한 史書의 外殼을 벗기는 작업을 시작해야 할 때이다.

不死는 時空을 초월한 인간의 영원한 바램으로 이는 고대 중국에서도 마찬가지였다. 그들은 인간이 죽으면 그 靈은 하늘로 올라가 魂이 되고 땅에 이르러 魄이 된다고 믿었다. 이러한 魂魄觀이 옛 중국인들이 갖고 있었던 死後觀이었다. 그러다가 春秋·戰國時代에 오면 육체가 不滅한다는 사상까지도 생겨난다. 전국시대 후기 즉 기원전 3세기경의 문헌으로 현존하는『韓非子』,『楚辭』또는『春秋左氏傳』에는 "不死藥", "不死道"(韓非子) 또는 "延年不死"(楚辭·天問篇), "無死"(左傳·昭公20年) 등의 용어가 나타난다. 우리는 이로부터 이미 기원전 3세기 경 불사사상이 중국의 거의 전역에 유포되어 있었던 것을 알 수 있다.[32] 저작시기가 전국시대로 추정되는『목천자전』

---

31) 任繼愈 主編,『道藏提要』, 中國社會科學出版社, 1991, p.137.
32) 酒井忠夫 外, 최준식 역,『道敎란 무엇인가』, 1990, 민족사, p.285.

은 당시의 이러한 불사사상의 영향을 받은 것으로 보여지며 이는 원전에 잘 드러나 있는 바이다. 「권 3」에는 주목왕이 西王母를 찾아가서 흰 圭와 검은 璧을 바치고 瑤池에서 西王母와 술을 마시며 和答하는 부분이 나온다.

> "을축일에 천자가 요지의 가에서 서왕모에게 술을 대접하였다. 서왕모는 천자를 위해 노래하기를 '흰 구름은 하늘에 떠있고 산언덕은 절로 솟아 있습니다. 길을 아득히 멀고 산과 내가 길을 끼고 있습니다. 그대가 죽지 말고 돌아오실 수 있기를 바랍니다.' 천자는 답하면서 '나는 동쪽 땅으로 돌아가 화하를 조화롭게 다스리고 모든 백성들이 편안해지면 그대를 보려 돌아올 것입니다. 3년이 되면 다시 (황야로) 돌아올 것입니다.' 서왕모가 또 천자를 위해 읊조리면서 '(저는) 서쪽 땅으로 가서 황야에서 삽니다. 호랑이, 표범과 무리를 짓고 까마귀와 까치가 함께 살지요. (천제께서) 황야를 떠나지 말라고 명령하셨습니다. 저는 하느님의 딸이요, 그대는 어떤 속세 사람이시기에 또 저를 떠나려 하십니까……'"
>
> ("乙丑, 天子觴西王母于瑤池之上. 西王母爲天子謠曰, 白雲在天, 山陵自出, 道里悠遠, 山川間之, 將子無死, 尙能復來. 天子答之曰, 予歸東土, 和治諸夏, 萬民平均, 吾顧見汝, 比及三年, 將復而野. 西王母又爲天子吟曰, 徂彼西土, 爰居其野, 虎豹爲群, 於鵲與處, 嘉命不遷, 我惟帝女, 彼何世民, 又將去子……")

서왕모는 스스로를 '하느님의 딸(帝女)'이라 하였는데, 帝는 商代로부터 信仰되어온 最古의 神格으로,[33] 신의 딸인 서왕모 역시 불사의 존재인 것이다. 서왕모는 東土로 다시 떠나려는 천자에게 '그대가 죽

---

33) 모든 神格 중에서 가장 먼저 나타난 것은 帝였다. 이것은 商의 最高의 신이었으며 商代의 사람들은 이것을 上帝라고 표현하기도 하였다.(마이클 로이, 이성규 역, 『古代 中國人의 生死觀』, 지식산업사, 1995, p.34)

지 말고 돌아오시기를 바랍니다'라고 하며, 笙을 불어 슬픈 마음을 달랜다. 서왕모가 주목왕과의 이별을 이토록 슬퍼한 것은 황야를 떠나지 말라는 천제의 명을 어길 수 없고, 주목왕은 또 속세 사람이어서 다시 돌아갈 수밖에 없는 처지여서, 이별이 불가피하기 때문이다. 또한 有限한 존재인 주목왕이 아득히 먼길을 달려 다시 불사의 땅으로 돌아오기는 힘들 것을 미리 感知하고 있었기 때문이다. 여기에서 서왕모와 연관된 불사의 이미지를 연상시킬 수 있으며 이로부터 서왕모는 『산해경』에서의 半人半獸의 형상에서 존귀한 불사의 女神으로서 탈바꿈하게 된다. 따라서 『목천자전』은 서왕모를 불사와 직접적으로 연관시킨 최초의 기록으로 볼 수 있으며 이는 最古의 신화서인 『산해경』과의 비교를 통하여 볼 때 더욱 분명해진다. 『산해경』에서는 서왕모에 대한 기록이 3번 보인다.

"다시 서쪽으로 350리를 가면 옥산이라는 곳인데, 이곳은 서왕모가 살고 있는 곳이다. 서왕모는 그 형상이 사람 같지만 표범의 꼬리에 호랑이 이빨을 하고 휘파람을 잘 불며 더부룩한 머리에 머리 꾸미개를 꽂고 있다. 그녀는 하늘의 재앙과 오형을 주관하고 있다."
("又三百五十里, 曰玉山, 是西王母所居也. 西王母其狀如人, 豹尾虎齒而善嘯, 蓬髮戴勝, 是司天之 及五殘.")34)

"서왕모가 책상에 기대어 있는데 머리꾸미개를 꽂고 있다. 그 남쪽에 세 마리의 파랑새가 있어 서왕모를 위해 음식을 나른다. 곤륜허의 북쪽에 있다."("西王母梯几而戴勝杖, 其南有三靑鳥, 爲西王母取食. 在昆侖虛北")35)

"서해의 남쪽, 유사의 언저리, 적수의 뒤편, 흑수의 앞쪽에 큰산이

---

34) 「西山經」(『산해경』의 번역은 정재서 역주의 『산해경』을 따랐음)
35) 「海內北經」

있는데 이름을 곤륜구라고 한다. 신--사람의 얼굴에 호랑이의 몸인데 꼬리에 무늬가 있고 모두 희다.--이 있어 여기에 산다. 산 아래에는 약수연이 둘러싸고 있으며 이 바깥에는 염화산이 있어 물건을 던지면 곧 타버린다. 어떤 사람이 머리꾸미개를 꽂고 호랑이 이빨에 표범의 꼬리를 하고 동굴에 사는데 이름을 서왕모라고 한다. 이 산에는 온갖 것이 다 있다."
("西海之南, 流沙之濱, 赤水之後, 黑水之前, 有大山, 名曰昆侖之丘. 有神--人面虎身, 有文有尾, 皆白--處之. 其下有弱水之淵環之, 其外有炎火之山, 投物輒然. 有人, 戴勝, 虎齒, 有豹尾, 穴處, 名曰西王母. 此山萬物盡有.")36)

『산해경』에서의 서왕모는 반인 반수의 원시적인 형상으로 災殃과 五刑을 주관하는 존재이며 불사와의 연관은 구체적으로 나타나 있지 않다. 東漢 말엽 도교의 흥기 이후 서왕모는 도교의 신으로 편입되기 시작하는데, 『산해경』에서의 원초적인 신의 형상에서 탈피하여 존엄한 신선의 경지로 발전하는 과정을 『목천자전』에서 찾아볼 수 있는 것이다.

서왕모 뿐 아니라 「권 2」에 등장하는 舂山은 불사의 선경인 곤륜을 연상시킨다. 용산은 천지에서 제일 높은 산이며 이곳의 자목화는 눈을 두려워하지 않아 눈이 내리면 枯死하는 속세의 초목과는 다르니 바로 不死樹인 것이다. 또한 이 부분은 道敎의 長生術에 쓰이는 玉의 이미지와도 연관되어 있어, 천자는 여기에서 玉과 枝斯의 정수를 얻는다.37) 이와 같은 장수의 상징인 옥과 연관된 불사의 이미지는 『목천자전』 전반에 충만하며 이는 등장하는 다수의 옥의 종류만 보아도 분명해진다. 狗璨采, 群玉, 琅玕, 몰瑤, 白圭, 白牙, 白玉, 璧,

---

36) 「大荒西經」
37) 枝斯는 전설상의 아름다운 옥이름이며, 榮이란 옥의 정수를 말한다(졸역, 『穆天子傳・神異經』, 살림, 1997, p.107)

珛玉, 璿瑰, 璿珠, 璞銀采, 璞采, 玉, 玉果, 玉器, 玉石, 玉榮, 玉版, 玉華, 枝斯, 佩玉, 芴 등이 그것이다. 또한『목천자전』에는 仙人에 대한 언급은 아직 보이지 않지만「권 5」에서는 神人이 등장하는데38), 이는 도교적인 색채를 더해줄 뿐 아니라 더욱 주목을 끄는 것은『목천자전』의 신인의 형상이 후대의 도가서인『列子』에서 그대로 적용·확대되어 도가의 논리를 설명하고 있다는 점이다.

"천자는 누대에 머물면서 세상 먼 곳의 □가 점을 잘 쳐서 많은 사람들이 그를 따른다는 것을 들었다. 그래서 시초점을 쳐서 그것을 기록하였다. 신인인 □이 점을 잘 치자, 주위 사람들이 그를 우러러 보았다. 천자는 기뻐하며 □로 삼고 때때로 □"
("天子居于臺, 以聽天下之遠方□之數而衆從之. 是以選扐, 乃載之. 神人□之能數也, 乃左右望之. 天子樂之, 命爲□而時□")39)

이러한『목천자전』의 점을 잘 친다는 神人의 고사는『열자』「周穆王篇」에 오면 내용이 더욱 도가의 환상적인 것으로 윤색된다.

"주목왕 때에 서쪽 변방의 나라로부터 환술사가 왔다. 물과 불에도 들어가고 쇠와 돌을 꿰뚫었으며 산과 냇쇠와 돌을 꿰뚫었으며 산과 냇물을 둘러엎고 성과 고을을 옮겼으며 허공을 타고 있어도 떨어지지 아니하고 실물을 접촉하여도 막하지 아니하였다. 그의 천변만화는 끝이 없었다. 물건의 형체를 변화 시켰을 뿐 아니라 사람

---

38) 仙은 漢代 이전엔 僊으로 쓰였기 때문에 고대의 典籍 중에서 이 글자를 찾아보자면 가장 오래로는『詩經·小雅』「賓之初筵」에서의 屢舞僊僊이라는 例句가 유일하게 있을 뿐 유가의 13경 중에는 이 글자가 보이지 않는다. 아울러『詩經』에서의 僊도 不死의 의미로서 쓰인 것은 아니며 戰國시대 이후『莊子』·『列子』등 道家書에서부터 진정한 출현이 비롯된다.(정재서,『불사의 신화와 사상』, p.67)
39)「권 5」

들의 생각까지도 바꾸어 놓았다……목왕은 그를 귀신처럼 공경하였다."

("周穆王時, 西極之國, 有化人來, 入水火, 貫金石, 反山川, 移域邑, 升虛不墜, 觸實不硋, 千變萬化, 不可窮極. 旣已變物之形, 又且易人之慮……穆王敬之若神.")40)

周穆王은 온갖 幻術에 능한 化人을 만나 八駿馬가 끄는 수레를 타고 천하를 두루 神遊한다. 『列子』 「周穆王篇」에서는 世人들이 느끼는 부귀와 영화같은 세속의 욕망은 인간이 五感으로 느끼는 극히 제한된 세상의 일이고, 이를 초월하면 온갖 苦樂과 名利는 무의미하며 초월할 수 있다는 道家의 無爲의 道를 설명하고 있으며, 이는 『목천자전』의 神人의 형상이 확대·발전된 것이다. 『列子』 「湯問篇」에도 化人과 비슷한 工人인 偃師가 등장하는데 이것 역시 『목천자전』의 神人의 형상으로부터 발전된 것으로 보인다.41)

또한 주목왕의 행차에는 늘 음악과 노래가 함께 하였고 어떤 때는 음악을 연주하는 것이 사흘이 지나서야 비로소 끝났다고 한다.42) 이때에 연주되던 음악은 廣樂으로, 이는 바로 천상의 "仙樂"이며43), 불리던 것은 「南山有臺」와 같이 君子를 축복하고 長壽를 기원하는 頌祝의 노래였다.44)

---

40) 金學主 譯, 『列子』, 明文堂, 1991, p.94.
41) 『列子』 「湯問篇」을 보면 周穆王이 서쪽지방을 순수하다가 崑崙山을 넘어 春山에 못미쳐 돌아오는데 그 때 어떤 사람이 工人인 偃師를 바친다. 언사는 사람처럼 걷고 가무를 할 줄 아는 인형을 만들었으며, 그 인형은 千變萬化가 가능하였다.
42) 「권 3」
43) 『史記』 「趙世家」와 葛洪의 『抱朴子』에서도 廣樂이 나오는데 모두 天上의 仙樂을 가리킨다. (졸역, 『목천자전·신이경』, p.56 주(7) 참고)
44) "남산에는 삿갓사초, 북산에는 명아주풀, 즐거워라 군자는, 나라의 초석이라오, 즐겁도다 군자여, 그대 만수 누리기를. 남산에는 뽕나무요, 북산에는

이상에서 우리는 제의적인 특징과 불사 관념이라는 분석을 통해 전혀 다른 모습으로 우리들 앞에 서있는 『목천자전』을 발견하게 될 것이다. 『목천자전』에서의 주목왕의 여행은 바로 경외의 대상인 하늘과의 합일을 위한 꿈꾸는 巡禮와도 같은 것이며, 태초의 시간을 현재에 재현시켜 영원함 속에 살고자 하는 인간의 욕망의 표현이기도 하다. 그리고 그 깊은 곳에는 西王母의 仙境을 찾아 八駿馬를 타고 내달리는 인간의 원초적인 不死에의 염원이 깔려 있는 것이다.

5. 結論

이상으로 本稿에서 이야기하고자 했던 것은 크게 세 가지로 나누어 볼 수 있을 것이다. 첫째, 『목천자전』이 史傳體의 틀을 갖추었으면서도 신화적인 허구성을 가진 重層의 의미로 읽혀질 수 있다는 점이다. 그리고 原典의 검토로부터, 이 책의 저자가 바로 戰國時代의 巫的인 성격이 농후한 史이며, 이러한 사에 의해 쓰여졌기 때문에 『목천자전』은 역사서이며 동시에 신화적인 허구라는 독특한 성격을 지닐 수 있었음을 알았다. 또한 當時 중국에서는 實錄과 信史라는 기존의 역사편찬에 대한 요구에서 벗어나, 역사를 허구와 接木시켜 이데올로기를 재현시키기 위한 '傳'이라는 독특한 서사양식을 낳았다는 사실을 밝힘으로써 문제의 이해를 도왔다. 그 다음으로 이야기하고자 했던 것은 『목천자전』을 썼던 작자의 의도였다. 『목천자전』은 周穆王이 西方의 犬戎을 정벌한 實史가 전국시대에 들어와 더욱 영

버드나무, 즐거워라 군자는, 나라의 빛이라오, 즐겁도다 군자여, 그대 만수무강하시기를……"("南山有臺, 北山有萊, 樂只君子, 邦家之基, 樂只君子, 萬壽無期. 南山有桑, 北山有楊, 樂只君子, 邦家之光, 樂只君子, 萬壽無疆……")

웅적인 이야기로 각색된 허구로, 이는 군사·정치적으로 불안한 상황에 놓인 中原에 위엄과 힘을 부여하기 위한 이데올로기의 한 도구로 볼 수 있었다. 이같은 『목천자전』에 대한 大綱을 이야기하고, 마지막으로 『목천자전』에서 "歷史"라는 갑갑한 틀을 떼어버리고, 신화·종교적인 입장에서 새롭게 보기를 시도하였다.

  그 옛날부터 인간은 저 높이 하늘까지 날 수 있는 방법을 강구했고 또 높이 바벨탑을 쌓기도 하였다. 성스러운 신과 만나고 가까워지려는 인간의 욕구는 태초의 그 때부터 지금까지 반복되어 왔고 앞으로도 영원히 계속될 원형적인 심상이다. 이처럼 신과의 만남을 이루기 위한 시나리오적인 상징체계가 바로 제의이며, 우리는 『목천자전』에서 주목왕이 끊임없이 올리는 제사를 통해 어느새 성스러운 태초의 시간에서 神遊하고 있는 자신을 발견하게 된다. 하늘과 땅이라는 不變의 공간에 서서, 과거와 현재·미래의 시간적인 연속체를 이루기 위한 인간의 맹목적인 노력, 이는 자신이 有限한 존재임을 깨닫는 순간 더욱 절실해 진다. 陶淵明이 『목천자전』을 보면 잠깐 사이에 우주를 돌아 볼 수 있다고 언급했듯이, 영원한 우주 공간에서 不死의 생명을 얻어 끊임없이 떠돌고픈 인간의 목마름을 적당히 담아낸 것이 바로 이 『목천자전』이 아닐까? 『목천자전』을 이처럼 신화서로서 새롭게 읽어보는 작업은 이성에 억눌러 우리의 내면에서 숨을 죽이고 있었던 신화적 상상력을 일깨워 줌으로써 우리에게 영혼의 解渴을 제공해 줄 것이다.

참고문헌

郭璞 注,『穆天子傳』『國學基本叢書』, 臺北 : 商務印書館, 1968.
郭璞 注,『穆天子傳』『四部備要』, 臺北 : 商務印書館, 1978.
任繼愈 主篇,『道藏提要』, 中國社會科學出版社, 1991.
顧實,『穆天子傳西征講疏』, 上海 : 商務印書館, 1934.
施芳雅,『中國古典小說研究專集』, 聯經出版事業公司, 1991.
樂衛軍,『古典小說散論』, 夏淋含英, 1984.
王孝廉,『中國的神話世界』, 北京 : 作家出版社, 1991.
袁珂,『中國神話史』, 上海 : 上海文藝出版社, 1988.
李福淸,『中國神話故事論集』, 北京 : 中國民間文藝出版, 1988.
李致忠,『中國古代書籍史』, 北京 : 文物出版社, 1985.
丁山,『中國古代宗教與神話考』, 上海 : 上海文藝出版社, 1988.
勞榦,「史字構造及史官的原始職務」,『大陸雜誌』, 1957, No. 14-3.
繆文遠,「穆天子傳是一部什麽樣的書」,『文史知識』, 1986, No. 11.
小川環樹,『中國小說史の研究』, 東京 : 岩波書店, 1983.

Mathieu Rémi, *Le Mu Tianzi Zhuan : Traduction annotée Étude Critique*, Paris : Collége de France, 1978.

Maspero Henri, *Taoism and Chinese Religion*, Trans. by Frank A. Kierman, Jr., Amherst : The University of Massachusetts Press, 1981.

Dewoskin Kenneth J, *Doctors, Diviners, and Magicians of Ancient China : Biographies of Fang-Shih*, New York : Columbia University Press, 1983.

Sheldon Hsiao-peng Lu, *From Historicity to Fictionality*, Stanford University Press. Stanford, California, 1984.

Paul Ricoeur, *Time and Narrative*, Trans. by Kathleen Mclaughlim and

David Pellauer, Chicago : University of Chicago Press, 1984-8.
鄭在書,『山海經譯註』, 서울 : 민음사, 1993.
金學主 譯,『列子』, 서울 : 明文堂, 1991.
宋貞和·金芝鮮 譯註,『穆天子傳·神異經』, 서울 : 살림, 1997.
마이클 로이,『古代 中國人의 生死觀』, 이성규 譯, 서울 : 지식산업사, 1987.
閔斗基 編,『中國의 歷史認識』, 서울 : 창작과 비평사, 1985.
선정규,『中國神話硏究』, 서울 : 고려원, 1996.
M.엘리아데,『聖과 俗』, 이동하 譯, 서울 : 학민사, 1983.
_____,『象徵·神聖·藝術』, 박규태 譯, 서울 : 서광사, 1991.
_____,『宗敎形態論』, 이은봉 譯, 서울 : 한길사, 1996.
鄭在書,『不死의 신화와 사상』, 서울 : 민음사, 1994.
酒井忠夫 외,『道敎란 무엇인가』, 최준식 譯, 서울 : 민족사, 1991.
L. K. 뒤프레,『종교에서의 상징과 신화』, 권수경 譯, 서울 : 서광사, 1996.

『列仙傳』의 道敎思想

鄭 宣 景*

<차례>

1. 序言
2. 『列仙傳』의 成立
3. 『列仙傳』의 道敎思想
  1) 原始道敎와 『列仙傳』
2) 『列仙傳』의 道敎的 特性
  (1) 基本理論
  (2) 修行方法
4. 結語

1. 序言

  지금으로부터 이천여 년 이전의 사람들은 인간의 죽음이라는 지극히 자명한 사실을 어떻게 받아들였을까? 그들은 각자에게 부여된 자신의 위치를 죽음을 통한 세상 벗어나기의 영생적 자유로움보다는 현실의 삶 속으로 고정시키려 했다. 생명력을 연장시키려고 氣를 기르면서 삶의 힘을 증가시켰고 우주의 법칙을 거스르기보다는 시공간을 초월하면서 신과 인간의 매개자이기를 갈구했다. 21세기를 바라보는 오늘날, 과학기술의 가시적인 검증만을 우선시하는 현시점에서 어느 정도가 윤색되고 변형되었을지 모를 남겨진 기록만으로 그들의 사상과 역사를 더듬는 것은 비과학적이고 비현실적이라는 시선을 피

---

* 延世大 大學院 中文科 博士課程

하기 어려울 것이다. 그러나 우리가 간과할 수 없는 것은 신선설화가 어느 한 시기에 특정 계층에 의해서 생성되었다가 소멸된 소수인의 향유물이 아니라 장구한 중국 문학의 역사 속에 면면히 계승되어진, 그야말로 '설화의 힘'을 여실히 증명해 보여주는 서사체계라는 점이다. 이러한 까닭으로 본고에서는 전승자료의 수량이나 내용면에서 원형적인 면모를 충실하게 보전하고 있는 『列仙傳』의 道敎思想을 고찰하려 한다.

『列仙傳』은 中國 最古의 神仙說話集이다. 『列仙傳』에 등장하는 신선들은 창조신화나 영웅신화에서의 근엄함이나 신성함이 삭제된, 홍수나 가뭄의 자연 재해를 예고하며 병든 자를 고쳐주는, 인간사 속에서 공존하고 있는 초인적 존재이다. 『列仙傳』은 당시 일반 백성들의 생활상과 의식구조가 표현되고 그들의 자연관·인생관·세계관이 역사와 종교·철학·예술 속에 스며들어 있는 진솔한 서사체계인 것이다. 따라서 우리는 이것을 단지 신선들의 행적 모음이라는 문학형태의 차원이 아닌, 그 시대의 총체적인 문화 일반을 포괄하는 서사체계로 받아들여야 한다. 그러나 『列仙傳』이 지니고 있는 가치는 아직까지도 제대로 평가받지 못하고 있는 실정이다. 이것은 不死에 대한 추구가 현실 세계와는 유리된 차원의 것이라는 이성적 인식이 보편화하면서 神仙說話에 대한 연구가치가 폄하되어 왔던 그간의 학문적 사정 때문이다. 그러나 최근 이러한 경향은 바뀌고 있다. 일본·서구 학계에서는 발전된 도교학의 연구 성과가 이미 문학 연구에 적용되기 시작했고 80년대 이후 국내 및 대륙학계에서도 도교에 대한 인식이 새로워지면서 『列仙傳』을 비롯 이른바 '仙話'에 대한 연구열이 점차 고조되고 있다. 본고에서는 이같은 최근의 경향을 염두에 두고 국내외의 연구 업적들을 참작하면서 『列仙傳』이 巫覡信仰·陰陽五行說·神仙思想 등이 융합된 原始道敎를 배경으로 성립된 종교

서사체계임을 밝히고자 한다.
 이에 따라 第二章에서는 『列仙傳』에 대한 전반적인 이해를 돕기 위해서 『列仙傳』의 作者 및 成立時期, 版本 및 體裁에 대한 개략적인 검토를 할 것이다. 종교적인 내용을 검토하기 위하여 第三章 第Ⅰ節에서는 道敎와 道家의 관계, 도교가 교단으로서 성립을 갖추기 이전 원시도교로서의 면목을 살펴 보고 원시도교와 『列仙傳』과의 관계를 논의하려고 한다. 第三章 第Ⅱ節에서는 基本理論과 修行方法의 두 항목으로 나누어 『列仙傳』에 나타난 도교적 특성을 例示的으로 분석할 것이다.

2. 『列仙傳』의 成立

 『列仙傳』의 作者 및 成立時期에 관한 문제는 여전히 미해결의 상태에 있다. 즉, 과연 劉向 本人이 지은 것인지 아니면 누가 『列仙傳』을 僞作하여 劉向에게 托名한 것인지, 혹은 作者 불명의 상태로 유전되다가 어느 시점에서 劉向의 이름이 붙여진 것인지 정확하지 않으며 이에 따라 成立時期를 유동적으로 추정할 따름이다. 많은 학자들의 주장을 살펴 보면 크게는 西漢의 劉向이 지었다는 劉向 편찬설과 후대인이 劉向에게 가탁한 저작으로 보는 후대인 僞作說로 구분될 수 있다. 劉向 편찬설로는 우선 『列仙傳・敍』에 명기된 바가 그것이며[1] 晉代 葛洪의 『神仙傳・序』[2]와 『抱朴子・內篇』[3]에서도 언명하

---

1) 『列仙傳・敍』 "列仙傳者, 漢光祿大夫劉向所撰也."
2) 『神仙傳・序』 "秦大夫阮倉所記, 有數百人, 劉向所撰, 又七十餘人. …… 則劉向所述, 殊甚簡略, 美事不擧."
3) 『抱朴子・內篇』, 卷 二, 「論仙」 "劉向博學, 則究微極妙, 經深涉遠. 思理則淸澄眞僞, 硏覈有無. 其所撰列仙傳, 仙人七十有餘, 誠無其事, 妄造何爲乎?"

고 있다. 또한 『隋書・經籍志』4)와 『新唐書』5) 및 『宋史』6)에도 『列仙傳』의 作者가 劉向임을 명백히 밝히고 있고 魯迅 역시 劉向의 『列仙傳』이 眞書라고 주장했다.7) 이렇듯 많은 자료들이 『列仙傳』의 作者를 명시함에도 불구하고 劉向 편찬설에 대하여 의문을 제기하는 까닭은 다음의 세 가지 근거에 기인한다.

첫째, 班固의 『漢書・藝文志』는 『新序』이하 劉向의 作品이 모두 기록되어 있는데 『列仙傳』에 대해서는 아무런 언급이 없다는 점에서 의혹이 제기될 수 있다. 또한 『漢書・藝文志』는 劉向이 궁중의 장서를 정리하여 지은 『七略』을 기반으로 쓰여진 것이므로 만약 『列仙傳』이 劉向의 저작이라면 두 책의 내용에 모순이 생길 리가 없으며 劉向의 저작 중에 유일하게 『列仙傳』한 作品만을 누락시켰으리라고는 판단되지 않는다. 『漢書・劉向本傳』에도 기록되지 않은 점은 劉向 創作說에 족히 의문을 제시할 근거가 된다.8)

둘째, 『列仙傳校正本』에 注를 단 淸 王照圓은 그 문체가 『列女傳』과 같지 않음에 의혹을 품고는 다음과 같이 단정했다.

> "이 책이 비록 劉向이 지은 것은 아니지만 세상에서 모두 그의 作品이라 하는 것은 아마도 그가 神仙事를 좋아했기 때문에 그런 것일 게다."
> ("此傳雖非子政所爲, 而世擧以歸之者, 蓋因其喜神仙事有以致之

---

4) 『隋書・經籍志』「史部・雜傳類小序」"…… 劉向典校經籍, 始作列仙・列士・列女之傳 …… "
5) 『新唐書・藝文志』"劉向列仙傳二卷.", "劉向列仙傳三卷."
6) 『宋史・藝文志』「子部・道家類」"劉向列仙傳三卷."
7) 魯迅, 『中國小說的歷史的變遷』, 「從神話到神仙傳」"… 惟此外有劉向的列仙傳是眞的. …"
8) 이 부분에 대한 논술은 前野直彬 譯註, 『山海經・列仙傳』(東京 : 集英社, 1975)의 해설 참조.

耳.")9)

그리고 『列仙傳』 卷下에 실린 '商邱子胥'의 傳記 중에 '高邑'이라는 지명에 주를 달면서 이전에는 '鄗邑'이었던 것이 東漢 光武帝 때에 '高邑'이라고 개칭된 것으로 西漢에는 '高邑'이란 명칭이 없었으니 '鄗邑'이라고 써야 마땅함을 밝혔다. 따라서 만약 西漢의 劉向이 지은 것이라면 '高邑'이라는 명칭으로 기록되어졌을 리가 만무함을 역설했다.

세째, 淸 紀昀이 지은 『四庫全書總目提要』에서도 『列仙傳』은 西漢의 劉向이 지은 작품이 아님을 밝히고 魏晉時期의 方士에 의해 기록되어 劉向에게 탁명된 것으로 논하고 있음은 주목할 만하다.10)

이상의 견해들을 종합하여 『列仙傳』의 成立時期를 살펴보면 『漢書』의 저자인 班固가 생존했던 東漢 중엽까지는 劉向이 지었다고 칭해지는 『列仙傳』이 존재하지 않았거나 존재했다 하더라도 劉向이 지었다고 명시된 것은 아니었던 것 같다. 또한 3C 말에서 4C 전반까지 살았던 晉 葛洪은 그의 저서 『神仙傳·序』와 『抱朴子·內篇』에서 밝혔듯이 劉向이 편찬했다는 『列仙傳』을 분명히 읽었을 것이다. 그러므로 『列仙傳』이 편찬된 時期는 東漢末에서 西晉初까지로 좁혀지며 作者 역시 劉向이후의 사람으로 최소한 葛洪 이전의 사람이 저술했던 것으로 추정된다.

한편, 『列仙傳』의 版本은 크게 全本과 節本으로 나누어 볼 수 있다.11) 全本으로는 明代 『道藏』本, 吳琯의 『古今逸史』本, 黃魯曾의 『漢

---

9) 王照圓, 『列仙傳校正本·序』.
10) 『四庫全書總目提要』「子部·道家類」"又葛洪神仙傳序, 亦稱此書爲向作, 則晉時已有其本. 然漢志列劉向所序六十七篇, 但有新序·說苑·世說·列女傳頌圖, 無列仙傳之名. 又漢志所錄, 皆引七略, 其總讚引孝經援神契, 爲漢志所不載. ……… 均不應自相違異, 或魏晉間方士爲之, 託名於向耶?"

唐三傳』本, 淸代 汪士漢의 『秘書二十一種傳』本, 王照圓의 『列仙傳校正』本, 胡珽의 「列仙傳校僞」本, 董金鑑의 「列仙傳補校」本 등이 있는데 모두 上·下 2卷으로 되어 있으며 『道藏』本과 「列仙傳校僞」本·「列仙傳補校」本을 제외하고는 모두 '讚'과 '總讚'이 없다.12) 節本으로는 宋代 張君房의 『雲笈七籤』 卷 108에 48조, 元代 陶宗儀의 『說郛』 卷 43에 70조, 淸代 陶珽의 『重編說郛』 卷 58에 66조가 각기 절록되어 있는 경우를 들 수 있으며, 이들은 모두 1卷으로 되어 있다.

현행본 『列仙傳』에는 각 仙人의 傳 말미에 '讚'이라고 칭하는 4言 8句의 운문이 보이고13) 전체의 말미에 '總讚'이라는 장편의 운문이 실려 있다. 이 점에 대해서 『隋書·經籍志』에서는 "列仙傳讚三卷劉向撰鬷續孫綽讚", "列仙傳讚二卷劉向撰晋郭元祖14)讚"라고 되어 있다15). 우리는 '列仙傳讚'이라는 단어에서 그 당시에는 本文과 讚이 결합되어 하나의 체재를 이루고 있었음을 알 수 있으며, 續編이 쓰여진 이후에 讚을 붙였다는 점에서 孫綽의 時代 - 葛洪보다 40세 정도 연하 - 에는 이미 『列仙傳』이 유행했던 것으로 단정할 수 있다. 또한 『舊唐書·經籍志』에 "列仙傳讚二卷劉向撰"이라고 되어 있고16) 『新唐書

---

11) 全本과 節本에 대한 분류방식은 李劍國, 『唐前志怪小說史』, 天津 : 南開大學出版社, 1984. pp.192-193을 따랐다.
12) 이들 刊本들은 讚을 수록하거나 생략하거나 한 차이는 있으나 본문의 내용에 관해서는 큰 차이가 없는 것으로 보인다. 다만 부분적인 문자의 誤記가 보이지만 전체적인 이해에는 별다른 영향을 미치지 못한다.
13) 4言 8句의 형식은 劉向의 작품임이 확실한 『列女傳』의 체재와 같다. 『列女傳』에서는 讚이 아니라 頌이라고 부르며 總讚은 없으나 4言 8句라는 운문의 형식이 편말에 기록되어져 있다. 따라서 『列仙傳』에 '劉向讚'이라고 붙여졌던 것은 『列女傳』의 작자가 劉向이었으므로 비슷한 체재의 『列仙傳』도 劉向의 작품으로 유추하여 탁명했을 가능성이 엿보인다. 前野直彬, 『山海經·列仙傳』(東京 : 集英社, 1975)의 해설 참조.
14) 郭元祖 : 晋人이라는 것 외에는 명확하지 않다.
15) 『隋書·經籍志·史部·雜傳類』
16) 『舊唐書·經籍志』 「史部·雜傳類」

・藝文志』에는 "劉向列仙傳二卷"이라 되어 있으며17) 『宋史・藝文志』에는 "劉向列仙傳三卷"으로 되어 있다.18)

이상에서 卷數의 차이는 讚을 한 권으로 합쳐 따로 만들거나 혹은 上・下卷 각각의 본문에 붙여 편입시켜서 卷數로 세지 않았던 것으로 여겨지며 각각의 본문에 저술된 내용상에서는 별 차이가 없었던 것으로 사료된다.19) 또한 『列仙傳』에 기록되어진 이야기 자체가 사건 구성에 기복이 없는 간단한 說話 기록적인 양식을 취하였으므로 讚의 형식을 필요로 했던 것임을 짐작할 수 있다. 본고에서는 『文選』注와 『後漢書』注, 類書에 인용된 『列仙傳』을 발췌하고 『正統道藏』本에 있는 것과 대조하여 『列仙傳校正』本 上・下卷을 짓고 讚을 본문과 분리한 王照圓의 『列仙傳校正』本과 『正統道藏』本 등을 토대로 하였다.

3. 『列仙傳』의 道敎思想

종교가 생겨나서 나름대로의 체계가 성립되고 수천 년간을 끊임없이 지속할 수 있었던 것은 그것이 인간의 현존재와 미래의 가능태 모두를 정당화하는 기능이 있었기 때문일 것이다. 본고에서 다루고자 하는 道敎는 살고 싶은 본능, 생명을 연장시키려는 욕구를 死後의 세계가 아닌 현실에서 추구함에 가장 근접했던 宗敎라고 할 수

---

17) 『新唐書・藝文志』「子部・道家類」
18) 『宋史・藝文志』「子部・道家類」
19) 唐・宋시대의 類書에 인용된 『列仙傳』의 단편들과 금본의 문장상 커다란 차이가 없는 것으로 미루어 금본은 唐・宋 이후의 형태를 온전히 지녀온 것으로 간주된다. 內山知也, 『仙傳の展開』, (日本:『大東文化大紀要』), No.13, 1974.

있다. 영원한 시간으로의 내디딤, 그것은 새로운 삶으로의 시작도 아니고 생명의 단절을 의미하는 것도 아닌 현실의 보전 그 자체인 것이다.

중국 최초의 교단도교로 간주되는 五斗米道 성립 이전의 原始道敎에 대한 고찰은 『列仙傳』의 성격과 내용을 종교적인 시각에서 볼 수 있는 계기를 열어줄 것이다. 不老長生하며 신령스러운 도술을 구사하는 神仙들의 내용적인 특징을 분석하기에 앞서 道家와 道敎와의 관계, 道敎가 교단으로서의 조직을 갖추기 이전 原始道敎 본래의 면목을 살펴봄으로써 『列仙傳』과 道敎思想과의 상관 관계를 이끌어 내고자 한다.

1) 原始道敎와 『列仙傳』

원시도교와 『列仙傳』과의 관계를 파악하기 위해서 원시도교의 범위를 한계지워야 할 것이다. 이같은 이해를 돕기 위해서 먼저 中國의 道敎를 官方道敎와 民間道敎의 두 가지 계통으로 나누어 그 내용을 살펴 보고자 한다.

官方道敎란 국가의 공인 하에 교단 조직을 갖춘 道敎를 말한다. 따라서 관방도교는 황실의 권위 및 국가의 통치 이념과 결부되어 정치권력과는 항상 긴밀한 관계를 유지해 왔다. 『史記』를 보면 기원전 3·4c 경 발해 연안에 위치한 "齊의 威王·宣王, 燕의 昭王이 사람을 시켜 바다를 건너 蓬萊·方丈·瀛洲의 三神山을 찾게 하는 일을 시작했다. 이 三神山은 전하여 내려오는 말로는 발해 가운데에 있으며 먼 곳이 아니어서 …… 거기에는 여러 선인들이 있고 불사약도 있으며"라는 기록이 있다.[20] 또한 方士 盧生이 바친 錄圖書를 보고 참위

---

20) "自威·宣·燕昭使人入海求蓬萊·方丈·瀛洲. 此三神山者, 其傳在勃海中,

설적인 해석으로 북방 오랑캐를 정벌하게 한 秦始皇의 일화는 널리 알려진 바이다.21)

한편 民間道敎라 함은 官方道敎에 대비되는 개념으로 교단 조직을 갖추지 못한 채 民間에서 유지되던 도교적 신앙체계를 이른다. 官方道敎이든 民間道敎이든지 원래 民間의 무격신앙에서 기원한 것임에는 논란의 여지가 없지만 그 하나는 정치권력과 황실의 권위와 결부되어 발전해 나갔으며 다른 하나는 하층 민중들의 삶의 터전 속으로 뿌리를 내렸던 것이다. 본고에서 살펴 보려는 원시도교의 범위는 최초의 관방도교라 할 北魏의 新天師道 이전까지로 한계 지우며 또한 이것의 모태가 된 太平道와 五斗米道의 성립까지를 살펴 봄으로써 道敎史 속에서의 『列仙傳』의 위치를 밝히고자 한다. 『列仙傳』과 원시도교와의 관계 고찰은 民間道敎의 고유성이 소실되기 전의 역사・사회적 상황에 접근할 수 있는 계기도 부여할 것이다.

道敎의 본 뜻은 '道'를 말하는 '가르침'이다. 문헌에 보이는 최초의 사례로는 『墨子』에 "儒者以爲道敎"22)라고 쓰여 있는데 여기서의 道敎는 '儒家의 가르침', '聖人의 道를 말하는 가르침'으로 사용되었음을 알 수 있다. 한편 漢譯 불경에서 보이는 많은 자료 중에 '道敎'라는 단어가 佛敎의 의미로서 기록되어졌다는 사실은 이미 연구되어 알려진 바이다.23) 여기서 우리는 '道敎'라는 단어가 儒敎와 佛敎를 모두 포함하는 의미였음을 알 수 있고 적어도 그 당시에는 儒・佛・

去入不遠 …… 諸僊人及不死之藥皆在焉", 『史記』, 卷 4書, 北京: 中華書局出版, 1992.
21) "燕人盧生使入海邊,以鬼神事, 因秦錄圖書, 曰'亡秦者胡也'始皇乃使將軍蒙恬發兵三十萬人北擊胡, 略取河南地", 『史記』, 卷 1 紀, 北京: 中華書局出版, 1992.
22) "…而儒者以爲道敎, 是賊天下之人者也.", 『墨子・非儒篇下』第 39 篇.
23) 酒井忠夫 外, 崔俊植 譯, 『道敎란 무엇인가』, 민족사, 1990, pp.18-25 참조.

道 三敎가 구분되지 않았으며 中國의 民間에서 전해져 내려오는 속담처럼[24] 三敎를 구분하려 하지도 않았음을 알 수 있다. 그렇다면 儒敎·佛敎와 대립되는 개념으로서의 종교적인 조직과 체계를 갖춘 道敎는 언제 어떠한 과정에서 성립하게 되었을까? 道敎의 발생을 거론하는데 있어서 神仙思想과 샤머니즘에 대한 언급을 빠뜨릴 수 없다.

中國의 王瑤는 方士들이 행하는 方術이란 巫醫에서 온 것이라 주장하여[25] 方士들의 원형이 무당(Shaman)일 것이라는 니담(J.Needham)의 견해[26]와 일맥상통하고 있다. 方士라는 존재는 神仙思想이 유행하기 시작한 B.C. 4C 이후 齊威王·秦始皇 등 황제의 不老長生을 위해 神仙과 人間과의 관계를 이어주는 매개자 - 그 당시에는 보통 사람과는 구별되는 특별한 능력을 지닌 사람만이 神과의 접촉이 가능하다고 믿었다 - 에서 方士 자신의 成仙을 위해 수행하는 득도자로 시대적인 역할 변이의 과정을 거치게 된다. 따라서 神仙思想은 샤머니즘의 무속 신앙에서 기원을 찾게 되며 그것은 또한 戰國 후기 및 秦代 제왕들의 애호 속에서 方士들의 활동으로 구전 혹은 창작되어 그 당시 유행하던 '道家哲學'의 사조와 결부되기 시작한다. 여기서 우리는 도교 성립배경의 상황설명을 위해서 시대를 거슬러 올라갈 필요를 느낀다.

금세기 초부터 시작된 殷墟의 甲骨文에 대한 해독과 硏究가 진전하여 갑골문의 내용은 미래에 대한 그들의 운명·길흉·화복·기후·수렵·전쟁에 대한 예언으로 밝혀졌으며 殷代人들은 점복의 결과

---

24) "빨간 연꽃, 하얀 연뿌리, 푸른 연잎과 같이 삼교는 원래 하나이다." (紅蓮, 白藕, 靑荷葉, 三敎原來是一家.)
25) 王瑤,「小說與方術」,『中古文學史論』, 長安出版社, 1948, p.155.
26) J. Needham, 李錫浩·李鐵柱·林禎垈 譯,『中國의 科學과 文明 Ⅱ』, 乙酉文化社, 1986.

에 따라 자신의 행동범위를 규제하였다. 태어날 때부터 운명이 결정되어 있다고 보았던 殷代의 사람들에 비해 周代의 사람들은 天이야말로 군주의 도덕적인 행위 여하에 따라 그 나라와 백성들에게 吉凶禍福을 내리고 홍수와 가뭄 등의 자연재해를 좌우할 수 있다고 믿었다. 즉 殷代의 숙명적인 운명론 위에다 인간의 행동에 대한 주체성을 어느 정도 부여한 것은 일정한 조직체계를 갖춘 국가 성립으로의 진전이라고 하겠다. 이후 戰國時代 말기에 성행한 陰陽五行說과 때를 같이 하여『莊子』・『列子』등의 道家書들이 출현하였고, 道敎 교설의 본체가 되는 불로장생의 神仙이 되려는 方術이 유행하였다.

中國의 봉건사회가 戰國 時代에서 秦・漢時代로 교체되면서 통일된 중앙집권적인 봉건국가로 넘어가는 과도기에 정치・경제 및 문화 분야에서 전대미문의 성과를 거두며 커다란 진보를 보인다27). 그러나 秦・漢의 중앙집권 국가도 역시 봉건사회의 기반 위에서 성립된 것으로, 완전한 조직적인 국가체계가 정착되기 이전 새로운 제도와의 접촉으로 인한 두 체제의 혼재는 이 시기의 사회모순을 첨예하게 대립시켰다. 즉 농촌에서의 계급분화와 사적인 대토지 소유의 성립은 지주 계급들의 토지 겸병을 유발해 농민들의 참혹한 생활을 가중시켰다. 봉건통치 계급은 농민들의 반항의지를 말살하고 자신들의 통치를 공고히 하기 위한 法家思想을 내세워 엄한 형벌과 폭력으로 진압하려 하였고 따라서 王權神授說을 선양시키며 자신들의 정권을 합리화하려는 지경에 이른다. 이렇듯 秦의 강력한 통치에도 불구하고 사회모순과 治國安民을 해결할 수 없게 되자 漢初에는 秦의 정책에 대한 반대 급부로 法家를 대신한 道家思想을 채택하였고 武帝 時代에는 方士를 통해 神仙方術을 고취시켰다28). 董仲舒의 陰陽五行說

---

27) 卿希泰,『中國道敎』, 上海 : 知識出版社, 1994, pp.4-15. 참조.
28) 胡孚琛,『魏晋神仙道敎』, 人民出版社, 1989. pp.22-23.

을 끌어다가 儒敎經典을 해석하여 天人感應의 학설을 세우며, 漢 왕조의 지지기반하에서 讖緯說을 성행시키는 등 漢代의 통치사상은 점차 宗敎的・神秘的인 분위기로 가득차게 되었다. '讖'이라는 일종의 神의 뜻에 가탁된 정치예언과 神의 뜻에 따라 儒家經典을 해석하려는 '緯'의 결합으로 讖緯의 學은 종교신비주의의 실질적 선두 역할을 담당하게 되었고, 이 당시의 儒學마져 陰陽五行論과 결부29)되어 儒生과 方士가 합류되는 현상을 빚는다. 이러한 漢代 통치사상의 종교화는 도교 발생의 직접적인 역사적 배경이 된 셈이었다.

'雜而多端'이라는 표현이 적절할 정도로 복합적인 성격을 띠는 도교의 사상적인 연원을 살펴 보자면, 먼저 道家思想이 도교 성립의 직접적인 배경이 되었다는 것은 의심의 여지가 없다. 그런데 도가라고 하는 것은 본래 도교와는 구분된 것으로 先秦의 도가라 함은 老・莊을 대표로 하는 哲學을 가리키고 도교라 함은 東漢에 형성된 일종의 종교체계를 가리킨다. 뒤에 언급할 五斗米道에서는 老子를 교주로 삼고 老子의 『道德經』을 주요 經典으로 삼아서 교도들에게 반드시 암송케 하였는데 『道德經』의 근본사상인 道라는 것은 天地萬物의 근원을 상징한다. 이러한 萬古常存의 道를 얻게 되면 장생불사하게 되며, 修道하여 成仙하는 것이 곧 道敎의 핵심으로 자리잡히게 되었고, 도교의 교리와 교의 및 각종 修練方術 역시 여기에서 근원하니 도가와 도교는 기본 신앙에서부터 밀착되어 도가사상이 곧 도교에서 가장 근간을 이루는 사상연원으로 자리잡게 된 것이다. 이러한 先秦의 도가는 時代의 변천에 따라 黃老의 學으로 성립하였다. 이것은 도가의 淸靜養生・無爲治世를 위주로 하고 陰陽・儒・墨・名・法의 各家의 思想을 흡수하여 先秦의 도가와는 구분이 되는 黃老術의 新道家를 말함이다. 黃老養生術은 곧 도교의 수련방법으로 강

---

29) 吳怡,「中國神話的流變」,『思想與時代』, 第 131期, 1965, p.14.

구되니 도교 성립의 바로 전 단계의 현상이라고 할 수 있다. 따라서 '도가는 哲學, 도교는 宗敎'라고 명백한 선을 긋고 서로의 의미영역이 다름을 주장하여 떼어서 구분짓는 것은 별 의미를 갖지 못한다.

도가의 사상적 연원 이외에도 儒家의 倫理·綱常思想의 영향을 배제할 수 없다. 三綱五常을 핵심으로 하는 그것은 봉건 사회에서 가장 중요한 도덕규범이 되어 왔고 이것이 또한 道書 중에 종종 長生成仙 사상과 결합하여 宣揚되기도 하였다. 이러한 先秦의 儒學思想이 西漢 董仲舒에 의하여 宗天神學과 讖緯神學의 핵심인 天人感應으로 이룩되어 도교가 발생할 수 있는 하나의 연원이 되었다.

이외에도 墨家의 天志·明鬼思想 및 전통적인 鬼神觀念·古代의 宗敎思想과 巫術의 영향은 도교의 神靈組織에 기반이 되었고, 앞서 언급한 殷代人의 卜筮, 巫師들의 귀신과의 교통은 그 당시 백성들의 祈福禳災와 연관된 것으로 이 모든 사상적 배경 위에 최초의 교단이 성립될 수 있었다. 그리하여 東漢 靈帝 때에 이르면 張角이 『太平經』을 주요 經典으로 삼으며 中黃太一을 최고의 天神으로 섬기는 太平道라는 교단을 창립하게 된다. 그들은 '黃老의 道'30)를 받들면서 신도를 양성하는 교단으로서의 체계를 갖추었다. 어쨌든 그들은 이름 그대로 '평화로운 생활을 찾기 위한' 太平道라는 교단을 통해 억압받

---

30) 黃老思想은 시대에 따라 다소 상이한 의미를 내포한다. 즉 戰國時代 말엽에 최초로 나타난 '黃老'는 청정무위를 존숭하는 정치기술로 '백성을 安集하는' 이른바 '黃老術'이었으며, 西漢 末에서 東漢으로 넘어갈 때의 '黃老의 學'은 처세철학을 뜻하는 黃帝와 老子의 道家哲學으로 성립되었고, 더 나아가서 '黃老의 말씀' 즉 신선을 우러러 받들어 불노불사를 하기 위한 방술을 뜻하는 신선으로서의 黃老의 관념이 생겨났다. 후한 말에 생겨난 黃老의 관념은 '黃老의 道'로서 黃老君을 제사하고 장생복락을 구하는 기원의 대상으로 삼게 되는데 張角이 받들고 따랐다던 '黃老의 道'는 이미 종교적인 색채가 뚜렷해진 이 교설을 가리키는 것이었다. 酒井忠夫 外, 崔俊植 譯, 『道敎란 무엇인가』, 民族社, 1990. pp.40-46. 참조.

던 민중들을 하나로 결합시키고자 하였다. 그 당시 중앙정치는 외척과 환관의 다툼으로 혼란을 거듭하고 있었고 새로운 사적 대토지 소유자였던 호족의 발생과 되풀이 되는 기근 및 질병으로 하층 농민들의 생활은 더 이상 보장받을 수 없는 심각한 상태에까지 이르렀다. 마침 고통과 억압의 상태에서 장생복락을 구하며 태평사회를 수립하려 했던 太平道라는 교단을 통해 자신들의 권리를 되찾기 위한 정치적 반란[31])이 주도되기에 이른다.

한편, 교도들에게 쌀 다섯 말을 가져오게 한 것으로부터 명칭이 유래된 五斗米道(일명 天師道)는 東漢의 張道陵에 이어 張衡・張魯의 3대에 이르면서 20년 간이나 陝西에서 四川지방에 이르는 지역을 宗教王國으로 지배하였다. 그들은 『道德經』을 經典으로, 老子를 교주로 받들면서 道의 화신으로 추앙하였으나, 결국 魏의 曹操에게 항복하고 정권에 협력하면서 겨우 종교활동만을 유지하였다.

사실, 五斗米道가 『太平經』에서 天神의 말씀의 전달자를 의미한 '天師'라는 용어를 사용하고 이후 교단의 이름을 天師道라고 했던 사실은 이미 太平道의 교법이 五斗米道에 계승, 통합되었음을 의미하기도 한다. 東漢에 생겨난 太平道와 五斗米道의 두 교단은 北魏時代 寇謙之(365-448)가 주도한 국가 공인의 최초 도교 교단인 新天師道의 모태가 된다. 결국, 魏晉・南北朝를 기점으로 도교는 분파가 생기며 경전이 정리되기 시작하는데, 이것은 곧 민중의 소망을 반영하던 본

---

31) 황건적의 반란은 張角의 영도로 中平 원년(184)에 '蒼天(漢의 통치)은 기울고 黃天(태평도의 치세)으로 바뀐다. 때는 [만물이 일신하는] 甲子年이다. 지금이야말로 혁명의 절호기(天下大吉)이다.'라고 외치며 화북지방에서 무장봉기했다. 이들은 모두 황색 두건을 둘렀기에 황건적의 난이라 불리운다. 東漢 왕조의 잦은 진압대책에도 불구하고 약 20년간 완강한 저항을 벌여 東漢 정권에 결정적인 타격을 주었다. 정치・경제・사회적으로 가중된 압박에 대항하는 일반 백성들의 이상사회에 대한 소망이 표출된 정치적・종교적인 반란이라고 할 수 있겠다.

연의 취지에서 벗어나서 점차 상층귀족들을 위한 도교로 윤색되어 그 진솔한 면모를 잃어가는 과정이라고 볼 수 있다.

　이상에서 살펴 본 바를 종합해 보면, 도교는 어려운 현실을 극복하려는 일반 백성들의 이상세계를 향한 소망의 기반 위에서 각종 사상 및 무격신앙이 융합되어 발생한 것으로 중국의 전통문화와 상당 부분을 공유하며 존재한다. 그러한 상관관계 속에서 도교의 발생은 당시의 중국 전통문화 자체가 잉태한 필연적인 결과였으며, 바로 이것이 결코 우연적인 산물로 인식될 수 없는 까닭이기도 하다.『列仙傳』이 당시 일반 백성들의 삶을 원형 그대로 보여주고 있다는 사실은 바로 원시 도교사상을 반영하고 있음과 다름 아니다.『列仙傳』의 바탕을 이루고 있는 도교사상이야말로 살고 싶은 본능, 장생불사의 가장 원초적인 인간의 욕구를 현실세계에서 실현코자 노력했던 당시 인간들의 소망과 삶의 방식을 이해하는 데 소중한 시사가 될 것이다.

2.『列仙傳』의 道敎的 特性

(1) 基本理論

　앞 단락에서 원시도교와『列仙傳』과의 관계를 검토하면서 太平道와 五斗米道의 초창기 도교 교단의 형성까지 살펴보았다. 太平道와 五斗米道의 교단에서는『太平經』과『老子想爾注』를 각각 經典으로 삼았는데, 이러한 경전들이 길지 않은 기간 동안에 광범위하게 유포되어 민중들 사이에서 지지를 얻을 수 있었다는 것은 그 경전들 속에 일반 민중들이 소망하는 종교적인 염원과 의식이 담겨 있었음을 의미한다. 한편 이러한 경전들과 더불어 우리는 神仙의 實在와 金丹의 가능성을 믿고[32] 예로부터 전래된 신선사상을 체계화하여 성선의

---

32) 牟鍾鑒・胡孚琛・王保玹,『道教通論』, 齊魯書社. 1991, p.415.

비결을 공개한 葛洪의 『抱朴子』를 기억할 수 있다. 葛洪은 『抱朴子』 內·外篇을 지음으로써 신선사상을 도교의 중심으로 끌어들여 사상적인 지위를 확립시켰다. 이상과 같은 경전들은 도교 본래의 소박했던 성격이 상실되면서 상층화의 길을 걷던 魏晉·南北朝時代 이전 도교신앙의 핵심이라 하겠다. 따라서 그들 경전을 살펴보는 것은 진솔한 민중종교로서의 신앙적인 염원과 그 成仙의 실제 이론을 함께 이해한다는 의미를 지닌다. 상층 관료계급의 입장을 대변하는 관방도교의 기초 이론서인 『抱朴子』와 원시도교를 대표하는 『太平經』의 기본 이념을 비교하고 『列仙傳』 속의 도교이론을 들추어내는 작업이 여기서 이루어 질 것이다.

東晉 建武 원년(317)에 葛洪은 『抱朴子』 內篇 20卷·外篇 50卷을 완성하여 도교 敎學을 처음으로 체계화하였다. 葛洪은 신선이 실재함을 역설하고 신선이 되기 위한 선약제조법과 복용법 및 기타 장생을 가능하게 하는 보조적인 仙術을 內篇 20卷에 걸쳐서 상술하였는데 『抱朴子·內篇』 卷 1, 「暢玄」篇을 시종일관 꿰뚫고 있는 '玄'이라는 용어를 살펴 보면 다음과 같다.

"玄이란 자연의 시조이며 만물의 근본이다. 어둑하니 그것은 깊다. 그리하여 미라고 부르니 아득하고 그것은 멀다. 그리하여 묘라고 부른다. 그 높이는 하늘 꼭대기를 뒤덮고 그 넓이는 온 땅끝을 감싼다. 그것은 해와 달보다도 빛나고 번개보다도 빠르다. 때로는 번쩍이며 지나가고 때로는 나부끼며 별처럼 흘러간다. 때로는 일렁이며 못물처럼 맑고 때로는 자욱하게 구름처럼 뜬다. 그것은 만물을 통하여 유가 되고 정적에 의탁하여 무가 된다. ……… 하늘은 그것 때문에 높고 땅은 그것 때문에 낮으며 구름은 그것 때문에 떠다니고 비는 그것 때문에 내린다. 그것은 원초적인 기운을 잉태하고 음양을 범주로 삼는다. 근원을 호흡하며 온갖 사물을 빚어낸다. ……

… 더해도 넘치지 않으며 퍼내어도 고갈되지 않는다. 주어도 가멸지 않고 빼앗아도 부족하지 않다. 그러므로 玄이 있으면 그 즐거움은 끝이 없다. 玄이 떠나가면 육체는 부서지고 정신은 사라진다."

("玄者, 自然之始祖, 而萬殊之大宗也. 眇昧乎其深也. 故稱微焉. 綿邈乎其遠也, 故稱妙焉. 其高則冠蓋乎九霄, 其曠則籠罩乎八隅. 光乎日月, 迅乎電馳. 或倏爍而景逝, 或飄滭而星流, 或㴠漾於淵澄, 或霧霏而雲浮. 因兆類而爲有, 託潛寂而爲無. ……… 乾以之高, 坤以之卑, 雲以之行, 雨以之施. 胞胎元一, 範鑄兩儀, 吐納大始, 鼓冶億類, ……… 增之不溢, 挹之不匱, 與之不榮, 奪之不瘁. 故玄之所在, 其樂不窮. 玄之所去, 器幣神逝.") 33)

즉, '玄'을 우주와 모든 만물의 생성원리로 보고 있다. 그런데 '玄'에 대한 언급은 일찍이 『道德經』에 보인다. 그것은 道의 양상에 대한 묘사에서이다.

"오묘하고도 또 오묘하니 모든 신비의 문이다."
("玄之又玄, 衆妙之門")34)

老子는 발생론적으로나 우주의 구조상으로나 만물의 근원으로 여겨지는 道의 속성에 관하여 五官으로 포착될 수 없는 '玄'으로 표현한다. 여기에서 우리는 '玄'이란 우주 만물의 근원이라는 老子와 葛洪의 동일한 시각을 엿볼 수 있다. 이러한 개념들은 170卷의 장편으로 이루어진 『太平經』에서 언급되고 있는 만물의 근원적 개념인 元氣에 대한 관념을 상기시킨다.

"원기는 온 천지팔방을 감싸고 있으며 어느 것도 그 기운을 받아

---

33) 『抱朴子・內篇』 卷 1, 「暢玄篇」
34) 『老子』 第 1章

생겨나지 않은 것이 없다."
("元氣乃包裹天地八方, 莫不受氣而生.")35)

여기에서의 元氣36)는 만물형성 이전의, 모든 것이 미분화된, 일종의 혼돈 상태를 의미한다. 元氣는 天・地・人을 형성하고 그로부터 만물을 생육한다.37) 『老子』에서 근원한 道에 대한 관념38)은 비록 그 강조점이 다르다 할지라도 『太平經』과 『抱朴子』속에 차용되어 도교이론의 근거가 되었고 이러한 상황은 『列仙傳』속에 그대로 반영된다. 「老子」傳에서의 『道德經』의 등장39)은 宗主의 언행에 대한 경배와 또 그것을 기본 經典으로 삼았던 原始道敎 교단의 입장을 나타내고 있다. 「關令尹」傳에 보이는 『關尹子』40) 9篇 역시 초기 도가와 신선사상의 결합을 암시한다. 이 책의 원본은 이미 소실되어 현재로는 당

---

35) 王明 編, 『太平經合校』, 中華書局, 1992, p.72.
36) 인간의 신체는 우주를 그대로 복제한 소우주로 여겨졌으며 인간 신체의 서로 다른 여러 특징들은 외부 세계에 반드시 그에 대응하는 무언가를 가졌다고 믿었다. 처음 음기와 양기가 道 안에서 결합했을 때 元氣라는 미분화된 상태의 정기를 형성하고 음・양이 분화하면 하늘과 땅이 형성되며 둘이 결합하면 인간과 모든 생물을 생성시키는 것으로 여겨졌다. 따라서 소우주인 인간의 생명은 대우주의 순환에 자연히 적응하게 되며 도교 양생법의 주된 관심사는 어떻게 하면 외부 세계로부터 내장을 기르기 위한 적합한 양분을 추출하는가에 있었다. Max Kaltenmark, 『老子와 道敎』, (장원철 옮김, 서울 : 까치), 1993, pp.227-228.
    태어날 때부터 각 사람의 氣는 선천적으로 결정되어 있음을 주장하는 王充의 『論衡・無形篇』 이외에 元氣에 대한 고찰은 李家彦, 「太平經的元氣論」, 『中國哲學史研究』, (北京, 1984) 에 잘 나타나 있다.
37) 鄭在書, 「太平經의 成立 및 思想에 관한 試論」, 『論叢』, No.59, 이화여자대학교, 1991. p.134.
38) 『老子』, 第 42章 "道生一, 一生二, 二生三, 三生萬物, 萬物負陰而抱陽, 沖氣以爲和."
39) 『列仙傳』, 「老子」 "作道德上下經二卷."
40) 『列仙傳』, 「關令尹」 "尹喜亦自著書九篇, 號曰關尹子."

나라 혹은 六朝時代에 이루어진 僞作만이 전해지고 있다. 또,『抱朴子・內篇』卷 3・12・14에 서명이 보이는『玉鈐』6篇과『琴心』3篇 등도 현재 전해지진 않지만 모두 도교의 方術과 관련된 서적이었음을 추정하기는 어렵지 않다. 「朱璜」傳에 보이는『老君黃庭經』이란 書名이『抱朴子』에서는『黃庭經』으로,『道藏・洞玄部・本文類・服』의『太上靈寶洪福減罪像名經』과『太平御覽』卷 373「人事部・髮」의 문장에 있는『老君黃庭經』으로 등장한다. 그 내용은 도가의 養生術과 관련된 것으로 본래 老子의 취지와는 무관하지만 구태여 老子라는 이름을 덧붙인 것은 老子라는 이름 속에 내포된 경전의 계시자이며 동시에 인간의 구원자라는 의미를 통해 도교에 경건함과 정통성을 부여하고자 했던 의도에서이다. 한편, 「女丸」傳에 보이는『素書』5卷41)은 일반적으로 漢代 黃石公이 지었다고 전해지는 병서『黃石公素書』를 말하지만 이 책 속에 養生交接術에 관한 기록이 없는 것으로 보아 새로운 해석을 시도해야 할 필요가 있다. 즉,『素書』를 養生交接術을 黃帝에게 전해 준 소녀의 저작이라는 의미의 측면에서『素女經』・『素女方』과 동일한 계통의 책으로 파악해 볼 수 있다. 「劉安」傳에 등장하는『鴻寶萬畢』3卷 역시 葛洪의『神仙傳』에『鴻寶萬畢』3章으로 그 名目이 보이며 원문에서 기록되어 있듯이 神仙術과 鍊金術에 관한 저술로 보여진다.

위에 등장하는 책들이 모두 不老長生을 목적으로 하는 도교이론과

---

41) 素書는 漢 黃石公이 짓고 宋 張商英이 注를 붙였으며 道・德・仁・義・禮 5가지를 一體로 삼아 부드러움으로써 강함을 억제하고 물러감으로써 나아감을 꾀한다는 이치를 밝힌 병법서이므로 「女丸」傳의 앞 뒤 문맥과 연관하여 적합하지 않다. 여기에서는 아마도 '素女經'이나 '素女方'을 가리키는 것으로 사료된다. Kaltenmark Max 역시 "Le Lie-sien Tchouan"(Universite de Paris, 1953)에서 '素書'는 황제에게 전해준 소녀의 저작이라고 여겨지는 다른 책들 즉,『抱朴子』에서 언급된『素女經』・『玄女經』・『彭祖經』에 대한 암시적인 문구로 사용된 것으로 추정했다.

관계되었음은, 열거된 책을 통해 득선을 달성한 존재, 곧 『列仙傳』상의 신선이라는 초월적 존재가 남겨놓은 저작이라는 사실만으로도 충분한 근거가 된다. 앞서 언급했던 『老子道德經』・『太平經』・『抱朴子』 등의 기본 경전보다는 道敎 養生術의 내용을 이루고 있던 위의 책들이 오히려 좀 더 실질적이고도 구체적인 不老長生術과 상관되었을 것이라는 판단을 내릴 수 있다. 도교에서 최대의 목표는 '仙'을 얻는 데 있고 그것은 바로 成仙을 하게 되면 不老長生을 할 수 있다고 믿었기 때문이었다. 成仙의 가능성을 믿고 그 수행방법을 강구하여 실천하던 그들에게 신선이란 존재는 실재하는 것이고, 수련방법을 통해 得仙할 수 있다는 신념이 바로 도교를 종교로서 존립시키는 근거이며 핵심이다.

결국, 不死的 존재가 되기 위한 구체적 수련 이전에 이론적인 근거가 되고 있는 '道'의 관념은 위로는 『老子道德經』에서부터 『太平經』・『抱朴子』에 이르기까지 각기 적합한 사상의 일면을 계승하여 『列仙傳』 속에서 體現的인 상태로 새롭게 구성되어 나타난 것이다. 정신적・육체적 수련의 방법을 강구하여 득선하려 했던 그들의 사상체계 속에는 우주 만물의 형성 근원으로서의 道에 대한 확고한 신념이 不老長生을 위한 최고의 진리로 뿌리내렸었음을 감지할 수 있다.

(2) 修行方法

앞서 언급했듯이 도교는 心과 身을 수련하여 현세에서 不老長生할 수 있는 신선이 되는 것을 목표로 삼는다. 따라서 정신과 육체의 수련법이 고안되고 실천되어 왔으며 오늘날에 道敎科學[42]이라는 분야

---

[42] 『道敎通論』에서는 도교를 학술연구의 관점에서 실제적으로 6가지 - 道敎史學・道敎神學・道敎倫理學・道敎哲學・道敎科學・道敎文學藝術 - 항목으로 분류하였다. 牟鍾鑒・胡孚琛・王葆玹, 『道敎通論』, 齊魯書社. 1991, pp.331-335. 참조.

가 成立된 것만을 보아도 不老長生의 수련법이 비현실적인 것만이 아님을 알 수 있다. 東漢의 王充이 『論衡』의 한 장을 할애하여 도가에서 선전하는 不老長生과 온갖 술수는 모두 허위라고 상세히 논박하고 있는 것도 바꾸어 말하면, 당시 민간인들 사이에 그런 도가의 술법이 얼마나 성행하고 있었는지를 여실히 보여주는 것이다. 그렇다면 不老長生이란 어떻게 도달할 수 있는 것인가?

 宋 鄭樵의 『通志·藝文略』, 第 五, 「道家」에 의하면, 長生術과 관계된 560부의 책이 吐納·服息·內視·導引·辟穀·內丹·外丹·金石藥·服餌·房中·修養 등으로 분류되어 있고, 窪德忠의 『道教史』에서는 辟穀·服餌·調息·導引·房中[43]의 다섯 가지로 나누었으며, 鄭在書 敎授는 크게 養神과 養形으로 나누고 養形은 다시 服藥·呼吸·房中·기타의 네 부류로 나누었다. 內視와 修養이 다르고 外丹과 金石藥이 다르다는 『通志』에서의 분류는 내용을 근거로 하지 않고 단지 책 이름을 분류하기 위한 것이었으며, 『道教史』에서의 다섯 가지 분류 속에는 정신 수련의 항목이 빠져 있는 것으로 보아 타당한 분류방식이라고 여겨지지 않는다. 따라서 본고에서는 鄭在書 敎授의 분류법에 의거하여 크게 養神과 養形의 두 부류로 나누고 다시 세부 항목으로 나누어 기술하고자 한다.

 먼저 養神이라 불리우는 정신수련에는 淸淨無爲의 삶, 명상, 정신집중으로부터 선행의 실천까지를 모두 포함한다. 여기에 관하여 『抱朴子』의 한 구절을 살펴 볼 수 있다.

  "선인이 되는 법에서는 널리 천하를 사랑하고 남을 내 자신처럼 생각하지 않으면 안된다."
  ("仙法欲博愛八荒, 視人如己")[44]

---

43) 窪德忠, 『道教史』, (東京 : 山川出版社, 1977), p.30.

결국 장생을 얻고자 한다면, 仁德을 쌓고 적선을 하며 남의 어려움을 자신의 처지로 여겨 구제하는 것을 일차적인 과제로서 삼고 있음을 알 수 있다.45) 마찬가지로 『列仙傳』에 등장하는 신선들의 傳記 속에도 이러한 정신수련이 자주 보이며 단지 得仙을 위한 방법일 뿐 아니라 得仙한 이후에도 그들이 예언술 등을 사용해서 他人의 재해나 위급함을 구제하는 것을 종종 볼 수 있다.

"최문자는 太山人이다. 문자는 대대로 황노술을 좋아했으며 잠산의 아래에서 살았다. 나중에 노란 가루약과 붉은 환약을 만들고 石父祠를 지었으며 도시에서 약을 팔면서 스스로 300살이라고 하였다. 이후에 역병이 돌아 죽은 자가 만 명을 헤아렸다. 관리가 문자에게 도움을 청하자 최문자는 붉은 깃발을 들고 노란 가루약을 매고는 사람들을 찾아 다녔다. 가루약을 먹은 자는 즉시 나아서 살아난 자가 만 명을 헤아렸다. 나중에 떠나가서 촉 땅에서 노란 가루약을 팔았기 때문에 세상에서는 최문자의 붉은 환약과 노란 가루약을 보배로 여겼으며 실로 신묘함에 가까왔다."

("崔文子者, 太山人也. 文子世好黃老事, 居潛山下. 後作黃散赤丸,

---

44) 『抱朴子・內篇』卷2, 「論仙」
45) 葛洪이 인용한 『玉鈐經』에서는 天仙과 地仙이 되기 위한 선행의 수량까지 묘사하고 있으며 선행의 수량이 채워지지 않으면 단약을 먹어도 효과가 없다고 기록되어져 있다. 『抱朴子・內篇』卷 3. 「對俗」 "按玉鈐經中篇云, 立功爲上, 除過次之, 爲道者以求人危, 使免禍, 護人疾病, 令不枉死, 爲上功也 ……."
한편 Stephen Durrant는 어떤 이가 불멸성을 획득했을 때, 그는 그 가족에게 훨씬 더 의미있는 조력과 보호를 제공하는 위치에 있으며 이 조력은 이전의 무관심에 대한 보상, 즉 成仙을 이루기 위하여 적합한 스승을 찾아 외진 곳(산)으로 떠나 수행・노력한 뒤 버려진 자기 가족을 보호하거나 도움을 주려는 것이라고 주장하고 신선과 가족 간의 갈등에 대하여 언급하고 있다. Stephen Durrant, 'The theme of family conflict in early Taoist Biography', "Selected Papers in Asian Studies", (Albuquerque, New Mexico), 1976.

成石父祠. 賣藥都市, 自言三百歲. 後有疫氣. 民死者萬計. 長吏之文所請救, 文擁朱幡繫黃散, 以徇人門, 飮散者卽愈. 所活者萬計. 後去, 在蜀賣黃散. 故世寶崔文赤黃散, 實近於神焉.")46)

例擧한 「崔文子」 설화 이외에도 병이 든 용을 고쳐주는 馬師皇, 기근을 예언하여 이에 대비하도록 한 酒客, 돈을 받지 않고 진주를 헌납한 朱仲, 홍수를 예언 한 騎龍鳴, 홍수에서 종족을 구하는 鹿皮公, 紫草를 팔아 고아와 과부를 돕는 昌容, 지진을 예언하고 미리 경계시킨 黃阮丘 등 19개 傳에서 이른 바 他人을 위한 선행을 쌓는 것은 바로 자기 자신이 成仙 할 수 있는 기본 전제가 되는 것으로 믿고 있었음을 알 수 있다. 따라서 남의 고통을 가엾게 여기고 구제하려는 어진 마음과 적선은 득선한 이후에도 계속 이어져 중요한 행동지침으로 자리잡고 있음을 알 수 있다. 또한 『抱朴子・內篇』「微旨」에서의 "慈心於物, 恕己及人"과 "仁逮昆蟲"이라는 언명은 儒敎와 佛敎의 윤리까지 포함한 도교 정신수련의 중요한 덕목이 아닐 수 없다. 여기에서 우리는 현실사회와 유리되고 정통문화에서 放棄된 채 개인주의적・쾌락적 소산의 대표로 치부되어 왔던 도교에 대한 편견을 재고하기에 어렵지 않다. 결국, 신선설화의 본질이 이기주의에 근거한다는 袁珂의 주장47)은 더 이상 설득력을 갖지 못한다.

정신수련보다 더 중시되었던 육체수련인 養形을 살펴보면 다음과 같다. 앞에서 언급한 道敎科學이란 말은 바로 육체수련법과 밀접한 연관이 있으며 그에 대한 분류와 수련방식은 元 馬端臨이 "도가의 術法은 복잡다단하다"라고 한탄할 정도로 다양하고 복잡하게 강구되어 왔다. 여기서는 그것을 크게 服藥・房中・呼吸・辟穀・導引의 다

---

46) 『列仙傳』,「崔文子」.
47) 袁珂, 『中國古代神話』, (北京 : 中華書局), 1981, pp.27-28.

섯 가지로 나누어서 살펴보고자 한다. 아마도 神仙이 되고자 수행하던 육체적 수련법 중 가장 중시했고 다양한 방법이 강구된 것은 服藥法이 아닌가 싶다. 서구에서는 주로 황금을 얻기 위한 목적으로 연금술이 발달했었다면 동양에서는 不老長生을 위한 기술적인 노력의 일환으로 연금술이 성행했다. 약을 복용해서 神仙이 된다는 服藥法은 크게 광물질의 복용과 식물의 복용 두 가지로 나뉘게 된다. '비슷한 것이 비슷한 것을 낳는' 공감주술의 법칙[48]에 입각한 광물질의 복용은 복잡한 제조법과 비싼 경비로 인하여 황제나 상층 귀족들에서 유행하였으며 일반 백성들에게 있어서는 식물의 선약 복용법[49]이 주류를 이루었다. 따라서 『列仙傳』의 선인은 수정을 복용했던 赤松子, 雲母를 복용했던 方回, 石髓를 복용했던 呂尙・邛疏, 石脂를 복용했던 赤須子・陵陽子明, 丹砂를 복용했던 任光・主柱, 丹砂와 硝石을 복용했던 赤斧의 9명을 제외하고는 松實・菖勝實・蒼朮・澤芝・地衣・靈芝・桂皮・荔枝의 식물의 선약[50]을 복용하여 득선한 사람들이

---

[48] J. G. Frazer, 『황금가지』, 장병길 역, 삼성출판사, 1990, pp.45-87.
[49] 도교 의학에서는 인간의 신체를 기본적으로 丹田이라 불리우는 세 부분으로 이루어졌다고 본다. 上丹田・中丹田・下丹田의 각각에는 그 곳을 지키는 신령들이 살지만 한편으로는 三尸蟲이라 불리우는 세 마리의 벌레가 살면서 자기 주인인 인간의 생명력을 갉아 먹는다. 上尸蟲은 눈이나 머리 부위를, 中尸蟲은 배꼽과 오장 부위를 下尸蟲은 콩팥 질환을 유발시킨다. 이들 三尸蟲은 자신들이 깃들어 사는 신체의 주인을 죽여야만 비로서 자유로워지기 때문에 인간을 꾀여 나쁜 짓으로 유도하고 정기적인 때가 되면 하늘로 올라가서 인간의 생명력을 관장하는 司命神에게 고해 바쳐 수명을 삭감시키는 역할을 한다. 따라서 도교의 수행자는 三尸蟲을 죽이기 위하여 음식의 섭취를 중단 - 이들 음식의 자양분이 三尸蟲을 먹여 살린다고 믿었다 - 하고 三尸蟲을 죽이는 효과를 지닌 음식들, 무엇보다도 약초와 광물성 자양분을 먹어야 했다. Max Kaltenmark, 『老子와 道敎』, 장원철 옮김, 까치, 1993, pp.228-230.
[50] 『列仙傳』에 기술된 70명의 仙人의 傳 중에서 43항목에 50여 종의 약 혹은 약물명이 나옴을 밝히고 그 약효로는 不老・長生・回春과 초월적인 능력의 발휘 및 만인의 생명을 구할 수 있다는 세 가지로 나누었다. 大形 徹,

주류를 이루고 있다.

  육체 수련법의 두번째로 房中術이라 함은 인간의 성관계를 우주의 매커니즘에 유추시켜서 남과 여를 天과 地와 더불어 陰·陽의 범주로 귀속시킨51) 方術을 이른다. 이와 같은 房中術도 예로부터 양생법의 하나로 간주되어 왔음은 『漢書·藝文志』에 房中 八家를 수록하고 그에 대한 해설을 덧붙이고 있는 것을 보아도 알 수 있다52).

  이러한 房中術 역시 『列仙傳』에서 찾아 볼 수 있다.

    "補導의 術에 능하여 元牝53)에서 정기를 취하였다. 그 요체로는 '곡신은 죽지 않고 생명을 유지하며 氣를 기르는 것'이다."
    ("能善補導之事, 取精於元牝. 其要谷神不死, 守生養氣者也.")54)

    "정기를 잘 길렀고 교접하지만 자신의 氣를 내보내지 않는 것을 귀하게 여겼다."
    ("好養精氣, 貴接而不施.")55)

    「列仙傳にみえる 藥物について」日本道教學會 제 30회 대회발표요지. 1987.
51) 마왕퇴 3호 한묘에서 竹簡 『養生方』이 출토되었는데 모두 200개의 대나무 조각에 쐬여 있는 그 내용의 전모는 일단 '十問', '天下至道談', '合陰陽方', '雜禁方' 등의 네 가지로 분류된다. 『養生方』釋文에는 '合陰陽方'이라는 부분이 있으며 거기서는 性의 기술을 꽤 구체적으로 설명하고 있고 훗날의 『素女經』 등에 보이는 기술과 거의 합치되는 부분조차 있다. 酒井忠夫 外, 崔俊植 譯, 『道教란 무엇인가』, 민족사, 1990. pp.234-235.
52) 『漢書·藝文志·方技略』 "房中者, 情性之極, 至道之際, 是以聖王制外樂以禁內情, 而爲之節文. …… 樂而有節, 則和平壽考."
53) 여기에서의 元牝이란 즉 玄牝을 일컫는 것으로 『老子』에 "谷神不死, 是謂玄牝. 玄牝之門, 是謂天地根."이라는 구절이 있다. 이 玄牝의 해석에 관하여 아직까지도 제설이 분분하나 澤田瑞穗의 日譯本에서는 여성의 精氣라고 보았고, Max Kaltenmark의 佛譯本에서는 하늘과 땅 사이의 공간으로 비어 있지만 고갈되지 않는 에너지, 즉 道를 상징하는 우주적인 의미로 풀이하여서 '谷神'에서의 '谷'字는 '삶의 원천적인 空洞'을 의미한다고 하였다.
54) 『列仙傳』, 「容成公」.

"素書 5卷으로써 저당잡혔다. 女丸이 그 책을 펼쳐보니 그것은 養性交接의 방법이었다. 女丸이 몰래 그 문장의 요체를 베낀 후 집을 지어서 젊은 사람들을 불러들였다. 맛있는 술을 마시게 하고 함께 잠을 자면서 책에 있는 방법을 실행하였다. 30년을 이처럼 하자 안색이 다시 20세 정도로 바뀌었다."

("以素書五卷爲質. 丸開視其書, 乃養性交接之術. 丸私寫其文要, 更設房室, 納諸年少飮美酒, 與止宿, 行文書之法, 如此三十年, 顔色更如二十時.")56)

『抱朴子』를 보면 房中術의 요체로서 '還精補腦'를 들고 있는데57) 결국 자신의 정기를 소모하지 않고 상대방의 精氣를 받아들여 체내에 축적함으로써 남자는 병을 없앨 수 있고 여자는 안색에 광택이 생기는 젊음을 유지하고 장생할 수 있다고 믿었던 방술이다.

세번째로는 呼吸修練을 들 수 있다. 『列仙傳』에서는 「彭祖」傳58), 「邛疏」傳, 「琴高」傳, 「赤須子」傳의 네 곳에서 등장하고 있다.

"항상 육계와 영지를 먹고, 導引과 行氣를 잘 하였다."
("常食桂芝, 善導引行氣.")59)

"행기와 煉形에 능하였고 석수를 익혀서 복용하였다."

---

55) 『列仙傳』, 「老子」.
56) 『列仙傳』, 「女丸」.
57) 『抱朴子·內篇』 卷 8, 「釋滯」 "房中之法十餘家, 或以補救傷損, 或以攻治衆病, 或以采陰益陽, 或以增年延壽, 其大要在於還精補腦之一事耳, 此法乃眞人口口相傳, 本不書也, 雖服名菜, 而復不知此要, 亦不得長生也."
58) 彭祖는 『抱朴子』의 도처에서 養生法과 房中術을 설법한 사람으로 자주 등장하며 『神仙傳』에서도 殷王에게 房中術에 비중을 두고 가르친 인물로 언급되고 있는데 『列仙傳』의 「彭祖」傳에서는 導引行氣法만 수련했을 뿐 房中術에 대한 기록이 없다.
59) 『列仙傳』, 「彭祖」.

("能行氣練形. 煮石髓而服之")60)

"복기법을 행하고 (곡식을) 먹지 아니하였다."
("服霞絶")61)

다시 『抱朴子・內篇』 卷 8 「釋滯」篇에서는 호흡 수련에 대해 자세히 언급하고 있다.

"행기의 술은 이것만으로도 백 가지 병을 치료할 수가 있고, 전염병이 유행하는 땅에도 들어갈 수가 있다. …… 그런데 그 중요한 골자는 태식에 그친다. 태식의 요령을 깨달으면 코나 입을 사용하지 않고도 呼吸할 수 있다. 마치 태아가 태중에 있을 때처럼 呼吸하게 되면 행기는 이것으로 완성이다."
("故行氣或可以治百病, 或可以入瘟疫, …… 其大要者, 胎息而已. 得胎息者, 能不以鼻口噓吸, 如在胞胎之中, 則道成矣.")

여기서는 호흡법 가운데 최고의 것으로 태식법을 들고 있으며 『雲笈七籤』에서도 이에 대해 "태아가 어머니의 태중에 있는 것처럼 스스로 內氣를 마시고 손을 굳게 쥐며 하나를 지킨다."고 설명하고 있다62). 다시 말해 청기를 들이 마시고 탁기는 내뱉는 호흡법으로 우리를 둘러싸고 있는 오래된 死氣를 뱉어내고 새로운 生氣를 몸 안에 받아들이는63) 수련방법이다. 唐代이후 광물질 선약의 중독 피해로 인하여64) 선약에 의한 외단법이 점차 호흡수련의 내단법으로 추구되

---

60) 『列仙傳』, 「邛疏」.
61) 『列仙傳』, 「赤須子」.
62) 『雲笈七籤』 卷 59, 「諸家氣法・延陵君修養大略」 참조.
63) 『莊子・刻意篇』: "…吐故納新…"
64) 漢代에도 이미 方士들이 광물 합금의 방법으로 불사약을 만들어 복용을 하고 중독되어 사망한 이야기가 詩文에 散見되는데 漢代 무명씨의 작품으

었는데『列仙傳』의 경우 등장하는 73名의 仙人 중에 彭祖·邛疏·琴高·赤須子의 네 명만이 호흡수련을 위주로 하고 있는 것으로 보아 당시는 아직 광물질 선약에 대한 신뢰도가 높았음을 알 수 있다.

네번째, 辟穀의 수련법이란 일종의 단식법으로 선약을 복용하면 더 이상의 곡물은 먹지 않아도[65] 배고픔을 모르며 호흡수련 등을 통하여 생명을 유지시켜 나가는 방법이다.『列仙傳』의 「赤將子輿」傳에는 이러한 언급이 있다.

"오곡을 먹지 않고 온갖 풀의 꽃을 먹었다."
("不食五穀而噉百草花")[66]

이외에도 「脩羊公」·「赤須子」·「鉤翼夫人」·「山圖」·「毛女」·「商邱子胥」의 傳 등에서 벽곡법이 보이고 있다.

다섯번째, 導引이란 신체를 운동시킴으로써 氣의 순환을 원활하게 해주어 질병이 생기지 않는다는 체조법의 일종으로 호흡수련과 병행하여 많이 활용되었기 때문에 후자를 內功이라고 부르는 것에 비하여, 이를 外功이라 부른다.『列仙傳』의 「彭祖」傳과 「邛疏」傳에 각기 이에 대한 내용이 보인다.

"導引과 行氣를 잘 하였다."
("善導引行氣")[67]

로 전해지는 古詩 「驅車上東門」의 "服食求神仙, 多爲藥所誤"라는 구절이 전해진다. 車柱環,「金丹道」,『道教와 韓國思想』, 汎洋社出版社, 1987. pp.183-184.

65) 斷穀이라고도 하는 辟穀은 완전히 먹지 않는다는 것이 아니고 다섯 가지 곡식만을 먹지 않는다는 뜻으로 풀이나 나무 그 밖의 것을 재료로 한 약과 같은 것은 먹는다. 窪德忠,『道教史』, (東京 : 山川出版社, 1977)

66)『列仙傳』,「赤將子輿」.

"行氣와 煉形에 능하였다."
("能行氣練形")68)

특히「彭祖」傳의 말미에 "호랑이 발자국이 생긴다(有虎迹云)"라는 구절은 아마도 華陀가 창안했다는 虎·鹿·熊·猿·鳥의 다섯 동물의 동작을 본떠 신체를 屈伸시키는 '五禽獸戲法'69)과 관련된 서술로 추측된다.

4. 結語

현실에서의 영원한 삶에 대한 욕구는 동서고금을 막론하고 전 인류에게 주어진 근원적인 문제이며, 이와 같은 不死에 대한 인간의 끊임없는 추구는 중국의 경우 신선설화라는 독특한 언술체계를 낳았다. 여타의 문학이 그러하듯이 작자는 그 시대의 사회상을 반영하여 그것을 통한 현실비판 내지는 사실의 전달 등 드러내 보이고자 하는 목적을 가지고 있으며, 독자는 작품을 통하여 어떠한 교훈이나 카타르시스 작용 등을 받아 들이고자 하는 목적을 지닌다. 신선설화의 본질은 인간의 잠재의식층에 자리잡고 있는 무한한 욕망이며 이것이

---

67) 『列仙傳』,「彭祖」.
68) 『列仙傳』,「邛疏」.
69) 導引은 다른 장생술과 마찬가지로 스승이 제자에게 비공개적으로 구전하는 경우가 일반적이어서 어떤 스승에게서 어떠한 도인이 창출되었는지 알아내기 어려우나, 1973년 馬王堆에서 출토된 『導引圖』는 漢代 초기에 導引이 어떻게 행해지고 있었는가를 보여주는 구체적인 자료이다. 여기에서는 後漢 末 양생술에 정통했다는 華佗의 五禽戲 가운데 虎式과 鹿式의 두 종류를 제외한 다른 세 종류로 생각되어지는 것이 보인다. 酒井忠夫 外,『道教란 무엇인가』, 崔俊植 譯, 민족사, 1990. pp.203-219.

바로 우리가 신선이란 현실적이고 경험적인 것이라고까지 말할 수 있는 이유이다. 이렇게 볼 때『列仙傳』은 당시의 현실과 경험이 응집되어 있는 문화의 실체이므로 여기에 등장하는 신선과 인간과의 관계 파악은 문학으로 표현된 언술체계의 차원을 넘어서 한 시대의 문화전반을 상징하는 총체적인 입장에서 시도될 수 있다. 따라서『列仙傳』에 대한 정확한 이해는 유구한 역사의 시간을 뛰어 넘어 과거와 현재의 자아가 동일선상에 있음을 느끼게 해주는 知的 체험과도 같은 것이다.

이러한 기본적인 입장을 염두에 두고 우선 第二章에서는『列仙傳』이 東漢末에서 西晉初 사이에 劉向에게 탁명하여 지어진 작품임을 추정할 수 있었다. 第三章 第一節에서는 원시도교와『列仙傳』과의 상관관계를 파악하고 二節에서는『列仙傳』의 도교적인 특성을 분석해 보았다. 인간의 영원히 살고 싶은 본능, 그것을 사후의 세계가 아닌 현실에서 추구하였던 유일한 종교는 도교였으며, 그것은 일반 백성들의 이상세계를 향한 소망의 기반 위에 성립된 것이었다. 이에 따라『列仙傳』이 중국의 원시도교를 바탕으로, 일반 백성들의 삶의 원형과 그들의 세계관을 담아놓은 일종의 문화체계를 상징하는 것임을 파악할 수 있었다. 아울러『列仙傳』의 도교적인 특성에 대해서는『抱朴子』와『太平經』을 중심으로 그 기본이론을 논술하였으며 수행방법은 크게 정신수련법인 養神과 육체수련법인 養形으로 나누어 고찰하였다.

결론적으로『列仙傳』은 東漢 이전 원시도교의 정황에 대한 문학적 반영으로서, 문학이라는 형식 속에 감추어진 신적 존재의 의지와 행동을 통한 역사의 이해라는 점에서 중국문학사상 독특한 지위를 차지한다. 아울러 후대의 신선전기 문학뿐만 아니라 시·소설·희곡 등 전 장르에 걸쳐 스며있는 유선·도교적 상상력의 근원으로서『列

仙傳』의 의미는 결코 낮게 평가되어서는 안될 것이다.

『參考文獻』

1. 原典

葛洪,『抱朴子』, 臺北 : 商務印書館, 1979.
班固,『漢書』, 서울 : 景仁文化社 影印. 1977.
司馬遷,『史記』, 北京 : 中華書局出版, 1992.
王照圓,『列仙傳校正』本,『歷代眞仙史傳』, 蕭天石 編, 自由出版社, 1970.
Kaltenmark Max, "Le Lie-sien Tchouan", Universite de Paris, 1953.
高馬三良 等 譯,『山海經・列仙傳・神仙傳・抱朴子』, 東京 : 平凡社, 1981.
前野直彬 譯註,『山海經・列仙傳』, 東京 : 集英社, 1975.

2. 研究書

卿希泰,『中國道教』, 上海知識出版社, 1994.
南懷瑾,『中國道教發展史略述』, 臺北 : 老古文化事業公司, 1991.
羅永麟,『中國仙話研究』, 上海 : 上海文藝出版社, 1993.
梅新林,『仙話―神人之間的魔幻世界』, 上海 : 上海三聯書店, 1992.
牟鍾鑒・胡孚琛・王葆玹,『道教通論』, 齊魯書社. 1991.
蕭天石 編,『歷代眞仙史傳』, 自由出版社, 1970.
王瑤,『中古文學史論』, 長安出版社, 1948.
王㲄 等著,『神仙世界』, 上海古籍出版社, 1992.
李劍國,『唐前志怪小說史』, 天津 : 南開大學出版社, 1984.
李豐楙,『六朝隋唐仙道類小說研究』, 臺北 : 藝文圖書公司, 1986.
詹石窗,『道教文學史』, 上海人民出版社, 1992.
胡孚琛,『魏晋神仙道教』, 人民出版社, 1989.

侯忠義,『漢魏六朝小說史』, 沈陽:春風文藝出版社, 1989.
小南一郎, 孫昌武 譯,『中國的神話傳說與古小說』, 中華書局出版, 1993.
Dewoskin Kenneth J, "Docters, Diviners, and Magicians of Anciant China ; Biographies of Fang-shih", New York : Columbia University Press, 1983.
Dundes Alan, "Sacred Narrative", Berkeley : University of California Press, 1984.
Eberhard Wolfram, "Folktale of China", Chicago University, 1968.
Hansen Valerie, "Changing God in Medieval China", Princeton University, 1990.
鄭在書,『不死의 神話와 思想』, 民音社, 1994.
酒井忠夫 外,『道敎란 무엇인가』, 崔俊植 譯, 민족사, 1990,

3. 研究論文
葛啓揚,「劉向之生卒及其選著考略」,『史學年報』, 第 1卷 第 5期, 景山書社, 1933.
古苔光,「列仙傳的硏究」,『淡江學報』, 臺北:淡江大學, No.22, 1985.
_____,「試探劉向的思想」,『淡江學報』, 臺北:淡江大學, No.24.
杜而未,「列仙傳中的仙者」,『恒毅』, 1962.
周紹賢,「神仙思想之由來」,『建設』, 1969.
內山知也,「仙傳の展開」,『大東文化大紀要』, No.13, 1974.
大形 徹,「列仙傳にみえる 藥物について」, 日本道敎學會 제 30회 대회 발표요지. 1987.
福井康順,「神仙傳考」,『東方宗敎』, No.1, 1951.
_____,「神仙傳考」,『宗敎硏究』, No.131, 1952.
_____,「神仙傳續考」,『宗敎硏究』, No.137, 1954.
_____, 「列仙傳考」, 『早稻田大學大學院文學硏究科紀要』, No.3, 1957.
小南一郎,「神仙傳の復元」,『入矢小川兩敎授退休紀念中國語學中國文學論集』, 1974.

前野直彬,「中國における小說の發生について」,『漢文敎室』, No.51, 1960.

Bascom William, "The Forms of Folklore : Prose Narratives」, 『Sacred Narrative", Berkeley : University of California Press, 1984.

Dewoskin Kenneth J, 'Xian Descended : Narrating Xian among Mortals', "Taoist Resources", 1990. Vol. Ⅱ

Durrant Stephen, 'The theme of family conflict in early Taoist Biography' "Selected Papers in Asian Studies", (Albuquerque, New Mexico), 1976.

Kaltenmark Max,「列仙傳與列仙」,『中國學誌』, No.5, 1969.

Kohn Livia, 'Transcending Personality : From Ordinary to Immortal Life', "Taoist Resources", 1990.

鄭在書,「列仙傳의 成立 및 抱朴子와의 內容比較」,『中國學報』22, 1981.

_____,「太平經의 成立 및 思想에 관한 試論」,『論叢』, No.59, 이화여자대학교, 1991.

鄭宣景,「列仙傳에 대한 敍事學的 硏究 및 譯註」, 이화여자대학교 석사학위논문, 1996.

神仙道化劇의 內丹修鍊 過程

金 道 榮*

<차례>

1. 神仙道化劇의 槪念
2. 元代社會와 全眞道敎의 興盛
3. 神仙道化劇(元 雜劇「黃粱夢」)의 展開過程
   1) 內丹 修鍊의 핵심과정
   2) 內丹 修鍊의 이론적 指向 —『道德經』과『陰符經』
   3) 內丹 修鍊의 삼단계
4. 結語

1. 神仙道化劇의 槪念

현존하는 元 雜劇 170종을 분류해보면 한 가지 특징적인 사실을 발견할 수 있다.[1] 그것은 명초 寧憲王 朱權이『太和正音譜』卷上에서「雜劇12科」의 분류 중 그 첫번째로 神仙道化劇으로 분류된 작품이

---

* 고려대학교 중문과 박사과정

1) 『錄鬼簿』는 458종,『太和正音譜』에서는 원대에 445종과 무명씨 作인 110종 도합 555종 작품의 제명을 수록하고 있다. 그러나 대부분 전하지 않는다. 최근의 통계에 의하면 완전한 작품은 170종, 일부만 전하는 것은 44종, 제명만 전하는 것은 519종 도합 733종이다. 羅錦堂의『元雜劇本事考』에서는 8類로 분류(1. 歷史劇(35本) 2. 社會劇(24本) 3. 家庭劇(27本) 4. 戀愛劇(20本) 5. 風情劇(8本) 6. 仕隱劇(21本) 7. 道釋劇(22本) 8. 神怪劇(4本)하고 있는데 仕隱劇과 道釋劇을 합치면 역사극이나 애정극보다 훨씬 많은 수를 차지한다는 점에서 당시의 시대적 경향을 읽을 수 있다.

총 16종에 이르고 있다는 점이다.2) 이들을 다시 검토해 보면 원대 북방에서 강세를 점한 全眞敎와 밀접한 관련을 맺고 있는 작품이 11종에 이르고 있다.3) 이 가운데 元 雜劇『開壇闡敎黃粱夢』4)은 이름 그대로 '교단을 열어 교의를 천명한다'는 목적을 분명히 밝히고 있듯이 작품의 종교적 지향을 가장 뚜렷하게 드러내주고 있다. 이 작품은 기타 神仙道化劇과 비교해 볼 때 다음의 특징을 지닌다. 유일하게 全眞敎에서 第1祖로 숭배하는 東華帝君과 第2祖인 鍾離權, 第3祖인 呂洞賓의 神格이 등장하여 도맥을 잇고 있어, 元 前期에 강세를 점한 북방 全眞敎 道通說話 계통의 대표적인 神仙道化劇이라 할 수 있다. 특히 呂洞賓은 4종의 神仙道化劇에서는 神仙의 바탕이 있는 사람을 교화시켜 正道로 이끄는 傍助者helper 역할을 하며 다른 인물들이 主人公Hero이 되는 반면에, 『黃粱夢』에서만 主人公5)으로 등장

---

2) 朱權, 『太和正音譜』, 臺灣商務印書館印行, 9쪽
3) 1. 馬致遠, 「馬丹陽三度任風子」, 2. 작자미상, 「馬丹陽度脫劉行首」, 3. 작자미상, 「鐵拐李度金童玉女」, 4. 谷子敬, 「呂洞賓三度城南柳」, 5. 작자미상, 「呂洞賓桃柳昇天仙夢」, 6. 馬致遠, 「呂洞賓三醉岳陽樓」, 7. 范康의 「陳季卿悟道竹葉舟」, 8. 작자미상, 「病李岳詩酒翫江亭」, 9. 작자미상, 「漢鍾離度脫藍采和」, 10. 馬致遠, 「泰華山陳摶高臥」, 11. 4인작(1절 : 馬致遠, 2절 : 李時中, 3절 : 花李郎, 4절 : 紅字李二), 「開壇闡敎黃粱夢」이 있다. 반면에 남방 正一敎 관련 신선도화극은 제 37대 天師 張道玄의 도술을 그린 「張天師斷風花雪月」1종 뿐이다. 나머지 4종은 李文蔚, 「張子房圯橋進履」, 李好古, 「沙門島張生煮海」, 史樟, 「老莊周一枕蝴蝶夢」, 王子一, 「劉晨阮肇誤入桃源」이 있다.
4) 拙稿, 「『黃粱夢』의 解題와 飜譯」, 『中國戱曲』(제4집), 韓國中國戱曲硏究會, 1997.
5) 趙幼民은 「元代度脫劇硏究」에서 '度脫劇의 유형, 濟度者·被濟度者에 속한 인물, 제도방법, 제도과정 등으로 분류'하여 살피고 있다. 그러나 본고에서는 전진교의 교리를 반영한 원대 신선도화극은 기본적으로 그 스스로가 노력을 통해 달성하는 내단수련의 과정이기 때문에, 濟度者·被濟度者 등의 용어를 지양하고, 조셉 켐벨의 '초자연적 조력자supernatural helper'·'幫助者helping sprits'·'保護靈guiding power'라는 분류 기준에 힘입어 'helper'이긴 하지만 주인공의 주체적인 과정이 두드러지므로 傍助의 의미를 지니는

하고 있어 광범위한 지역에서 呂祖로까지 숭배된 呂洞賓이 출가하게 된 고사를 가늠할 수 있다.

『黃粱夢』은 道敎적인 측면이 강하게 드러나고 있다는 점에서 道敎劇으로 분류할 수 있지만 이를 지칭하는 용어는 아직 확립되지 않은 상태이다. 道敎劇 외에도 羅錦堂의 『元雜劇本事考』에서는 8類의 분류 중 일곱번째인 道釋劇으로, 靑木正兒의 『元人雜劇序說』에서 度脫劇과 謫仙投胎劇으로, 그리고 朱權은 神仙道化劇 등으로 분류한 바 있다. 본고는 상술한 朱權의 분류기준에 따라 '神仙道化劇'이라는 개념을 따르기로 한다.6) 그 이유는 神仙道化劇의 개념 정의를 통해 밝혀질 것이다. '神仙道化劇'을 글자 그대로 풀어보면 '神仙의 道에 化하는 劇'이다.7) 그러나 여기에서의 '神仙'은 과거 外丹 중심의 道敎에서 말하는, 약물을 끓여 단약을 복용함으로써 육체의 불사를 이루는 神仙과는 뚜렷하게 구분된다. 內丹8) 중심인 全眞敎에서의 神仙은 功(자

'傍助者helper'로서 작품을 분석하고자 한다. 즉 본고에서 사용할 '傍助者helper'는 구체적인 도움을 주는 '조력'이나 '협조'의 의미보다는 수수방관의 쌍관 의미를 지니는 '傍助者helper'이다. 또한 주인공Hero은 기존의 신선도화극 연구에서 '被濟度者'로 분석하였는데, 본고는 피동적인 의미보다는 주체적이고 능동적인 자기 수련과정으로 파악하고 영웅Hero적인 형상을 지닌 의미에서 주인공에 Hero를 첨가하기로 한다.

6) 度脫·道釋이란 용어의 부적절함을 지적하며, '神仙道化劇'이라는 용어가 신선설화를 수용한 잡극이란 의미로서의 道敎劇을 가장 잘 지칭하고 있는 것으로 보았다. 정재서, 『불사의 신화와 사상』, 민음사, 1994, 278쪽

7) 神仙道化劇의 개념은 2가지의 의미로 해석할 수 있다. 첫째, 본고의 개념 정의로 주인공의 주체적이며 능동적인 수련과정을 강조하는 神仙의 道에 化하는 逆의 과정, 둘째, 神仙이 신선의 바탕이 있는 사람들을 道化시키는 주어·술어의 관계로 파악할 수 있다. 전자의 경우는 士族들이 수련 道敎에 심취한 경향을 나타내주는 반면, 후자는 일반 민중들이 피상적으로 바라보는 개념으로 민중 道敎의 경향, 즉 주체적이라기 보다는 피동적인 색채가 강한 것이 그 특징이다. 지금까지의 연구는 대체로 두번째의 개념을 따랐다.

8) 전인적 수련을 통해 心(정신 ; 性)과 身(육신 ; 命)을 변화시킴으로써 내적으

기수련)과 行(이타행)을 겸전한(功行兩全) 眞人을 의미하며 功(자기수련)은 다시 性功(정신)과 命功(육체)으로 구분된다. 즉, 과거 外丹道教가 육체만을 不死하려 하는 것인데 반해, 內丹 중심의 全眞教는 命(육체)만이 아닌 性(정신)도 함께 닦는 性命雙修를 그 근간으로 하고 있다. 즉, '神仙의 道에 化하는 劇' 그 자체만으로도 逆으로 소급해 들어가 한알의 丹을 완성하여 道에 化하는 全眞教의 內丹지향을 대표해 주고 있다고 할 수 있다. 이처럼 元代의 神仙道化劇을 정의하는데 있어 원대 당시의 사고기준-全眞教-으로 개념을 정의하는 것이 무엇보다 필요하다. 그렇지 않고 위진시기나 唐代의 神仙 개념으로 神仙道化劇을 파악할 때는 오류를 면하기 어렵다.

이러한 神仙道化劇은 全眞教의 교리를 반영했다는 측면에서 역시 더 큰 개념인 종교극9)의 범주로 묶을 수 있다. 종교 역시 그 시대의 사회 현상의 하나임을 인식하여 사회성의 범주로 묶을 수 있다. 또한 동서양의 문학 작품을 통해 특정한 종교의 교리를 반영한 종교극이 문학작품으로 형상화되는 가능성을 부정할 수는 없다는 사실로 미루어 볼 때, 종교극으로의 개념 확장은 설득력을 잃지는 않는다고 본다.

그러면 종교극이란 무엇인가? 종교극의 개념을 파악하기 위해서 우선 동양의 宗教의 어원을 밝혀보면, '宗教劇'은 '근본적인 가르침을 전하는 극'임을 알 수 있다.10) 이에 반해 서양의 종교는 'Religion'

로 금단을 형성하여 신선에 이를 수 있다고 믿는 사상이다. 대표적 내단 사상가로는 종리권 · 여동빈 · 진단 등이 있으며 내단 이론의 대표저서는 宋 張伯端의 『悟眞篇』이 있다. 外丹관계 저서는 葛洪의 『抱朴子』가 있다.
9) 張曉風, 「元雜劇中之宗教劇與中古世紀宗教劇之比較」(上 · 中 · 下), 『哲學與文化』 3卷 6期
10) 동양에서 '宗教'의 '宗'은 'ˮ'(집) + 示(위패) ; 집안에 위패가 보이도록 모셔놓은 사당'의 뜻이 되며, '教' 역시 '爻(주역) + 子 + 文(막대기 든 손) ; 주역의 爻를 아들에게 막대기를 들고 가르친다'라는 의미에서 '가르침'의

으로 라틴어 어원 religio에서 온 것이다.[11] 즉, "다시 연결을 짖는다의 신과 인간의 재결합"을 의미한다. 이상과 같이 동서양 종교관의 차이는 그 언어적 언표에서 명백하게 드러난다고 할 수 있다. 또한 서양에서는 '종교극'을 religious plays라 하지 않고, 'Mistery or Miracle Plays'라 한다. 여기에서 종교관의 차이를 짚어 볼 수 있는 핵심 단어인 Mistery와 Miracle에 초점을 맞추어 보면, 서양의 종교는 신비와 기적의 대상이자 마술적인 존재로 인간과 신의 분리가 엄격한 이항적 대립구조binary opposition의 사유체계속에는 인간이 신의 권위를 넘보는 행위는 용납될 수 없는 일종의 금기 사항이었다. 따라서 서양인들은 모든 종교적인 행위들을 신비적인 것이고 기적적인 것으로 파악하였다. 그러나 동양에서의 종교는 '신비·기적'과 '마술'이라는 단어로 설명할 수 없는 현실세계에서 실현 가능한, 즉 한 인간이 '훈련'을 통해 달성할 수 있는 지고지선의 경지이다. 따라서 인간이 '훈련'을 통해 신선의 경지에 도달할 수 있으며, 평범한 인간도 각고의 훈련을 통해 달성할 수 있다는 것이 동양 종교의 특징, 그러니까 신과 인간을 둘로 보지 않는 자연합일적인 사상인 것이다. 이러한 개념 정의로부터 본고의 논의 전개는 서구의 超越的인 'Mistery or Miracle Plays'의 관념과는 구별되는 「開壇闡敎黃粱夢 : '교단을 열어 교의를 천명한다' → '神仙의 道에 化하는 劇' → 현세적이고 抱越的인 '근본적인 가르침을 전하는 극'이라는 맥락에서 연원하는 것이다. 특히 종교극은 '근본적인 가르침을 전하는 극'으로 사회교화의 차원에서 元 王朝가 장려하고 애호한 희곡의 교훈성을 설

의미를 도출시킬 수 있다.
11) 락탄티우스Lactantius는 religio의 어원이 religare(re + ligare, 재결합)에 있다고 해서 신과 인간을 결합하는 것이 종교라고 했다. 황선명, 『종교학개론』, 종로서적, 1982, 34-36쪽

명할 수 있는 근거가 된다. 이러한 개념정의에 입각하여 보면 全眞敎의 교리를 반영한 원대 '神仙의 道에 化하는 劇'은 그 누가 누구를 度脫시키거나 濟度하는 것이 아닌 기본적으로 그 스스로가 노력을 통해 달성하는 치열한 內丹수련의 과정이기 때문에 본고에서는 濟度者를 '傍助者Helper'로, 被濟度者를 '主人公Hero'이라는 용어로 사용하기로 한다.

원대 몽고족의 종교가 라마교였음에도 불구하고 全眞敎가 강세를 점할 수 있었던 이유를 밝히고, '外丹에서 內丹으로의 개혁'과 '遼金元에 이르는 이민족의 통치로 강한 사회의식을 지닌 원대 士人들의 단순한 은일도피가 아닌 적극적인 內丹으로의 경도'와 '도시경제의 발달로 인한 대중사회의 성립'은 연극이라는 장르가 보다 많은 관중들을 확보하는 계기가 되었음을 언급할 것이다. 송대이후로 瓦舍와 勾欄과 함께 발달한 書會는 몰락한 지식인을 수용하여 잡극의 문학성을 提高시키고 그들의 생계를 이어갈 수 있는 사회적 기반이 되었다. 이러한 사회적 기반위에 지식인 차별 →, 도피 → 內丹추구 → 書會활동 → 생계유지 → 잡극발달(구어체와 北曲의 활달한 기상)이라는 원대사회에 이어지는 필연적인 역사적·사회적 결과로 잡극이 꽃을 피울 수 밖에 없었던 전체적인 연결고리를 이루고 있음을 다룰 것이다. 본고는 神仙道化劇의 대표작인 『黃粱夢』을 통해 실제적으로 어떻게 관련되어 있는지를 논증할 것이다. 관련문제에 있어『黃粱夢』에 뚜렷하게 등장하는 '內丹수련의 기본과정'과 '이론적 지향'을 밝히고 연극의 전과정을 淸 劉一明의 『修眞九要』에서 '內丹수련 삼단계'를 운용하여 작품을 분석하고자 한다. 이는 본고에서 집중적으로 고찰할 대상으로 몽고족의 지식인 차별에 全眞敎 교단으로의 도피는 단순한 도피가 아닌 內丹에 대한 궁극적 원리에 대한 탐색과정의 하나가 될 것이다.

2. 元代社會와 全眞道敎의 興盛

몽고가 金을 멸하고 그 기세를 南으로 밀어 南宋을 멸함으로서 元朝(1260-1368)가 성립되었다는 사실은 중국 역사상 처음으로 전 국토가 이민족의 지배하에 놓인 것을 의미한다. '전 국토의 지배'에 의미를 부여하면 최초의 지배가 되겠지만 이민족의 통치는 元代에만 국한된 것이 아니라 魏晉의 혼란기와 遼·金代 역시 이민족의 통치기간으로 元代만의 특수한 상황이 아님을 먼저 수용해야 할 것이다. 따라서 전통적인 한족사회의 전환은 宋代의 女眞族에 의한 변경의 함락으로부터 이미 배태되어 온 것으로 몽고의 침략으로 가일층 가속화의 길을 걸었다고 할 수 있다.

특히 본고에서 집중적으로 다루게 될 全眞12)敎 역시 金과 南宋에 걸친 역사적 혼란기에 발흥하여 元代에 북방에서 강세를 점하게 된다. 몽고족 이후 淸朝를 세운 만주족 또한 중국 전체를 지배하지만 몽고족과는 달리 한족에 동화된 반면 몽고족은 철저하게 한족을 부정했다. 유목민족인 元朝는 농경지를 목장으로 바꾸고 한족 지식인에 대한 차별 특히 10등급 중 매춘부의 아래 등급이자 거지의 바로 윗등급이라는 '한족 지식인에 대한 천시'는 수 많은 한족 지식인을 全眞敎로 기울어지게 하는 사회적 요인이 되었다.13)

---

12) '全眞'이라는 용어는 『莊子』의 "全生保眞"에서 나온 말로 도의 정신적 깨달음을 강조한 것이다. 이는 '전체가 全體不兮, 眞元不妄', '撫實去華, 還淳返朴'. '全眞'이라는 명칭자체도 노장철학적 전통에 돌아가자는 의도를 함축한다고 알려져 있다. 즉, 도에 대한 직관적 인식을 강조하는 경향도 여기에서 연원한다. 全眞敎의 宗旨는 '三敎圓融' '識心見性' '獨全其眞'이다.
13) "원래는 유학자로서 후에 전진도에 귀의한 李志常(20년동안 長春宮의 관리책임자로 일한다)의 이야기가 당시 사인들의 정확한 상황을 말해준다. 李志常은 그의 절친한 친구 張敏之가 정부의 사절로 북으로 가려고 할때 李志

또한 詩에서 詞로, 詞에서 曲으로의 문학의 내재적 발전 규율과 宋代의 話本 및 南戲의 발전 속에 배태된 元 雜劇은 도시경제의 발달로 인해 많은 수의 관중들이 참여할 수 있는 문학장르가 될 수 있었다. 이에 대중적인 오락의 수요가 증가하고 과거제 폐지로 말미암아 유가경전으로부터 자유로와진 한족 지식인들의 대다수가 경전 이외의 것인 희곡창작에 전념하였다. 그리고 書會 등의 집단활동을 통해 雜劇의 유행과 발전에 일조하게 된다. 元 왕조 역시 정권의 安寧에 불안요인으로 작용하지 않는 한 교훈을 전달하는 범위 내에서 희곡을 권장한 점이 元代에 雜劇이 꽃을 피울 수 있는 사회적 요인으로 강하게 작용하였다.14)

그렇다면 왜 남송 말에 일어난 全眞敎가 라마교를 숭배하는 몽고족의 통치하에서도15) 북방에서 강세를 점할 수 있었을까하는 문제는 당시의 시대와 사람들의 관념을 이해하는 주요 열쇠라고 할 수 있다. 첫째, 全眞敎는 기존의 도교가 지녀온 外丹的 경향을 배척하며 당말의 內丹사상가이자 종교개혁의 선구인 呂洞賓16)을 종조로 적극 영입

    常이 그를 붙잡아 도사가 되었다. 李志常은 그의 학문과 문학적 재질을 높이 존경했고 연장자로 섬김과 동시에 그의 가족들을 부양했다. 몽고족이 황하 남쪽의 영토를 점령할 때, 연경에 사는 모든 사인들은 전진교 도사의 이름을 빌렸고 전진교 도관을 피난처로 삼았다. 이지상은 이들을 매우 후대하였다. 그래서 道觀의 식사업무를 담당하던 사람들이 불평을 하였지만 이를 조금도 개의치 않았다." 楊福森(Richard Fu-sen yang), "Lu Tung-pin in the Yuan Drama", University of Washington, 1955, 180-181쪽

14) 金末의 몽고풍습으로 "국왕이 군사를 출동시킬때 여자악사들을 수행시켰다", 顔天佑, 『元雜劇所反映之元代社會』, 臺北, 華正書局, 1984, 15쪽. 몽고족은 남하 이후 중국의 희곡에 관심을 가져 興和署, 祥和署 등의 기구를 설치하였다. 세조 쿠빌라이는 "함부로 詞나 曲을 짓는 것亂制詞曲"을 금지하는 법을 만들었지만 이 법에 의한 문자옥과 같은 엄중한 처벌이 있었다는 기록은 없다. 李春祥, 『元雜劇論稿』 河南大學出版社, 1988, 17쪽

15) 특히 황제의 라마교에 대한 신앙은 과거 어느 때에 비할 수 있는 바가 아니었다. Richard, 앞의 논문, 162쪽

하게 된다. 內丹은 개인적 구도의 성향이 강한 성격 때문에 정복왕조가 기피하는 종교적 비밀결사의 위험에서 자유로울 수 있었다.17) 이는 재가중심의 符籙派 도교인 남방의 正一敎(天師道)가 집단적인 의례18)를 포교 방법으로 활용한 것과는 구별되는 점으로 개인적 구도를 보다 더 잘 실현하기 위한 필요조건으로 남을 돕는 이타행을 동시에 병행하는 것을 그 요체로 하고 있다. 이러한 이유로 全眞敎는 元 왕조의 배척을 받을 이유가 없는, 다시 말해서 적극적인 옹호를 받을 수 있는 사회교화라는 기본적인 조건을 갖추었다고 할 수 있다. 일반적으로 邱處機가 元 太祖 징기스칸의 특별한 대우를 받은

---

16) "呂洞賓은 그 자신의 秘敎적 지식을 노자가 도덕경을 남긴 함곡관을 지키던 關令 尹喜에 기원을 두고 있다. 呂洞賓의 활동은 개혁을 의미하며 『太乙金華宗旨』에 사용된 연단술적 기호들은 정신적 과정의 상징이다. 이 점에서 노자의 사상에 매우 근접해 있고 노자의 사상은 완전히 자유로운 정신을 내용으로 한다. 그의 추종자 장자는 주술·영약 등의 방법을 경멸했다. 여암은 불교의 영향을 받았지만 불교와는 다르다. 여암은 자신의 모든 힘을 기울여 변화하는 현상들 속에서 고정된 극을 찾고자 했다. 전체를 파악하기 위해 불교에 대한 이해와 『易經』을 기초로 한 유교도 소개되어야 한다." 呂洞賓 著, Wilhelm · Jung 譯, "The Secret of the Golden Flower", USA, 1962, 5-7쪽

17) 이러한 명상적인 경향의 도교는 정치적으로 유리한 상황이라고 할 수 있다. 왜냐하면 그 성향이 원래 개인적이므로 정부의 비밀결사를 통한 秘敎的이고 종교적인 운동에 대한 통제나 박해를 면할 수 있었기 때문이다. 막스 칼텐마크, 장원철 역. 『노자와 도교』, 까치, 1993, 269쪽

18) 在家道士를 '火居道士 fire-dwelling'라고도 한다. 사소의 『도교와 우주적 재생의례』는 대만의 남방 정일교 천사파의 '齋醮의례'를 음양오행의 생성-성장-분규-쇄락-재생합일의 과정임을 아주 세밀하게 고찰하였다. 천사도는 내단중심의 전진교와는 달리 의례중심의 도교분파로 의례를 통해 그 목적(장생)을 달성하려는 것이 차이점이다. 그리고 그 효과를 도사만이 아닌 마을 전체가 공유한다. Michael R. Saso, "Taoism and the Rite of Cosmic Renewal", Washington State Univ, 1972, 2-4쪽 / 특히 남방 正一敎 관련 신선도화극은 제 37대 天師 張道玄의 도술을 그린 「張天師斷風花雪月」1종 뿐이다.

것은 이미 全眞教史나『道藏』에서 수 없이 강조하는 바이며 이는 全眞教를 선양하는 측면이 강하게 작용된 것으로 보아야할 것이다. 보다 더 중요한 것은 元 王朝는 全眞教가 특별히 경계를 할 필요가 없는 사회교화에 일조하는 종교단체라는 점을 간파하고 全眞教의 五祖七眞에게 봉호를 수여하고 조세와 부역을 면제하는 등 각종 혜택을 주었다는 사실이다.

둘째, 왕실의 옹호 외에도 元 왕조로부터 천시를 받는 한족 지식인을 全眞教의 도사들이 특별히 우대한 것은 全眞教의 성립과 이후 지속적인 발전에 밑거름으로 작용하였다. 특히 全眞教는 처음 성립할 때부터 지식인의 단체에서 출발하였다.19) 몽고족의 핍박에서 벗어난 도피처로써 과세와 부역을 면제해주는 全眞教에의 사인들의 가담, 그리고 도사들의 사인들에 대한 후대 속에 도교 경전의 저술이라는 문화적인 수준을 고양시키는 등 적극적인 활동을 하게 된 점20)을 그 중요 요인으로 꼽을 수 있다.

이러한 상황 속에서 도시경제가 발달하고 시정의 관중들을 모을 수 있는 문학장르인 雜劇의 주요 작가인 사인들이 全眞教 도관에서 생활하며 全眞教의 교리를 드러내고 있는 신선도화극을 다량 창작했을 가능성은 앞에서 언급했던 士人들이 全眞教 도관에서 경전 저술

---

19) 開祖 王重陽을 비롯한 七眞들이 모두 유학자였다. 또한 그들은 금대 이민족의 정복을 피해 전진교를 그 피난처로 삼았다. Richard, 앞의 논문, 180쪽
20) 元 前期의 淸麗派에 속하는 散曲家 元好問·商挺·姚燧·杜仁傑·盧摯와 豪放派인 張養浩·馮子振 등 거의 모든 曲家들이 일찌기 全眞教 道師와 道觀을 위해 묘지명을 써주었다. 그 중 元好問이 수십편에 달하고 있으며, 이 일에 반드시 보수가 따르는 것은 당연한 것이었다. 하지만 보수를 따지기 이전에 서로 왕래하는 情分이 중요한 요소임은 말할 나위가 없다. 특히 이러한 교분은 당시에 매우 보편적이었다. 散曲작품에 있어서 全眞教와 관련된 작품은 수종에 이르고 있다. 侯光復,『元前期曲壇與全眞教』, 文學遺産, 1988, 5期, 85쪽

등에 전념한 사실로 미루어 볼 때, 이 같은 사실을 보다 확고히 해주고 있다. 실제 16종의 신선도화극중 全眞敎 관련의 것은 11종에 달한다. 그 중 全眞敎가 종교적 정통성을 확립하는 차원에서 開祖 王重陽 시기에 이미 呂洞賓을 『全眞敎史』에 기입하고 그의 스승 鍾離權도 함께 기록한다. 그러나 東華帝君은 開祖가 직접 기록하지 않고, 그 후대에 馬丹陽이 더욱 宗團의 체계화를 위해 노자와 맥을 잇는 정통적인 입장에서 東華帝君을 첨가하여 老子-東華帝君-鍾離權-呂洞賓-王重陽에 이르는 五祖의 체계가 확립된다. 본고의 텍스트인 『黃粱夢』은 老子-東華帝君-鍾離權-呂洞賓에 이어지는 인물들이 출현하고 王重陽이 十戒중 第一戒로 경계한 酒色財氣를 가장 성공적으로 형상화했다는 점에서 全眞敎 신선도화극의 전형적 대표작이라 할 수 있다. 『黃粱夢』에 등장하는 3신격은 開祖 王重陽이 직접 첨가시킨 鍾離權과 呂純陽 외에 그의 제자 丹陽이 영입시킨 東華帝君인데, 여기에서 老子 → 東華帝君 → 正陽子 鍾離權 → 純陽子 呂洞賓 → 重陽子 王喆 → 馬丹陽 馬鈺 → 邱長春[21] 處機로 이어지는 종교적 정통성을 반영하고 있다. 이러한 全眞敎의 道統선상의 확립은 하나의 종교가 지속적인 발전을 하고 교세를 확장하는 필수적인 작업임을 알 수 있다. 이상의 새로운 신격 그리고 全眞敎 도통선상의 종조들이 『黃粱夢』에서 등장하는 것은, 원대 북방에서 강세를 점한 全眞敎 신선도

---

[21] 특히 전진교의 내단적 지향은 음과 양의 순환에서 벗어나(이것은 생사의 윤회를 벗어나는 것을 가리킨다) 항상 陽의 상태를 지속하겠다는 것으로 종조들의 호를 살펴보면 전진교의 내단을 쉽게 파악할 수 있다. 東華帝君의 東은 계절적으로 봄을 가리키고 봄의 상태가 '華'한다는 뜻이고, 鍾離權의 正陽은 올바른 陽의 상태의 지속을 의미한다. 呂洞賓의 純陽은 지극히 純一한 상태의 陽을 의미하고, 王喆의 重陽은 陽을 重視하는 것을 나타낸다. 馬鈺의 丹陽은 내단에서의 한 알의 丹이 陽의 상태를 지속하는 것이고, 邱處機의 長春은 오래도록 봄을 지속하는 것으로, '항상 陽의 상태'를 전진교의 도호에서 읽을 수 있다.

화극의 대표작으로 몽고족으로부터 천시받았던 사인들이 邱處機와 징기스칸의 인연으로 조세와 부역이 면제된 全眞敎에 가담하여 도교 경전을 저술하고 全眞敎의 교리와 內丹수련과정이 반영된 잡극을 창작하며 全眞敎 도사들로부터 우대를 받았던 원대사회 전체의 조건이 조성시켜준 결과라고 할 수 있다.

다음은 外丹에서 內丹으로 개혁을 의미하는 全眞敎 內丹수련 과정의 고찰을 통해 작품『黃粱夢』을 분석하기로 한다.

3. 神仙道化劇(元 雜劇『黃粱夢』)의 展開過程

全眞敎는 禪宗의 영향을 받아 內丹學 방향으로 발전하면서 당말의 內丹사상가이자 개혁종교라 일컬어지는 金丹道의 창시자인 呂洞賓을 적극 수용하게 된다. 이를 開祖 왕중양이 呂洞賓과 鍾離權의 化身을 만나 금단의 비결을 전수받은 것으로 全眞敎史에서 기술하고 있다.22) 다음은 본고에서 일관되게 다루고자 하는 연극의 전과정을 '內丹수련의 과정'이라는 측면에서 '신선도화극'의 化의 개념을 설명하고자 한다. 內丹사상에서는 수련의 과정을 도교 고유의 개념인 精·氣·神론에 관련시켜 설명하는데 이 경우는 수련의 과정이 煉精化氣 - 煉氣化神 - 煉神還虛 - 煉虛合道 등으로 표현된다. 여기서의 핵심개념은 '化'라고 볼 수 있다. 근원적 원기에서 만물이 생성되어 나오는 과정이 '化'라면, 이를 소급하여 원기에 합하여가는 과정도 '化'이다. '化'란 인간생명이 총체적으로 음양소장의 리듬에 맞추어 변화되어감을 상징적으로 잘 드러낸 것이라 말할 수 있다. 그렇다면 '化'란 성

---

22) 渡邊雪羽,「元雜劇中的道敎劇硏究」, 臺灣大 석사논문, 1986, 32쪽

명이 분리되지 않은 수련과정을 통해 변화가 이루어짐을 의미한다고 볼 수 있다.23) 특히 全眞敎와 신선도화극의 관계를 설명하는데 '化'의 개념은 全眞敎 內丹의 핵심을 나타내 주고 있다. 다시 말하면 煉丹術의 분류에서 外丹과 內丹중 '內丹수련의 과정', 즉 '한 알의 단을 완성하는 깨달음의 과정'이라고 할 수 있다. 이른바 외단을 내단으로 바꾼 것이다. 따라서 이를 내단학 또는 단학파·수련도교라고도 할 수 있다.24) 본고는 자기 스스로가 수련을 통해 소급하여 化하는 길이라 파악했는데, '神仙의 道에 化하는 극'인 『黃粱夢』1折에서 鍾離權이 呂洞賓에게 하는 말이 이에 예증을 더하고 있다.

> 종리권 : (시를 읊는다) 기가 강하고 약함은 뜻이 먼저이니, 노력해야하고 반드시 딴 사람이 대신 짊어져서는 안된다. 이 어려운 경계를 혼자 스스로 견디면, 한 번의 질고가 더 하리라.

'대신 짊어지는 것이 아닌 혼자 스스로가 넘어서야 할 경계'임을 鍾離權은 동빈에게 설파하고 있다. 이는 全眞敎 內丹수련에서 스스로의 수련(功)을 이루기 위해 行을 동시에 겸전해야 하는 것과 같다.

---

23) 김낙필,「도교에서의 앎과 실천」,『한국도교사상연구회총서』7집, 1993, 36쪽 재인용

24) "단학파는 그 출신배경이 대부분 士族 계층이며 우주론적 이론체계를 지닌 내단학을 수련의 중심으로 삼고 있어 학자에 따라 이를 수련도교라고 부르기도 하나 李能和가『조선도교사』에서 단학파라는 용어를 쓰기 이전 부터 전통적으로 내단학의 준말로써 단학이라는 용어를 써왔다." "韓無畏의『海東傳道錄』에서는 신라의 留唐學人인 崔承祐 등의 도교적 연원을 전설적 인물인 종리권에 두고 있는데, 이의 두번째 이유로서 당대 이후 발흥한 鍾呂金丹道 및 전진교의 도통선상에 있는 주요 인물인 종리권을 내세움으로써 조선 단학파의 수련 내용이 전진교 계통의 내단학임을 천명하고자 한 것이다." 정재서,「한국 官方道敎의 양상 및 특징」,『한국학논집』26집, 한양대한국학연구소, 1995, 2, 123-4쪽

다음은 1折의 冒頭에 나타나는 內丹수련의 핵심과정을 살피기로 한다.

1) 內丹 修鍊의 핵심과정

內丹사상에서는 수련의 과정을 도교 고유의 개념인 精·氣·神론에 관련시켜 설명한다. 內丹수련의 이론적 지향을 살피기 이전에 1折 서두에 등장하는 內丹수련의 핵심적인 기본과정을 살펴보기로 한다.

> 동화제군 : (시를 읊는다) …… 귀의하면 추위와 더위를 느끼지 못할 것이고, 세월이 가도 늙지 않으리. <u>신선의 화로(丹田)에다 검은 서리와 빨간 눈이라는 선약을 끓여 만들어야 하니, 한 알의 丹을 만들기 위해서 사념을 끊고 단전에 정신을 집중하여, 수은(姹女·氣)과 납(嬰兒·精)을 알맞게 배합해야 한다.</u> …….(퇴장한다)

서양의 연금술사들은 그들의 직업상 비밀이 드러나는 것을 원치 않았기 때문에 그들의 실험상의 비법을 보호하기 위해 연구대상인 물질들에 대해 은밀하고 상징적인 이름들을 많이 고안해냈다. 이러한 현상은 동양에서도 예외는 아니다.『黃粱夢』1折의 서두에서 '姹女(수은·氣·심장·離卦)와 嬰兒(납·精·坎卦)의 배합'이란 도교 煉丹術의 은어적 표현으로 얼핏 보기에는 外丹적 경향을 강하게 드러내 주고 있는 것 같다. 그러나 실제로는 氣와 精의 배합을 의미하며 內丹의 핵심적 과정을 은밀한 상징적 은어로 표현한 것이다. 姹女는 심장의 氣를 가리키고 嬰兒는 신장의 精을 가리킨다. 심장의 氣는 離괘(☲離虛中, 火)이고 신장의 精은 주역의 坎괘(☵坎中連, 水)에 해당되며 陽爻와 陰爻의 조합인 것이다. 그래서 坎離交媾를 이루고 건곤괘를 이루어 '감을 취하여 양수를 빼서 리를 보충한다(取坎塡離)'는 것으로 '丹 형성의 기본 과정'이 된다. 또한 용광로(神爐)는 인체의 丹田이고 도가니(仙鼎)는 소우주인 인체이다.25) '玉戶金關'은 氣와 精을 배합하는 장소로 신체에서 丹田을 가리킨다.

다시 말하면 인체의 丹田에서 坎離(水火)交媾26)를 통해 원래의 乾坤(乾三連☰+坤三絶☷천지)으로 회복되어 신선이 되는 핵심과정을 상징적으로 표현한 것이다. 이는 煉精化氣(取坎塡離: 初關) → 煉氣化神(乾坤벽闔: 中關) → 煉神還虛: 上關 → 煉虛合道하겠다는 逆으로의 소급이다. 이러한 수법의 수행목적은 보통 죽음으로 귀결되고 마는 생명현상의 진행방향을 바꾸어 놓는데 있다. 즉, '쇠퇴'와는 逆으로 생명력의 부활과 음양의 확고한 결합을 가져올 수 있다. 따라서

---

25) 연금술의 용어에서 건괘와 곤괘는 용광로(爐 ; 단전)와 도가니(鼎 ; 인체)를 상징하고 용광로와 도가니는 원래 외단에서 사용하는 기구의 용어이다. 이를 내단에서 빌어다 사용한 것으로 丹田과 人體를 가리킨다. 감괘와 이괘는 불사약을 이루는 성분을 상징한다. 따라서 이들 암수4괘는 가장 기본적인 상징들이다. 『參同契』에서는 건곤괘를 변화의 출발점이 되는 출입구(易之門戶)인 동시에 모든 괘의 부모(衆卦之父母)라고 불렀다. 이들 4괘는 뒤집어 엎어놓아도 모양이 변하지 않는 특성이 있다. 막스 칼텐마르크, 장원철 역.『노자와 도교』, 까치, 1993, 245쪽
26) 水火에 관해서는 동서양이 일치하고 있는데 먼저 막스 칼텐마르크(앞의 책, 17쪽)는 坎離(水火)交媾를 감리의 결혼으로 보고 이는 비밀스런 주술적 과정이며 어린 아이의 탄생이라고 보기도 했다. 인간은 물과 불에서 정신적으로 다시 태어난다. 물과 불에 자궁 즉, 단전이 첨가되어야 한다고 보았다. 융 역시 "The Secret of the Golden Flower"(呂洞賓 著, Wilhelm · Jung 譯, USA, 1962, 9쪽)의 주석서에서 물과 불의 개념을 요한의 말을 빌어 다음과 같이 설명하고 있다. "내가 너희에게 물로써 세례를 주노라. 나 이후에 성령과 불로 세례를 줄 이가 올 것이다." 李遠國은『道敎氣功養生學』(四川省 社會科學出版社, 1988, 323쪽)에서 "陳搏의 無極圖를 이해하는 관건은 '水火'에 있다. 그러면 '水火'는 무엇인가? 인체의 신장과 심장을 가리킨다"고 강조하고 있다.

생명력은 외부를 지향하는 대신 그 반대로 내부로 집중·응축하게 되며, 그 결과 외부의 감각적인 세계와 그 유혹으로부터 초연하게 된다. 결국 內丹수련자는 바로 자기 자신의 신체 깊숙한 곳에 사념을 끊고 단전에 정신을 집중하여27) 어린아이의 형상(聖胎)을 하나 더 만들어 내는 것인데 이것이 바로 불멸의 영혼을 표상하는 것이다. 이것이 바로 鍾離權과 呂洞賓에 의해 일어난 金丹道에서 말하는 內丹이다.28) 呂洞賓은 이르 가리켜 '황금꽃(金華)'라 하였고 그의 저서 『太乙金華宗旨』를 완성하게 된다. 周易의 八卦의 상징에서 八卦 → 四象 → 兩儀 → 太極으로의 逆의 과정과 太極 → 兩儀 → 四象 → 八卦로의 順의 과정을 살필 수 있다. 다음은 五行을 통해 東華帝君 上場白의 '검은서리'가 바로 '嬰兒'이고 '빨간 눈'은 '姹女'임을 알 수 있다.

陰 - 命 - 有(육체魄) - 坎☵ - 鉛(납) - 虎 - 月 - 水 - 腎 - 玉兎 - 嬰兒 - 氣

---

27) 이렇듯 "사념을 끊고 정신을 집중"한다는 정신수양의 측면에서 보면 도교가 보여주는 가장 흥미로운 점의 하나는 아마도 內丹이라고 해야 할 것이다. 유가가 인간의 전체적인 삶의 질과 양 모두가 전적으로 천명에 달린 것으로 파악하는 반면에 내단을 실천하는 수련자들은 인간의 운명은 자기 자신에게 달린 것으로 하늘의 영향 밖이라는 유가와는 반대되는 신념을 표명한다. 이러한 내향적 성향은 개인적인 수련으로 제한되는 경향을 보였지만 도교가 주장하는 '인간생명력(德)'은 바로 타인에게 감화를 주는 필수적인 선행조건이라는 사실을 명심해야 한다. 막스 칼텐마크, 장원철 역. 『노자와 도교』, 까치, 1993, 265쪽

28) "수당오대에 일어난 내단파에서 가장 유명한 사람은 종리권과 여동빈으로 수대 이전에는 본래 도교에는 내단이라는 설이 없었으며, 開皇시기에 蘇元郞이 지은 『旨道篇』에 처음으로 내단술이 있었다는 설이 있다. 宋代의 陳搏과 張伯端에 의해 그 내단이론 체계화의 단계에 접어든다. 내단이론의 대표적 저서는 張伯端의 『悟眞篇』이다." 李養正, 『道敎槪說』, 中華書局, 1990, 130쪽, 152쪽

陽 - 性 - 無(정신魂) - 離☰ - 汞(수은) - 龍 - 日 - 火 - 心 - 金
烏 - 姹女 - 神29)

東華帝君의 上場白에 드러나는 姹女와 嬰兒의 배합은 물과 불, 즉 氣와 精이 합해가는 단전의 호흡을 의미하는 內丹의 핵심적인 과정인 것이다. 이상과 같이 『黃粱夢』의 1折에서 이미 內丹의 기본과정을 이정표로 제시해 주고 있음을 알 수 있었다.

2) 內丹 修鍊의 이론적 指向 - 『道德經』과 『陰符經』

다음은 『黃粱夢』에 나타난 內丹사상의 지향방향을 잘 알려주는 이론적 바탕으로 1折의 『道德經』과 설자의 『陰符經』30) 두 가지가 氣와 精의 合一이라는 內丹의 기본과정의 제시에 이론적인 뒷받침을 하고 있다.31) 다음은 1절 鍾離權의 唱에 나타나는 『道德經』이다.

---

29) 胡孚琛 外, 『道敎通論兼論道家學說』, 齊魯書社, 1991, 644쪽
30) 『陰符經』은 중국의 도교 경전의 하나로 『黃帝陰符經』이라고도 하며 황제가 지은 것이라고도 하나, 이는 위작으로 보고 있다. '陰符'라는 말은 『正統道藏』(안에는 78종의 주석을 모아 놓고 있으며, 역대의 주석본으로는 張良(漢)의 『陰符經注』, 李筌(唐)의 『陰符經疏』, 張商英(宋)의 『陰符經注』, 朱熹(宋)의 『陰符經考異』, 王文祿(明)의 『陰符經』, 焦竑(明)의 『陰符經解』 등이 있다. 唐 이전의 것과 張果의 주석이 유명하다.)의 해석에 따르면 '어두움 속에서 그윽히 묵묵히 하늘의 도수에 계합되는 것'을 의미하며 이에 상대되는 『陽符經』이라는 책도 보인다. 『참동계』에는 天符(하늘의 질서 즉 天道를 이름한다)라는 표현이 보이고 '음부'는 보이지 않는다. 일부 논자들은 '주역을 축약한 것'으로 『天機經』이라고도 한다. 또 청대 劉一明의 『陰符經註』에서의 풀이가 그 대의를 알기쉽게 설명하고 있어 소개하면 음부의 뜻은 다음과 같다. "陰者暗也默也人莫能見莫能知而已獨見獨知之謂. 符者契也 兩而相合彼此如一之謂. 經者徑也道也常也常行之道經久不易之謂. 陰符經卽神明暗運默契造化之道. 默契造化則人與天合一動一靜皆是天機人亦一天矣. 上中下三篇無非申明陰符經三字. 會得陰符經三字則三篇大意可推而知矣." 劉一明, 『陰符經註』(精印道書十二種上), 新文豊出版公司, 1917(민국2)

종리권 : 【혼강룡混江龍】
그 때 일찍이 함곡관을 지나다 관령 尹喜의 자청으로 지금까지 오천자의 道德經을 남겼지요. 大要를 말하자면 玄虛가 근본이요, 淸淨이 入門이니,

『道德經』은 『任風子』에서도 보인다.32) 다음은 설자에서 呂洞賓이 읽힌『陰符經』을 보기로 한다.

여동빈 : (시를 읊는다) 평생 기개 있어 陰符經 의히고, 칼 뽑아 들고 싸움터에 나가고자 황제폐하가 계신 도성을 떠난다. 남아가 三十에 뜻을 얻지 못하면, 당당한 대장부노릇 못하리라.

특히『陰符經』의 경우를 보면 "천지의 도를 보아 천지와 같은 행을 행하면 구경의 경지이니 · · · 우주가 손 안에 있고 모든 조화가 내 몸에 갖추어져 있다."33)는 언급이 있다. 이 내용을 살펴보면 內丹사상도 중국적 사유에서 널리 나타나는 천인합일론적 시각을 벗어나지 않고 있음을 알 수 있다. 요컨대 천지의 도를 인식하고 이를 체받아 실천하겠다는 것이 전체적 지향방향인 것이다. 따라서『陰符經』을 읽혀온 洞賓은 內丹수련을 향한 전진으로서 누구에 의한 제도가 아닌 주체적으로 지금의 한계를 극복하겠다는 강한 의지의 표명인 것이다.

陰符 그 자체만으로도 도교에서 이야기하는 '도를 획득한 것'을 상징한다. 하지만『陰符經』이란 경전 이름만으로 內丹의 이론적 접근

---

31) 김낙필, 앞의 논문, 28쪽 재인용
32) 2절에서 마단양이 임풍자에게『道德經』의 "道可道, 非常道, 名可名, 非常名"을 읊조린다. 그리고 2절의 마지막 「煞尾」에서 "看讀玄元『道德』書"를 언급한다
33) "觀天之道 執天之行 盡矣. ······ 宇宙在乎手 萬化生乎身."『陰符經』上篇

임을 간명하게 간파하기란 쉽지 않다. 그러면 '陰符'라는 자구 외에 『陰符經』의 천지의 도를 체받아 실행하겠다는 주체적 활용의 지향이 드러난 구절을 작품『黃粱夢』1折에서 일별해본다.

  종리권 : 【선려·점강순仙呂 · 點絳脣】
         천지가 처음 개벽되었을때, 인간세상은 매우 혼란스러웠지요.
         그 누가 논하리오. <u>乾坤의 돌림을</u>. 모두가 太上老君께서 心印으
         로 전해주신 것이지요.

'건곤을 돌린다'는 표현은『陰符經』이 지향하는 주체적 활용의 대표적 예로 천지자연의 법칙까지도 제어하겠다는 의지의 표현이다. 이는 內丹수련에서 오행에서 음양으로, 음양에서 氣로 근원에 소급해 들어가는 것으로 성리학의 천명에 순응하는 사고와는 뚜렷하게 구분된다. 全眞敎에서 이른바 인간의 지혜는 명철하기 때문에 우주의 지혜(천리)를 파악하여 천리도 어쩔 수 없게 순리에 어긋나게 '逆'으로 근원에 소급하는 과정이며 천지의 운행하는 이치를 잡아다가 자기자신이 활용하겠다는 적극적 사고의 반영으로 이러한 경지에 도달하기 위해 피나는 수련도 각오하겠다는 '의지의 표명'인 것이다.[34]

---

34) 두 경의 종지는 같으면서도 다르고 다르면서도 같다.『道德經』은 바로 자연의 본체를 드러내고 주로 無(本體)에서 有(현상)의 세계로 나오는 생성과정(道生一, 一生二 ……; 氣 → 음양 → 오행)을 밝힘으로서 順을 위주로 한 것인 반면에,『陰符經』은 바로 근본에 돌아가는 것을 드러내고 유로부터 무로 돌아가는 환원과정(오행 → 음양 → 氣)을 밝힘으로서 逆을 위주로 한다. 김낙필, 앞의 논문, 29쪽 재인용. 七眞의 한 사람인 劉處玄이『도덕경』과『음부경』의 주석서를 펴냈다.『新元史』140卷, 163쪽. 金陵子註의『음부경』이 전하며 내단 수련의 과정을 병법과 동일시한 왕중양의 견해를 취하고 있다. 窪 德忠,『中國の宗教改革 : 全眞教の成立』, 法藏館, 京都 1967(昭和42), 154-157쪽

종리권 : 【금잔아金盞兒】
내 이 한톨의 쌀에다 時運을 담아서, 반되 되는 솥(인체)에다 乾坤(천지의 운명)을 끓이리. 나는 그에게 강산을 다시 바꾸고, 일월을 다시 새롭게 하도록 해야겠다.

여기서 솥은 인체를 의미하며 결국 '나의 몸에다 건곤을 끓이겠다'는 구절 역시 『陰符經』의 '오행이 마음에 있으니 이를 하늘에 베풀어 행하면 우주가 손 안에 있고 온갖 조화가 몸에 갖추어 진다'[35])와 하편의 '성인은 자연의 도를 이기지 못할 것을 알고 이에 바탕하여 제어한다'[36])는 적극적인 활용의지의 천명이라 할 수 있다. 『陰符經』은 『任風子』에도 보인다.[37])

이상과 같이 '姹女과 嬰兒의 배합(성명쌍수)', '오천자의 도덕과 음부' 그리고 '건곤의 움직임까지 통어' 등을 통해 『黃粱夢』 작품전체가 띠고 있는 內丹수련의 전모와 함께 극의 전과정을 內丹수련의 과정, 즉 깨달음의 과정으로 파악하며 작품속에 나타난 內丹지향을 읽을 수 있었다. 이상에서 內丹수련의 기본과정과 이론적 지향을 살펴보았다.

---

35) "五賊在心 施行於天 宇宙在乎手 萬化生乎身." 『陰符經』 上篇
36) "聖人知自然之道不可違 因而制之." 『陰符經』 上篇
37) 『陰符經』은 다른 신선도화극 「任風子」에도 등장한다. 1절에서 충말로 분한 馬丹陽이 등장하며 다음과 같이 말한다. "도교에서 도를 얻어 사람 몸 받기 어렵고 중국의 땅에 태어나기 어렵다. 가령 세상에 태었다해도 정법을 만나기 어렵다. (陰符中道, 人身難得, 中土難逢, 假是得生, 正法難遇)" 여기에서 陰符는 道書 『太公陰符經』을 가리키며 陰符 그 자체가 도교에서 이야기하는 '도를 획득한 것'을 상징한다.

3) 內丹 修鍊의 삼단계

다음은 內丹수련의 단계를 통해 「黃粱夢」에 투영된 수련의 단계를 살펴본다. 內丹수련의 단계를 비교적 분명하게 제시하고 있는 청대의 劉一明의 『修眞九要』에서 본격적인 內丹수련에 진입하기 이전의 단계로 준비단계(수련의 초단계)를 크게 세 가지로 대별하고 있다.

첫째, 內丹수련의 첫 단계는 물욕의 헛됨을 간파하여 청정무위의 삶을 영위하는 것으로 '勘破世事'라 한다. 四時養生, 즉 춘하추동의 변화에 순응하자는 양생법도 청정무위의 삶과 일맥상통된다고 말할 수 있다. 이를 넓게 보면 자연과 동화하자는 삶의 자세로 이해되기 때문이다. 작품 「黃粱夢」의 제1折의 대부분에 나타나는 鍾離權의 자연과 동화된 삶이 그 대표적인 예라 할 수 있다.

종리권 : 【유호로油葫蘆】
　　　즐거운 웃음과 多辯의 추구를 꺼리지 않고, 그저 가슴열고 사람들과 어울리기 좋아하나니, <u>나는 한가로히 소요하며 홀로 숲속의 샘에 은거하는데</u>, 그대는 부질없이 떠돌며 반 장의 종이와 같은 공명에 나아가고자 하는구려. 어찌 나처럼 物外의 자유로움을 알리오!
종리권 : 출가인은 장생불로하고 단약을 달이고 참됨을 닦으며, 법력으로 용과 호랑이를 제압하니, 그 얼마나 유유자적한가! (노래한다)

둘째, 이타적 선의 축적을 강조하는 것으로 '積德修行'이라 한다. 흔히 內丹사상은 도교의 여러 양태 가운데 개인적 구도의 성향이 가장 두드러진 분야라고 일컬어진다. 그런데 內丹관계 문헌을 살펴보면 內丹수련의 과정에서 이타적 선행의 축적이 빠뜨릴 수 없는 중요성을 지닌다고 강조하고 있음을 발견하게 된다. 唐代 이후로는 광물질의 중독피해가 두드러져 外丹法이 점차 추구되지 않고 비교적 무리가 없는 內丹法이 중시됨에 따라 호흡수련은 모든 신선수련 중에서 가장 커다란 비중을 차지하게 된다. 內丹사상을 중흥시킨 것으로 평가되는 唐末의 呂洞賓은 이에 관해 "仙道를 닦으려면 먼저 人道를 닦으라"라는 말로 압축한다. 즉, 덕행의 바탕이 부족하면 장애가 많아 극복하기 어렵다고 지적한다.

그러면 『黃粱夢』에서 나타나는 덕행을 살펴보며 內丹수련의 단계로서 이타적 선의 축적을 쌓아가는 과정을 살펴본다. 제일 먼저 呂洞賓의 아내의 간통을 목격하고 불같이 화를 내며 막 아내를 죽이려 하였으나 노원공의 만류에 참아내지 않을 수 없는 呂洞賓의 괴로움을 묘사하고 있는 대목이다. 그러나, 아무리 노원공이 만류한다해도 이를 참지 못하고 아내를 죽이는 사례도 충분히 생각해 볼 수 있는 시점에서, 고통스러워하며 참아내는 呂洞賓의 모습은 앞서 언급한 『黃粱夢』 설자에서 『陰符經』을 익힌 呂洞賓으로서는 이미 용서할 것이라는 복선을 깔아 주고 있으며 內丹사상에서 말하는 개인적 구도를 향한 일대 진전이라 하지 않을 수 없다.

　　(淨이 魏舍로 분하여 등장한다)
　위 사 : 맑고 푸른 하늘 속일 수 없어, 두사람 입을 맞추니 그 기운이
　　　　 하늘을 뚫고 날았네. 그 중 한 마리 날 수가 없는데, 몸에 걸친
　　　　 것이 없음을 어찌하리.
　　　　(취아가 우는 동작을 한다)
　취 아 : 오매불망 당신이 돌아오시기를 바랬었는데, 제가 눈이 멀었습
　　　　 니다.‥‥
　여동빈 : 내 천하의 병마대원수인데, 이 년이 딴 남자와 간통질하고 나
　　　　 를 미치게 만들다니!‥‥

(여동빈이 칼로 부인을 죽이려는 동작을 한다)
(노원공이 무릎을 꿇는다)
노원공 : 나으리, 아씨를 한번만 살려주십시오. 만일 용서하신다면 7층 석가모니탑을 짓는 것에 해당됩니다.(노래한다)
여동빈 : 내 노원공의 얼굴을 봐서 너를 이번만은 살려주겠다.

이상이 첫번째의 利他行이다. 다음은 2절에 등장하는 호송인으로 여동빈을 압송하는 초기에는 취아의 설변에 자못 귀 기울이며 피도 눈물도 없는 호송인의 임무를 완성하려 하다가도 3折에서 설산광야에 이르자 呂洞賓에게 도망가라고 권하는 대목이 「黃粱夢」에 등장하는 두번째의 利他行으로의 변화이다. 다음은 이타행으로 변화하기 전의 대목이다.

취 아 : 포졸나리, 여암은 죄를 지은 죄인인데, 어찌하여 그를 살려 두고, 형벌에 처하지 않는거지요?
호송인 : 그래 당신말도 옳소. 내 칼(枷)을 가져 오겠소.(칼을 드는 동작을 한다)
호송인 : 일정을 지체했소. 안될 말이요
(호송인이 여동빈과 아이들을 때리자 노원공이 말리는 동작을 한다)
(호송인이 동빈과 아이를 밀고 간다)(노원공이 이를 제지한다)
(호송인이 노원공을 밀어서 넘어 뜨린다)
호송인 : 이 늙은이, 뭘 모르는구만. 꺼져!
(호송인이 두 아이를 때리는 동작을 한다)

이처럼 노원공의 간곡한 만류에도 이를 뿌리치고 간통녀 취아의 말을 듣고서 칼을 가져다 씌우며 아이들과 呂洞賓을 계속해서 때린다. 그러나 다음 3折에서는 이전의 악역을 버리고 개과천선하듯이 자비를 행한다.

   (여동빈 형구(칼)를 차고 두아이를 이끌고 호송
 인을 따라 등장한다.)
여동빈 : ···· 포졸나리! 가엽게 여겨, 한 번만 놓아 주십시오.
호송인 : 여암! <u>나도 나쁜 뜻을 먹은 사람이 아니오</u>, 심산광야에 도착했으
   니, 나는 돌아 가겠소. <u>당신 세 식구 어서 도망가시오.</u> (칼을 풀
   어 주는 동작을 한다)
여동빈 : 포졸나리! 감사합니다. 소생은 입에 쇠를 물거나, 등에 안장을
   매더라도(죽어 말이 되더라도), 이 은혜는 반드시 갚겠습니다.
호송인 : <u>도망가시오, 나는 돌아가야겠소.</u>(퇴장한다)

 이상이 雜劇『黃粱夢』에 나타난 두번째의 이타행이다. 즉, '外' 역할인 呂洞賓 뿐만 아니라 극의 부수적 인물인 호송인조차 이타적 선행을 축적함으로써 雜劇『黃粱夢』이 지향하는 內丹의 수련 과정에 방조(邦助)하고 있다. 內丹관련 문헌에 의하면, 인간다움의 본질은 널리 인간을 사랑하는 마음, 나아가 인간 뿐만 아니라 전 생명에 대한 보편적 사랑(好生之德)이라고 한다. 이론적인 측면에서 말하면 內丹의 목표는 결국 道의 증득에 있으며 道의 본질은 만물을 무궁하게 살리는 데 있으므로, 생명을 사랑하는 마음이 없으면 內丹수련이 이루어질 수 없다고 보는 것이다. "천지는 밝게 살피기 때문에 도는 어진 사람에게 돌아간다"[38]는 언급이 그것이다.

 '呂洞賓'과 '호송인'의 內丹의 목표를 향한 끊임없는 구도과정 속에 이들의 이타행을 드러내주는 배역이 있다. 그들은 바로 서방질하여 남편에게 오쟁이 지운 뻔뻔한 간통녀 취아와 피도 눈물도 없이

---

38) 朱載瑋篇,『玄奧集成』중「仙佛同源論」"天地明察 道歸仁人", 김낙필, 앞의 논문, 37쪽 재인용

동빈의 두 아이와 동빈을 칼로 내리치는 방로역의 장사이다. 원래 好惡은 병존속에 그 빛을 발하고 상대적으로 드러나기 마련이다. 이는 유사 이래로 끊임없이 반복되는 문제이기도 하다. 이들은 元 雜劇에서는 대립구조의 악역으로 好·惡역의 상호소통 속에서 대립의 세계를 넘어서 元 雜劇의 예술성에 한 층 그 빛을 더하고 있는 점이기도 하다.[39]

다음은 세째, 內丹사상의 원리나 근거를 투철하게 궁구하는 것 '盡心窮理'으로, 많은 內丹관련 문헌을 섭렵하고 이에 의거한 세계관, 가치관에 의해 무장함으로써 수련을 밀도있게 진행하자는 것이다. 『黃粱夢』의 4折에서 동빈이 꿈에서 깨어나면서 모든 것을 깨닫게 되는데 여기서 '깨닫게 된다'는 것이 바로 '인식의 전환' 혹은 '새로운 가치관에 의한 무장'으로 이후 변화된 인식의 체계 속에서 內丹사상의 원리나 근거를 투철하게 궁구할 것을 다짐하는 '丹의 완성을 향한' 본격적인 단계로의 진입을 의미한다.

종리권 : 【곤수구滾綉球】
　　　　그대는 꿈속에서 모두 보았으니, 마음으로 모두 깨달았겠지. 자는 사이 벌써 이십 년의 戰火를 겪었는데, 깨어나니 여전히 살아있구나. 바가지도 여전히 부뚜막 솥에 놓여있고, 노새도 나무에 매어져 있다. 몽롱하게 잠들어 잠시도 안되었는데, 삽시간에 산하를 변하게 하였구나. 기장은 아직 익지도 않았는데, 영화부귀는 모두 끝났고, 世態는 귀밑머리를 하얗게 세게 한다는 것

---

39) 동양에서 덕있는 사람이란 선을 위해 분투하고 악을 소멸시키는 불가능한 과업을 떠 맡은 사람이 아니라, 오히려 선과 악 사이에 '대립의 세계를 넘어서' 역동적인 균형을 유지할 수 있는 사람이다. 프리초프 카프라, 이성범 外, 『현대물리학과 동양사상』("The Tao of Physics" : An Eploration of the Parallels between Modern Physics and Eastern Mysticism), 범양사출판부, 1989, 163쪽

　　　　을 이제야 알았네. 인간만사 부질없이 세월을 헛되이 보냈구나.
　　　　(말한다) 여암, 그대는 깨달았는가?
　여동빈 : 사부님! 제자 깨달았습니다.

　이는 융이 언급한 '개성화의 과정'에 비유할 수 있으며, 동빈의 '인식의 전환'을 캠벨식 용어를 빌어 '자아의 각성the awakening of the self'라고도 부를 수 있다. 여기에서 자아란 사회적 자아를 이름하는 것이 아니고 '우주적 자아'를 가리킨다. 즉, '內丹수련의 정신적 정화'를 가리킨다. 이를 이루기 위해서는 통일되고 전체적이면서도 강력한 의식을 만들고자 하는 노력이 수반된다.
　이상의 세 가지를 종합해보면 세째 사항이 인식에 관한 것으로서 『道德經』・『陰符經』등에서 밝힌 자연의 이법에 대한 파악을 의미하는 것이라면, 첫째의 청정무위의 삶과 둘째의 이타행은 그에 바탕한 '실천적 닦음의 성격'을 띤다고 말할 수 있다. 이 두 가지는 상호 보완적 성격을 띤 것이지만 상대적으로 도덕적 선의 축적과 청정무위의 삶, 즉 실천적 닦음의 측면에 역점이 두어지는 점이 주목된다. 그렇다고 바로 깨달음을 얻은 것은 아니고 본격적인 깨달음의 길로 들어섰음을 알려주고 있고 '內丹 수련의 전단계', 즉 1折에서도 언급한 '깨달음의 달성'이 아닌 '깨달음의 과정', '煉丹術적 과정'으로 청정무위한 삶과 도덕적 선의 축적이라는 실천적 닦음의 과정이 雜劇의 전반에 걸쳐서 논의되고 있음을 주목해야 할 것이다. 이를 더욱 극명하게 보여주는 예는 위의 밑줄친 "그대가 정도로 돌아온 것은 수행의 결과"라는 직접적인 서술을 하고 있다. 즉, 깨달음의 길로 들어선 것은 그 동안의 수행을 쌓은 결과라는 것이다. 다시 말하면 '인식의 전환'을 통한 본격적인 깨달음으로의 진입은 작품의 극히 일부분을 차지하고, 그 과정에 초점이 맞추어져 있다는 사실에 있다.

즉, 得道를 완성하는 순간이 아니라는 점을 黃化店의 王婆가 1절과 4절에서 '아직 불을 한번 더 때야하오'라는 賓白을 통해서도 알수 있다. 이는 內丹 수련의 水昇火降의 원리를 도교적인 비유를 통해 말하는 것이다. 아궁이에 불을 지피는 행위는 丹田이라는 아궁이에 불을 때어 火(怒氣)의 기운을 내리고 불을 때면 생성되는 맑은 수증기의 기운을 위로 올리는 수련의 방법이다. 4절에서 '아직 불을 한번 더 때야하오'라는 1절과 동일한 어구는 앞서 唐桂芳이 4절에서 불때던 黃化店의 王婆가 동빈이 깨닫기를 기다렸다가 깨어나 물으니 불 한다발 더 때야 한다는 표현에서 이는 전후의 호응임을 지적하였다.[40] 그러나 이는 전후의 호응을 강조하는 표현을 포괄하여 도교적인 내단수련의 방법에 대한 비유가 숨어 있는 것이다. 따라서 깨달음을 완성(丹)하는 순간이 아니라 깨달음을 위한 세계로의 진입인 것이다.

4. 結語

本稿[41]에서는 元 雜劇의 분류중 그 첫번째로 神仙道化劇으로 분류된 작품(총 16종)중 대표작인 『開壇闡敎黃粱夢』에 투영된 元代 북방에서 강세를 점한 도교분파, 全眞敎의 사상적 성격을 규명하고자 하였다. 단순히 神仙道化劇 내지는 道敎劇으로 분류되었을 뿐 그 문학작품의 기저에 함장하고 있는 全眞敎 內丹修鍊에 대한 고찰은 거의 미비한 상태라는 점에서 출발하여 神仙道化劇의 전 과정을 內丹修鍊

---

40) 唐桂芳,「馬致遠雜劇研究」, 政治大 석사논문, 1976
41) 본고는 한국종교학회 춘계대회(1997. 5. 10)에서 발표한 草稿 형태를 거의 유지했음을 밝혀둔다.

의 과정으로 파악할 수 있었는데, 위에서 고찰한 바와 같이 작품 곳곳에서 全眞敎 內丹修鍊의 근거를 확인할 수 있었다. 따라서 본고는 직접적인 종교에의 접근이 아닌 간접적인 도교문학의 세세한 검토를 통해 작품에 반영된 그 시대의 도교인 全眞敎에 접근하는 첩경으로 작용할 수 있었음을 밝힌다. 이는 비단 문학 뿐아니라 회화, 예술 등 문화 전반에 걸쳐 읽어낼 수 있는 가능성을 시사해주고 있다 하겠다.
　끝으로 본고는 神仙道化劇의 內丹修鍊 과정을 설명함에 있어 淸 劉一明의 『修眞九要』에 나타난 內丹 수련의 삼단계를 작품에 전면적으로 수용하였는데, 이는 본인의 도교에 대한 淺聞을 노정시킴과 동시에 위험스러운 요소도 내포한다 할 수 있다. 하지만 道敎가 唐代까지의 外丹 중심에서 唐末부터 內丹으로 선회한 후 淸代까지 지속된 점과 淸代에 劉一明이 지금까지의 內丹도교의 이론을 체계적으로 정립한 점으로 미루어 볼 때, 內丹道敎의 동일한 선상에 놓여 있어 지나친 논리의 비약이 아님을 밝히고 싶다. 이 점에 대해서는 이후의 논고에서 자료와 논증상 충실한 보완이 뒤따를 것을 기약하면서 논의를 맺고자 한다.

道敎와 生命思想

인쇄일 초판 1쇄 1998년 05월 15일
         2쇄 2015년 01월 17일
발행일 초판 1쇄 1998년 05월 25일
         2쇄 2015년 01월 23일

지은이 도교문화학회
발행인 정 찬 용
발행처 **국학자료원**
등록일 1987.12.21, 제17-270호

서울시 강동구 성내동 447-11 현영빌딩 2층
Tel : 442-4623~4 Fax : 442-4625
www.kookhak.co.kr
E-mail : kookhak2001@hanmail.net
ISBN 978-89-8206-253-7 [03240]
가 격 16,000원

*저자와의 협의 하에 인지는 생략합니다.